혼자 만들면서 공부하는 딥러닝

혼자 만들면서 공부하는 딥러닝

이미지/텍스트 분류 및 요약, 전이 학습, 트랜스포머까지 20개 딥러닝 모델 구현하기

초판 1쇄 발행 2025년 5월 12일

지은이 박해선 / **펴낸이** 전태호
펴낸곳 한빛미디어(주) / **주소** 서울시 서대문구 연희로2길 62 한빛미디어(주) IT출판1부
전화 02-325-5544 / **팩스** 02-336-7124
등록 1999년 6월 24일 제25100-2017-000058호
ISBN 979-11-6921-371-4 94000 / 979-11-6921-340-0(세트)

총괄 배윤미 / **책임편집** 박민아 / **기획편집** 박새미
디자인 표지 최연희, 박정화 내지 이아란 / **일러스트** 이진숙 / **전산편집** 이소연
영업마케팅 송경석, 김형진, 장경환, 조유미, 한종진, 이행은, 김선아, 고광일, 성화정, 김한솔 / **제작** 박성우, 김정우

이 책에 대한 의견이나 오탈자 및 잘못된 내용은 출판사 홈페이지나 아래 이메일로 알려주십시오.
파본은 구매처에서 교환하실 수 있습니다. 책값은 뒤표지에 표시되어 있습니다.

한빛미디어 홈페이지 www.hanbit.co.kr / 이메일 ask@hanbit.co.kr

Published by HANBIT Media, Inc. Printed in Korea
Copyright ©2025 박해선 & HANBIT Media, Inc.
이 책의 저작권은 박해선과 한빛미디어(주)에 있습니다.
저작권법에 의해 보호를 받는 저작물이므로 무단 복제 및 무단 전재를 금합니다.

지금 하지 않으면 할 수 없는 일이 있습니다.
책으로 펴내고 싶은 아이디어나 원고를 메일(writer@hanbit.co.kr)로 보내주세요.
한빛미디어(주)는 여러분의 소중한 경험과 지식을 기다리고 있습니다.

혼자 만들면서 공부하는 딥러닝

★ ★ ★ 혼자 만들면서 공부하는 시리즈 소개

누구나 혼자 만들 수 있습니다! 이론과 문법 학습에서 그치지 않고, 배운 지식을 실전에 적용하고자 하는 독자들을 위해 〈혼자 만들면서 공부하는〉 시리즈를 준비했습니다. 일상과 업무에 실질적으로 도움이 되는 프로젝트를 직접 완성하는 것이 이 시리즈의 핵심 목표입니다.
지금 바로 시작하세요. 독자 여러분이 학습 과정에서 어려움을 맞닥뜨릴 때마다 동영상 강의와 저자 Q&A를 이용할 수 있도록 '혼만 학습 사이트'를 운영합니다. 혼만 학습단과 함께 '때론 혼자, 때론 같이' 공부하며 여러분의 든든한 지원군이 되어 드리겠습니다.

한빛미디어
Hanbit Media, Inc.

> **독자 후기**

첫 독자가 전하는 말

『혼자 만들면서 공부하는』 시리즈는 배운 지식을 실전에 적용하고자 하는 독자들을 위해 기획되었습니다. 도서의 완성도를 위해 출간 전 31명의 베타리더가 직접 실습을 진행하며 검증한 소중한 피드백을 책에 담았습니다. 독자들의 의견을 적극 수렴하여 한층 더 발전한 프로그래밍 실습서를 지금 만나 보세요. 독자 여러분과의 소통을 통해 탄생한 이 책이 프로그래밍 학습자에게 든든한 가이드가 되길 바랍니다.

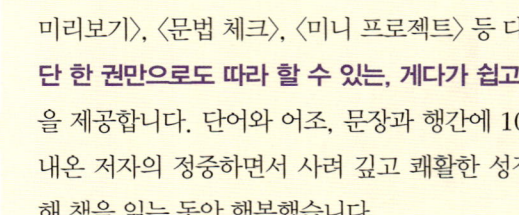

이제 막 "Hello World!"를 출력해 본 입문자부터, 단순한 프로젝트를 구현해 본 초급자, 문법에는 자신 있으나 실무에 적용해 본 적이 없는 중급자까지 아우를 수 있도록 설계한 저자의 세심한 배려가 돋보입니다. 〈챕터 미리보기〉, 〈문법 체크〉, 〈미니 프로젝트〉 등 다양한 요소가 체계를 이루어 **단 한 권만으로도 따라 할 수 있는, 게다가 쉽고 유쾌하기까지 한 학습 경험**을 제공합니다. 단어와 어조, 문장과 행간에 10여 년 동안 직장 동료로 지내온 저자의 정중하면서 사려 깊고 쾌활한 성정이 그대로 묻어 나오는 듯해 책을 읽는 동안 행복했습니다.

_ 베타리더 곽남주 님

『혼자 공부하는』 시리즈에는 기본 문법을 이해한 독자가 주로 하는 **'그래서 뭘 할 수 있는데?'라는 질문에 대한 답변**이 담겨 있습니다. 실생활과 가까운 프로젝트를 직접 만들어 보면서 실력을 키울 수 있습니다.

_ 베타리더 송유태 님

예제 프로젝트들이 흥미로워 학습을 지속할 수 있는 동기부여가 됐습니다. 입문서를 막 끝낸 초보자로서 실용적인 예제 프로젝트들을 보며 '이런 것도 가능하구나!' 하고 감탄하면서 학습했습니다. 비로소 머릿속에서 따로 놀던 기초 문법으로 문장을 만드는 방법을 배운 느낌입니다.

_ 베타리더 김성훈 님

문법이 아닌 실습으로 실력을 키우고 싶은 독학러를 위한 책. 다양한 라이브러리를 활용해 지루할 틈이 없고, 입문자도 실습할 수 있을 만큼 설명이 상세합니다. 저자의 노하우를 따라 하다 보면 대형 프로젝트도 거뜬히 해낼 수 있으리라는 자신감이 솟아 납니다.

_ 베타리더 정한민 님

뭐부터 공부해야 할지 막막하신가요? **'내가 과연 할 수 있을까?'라는 걱정에 시작조차 못하고 계신 분**이 있다면, 이 책과 함께 첫걸음을 내디뎌 보세요. 시작이 반이라는 말처럼 책의 첫 페이지를 넘기면 어느새 한 줄 한 줄 코드를 따라 작성하고 있는 자신을 발견하게 됩니다.

_ 베타리더 김재은 님

의문을 가질 만한 사고의 흐름을 좇아 실습과 주석, 설명이 구성되어 있습니다. 단순히 문법을 배우는 데에만 그쳤던 사람이라면 혼자 만들면서 배우는 방식이 익숙하지 않을 수 있지만, **코드를 직접 만들고 정리해 보면서 진짜 내 것이 되는 경험**을 할 수 있었습니다.

_ 베타리더 이하랑 님

어떻게 활용하는지를 알려주는 도서입니다. 이 책의 예제들을 바탕으로 깊이 있게 학습하는 시간을 보낸 후에는 **이전과 달라진 자신의 모습을 발견**할 수 있습니다.   _ 베타리더 임승현 님

『혼자 만들면서 공부하는』 시리즈가 만들어지기까지
김강민, 김태웅, 박민재, 정한민, 김수정, 임승민, 이장훈, 고병운, 임승현, 이하랑, 오두영, 성수진, 김성훈, 구자림, 홍원기, 정윤서, 송승훈, 서희정, 정혜민, 용석영, 김재은, 송유태, 박준영, 김재승, 정인성, 이건우, 견채은, 김가은, 김채영, 강은솔, 곽남주 님이
함께 수고해 주셨습니다. 감사합니다.

저자 인터뷰

"딥러닝을 배워서 어디에 활용할 수 있을지 궁금했나요?"

Q 무엇을 배울 수 있나요?

A 이 책은 딥러닝 분야에서 대표적으로 활용되는 두 가지 분야인 컴퓨터 비전과 대규모 언어 모델을 다룹니다. 컴퓨터 비전의 초창기 모델부터 비교적 최신 모델까지 만들어 보면서 비전 모델의 발전 과정을 살펴볼 수 있고, 이 분야에 새롭게 적용된 기술도 알아볼 수 있습니다. 또 대규모 언어 모델인 인코더, 디코더, 인코더-디코더 모델을 만들어 보는 과정에서 자연어 처리 라이브러리에 대한 사용법도 배울 수 있습니다. 가장 중요한 점은 독자들이 컴퓨터 비전과 자연어 처리 분야에 대한 거시적인 안목을 얻을 수 있다는 점입니다. 단순히 모델 하나를 구동해 보는 데 그치지 않고, 모델이 발전해 온 과정을 함께 따라가 봄으로써 새로운 기술에 대한 적응력과 생존력을 갖추게 될 것입니다.

Q 이 책의 특별한 점은 무엇인가요?

A 많은 딥러닝 도서들은 이론서와 활용서의 양극단에 위치한 경우가 많습니다. 이론서는 모델의 작동 원리를 이해하는 데 초점을 맞추고, 활용서는 실전 문제를 해결하는 데 중점을 두고 있어 딥러닝 모델이 어떻게 구성되어 있는지 쉽게 감이 잡히지 않습니다. 이 책은 이론서와 활용서 사이 어딘가에 놓여 있습니다. 이론에서 출발하여 활용까지 가는 길을 안내하면서 실제 모델이 어떻게 구성되는지 직접 만들어 봅니다. 답답했던 독자들의 마음을 시원하게 풀어 줄 수 있을 것입니다.

Q 누가 읽으면 좋을까요?

A 『혼자 공부하는 머신러닝+딥러닝』이 머신러닝과 딥러닝을 배울 때 꼭 알아야 할 기본 지식을 전달하는 책이었다면, 『혼자 만들면서 공부하는 딥러닝』은 딥러닝 분야에서 중요한 역할을 한 모델과 그 기술을 배우는 데 초점을 맞춘 책입니다. 고급 딥러닝 주제를 다룬 심도있는 학습으로 건너가기 전, 징검다리로 삼을 책을 찾고 있다면 이 책을 선택하세요. 『혼자 공부하는 머신러닝+딥러닝』을 읽은 독자라면 재미있는 이야기와 삽화를 통해 보다 쉽게 적응할 수 있을 것입니다.

"이 책은 그러한 궁금증을 해소하는 데 큰 도움이 됩니다"

Q 이 책을 어떻게 활용하면 좋을까요?

A 이 책은 코드를 통해 모델을 직접 구현하면서 인공지능의 이론과 활용을 배우도록 꾸며져 있습니다. 가장 좋은 방법은 코랩을 사용해 직접 코드를 따라 작성해 보는 것입니다. 직접 타이핑하지 않아도 깃허브에 공개된 주피터 노트북으로 실행 결과를 확인해 볼 수 있습니다. 시간이 부족하다면 책을 빠르게 훑어 보면서 내게 필요한 모델과 지식을 먼저 알아 보는 것도 좋습니다. 혼자 책을 보면서 공부하는 것이 조금 어렵게 느껴진다면 동영상 강의를 적극 활용해 보세요. 가장 중요한 것은 이 책 한 권으로 끝내서는 안 된다는 점입니다.

이 책을 마치고 관심 있는 주제를 계속해서 공부하세요. 그때 이 책에서 배운 것을 가장 잘 활용할 수 있을 겁니다. 무엇보다 블로그, 오픈채팅, 디스코드 등을 통해 언제나 저와 소통할 수 있습니다. 궁금한 점이 있다면 물어보고, 다른 사람이 어떻게 공부하고 있는지 소통해 보세요. 훨씬 수월하게 공부할 수 있을 거예요.

- **블로그**: https://tensorflow.blog
- **카카오톡 오픈채팅**: http://bit.ly/tensor-chat
- **디스코드**: https://discord.gg/fD3KzsZzJS

Q 이 책을 읽는 독자 여러분께 꼭 하고 싶은 말이 있다면?

A 딥러닝 분야가 정말 빠르게 변하고 있습니다. 혜성처럼 등장한 챗GPT가 촉발시킨 대규모 언어 모델 시장은 놀라울 정도로 기세를 넓혀 가고 있습니다. 인공지능이 경제와 정치, 사회 현상을 이해하고 토론할 수 있는 세상이 되면 우리는 어떤 능력을 요구받게 될까요? 이 책이 그에 대한 답을 제공하지는 못하지만, 그러한 세상에서 능력을 갖춘 사람이 되기 위해 공부를 게을리하지 않아야 함에는 틀림이 없습니다. 이 책이 여러분의 준비 과정에 조금이나마 도움이 될 수 있기를 바랍니다. 저도 멈추지 않고 계속 공부하고 탐구해서 더 좋은 책을 만들도록 노력하겠습니다. 감사합니다!

이 책의 구성

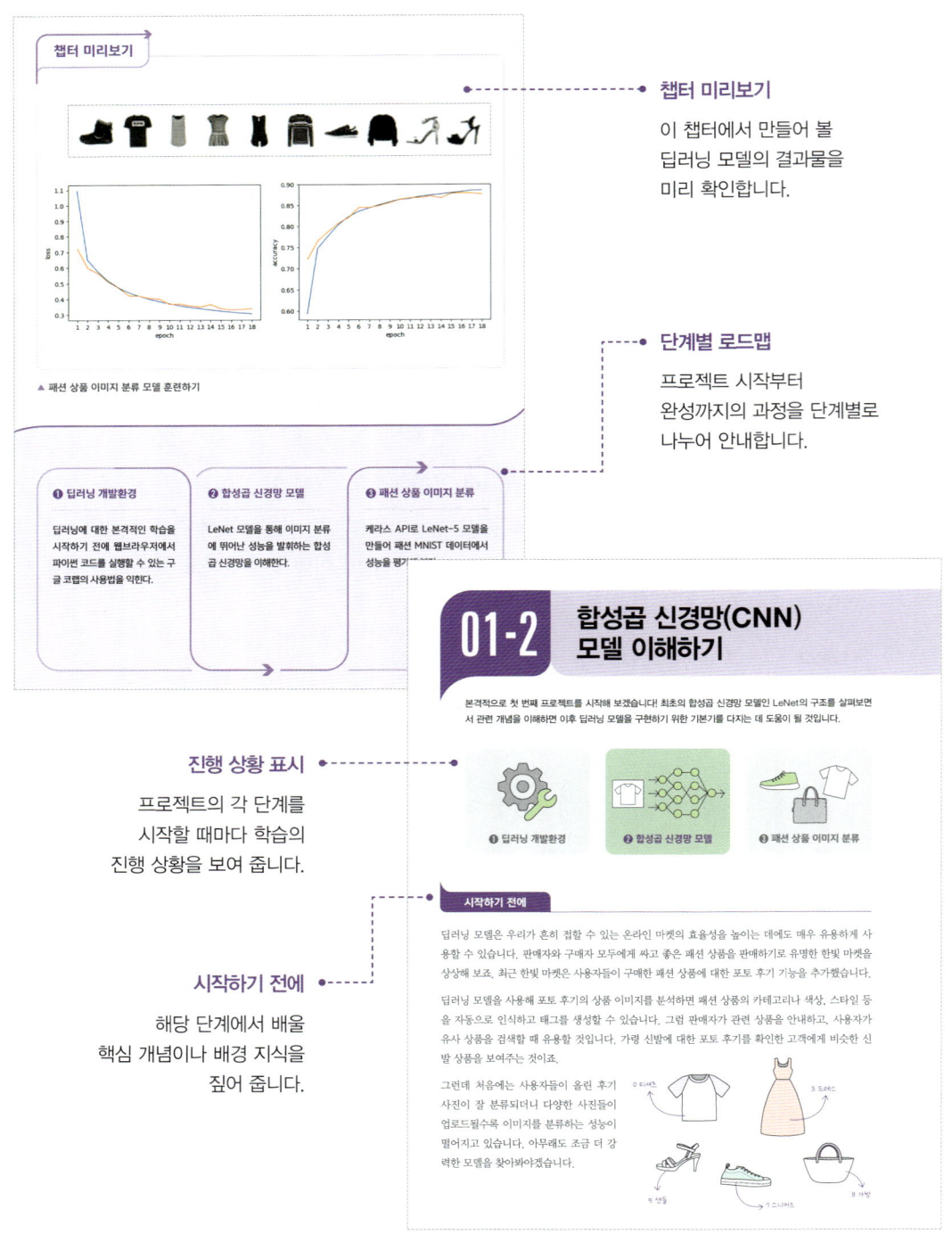

008 이 책의 구성

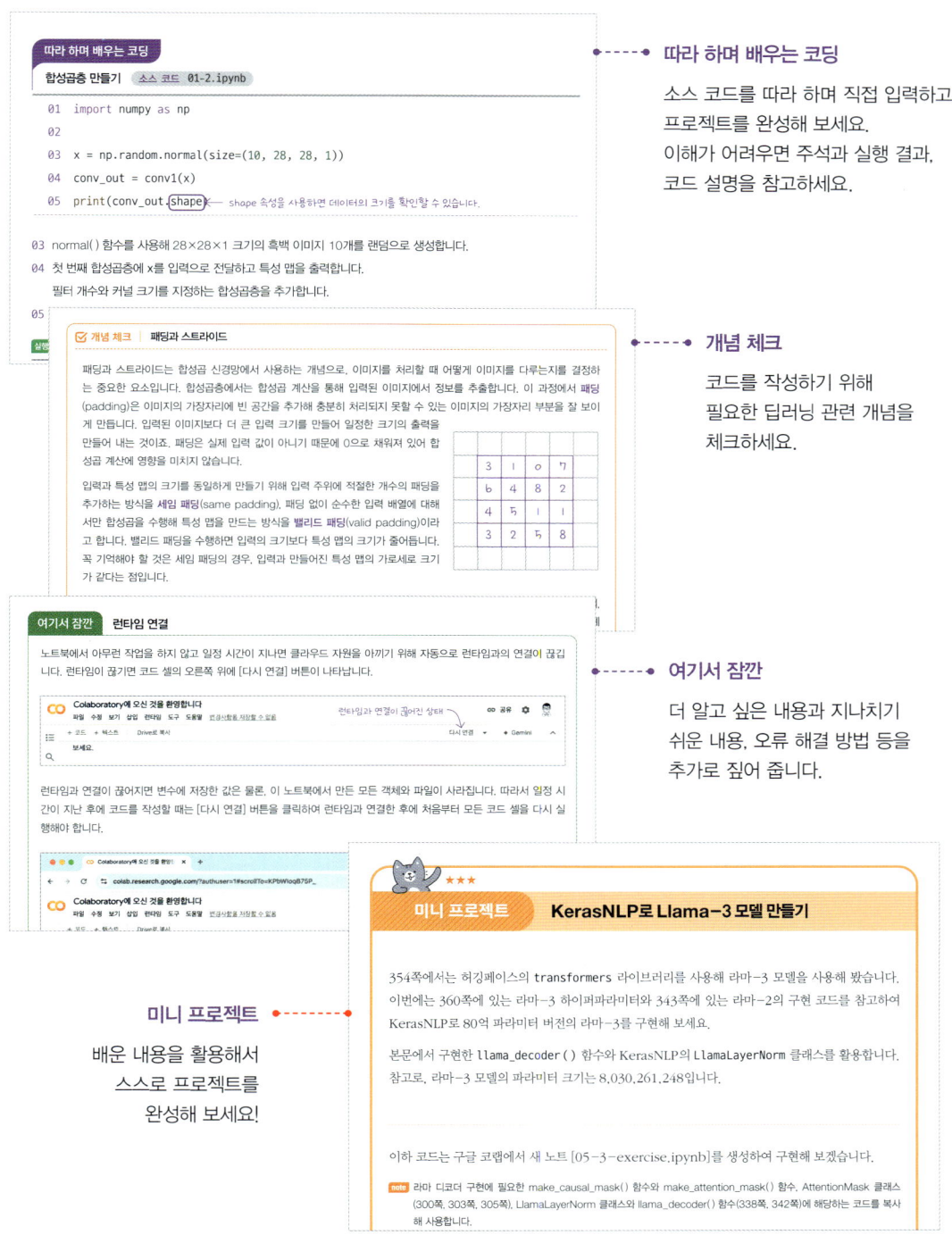

인공지능 미리보기

기나긴 인공지능의 역사를 모두 나열할 수는 없지만,
인공지능의 중요 사건들을 살펴보면서 딥러닝이 무엇인지 공부해 봅시다.

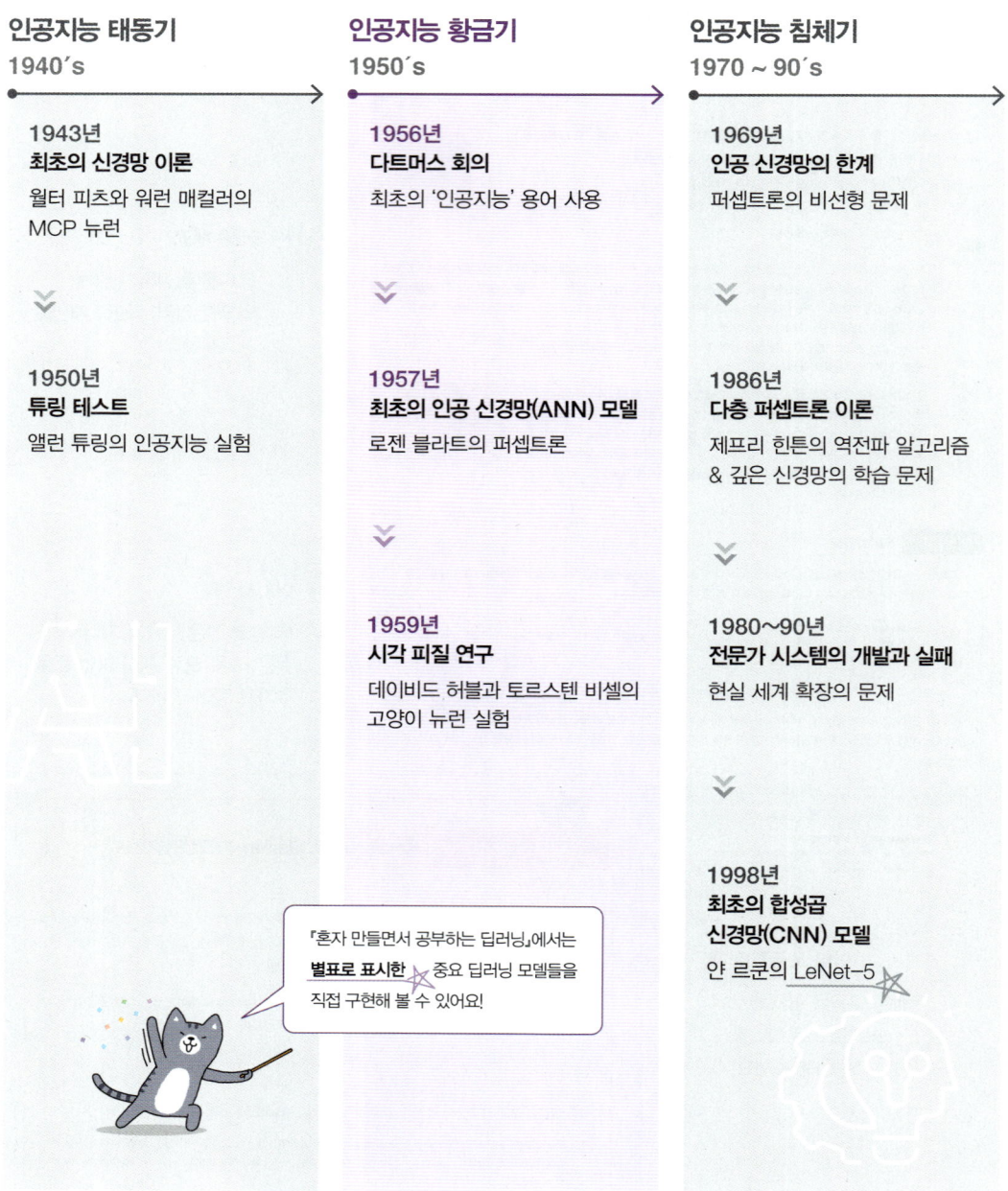

인공지능 태동기
1940's

1943년
최초의 신경망 이론
월터 피츠와 워런 매컬러의 MCP 뉴런

1950년
튜링 테스트
앨런 튜링의 인공지능 실험

인공지능 황금기
1950's

1956년
다트머스 회의
최초의 '인공지능' 용어 사용

1957년
최초의 인공 신경망(ANN) 모델
로젠 블라트의 퍼셉트론

1959년
시각 피질 연구
데이비드 허블과 토르스텐 비셀의 고양이 뉴런 실험

인공지능 침체기
1970 ~ 90's

1969년
인공 신경망의 한계
퍼셉트론의 비선형 문제

1986년
다층 퍼셉트론 이론
제프리 힌튼의 역전파 알고리즘 & 깊은 신경망의 학습 문제

1980~90년
전문가 시스템의 개발과 실패
현실 세계 확장의 문제

1998년
최초의 합성곱 신경망(CNN) 모델
얀 르쿤의 LeNet-5

「혼자 만들면서 공부하는 딥러닝」에서는 **별표로 표시한** 중요 딥러닝 모델들을 직접 구현해 볼 수 있어요!

딥러닝 성장기
2010´s

2006년
인공 신경망의 부활
제프리 힌튼의
심층 신뢰 신경망(DBN)

2012년
합성곱 신경망의 부상
제프리 힌튼의 AlexNet

2014~15년
이미지넷 경진 대회를 석권한 합성곱 신경망 모델
옥스포드 대학교의 VGGNet
- GoogLeNet
- ResNet

2015년
오픈 소스 딥러닝 라이브러리의 등장
구글의 텐서플로

2016년
알파고의 승리
인공지능과의 바둑 대국

↳ 잔차 연결을 확장한
  DenseNet

2017년
트랜스포머의 등장
구글의 어텐션 메커니즘 모델

↳ 경량 합성곱 신경망
  MobileNet

2018년
OpenAI GPT 시리즈의 시작
트랜스포머 디코더 기반 LM인
GPT-1 출시

↳ 트랜스포머 인코더 기반 LLM:
  BERT

2019년
트랜스포머 모델의 발전
- 인코더-디코더 기반 LLM:
  BART, T5
- 인코더 기반 LLM:
  RoBERTa, DistilBERT
- 디코더 기반 LLM: GPT-2

↳ 효율적인 합성곱 신경망
  EfficientNet

생성형 AI 혁명기
2020´s

2022년
챗GPT
대화형 인공지능의 시대 도래

2023~24년
오픈 소스 LLM의 폭발적인 성장
- 메타의 Llama
- 구글의 Gemma

2024년~
생성 AI의 시대
- 구글의 Gemini
- 마이크로소프트의 Phi
- 알리바바의 Qwen
- 딥시크의 DeepSeek

학습 가이드

본격적으로 학습을 시작하기 전에

파이썬의 기초 문법은 알아야 해요

이 책을 학습하려면 import, print, for, if 등의 파이썬 명령어는 꼭 알아야 합니다. 만약 이러한 명령어에 대한 이해가 부족하다면 책을 읽기 전에 『혼자 공부하는 파이썬(개정판)』(한빛미디어, 2022)을 비롯한 입문서로 파이썬 학습을 선행하기 바랍니다.

온라인 실습 환경, 구글 코랩

이 책의 모든 예제는 온라인 환경인 구글 코랩에서 실습합니다. 온라인에 연결되지 않은 상태에서 각자의 컴퓨터에서 실습하길 원한다면 파이썬과 몇 가지 라이브러리를 설치해야 합니다.

- 파이썬: 3.10.12
- 사이킷런: 1.6.0
- 파이토치: 2.5.1
- 맷플롯립: 3.8.0
- 텐서플로: 2.17.1
- 트랜스포머스: 4.47.1
- 넘파이: 1.26.4
- 케라스: 3.5.0

학습 자료 다운로드

이 책의 코딩은 절 단위로 구성되어 있습니다. 앞의 코딩 내용이 있어야 뒤의 코드가 정상적으로 작동합니다. 코랩에서 직접 코드를 작성해 보는 것이 가장 좋지만, 책에서 다루는 모든 예제 코드는 이 책의 깃허브에 공개되어 있습니다. 깃허브에 있는 주피터 노트북으로 실행 결과를 확인해 보세요.

- 저자 깃허브: https://github.com/rickiepark/hm-dl

  저자 깃허브에 접속한 뒤 [<> Code]-[Download ZIP]을 클릭하면 소스 코드를 압축 파일로 다운로드할 수 있습니다.

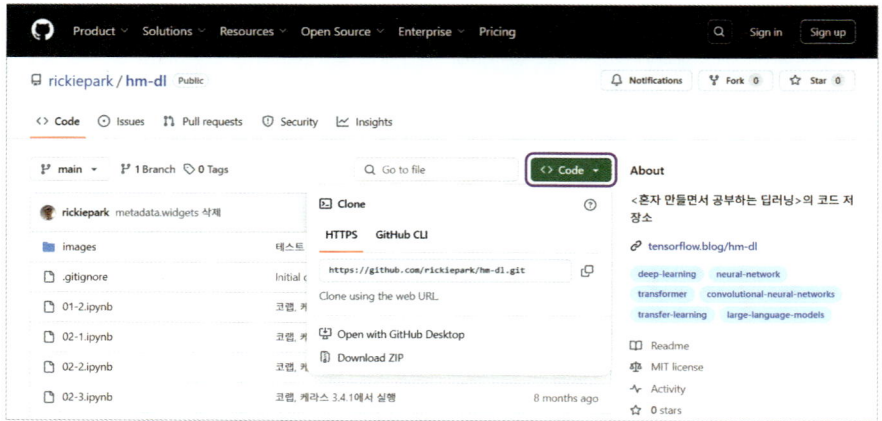

학습 사이트 100% 활용하기

예제 파일 다운로드,
동영상 강의 보기, 저자가 직접 답하는 Q&A까지!

사이트 바로가기

hongong.hanbit.co.kr go

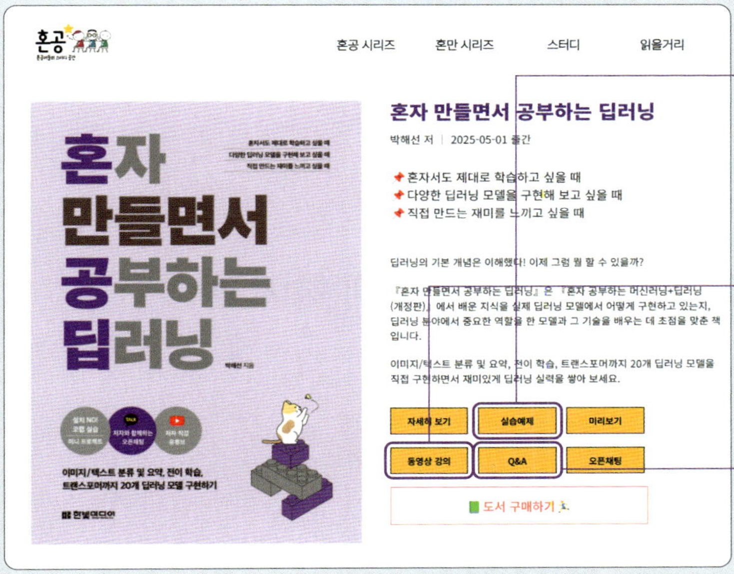

실습 예제
프로젝트 완성에
필요한 파일을
다운로드하세요.

동영상 강의
무료 동영상 강의와
함께 빠르고 재미있게
딥러닝을 익히세요.

Q&A
혼자 공부하다
막힐 때는 질문하세요!
저자가 직접
답변해 드립니다.

때론 혼자, 때론 같이! '혼만 학습단'과 함께하세요.

한빛미디어는 '혼만 학습단'을 모집합니다.
혼만 학습자들과 함께 공부하며 완주의 기쁨을 느껴 보세요.

✉ 한빛미디어 홈페이지에서 '메일 수신'에 동의하면 학습단 모집 일정을 안내받으실 수 있습니다.

목차

Chapter 01 합성곱 신경망(CNN)으로 패션 상품 이미지 분류하기

01-1 딥러닝 개발환경 구축하기 023

딥러닝을 위한 준비물, 구글 코랩 024
코랩의 화면 구성 026
- 텍스트 셀 027
- 코드 셀 030
- 노트북 033

코랩으로 실습 준비하기 037
- 깃허브에 저장된 노트북 불러오기 039
- 텐서플로와 케라스 041

키워드로 정리하는 핵심 포인트 044

01-2 합성곱 신경망(CNN) 모델 이해하기 046

최초의 CNN 모델 – LeNet 047
합성곱층 – Conv2D 049
풀링층과 밀집층 – AveragePooling2D, Dense 055
키워드로 정리하는 핵심 포인트 060

01-3 패션 상품 이미지 분류하기 061

LeNet 모델 만들기 062
LeNet 모델 훈련하기 065
- 훈련 데이터 준비하기 067
- 모델 훈련하기 070
- 모델 성능 확인하기 073

키워드로 정리하는 핵심 포인트 075

Chapter 02 사전 훈련된 CNN 모델로 강아지와 고양이 사진 분류하기

02-1 이미지 분류 CNN 모델 만들기 079

이미지넷 대회에서 우승한 최초의 CNN 모델 - AlexNet 080
- AlexNet 모델 만들기 080
- AlexNet 모델의 구조 분석하기 084

사전 훈련된 CNN 모델 - VGGNet 086
- VGGNet 모델 만들기 086
- VGGNet 모델의 구조 분석하기 089

키워드로 정리하는 핵심 포인트 092

02-2 강아지와 고양이 사진 분류하기 093

VGGNet 모델 로드하기 094
강아지와 고양이 사진 분류하기 096
- 강아지 사진 분류하기 097
- 모델 출력 디코딩하기 098
- 고양이 사진 분류하기 100

키워드로 정리하는 핵심 포인트 102

02-3 강아지와 고양이 사진 분류 모델의 성능 개선하기 103

훈련 성능을 높이는 CNN 모델 - ResNet 104
ResNet 모델 만들기 106
- 배치 정규화 106
- 잔차 스택 만들기 110
- ResNet 모델 만들기 115

강아지와 고양이 사진 분류하기 118

좀 더 알아보기 GoogLeNet 121
미니 프로젝트 GoogLeNet으로 강아지와 고양이 사진 분류하기 123

키워드로 정리하는 핵심 포인트 126

목차

Chapter 03 고급 CNN 모델과 전이 학습으로 이미지 분류하기

03-1 이미지 분류 모델의 효율성 최적화하기 131

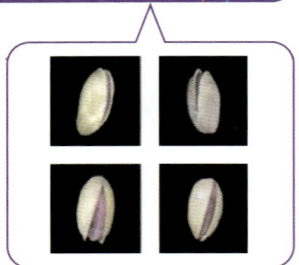

ResNet의 확장 모델 – DenseNet 132
- DenseNet 모델 준비하기 133
- DenseNet 모델 만들기 136
- DenseNet 모델로 강아지 사진 분류하기 140

모바일 환경(경량) 모델 – MobileNet 141
- MobileNet 모델 준비하기 143
- MobileNet 모델 만들기 147
- MobileNet 모델로 강아지 사진 분류하기 150

키워드로 정리하는 핵심 포인트 152

03-2 이미지 분류 모델의 성능 최적화하기 153

가장 높은 성능을 내는 모델 – EfficientNet 154
- 새로운 활성화 함수 – 스위시 157
- 성능과 효율을 동시에 잡는 방법 – 복합 스케일링 161

EfficientNet 모델 만들기 162
- 역 잔차 블록 만들기 163
- EfficientNet 모델 만들기 167

EfficientNet 모델로 강아지 사진 분류하기 173

키워드로 정리하는 핵심 포인트 175

03-3 전이 학습으로 피스타치오 이미지 분류하기 177

텐서플로 허브로 강아지 사진 분류하기 178
허깅페이스로 강아지 사진 분류하기 183

전이 학습으로 피스타치오 품종 분류하기　**187**
　　　・사전 훈련된 모델로 피스타치오 품종 분류하기　**187**
　　　・전이 학습으로 피스타치오 품종 분류하기　**189**

> 미니 프로젝트

캐글 모델로 피스타치오 품종 분류하기　**196**
키워드로 정리하는 핵심 포인트　**201**

Chapter 04 트랜스포머 인코더 모델로 텍스트 감성 분류하기

04-1 트랜스포머 인코더 모델 이해하기　205

어텐션 메커니즘　**206**
　　　・셀프 어텐션　**210**
　　　・멀티 헤드 어텐션　**212**
위치 인코딩과 층 정규화　**215**
　　　・순서 정보 더하기 – 위치 인코딩　**215**
　　　・훈련 안정화하기 – 층 정규화　**218**
트랜스포머 인코더 모델 만들기　**221**
키워드로 정리하는 핵심 포인트　**224**

04-2 전이 학습으로 영화 리뷰 텍스트의 감성 분류하기　226

트랜스포머 인코더 기반 언어 이해 모델 – BERT　**227**
KerasNLP로 영화 리뷰 텍스트의 감성 분류하기　**233**
　　　・KerasNLP로 BERT 모델 로드하기　**233**
　　　・BERT 모델 미세 튜닝하기　**237**
　　　・텍스트 전처리하기 – BERT 토크나이저　**241**
허깅페이스로 영화 리뷰 텍스트의 감성 분류하기　**245**
　　　・네이버 영화 리뷰 데이터셋 준비하기　**245**
　　　・백본 모델 선택하기　**249**
　　　・입력 데이터 토큰화하기　**251**

목차

> 좀 더 알아보기

- BERT 모델 미세 튜닝하기 254
- 미세 튜닝된 모델로 감성 분석하기 259
- 키워드로 정리하는 핵심 포인트 262

04-3 BERT 후속 모델로 영화 리뷰 텍스트의 감성 분류하기 264

BERT의 성능 개선 모델 – RoBERTa 265
- KerasNLP로 RoBERTa 모델 만들기 267
- RoBERTa 모델 미세 튜닝하기 271

BERT의 경량화 모델 – DistilBERT 275
- 티처 모델 이해하기 - MLM을 위한 BERT 276
- 정제 손실 이해하기 279
- 스튜던트 모델 DistilBERT 사용하기 282
- DistilBERT로 IMDB 영화 리뷰 텍스트의 감성 분류하기 286

> 미니 프로젝트

KerasNLP로 DistilBERT 모델 만들기 290
키워드로 정리하는 핵심 포인트 293

Chapter 05 트랜스포머 디코더 모델로 텍스트 생성하기

05-1 GPT-2 모델로 텍스트 생성하기 297

마스크드 멀티 헤드 어텐션 298
트랜스포머 디코더 모듈 만들기 304
GPT-2 모델로 다양한 텍스트 생성하기 307
- GPT-2 모델 만들기 308
- GPT-2 모델로 텍스트 생성하기 311
- 다양한 텍스트 생성하기 – 토큰 샘플링 316

허깅페이스로 다양한 텍스트 생성하기 321
- top-k와 top-p 샘플링으로 텍스트 생성하기 324
- 빔 샘플링과 대조 샘플링으로 텍스트 생성하기 326

키워드로 정리하는 핵심 포인트 329

05-2 Llama 모델로 텍스트 생성하기 331

Llama 모델 이해하기 332
- 로터리 위치 임베딩(RoPE) 333
- RMS 정규화 336
- SwiGLU 활성화 함수 339

KerasNLP로 Llama-2 모델 만들기 341

Llama-2 모델로 텍스트 생성하기 345
- 모델 사용 허가 요청하기 346
- 캐글 사용자 인증하기 349
- Llama-2 모델로 텍스트 생성하기 351
- 텍스트 전처리하기 - 센텐스피스 토크나이저 352

Llama-3 모델로 텍스트 생성하기 354
- 허깅페이스에 Llama-3 사용 허가 요청하기 354
- Llama-3와 미세 튜닝 모델 사용하기 358

> 좀 더 알아보기 Llama-3.1과 Llama-3.2 364

키워드로 정리하는 핵심 포인트 367

05-3 Gemma 모델로 텍스트 생성하기 369

Gemma 모델 이해하기 370

KerasNLP로 Gemma 모델 만들기 372

Gemma 모델로 텍스트 생성하기 375
- 모델 사용 허가 요청하기 375
- Gemma 모델로 텍스트 생성하기 377

Gemma-2 모델로 텍스트 생성하기 378

> 미니 프로젝트 KerasNLP로 Llama-3 모델 만들기 385

키워드로 정리하는 핵심 포인트 388

목차

Chapter 06 트랜스포머 인코더-디코더 모델로 텍스트 요약하기

06-1 BART 모델로 텍스트 요약하기 393

트랜스포머 인코더-디코더 모델 만들기 394
BART 모델로 텍스트 요약하기 397
- BART 모델 만들기 399
- 사전 훈련된 BART 모델로 텍스트 생성하기 403
- 허깅페이스 BART 모델로 텍스트 요약하기 405

키워드로 정리하는 핵심 포인트 408

06-2 T5 모델로 텍스트 요약하기 410

T5 모델 이해하기 411
- T5 모델의 버전 412
- 상대 위치 임베딩 413

T5 모델로 텍스트 요약하기 419
- T5 인코더/디코더 모듈 만들기 419
- T5 인코더-디코더 모델 만들기 423
- 사전 훈련된 T5 모델로 텍스트 요약하기 426

T5-1.1 모델로 텍스트 요약하기 428

<미니 프로젝트> T5-1.1 small 모델 만들기 431

키워드로 정리하는 핵심 포인트 437

06-3 에필로그 438

찾아보기 440

Chapter 01

합성곱 신경망(CNN)으로 패션 상품 이미지 분류하기

학습목표

- 딥러닝 모델을 구현하기 위해 필요한 무료 파이썬 개발환경인 구글 코랩의 사용법을 익힙니다.
- 합성곱 신경망의 기본 구성 요소인 합성곱과 풀링, 스트라이드에 대해 소개하고, 대표적인 활성화 함수인 시그모이드 함수와 렐루 함수도 알아봅니다.
- 케라스로 최초의 합성곱 신경망인 LeNet-5 모델을 직접 만들어 보고, 패션 상품 데이터셋으로 모델을 훈련하는 방법을 배웁니다.

챕터 미리보기

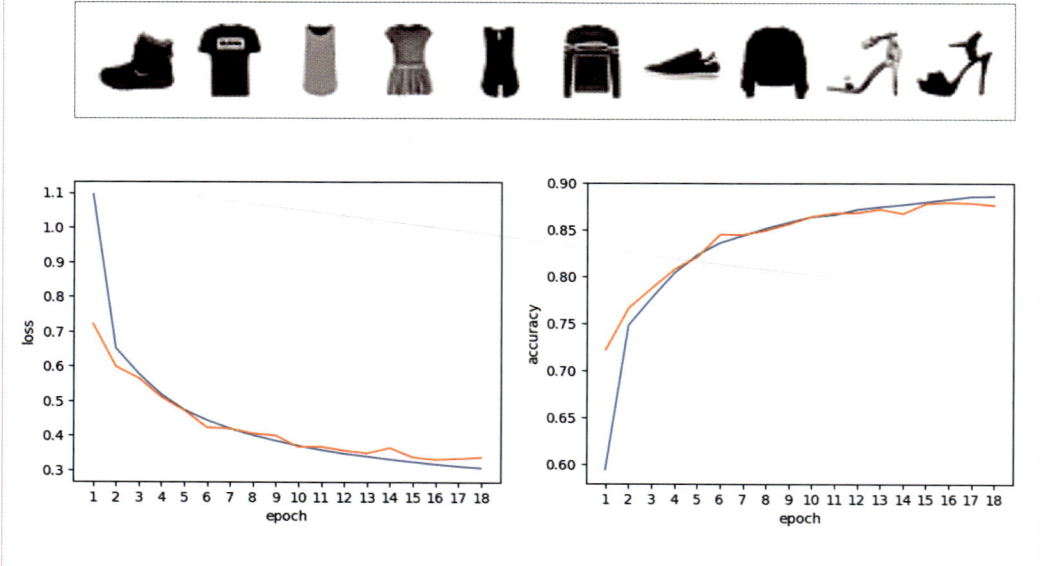

▲ 패션 상품 이미지 분류 모델 훈련하기

❶ 딥러닝 개발환경

딥러닝에 대한 본격적인 학습을 시작하기 전에 웹브라우저에서 파이썬 코드를 실행할 수 있는 구글 코랩의 사용법을 익힌다.

❷ 합성곱 신경망 모델

LeNet 모델을 통해 이미지 분류에 뛰어난 성능을 발휘하는 합성곱 신경망을 이해한다.

❸ 패션 상품 이미지 분류

케라스 API로 LeNet-5 모델을 만들어 패션 MNIST 데이터에서 성능을 평가해 본다.

01-1 딥러닝 개발환경 구축하기

이 책의 모든 예제는 구글 코랩에서 실행합니다. 예제의 대부분은 코랩 무료 버전으로 실행할 수 있지만 필요한 경우 유료 버전을 구매해야 할 수 있습니다.

❶ 딥러닝 개발환경

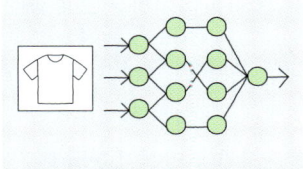
❷ 합성곱 신경망 모델

❸ 패션 상품 이미지 분류

시작하기 전에

딥러닝을 학습하기 위해서는 준비물이 필요합니다. 특정 언어나 그 언어를 사용할 개발환경을 구축하는 것인데요. 이 책에서는 파이썬과 구글 코랩을 사용하여 누구나 쉽게 동일한 결과를 얻을 수 있도록 구성했습니다. 범용 프로그래밍 언어인 파이썬은 머신러닝과 딥러닝 분야의 표준 언어로 간주되고 있는데요. 구글 코랩을 사용하면 내 컴퓨터에 파이썬을 설치하고 설정하는 데 시간을 들이지 않고, 웹브라우저에서 바로 코딩을 시작할 수 있습니다.

여러분이 준비할 것은 인터넷이 연결된 브라우저와 코랩을 사용하기 위한 구글 계정이 전부입니다. 코랩이 데이터 분석과 딥러닝에 필요한 중요 패키지들을 무료로 제공하기 때문에 간편하게 작업을 시작할 수 있습니다.

딥러닝을 위한 준비물, 구글 코랩

구글 **코랩**Colab은 2018년 구글이 공개한 **주피터 노트북**Jupyter notebok 서비스로, 주로 머신러닝과 데이터 과학 분야의 연구와 교육을 위한 플랫폼입니다. 기본적으로 파이썬 언어를 지원하기 때문에 브라우저에서 코랩에 접속한 후 바로 파이썬 코드를 작성하고 실행하여 결과를 확인할 수 있습니다. 내가 작성한 파이썬 코드는 구글 클라우드에서 제공하는 무료 컴퓨팅 자원을 통해 실행되므로 내 컴퓨터에는 파이썬이나 기타 다른 라이브러리를 설치할 필요가 전혀 없습니다.

주피터 노트북(https://jupyter.org/)은 웹 기반의 인터랙티브 컴퓨팅 환경입니다. 쉽게 말해, 웹 브라우저로 코드를 작성하고 실행할 수 있는 도구를 말하죠. 주피터 프로젝트는 2014년 파이썬에서 인터랙티브한 개발환경을 제공하는 IPython이라는 프로젝트로 시작되었습니다.

> **note** IPython 프로젝트는 2000년대 초반부터 인터랙티브한 셸(shell) 환경을 지원했습니다. 지금은 파이썬은 물론, R과 줄리아(Julia) 언어까지 지원합니다.

인터랙티브한 컴퓨팅 환경이란 게 도대체 무엇인지 궁금하군요. 주피터 노트북을 소개하는 웹사이트 'https://bit.ly/3Y1OsR2'에 접속하면 어떤 환경을 제공하는지 살짝 엿볼 수 있습니다. 화면이 모두 나타날 때까지 잠시 기다렸다가 브라우저를 아래로 조금 스크롤하면 흥미로운 내용이 나타납니다.

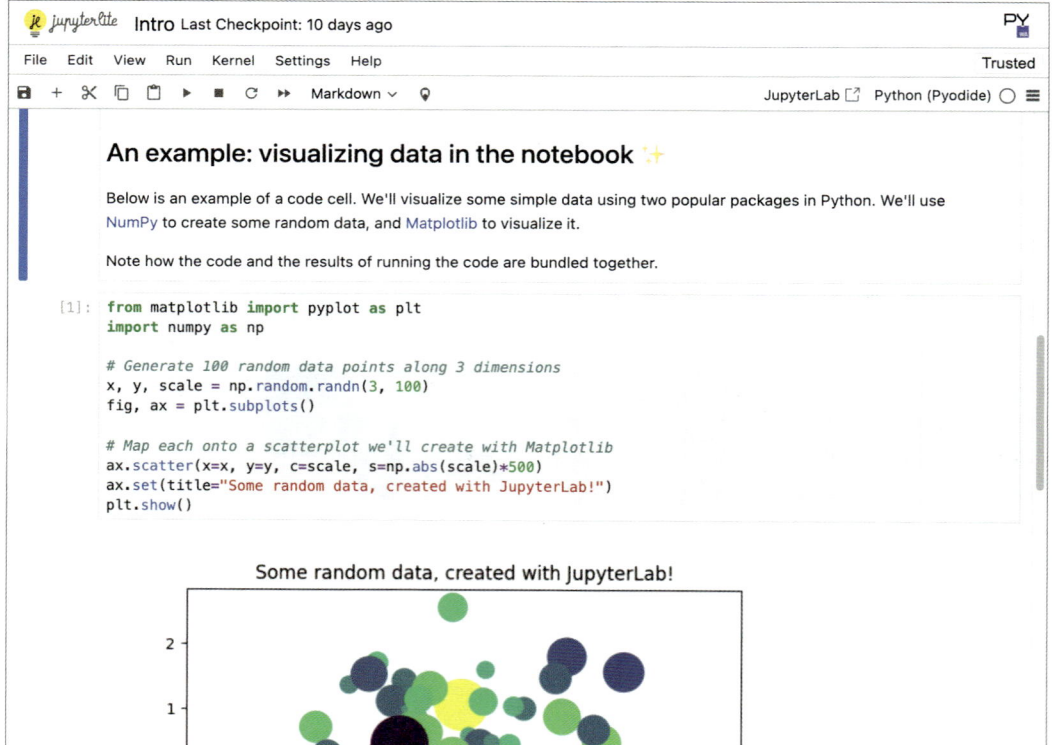

주피터 노트북을 설명하는 텍스트와 파이썬 코드, 실행 결과 등이 보입니다. 이렇게 주피터 노트북(또는 줄여서 간단히 노트북)은 문서와 코드, 실행 결과를 모두 담은 파일입니다. 이미 실행된 노트북 파일을 다른 곳에서 열면 이전에 실행했던 결과를 그대로 확인할 수 있습니다. 즉, 코드를 다시 실행할 필요가 없다는 것이죠!

> note 내 컴퓨터에서 주피터 노트북을 열어 보려면 파이썬의 notebook 라이브러리를 설치하거나 마이크로소프트의 비주얼 스튜디오 코드(Visual Studio Code) 같은 파이썬 IDE(통합개발환경, Integrated Development Environment)를 사용하세요.

코드와 실행 결과를 함께 저장하고 공유할 수 있다는 것은 커다란 장점입니다. 연구와 개발의 속도를 높이고 정보 공유를 장려할 수 있죠. 덕분에 주피터 노트북은 개발자 사이에서 높은 인기를 얻었고, 특히 머신러닝과 데이터 과학 분야의 기본 개발도구로 자리 잡았습니다.

뒤에서 살펴보겠지만, 노트북에는 코드를 작성할 수 있는 '코드 셀'과 문서를 작성할 수 있는 '텍스트 셀'이 있습니다. 당연히 하나의 노트북은 여러 개의 코드 셀과 텍스트 셀로 이루어집니다. 인터랙티브한 환경이란 다른 코드 셀을 실행하지 않고 독립적으로 하나의 코드 셀을 실행할 수 있다는 의미입니다. 즉, 하나의 코드 셀만 실행하여 바로 결과를 확인할 수 있고, 코드 셀의 결과는 보통 그 셀 바로 아래에 나타납니다.

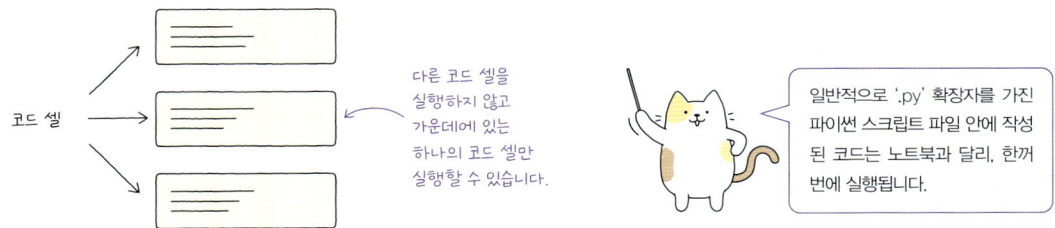

코랩과 주피터 노트북에 대한 소개가 길었네요. 구글 계정이 준비되었다면 구글 코랩(https://colab.research.google.com/)에 접속해 보세요. 코랩에 접속하면 [노트 열기] 창에 [최근 사용] 탭이 자동으로 선택되어 있는 것을 볼 수 있습니다.

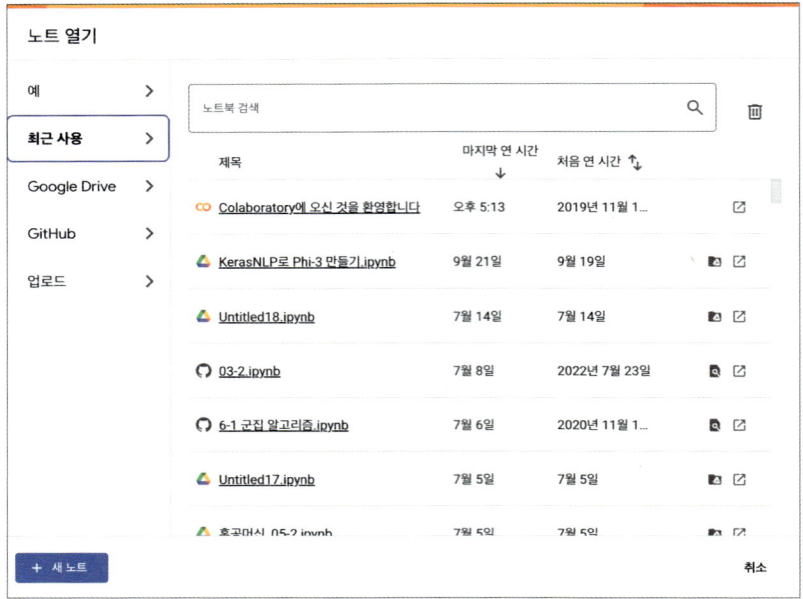

이 창에서 원하는 노트북을 선택, 검색하거나 [+ 새 노트] 버튼을 클릭해 새로운 노트를 생성할 수 있습니다. 여기서는 노트북의 기본 구성을 살펴보기 위해 [취소] 버튼을 클릭하거나 키보드의 Esc 키를 눌러서 창을 닫으면 코랩에 성공적으로 접속하게 됩니다.

코랩의 화면 구성

코랩은 웹브라우저에서 텍스트와 프로그램 코드를 자유롭게 작성할 수 있는 온라인 에디터입니다. 그림 코랩 환경을 어떻게 사용하는지 알아보기 전에 잠시 화면 구성부터 살펴보겠습니다.

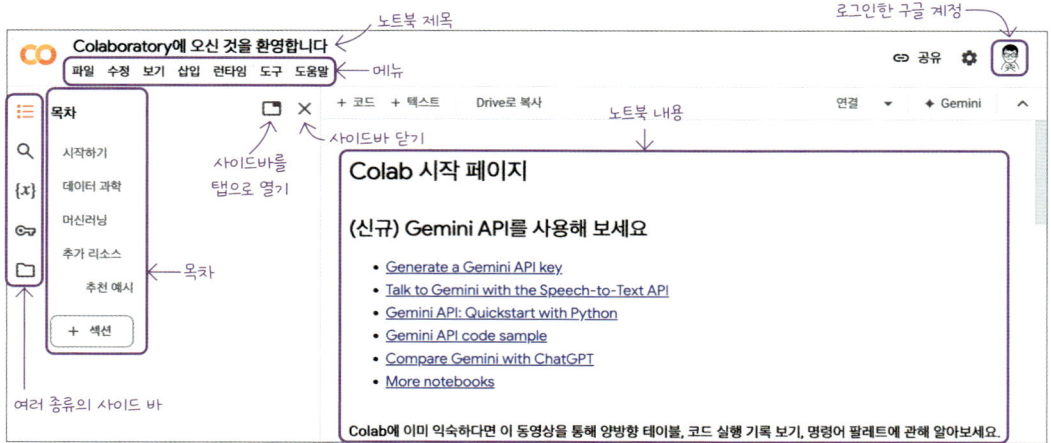

맨 위에는 해당 노트북의 제목이 있습니다. 노트북의 기본 제목은 'Colaboratory에 오신 것을 환영합니다'인데요. 이 노트북의 제목이 파일 이름으로도 사용됩니다. 제목 아래에는 메뉴, 왼쪽 사이드바에는 해당 노트북의 목차가 보이는군요. 이 사이드바의 아이콘을 눌러 원하는 기능을 선택할 수 있습니다.

- **(목차):** 노트북의 텍스트 셀에서 작성한 제목을 나열하여 보여줍니다.
- **(찾기 및 바꾸기):** 노트북 내용(텍스트와 코드)을 검색하거나 다른 값으로 바꿀 수 있습니다.
- **(변수):** 노트북에서 생성된 변수와 데이터 타입을 확인할 수 있습니다.
- **(보안 비밀):** 환경변수나 API 키를 저장하여 재사용할 수 있습니다.
- **(파일):** 내 컴퓨터에 있는 파일을 코랩 노트북에 업로드하고 관리합니다.

note [보안 비밀]과 [파일] 아이콘에 대해서는 5장에서 자세히 설명합니다.

노트북을 아래로 스크롤하면 다음과 같이 텍스트 셀과 코드 셀을 볼 수 있습니다. 코드 셀에는 회색 배경이 있어 텍스트 셀과 쉽게 구분할 수 있는데요. 텍스트 셀을 클릭하면 테두리 그림자가 나타나기 때문에 현재 선택한 셀도 쉽게 알아챌 수 있죠.

> 셀을 선택한 다음, 키보드에서 위, 아래 방향 키를 누르면 셀을 이동할 수 있습니다.

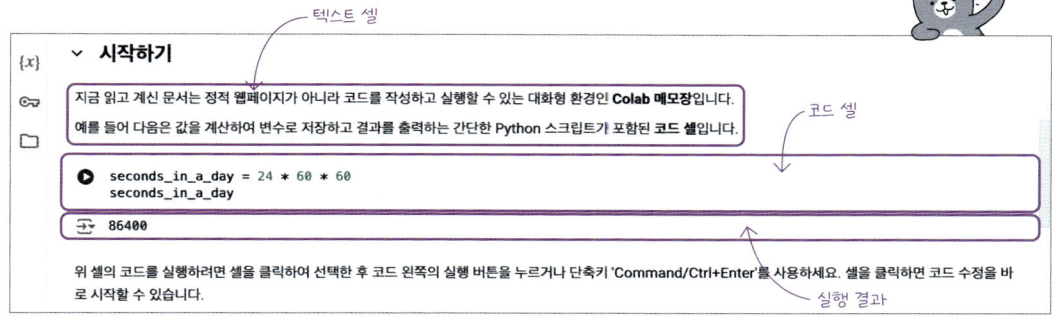

셀은 코랩에서 실행할 수 있는 최소 단위입니다. 즉, 셀 안에 있는 내용을 한 번에 실행하고, 그 결과를 노트북에 나타냅니다. 노트북은 보통 여러 개의 코드 셀과 텍스트 셀로 이루어지는데요. 그럼 텍스트 셀과 코드 셀, 노트북에 대해 조금 더 자세하게 알아보겠습니다.

텍스트 셀

텍스트 셀은 코드처럼 순서대로 실행되는 것이 아니기 때문에 자유롭게 작성할 수 있습니다. 한 셀에 아주 긴 코드를 써도 되고, 여러 셀에 나누어 작성해도 괜찮습니다. 텍스트 셀을 수정하려면 원하는 셀로 이동한 후 키보드에서 Enter 키를 누르거나 더블 클릭해 편집 화면을 활성화할 수 있습니다.

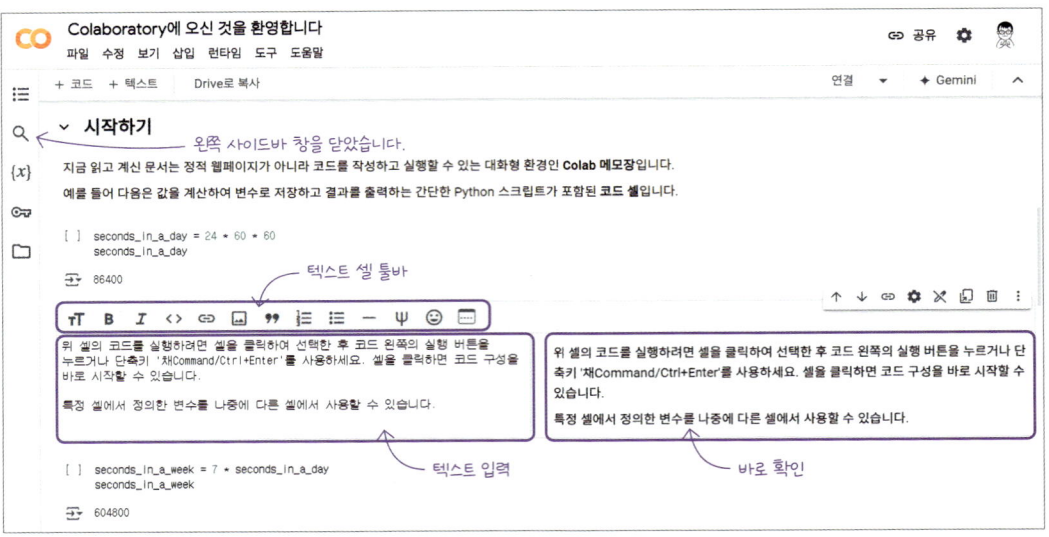

텍스트 셀에는 HTML과 **마크다운**markdown을 혼용해서 사용할 수 있고, 텍스트 셀의 왼쪽 창에서 텍스트를 수정하면 오른쪽 마크다운 미리보기 창에서 수정된 결과를 바로 확인할 수 있습니다. 텍스트 셀에서 제공하는 왼쪽 상단 툴바를 사용하면 다양한 형태로 글을 꾸밀 수 있습니다. 입력한 텍스트에 툴바의 기능을 하나씩 적용해 보세요.

- **тT** : 현재 라인을 제목으로 바꿉니다. 코랩은 여러 단계의 메뉴를 지원하는데, 이 아이콘을 클릭하면 순서대로 제목의 크기가 바뀝니다.
- **B** : 선택한 글자를 굵은 글자로 바꿉니다. 글자를 선택하지 않고 버튼을 누르면 현재 커서 위치에 있는 단어를 굵은 글자로 바꿉니다.
- *I* : 선택한 글자를 기울임꼴로 바꿉니다. 글자를 선택하지 않고 버튼을 누르면 현재 커서 위치에 있는 단어를 기울임꼴로 바꿉니다.
- <> : 선택한 글자를 코드 형식으로 바꿉니다. 글자를 선택하지 않고 버튼을 누르면 현재 커서 위치에 코드를 입력할 수 있는 코드 블록을 만듭니다.
- 🔗 : 선택한 글자에 링크를 삽입합니다. 글자를 선택하지 않고 버튼을 누르면 커서 위치에 새로운 링크를 추가합니다.
- 🖼 : 현재 커서 위치에 이미지를 추가합니다.
- 99 : 현재 커서 위치에 인용구를 추가합니다.
- ≣ : 현재 커서 위치에 번호 매기기 목록을 추가합니다.
- ≡ : 현재 커서 위치에 글머리 기호 목록을 추가합니다.
- — : 현재 커서 위치에 가로줄을 추가합니다.
- Ψ : 현재 커서 위치에 레이텍 문자를 추가합니다.

- ☺ : 현재 커서 위치에 이모티콘을 추가합니다.
- ▭ : 마크다운 미리보기 창의 위치를 오른쪽에서 아래로, 또는 아래에서 오른쪽으로 바꿉니다.

> note 레이텍(LaTex)은 수식, 그래프, 다이어그램 등을 그리는 데 유용한 문서 저장도구로, 보통 논문 작성에 많이 사용합니다.

또한 텍스트 셀의 오른쪽 상단에는 현재 선택한 셀에 적용할 수 있는 편집 기능이 아이콘으로 표시되어 있습니다.

- ↑, ↓ : 셀의 위치를 위아래로 이동시킵니다.
- 🔗 : 현재 셀 위치에 대한 링크를 클립보드에 복사합니다.
- ⚙ : 텍스트 셀(편집기)의 색상이나 글꼴 크기 등을 변경할 수 있는 [설정] 창을 엽니다.
- ✕, ✏ : 텍스트 셀(마크다운 편집기)을 닫거나 열어 수정합니다(키보드에서 Enter 키를 눌렀을 때와 동일합니다).
- 📱 : [미리보기] 창이 탭으로 이동(미러링)합니다.
- 🗑 : 텍스트 셀을 삭제합니다.
- ⋮ : 텍스트 셀의 선택, 복사, 잘라내기 기능을 선택할 수 있습니다.

여기서 잠깐 ┃ 텍스트 셀의 마크다운 서식

코랩에서는 간단한 문법으로 텍스트, 이미지, 링크 등을 삽입할 수 있는 마크다운을 사용할 수 있는데요. 다음과 같은 마크다운 서식을 사용하면 코드의 목적이나 실행 흐름, 설명 등을 명확하게 표현할 수 있습니다.

마크다운 형식	설명	예시
# 제목1	<h1> 태그와 동일합니다.	**제목1**
## 제목2	<h2> 태그와 동일합니다.	**제목2**
### 제목3	<h3> 태그와 동일합니다.	**제목3**
#### 제목4	<h4> 태그와 동일합니다.	**제목4**
##### 제목5	<h5> 태그와 동일합니다.	**제목5**
혼만딥	굵은 글자로 씁니다.	**혼만딥**
혼만딥 또는 _혼만딥_	기울임꼴로 씁니다.	*혼만딥*
~~혼만딥~~~	취소선을 추가합니다.	혼만딥
\`print("Hello World!")\`	코드 서체로 씁니다.	`print("Hello World!")`
> 혼만딥	들여쓰기합니다. 여러 단계를 들여 쓸 수 있습니다.	혼만딥
* 혼만딥 - 혼만딥	글머리 기호 목록을 만듭니다.	● 혼만딥
[한빛미디어](http://www.hanbit.co.kr/)	링크를 만듭니다.	한빛미디어

![[한빛미디어](http://www.hanbit.co.kr/ images/common/logo_hanbit.png)	이미지를 추가합니다.	![한빛출판네트워크 로고]
$ y = x \times z$	레이텍을 추가합니다.	$y = x \times z$

텍스트 셀의 수정을 끝낼 때는 키보드에서 Esc 키를 누르거나 마우스로 노트북의 다른 곳을 클릭하면 됩니다.

코드 셀

코드 셀은 파이썬 코드를 입력하고 실행하는 셀입니다. 텍스트 셀과 마찬가지로 포커스를 코드 셀로 이동한 후 키보드에서 Enter 키를 누르거나 마우스로 한 번 클릭해 바로 코드 셀을 편집할 수 있습니다. 코드 셀을 실행할 때는 셀 왼쪽에 있는 실행(▶) 아이콘을 클릭하거나 키보드에서 Ctrl + Enter 키를 누릅니다.

> macOS 사용자라면 Ctrl 대신 Command 를 누르세요.

코드 셀에서 다음과 같이 입력해 seconds_in_a_day라는 변수를 seconds_in_a_week로 바꾸고, 24 * 60 * 60 * 7의 값을 출력해 보세요. 코드 셀은 마지막 라인의 실행 결과를 셀 아래에 자동으로 출력합니다. 따라서 마지막 라인에 print(seconds_in_a_week)라고 쓰지 않고, seconds_in_a_week라고만 써도 자동으로 변수 값 604800이 출력됩니다.

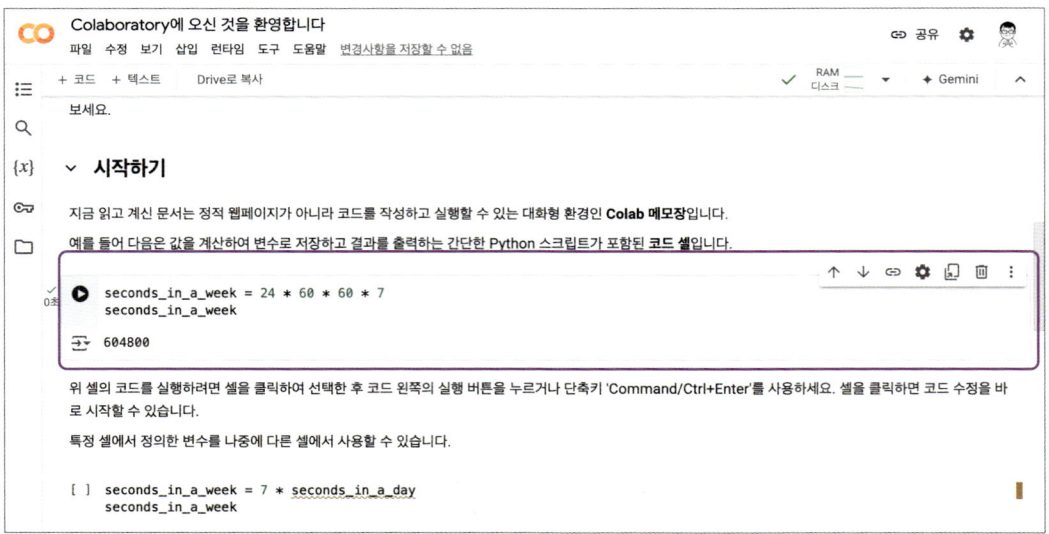

현재 선택된 셀 아래에 비어 있는 코드 셀을 새로 추가합니다. 새로운 코드 셀에 앞서 작성했던 seconds_in_a_week의 값을 다음과 같이 바꾸고, 키보드에서 Ctrl + Enter 키를 눌러 코드 셀을 실행해 보세요. 이제 seconds_in_a_week의 값은 0이 되었습니다.

note [삽입] – [코드 셀] 메뉴를 선택하거나 현재 선택된 셀의 하단 선으로 마우스 커서를 옮기면 나타나는 [+ 코드] 버튼을 클릭해도 비어 있는 코드 셀을 새로 추가할 수 있습니다.

바로 위에 있는 셀을 다시 실행하면 어떻게 될까요? seconds_in_a_week의 값이 다시 604800으로 바뀝니다. 자, 여기에서 일반 프로그램과 노트북 사이의 중요한 차이점을 눈치챘나요?

일반 프로그램은 모든 코드가 처음부터 끝까지 순서대로 실행됩니다. 그래서 변수 값이 거꾸로 수정될 수 없죠. 하지만 노트북은 셀 단위로 코드를 실행할 수 있기 때문에 얼마든지 이전 셀을 다시 실행할 수 있습니다. 이렇게 위아래 셀을 오가며 코드를 실행하면 변수 값이 기대한 것과 다른 값을 가지게 될 수도 있으므로 주의해야 합니다.

여기서 잠깐 런타임 연결

노트북에 작성한 파이썬 코드는 웹브라우저에서 실행된 것이 아닙니다. 구글 클라우드에서 제공하는 가상 서버에서 실행된 것입니다. 이를 **런타임**(runtime)이라고 부릅니다. 노트북에서 맨 처음 코드 셀을 실행하면 자동으로 구글 런타임을 배정받아 연결하기 위해 실행 속도가 조금 지연됩니다. 두 번째 실행부터는 훨씬 빠르게 실행되죠. 노트북에서 아무런 작업을 하지 않고 일정 시간이 지나면 클라우드 자원을 아끼기 위해 자동으로 런타임과의 연결이 끊깁니다. 런타임이 끊기면 코드 셀의 오른쪽 위에 [다시 연결] 버튼이 나타납니다.

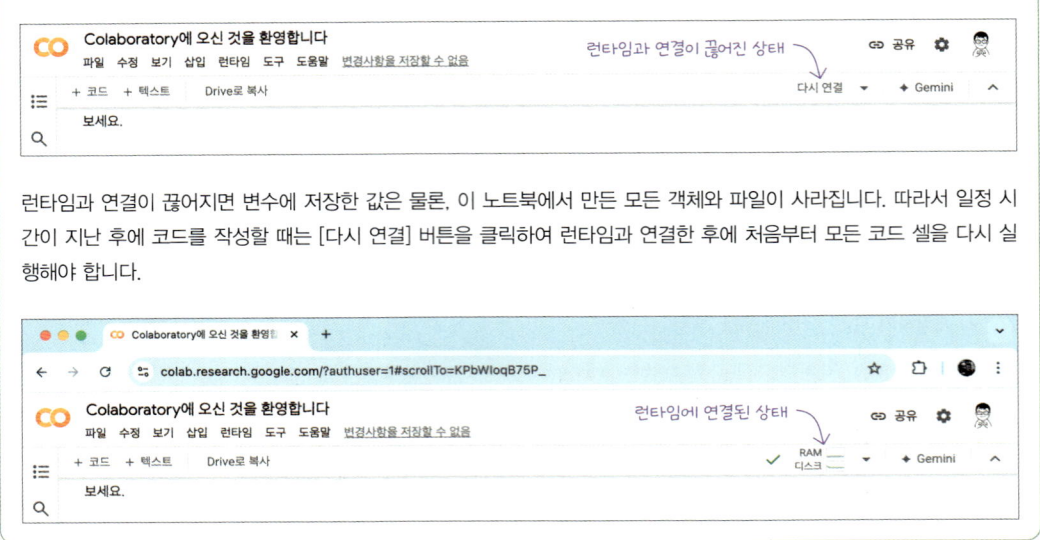

런타임과 연결이 끊어지면 변수에 저장한 값은 물론, 이 노트북에서 만든 모든 객체와 파일이 사라집니다. 따라서 일정 시간이 지난 후에 코드를 작성할 때는 [다시 연결] 버튼을 클릭하여 런타임과 연결한 후에 처음부터 모든 코드 셀을 다시 실행해야 합니다.

이미 작성된 노트북의 모든 코드 셀을 한 번에 실행하는 명령도 있습니다. 메뉴에서 [런타임] - [모두 실행]을 선택하면 현재 노트북의 모든 셀이 처음부터 순서대로 실행됩니다.

> 현재 노트북의 모든 셀을 실행하는 단축키는 Ctrl + F9 입니다.

코드 셀을 실행 한 후, 바로 다음 셀로 포커스를 이동할 수도 있습니다. 이때는 코드 셀을 실행하는 단축키인 Ctrl + Enter 대신, Shift + Enter 를 누르면 됩니다. Shift + Enter 를 연속해서 누르면 현재 셀을 실행하고 바로 다음 셀을 이어서 실행할 수 있어 편리합니다.

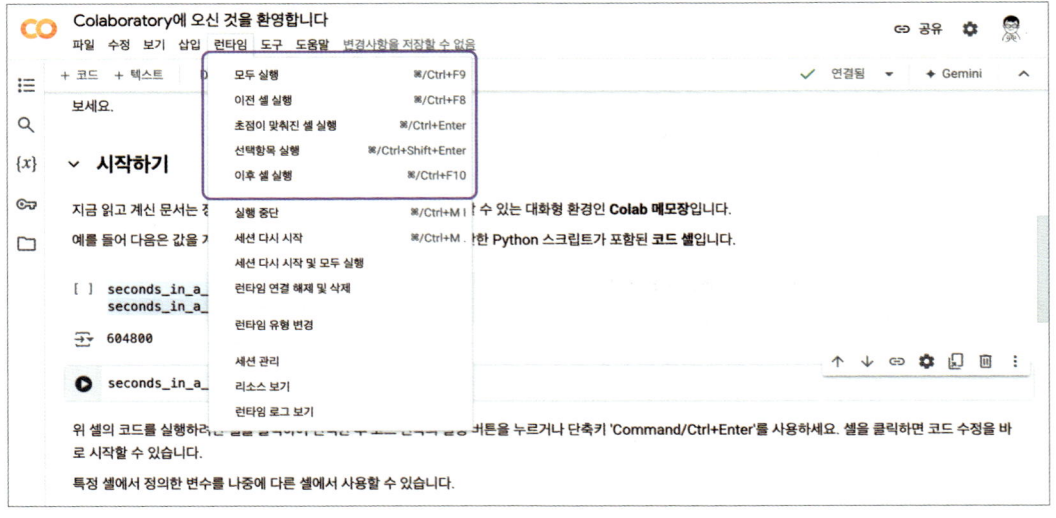

note 코드 셀을 실행하고 바로 다음에 새로운 코드 셀을 추가하려면 Alt + Enter 를 누르세요.

[선택항목 실행] 명령을 사용하면 전체 노트북에서 일부 셀만 선택해 실행할 수 있습니다. 먼저 키보드 포커스가 코드 셀 안에 들어가 편집 모드 상태에 있다면 `Esc`를 눌러 코드 셀을 선택한 상태로 바꿔 주세요. `Shift` 키를 누른 채로 키보드에서 위아래 방향 키를 눌러 실행하고 싶은 코드 셀을 선택하고, 메뉴에서 [런타임] - [선택항목 실행]을 클릭하거나 단축키 `Ctrl`+`Shift`+`Enter`를 누르면 선택된 셀만 실행합니다.

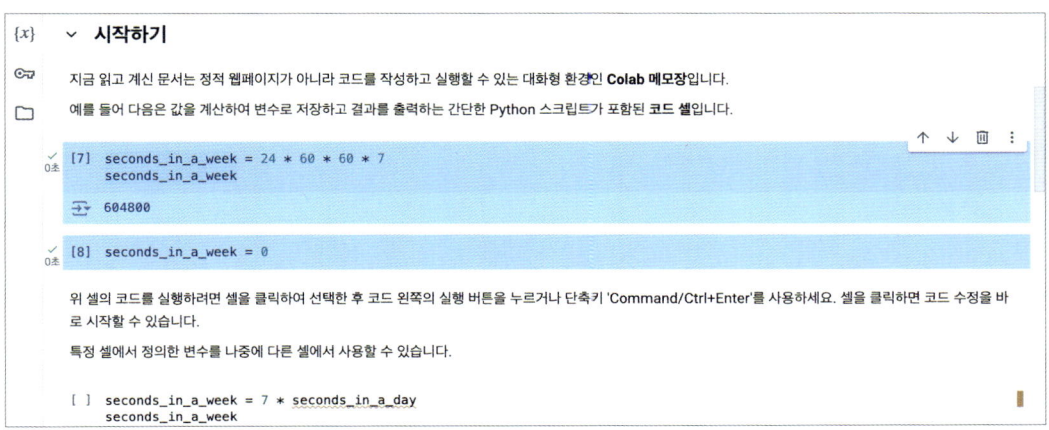

> **note** 만약 모든 셀을 선택하고 싶다면 상단 메뉴에서 [수정] - [모든 셀 선택]을 클릭하세요. 선택된 셀 중 특정 셀만 제외하고 싶다면 `Ctrl` 키를 누른 후 마우스로 해당 셀을 클릭하면 됩니다.

여기서 잠깐 [런타임] 메뉴

코드 셀을 실행하면 실행(▶) 아이콘이 실행 중단(■) 아이콘으로 바뀝니다. 만약 코드 셀이 실행되는 데 오랜 시간이 걸린다면 실행 중단 아이콘을 클릭하거나 상단 메뉴에서 [런타임] - [실행 중단]을 선택해 실행 중인 노트북을 중지할 수 있습니다. 그 밖에도 [런타임] 메뉴에서는 다음과 같이 선택할 수 있는 명령들이 있습니다.

- **세션 다시 시작**: 런타임에 연결된 후 노트북을 실행하여 만든 모든 변수와 값을 초기화합니다. 이는 마치 노트북의 어떤 코드 셀도 실행하지 않은 상태와 같습니다. 하지만 파일의 사이드바에서 업로드한 파일이나 웹에서 다운로드한 파일은 그대로 남아 있습니다.
- **세션 다시 시작 및 모두 실행**: 말 그대로 [세션 다시 시작]과 [모두 실행]을 차례로 실행하는 것과 동일한 기능입니다.
- **런타임 연결 해제 및 삭제**: 현재 노트북에 연결된 구글 클라우드에서 할당받은 런타임 연결을 끊고 자원을 반납합니다.

> **note** 코드 셀을 마우스 오른쪽 버튼으로 클릭했을 때 나타나는 팝업 메뉴에서 [셀 삭제], [셀 복사], [셀 잘라내기]를 선택할 수도 있습니다. 이 메뉴들은 모두 상단에 있는 [수정] 메뉴에서 동일하게 실행할 수 있습니다.

노트북

노트북의 오른쪽 상단에 있는 RAM과 디스크 상태 아이콘에 마우스를 올리면 연결된 런타임에 대한 자세한 정보를 확인할 수 있습니다. 이 노트북은 구글 클라우드의 **컴퓨트 엔진**Compute Engine에 연결되어 있군요. 이 서버의 메모리는 약 12기가이고, 디스크 공간은 100기가입니다. 구글 계정만 있다면 이렇게 코랩 노트북을 사용해 무료로 가상 서버를 활용할 수 있습니다.

무료라 부담은 없지만 제한 사항도 있습니다. 코랩 노트북으로 동시에 사용할 수 있는 구글 클라우드의 가상 서버는 최대 5개입니다. 5개 이상의 노트북을 열어야 한다면 이전에 열어 둔 노트북을 저장하고 런타임과의 연결을 끊어야 합니다. 이미 노트북이 5개 이상 실행 중이라면 다음과 같이 메뉴에서 [런타임] - [세션 관리]를 선택하여 실행 중인 노트북을 종료할 수 있습니다. 또한 한 노트북을 12시간 이상 실행할 수도 없습니다.

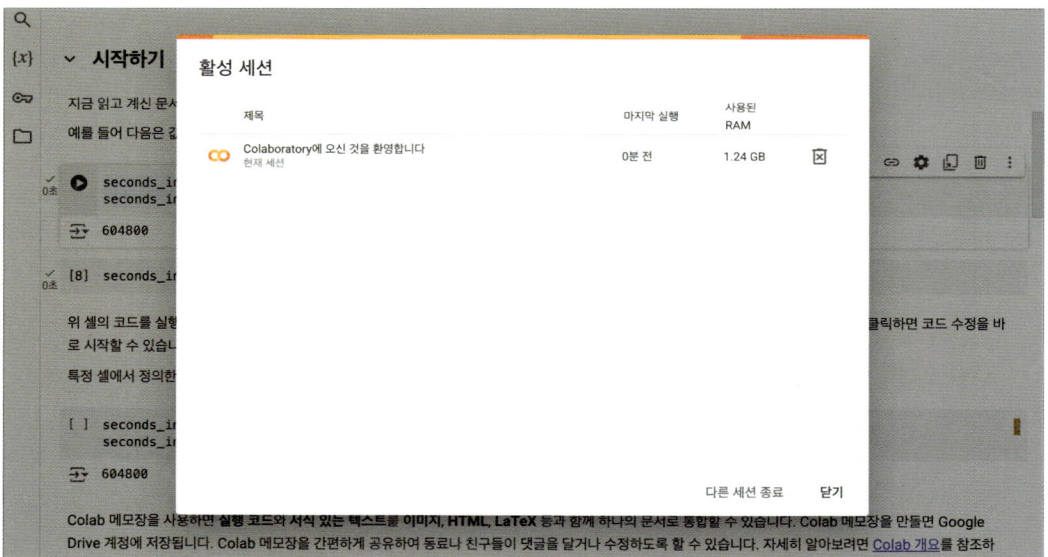

note 앞서 메뉴의 [런타임] - [런타임 연결 해제 및 삭제]를 선택해 세션을 종료하고 자원을 반납하는 것과 동일한 효과를 냅니다.

[세션 관리]와 관련된 메뉴는 RAM과 디스크 상태 아이콘 옆에 있는 추가 연결 옵션의 드롭다운(▼) 아이콘을 누르면 나타나는 목록에서도 찾을 수 있습니다. 추가 연결 옵션의 [리소스 보기]를 통해 현재 런타임의 RAM 메모리와 디스크 여유 공간을 확인할 수도 있고, 다음과 같이 [런타임 유형 변경]을 통해 코랩에서 사용할 런타임 유형을 선택할 수도 있습니다. 코랩은 기본적으로 CPU 런타임을 제공하지만 딥러닝 작업에는 GPU가 필요한 경우가 많습니다. 이 책의 예제도 대부분 GPU가 필요하므로 'T4 GPU'를 선택하세요. 'T4 GPU'보다 빠른 GPU인 'A100 GPU'나 'L4 GPU'를 사용하려면 유료 서비스인 코랩 프로나 코랩 프로+ 계정이 필요합니다.

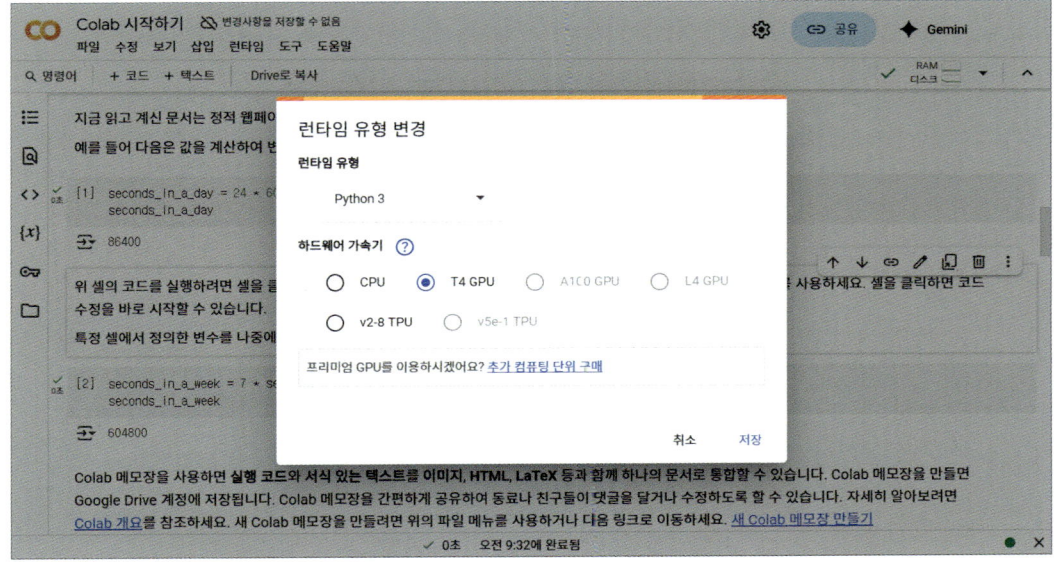

note [리소스 보기]와 [런타임 유형 변경] 기능은 [런타임] 메뉴에서도 동일하게 설정할 수 있습니다.

여기서 잠깐 | 코랩 프로와 AI 코딩

코랩의 무료 기능으로도 다양한 작업을 할 수 있지만 심층 신경망이나 트랜스포머 기반의 대규모 모델은 무료 서비스로 실행하기가 어렵습니다. 종종 런타임 메모리나 GPU 메모리가 부족하기 때문입니다. 경우에 따라서는 GPU 메모리가 부족하지 않더라도 실행 속도가 너무 느려 더 빠른 GPU가 필요하기도 합니다.

구글은 더 많은 메모리와 컴퓨팅 파워를 제공하는 **코랩 프로**(Colab Pro)와 **코랩 프로+**(Colab Pro+)를 유료로 제공합니다. 모두 고성능 GPU와 대용량 RAM을 가진 런타임을 사용할 수 있는 서비스인데요. [런타임 유형 변경] 메뉴를 선택하면 T4 GPU 외에도 A100과 L4 GPU를 선택할 수 있고, 고용량 RAM 옵션을 활성화할 수 있습니다. 고용량 RAM을 선택하면 약 51GB의 메모리를 가진 런타임이 할당됩니다.

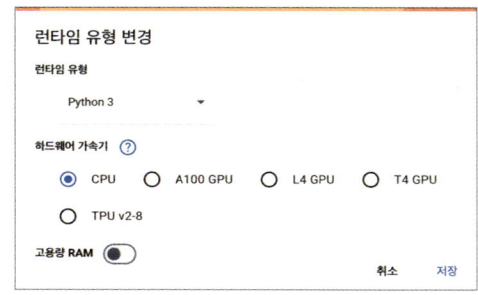

note 현재 코랩 프로와 코랩 프로+는 공식적으로 원화 결제를 지원하지 않지만, 해외 결제가 가능한 카드를 사용해 청구지 주소를 미국(구글이나 애플 본사)으로 지정하면 구독할 수 있습니다.

코랩은 AI를 활용한 코딩 어시스턴트 기능도 제공합니다. 무료 사용자도 AI 코딩 기능을 사용할 수 있지만 제한적일 수 있고, 유료 사용자에게 신규 기능을 먼저 제공할 수 있습니다. AI 코딩은 설정(⚙) 아이콘을 클릭하면 나타나는 [설정] – [AI 지원] 탭에서 활성화할 수 있습니다.

AI 코딩을 사용하면 AI 어시스턴트가 추천하는 코드가 제공되기 때문에 훨씬 빠르고 손쉽게 코드를 작성할 수 있습니다. 또한 노트북 오른쪽 상단에 위치한 제미나이(✦ Gemini) 아이콘을 클릭하면 구글의 제미나이 챗봇에게 코드에 관해 질의할 수도 있습니다. 제미나이는 함수 코드뿐만 아니라 어떤 웹 페이지를 참조했는지 출처에 대한 자세한 목록도 제공합니다. 코드 실행 중에 오류가 발생하면 자동으로 오류를 수정하거나 설명하는 버튼을 제공하기도 하죠. 코랩이 제공하는 AI 코딩 기능을 사용하면 코드 작성뿐만 아니라 타이핑 오류를 줄이거나 오류의 원인을 찾아 해결하는 데에도 큰 도움을 받을 수 있습니다.

코랩으로 실습 준비하기

코랩에서 새로운 노트북을 만들고 저장하는 방법을 알아보겠습니다. 방법은 간단합니다.

01 처음 코랩 페이지(https://colab.research.google.com/)에 접속하면 나타나는 [노트 열기] 창 하단에 있는 [새 노트]를 클릭합니다.

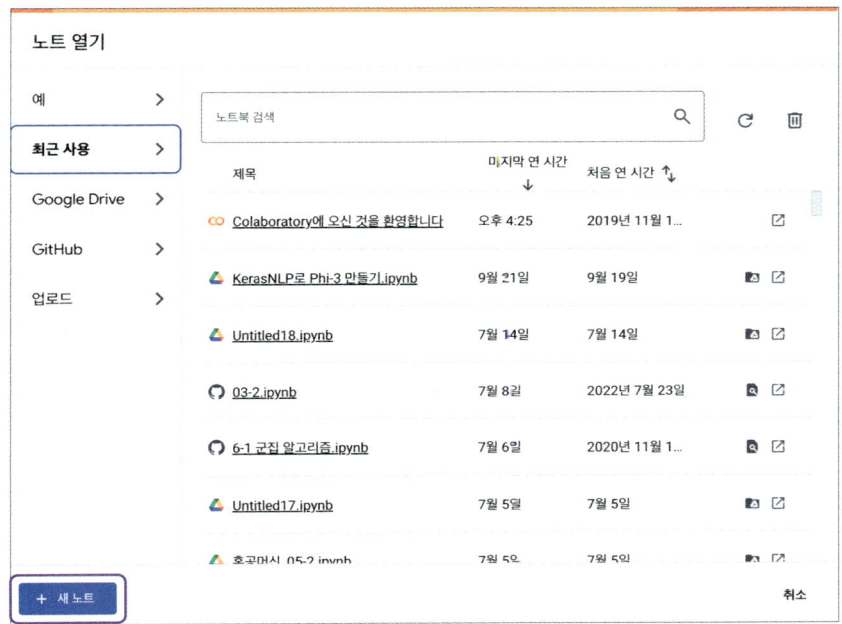

note 노트북 상단 메뉴에서 [파일] – [Drive의 새 노트]를 클릭해도 새로운 노트북을 만들 수 있습니다.

02 'Untitled.ipynb'라는 이름의 새로운 노트북이 열립니다. 노트북에는 빈 코드 셀 하나가 들어 있군요. 새로운 노트북의 이름을 'Hello World.ipynb'로 변경하고, 코드 셀에 다음과 같이 'Hello World'를 출력하는 `print()` 코드를 작성하여 실행합니다.

> 코드 셀 실행은 단축키 Ctrl + Enter 를 누르거나 코드 셀 왼쪽에 있는 실행(▶) 아이콘을 클릭하면 됩니다.

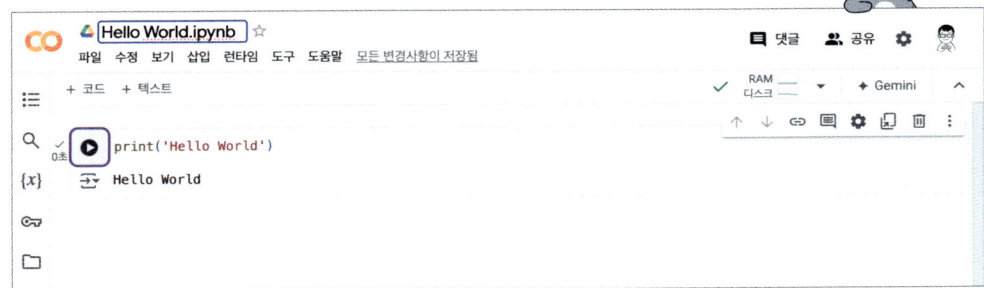

01-1 | 딥러닝 개발환경 구축하기 **037**

03 노트북을 수정하면 자동으로 저장되지만 [파일] – [저장] 메뉴를 선택하여 수동으로 구글 드라이브에 저장할 수도 있습니다. 저장된 노트북은 구글 드라이브의 [내 드라이브] – [Colab Notebooks] 폴더에서 확인할 수 있는데요. 구글 드라이브(https://drive.google.com/)에 접속하여 방금 새로 만든 노트북 'Hello World.ipynb'를 확인해 보세요.

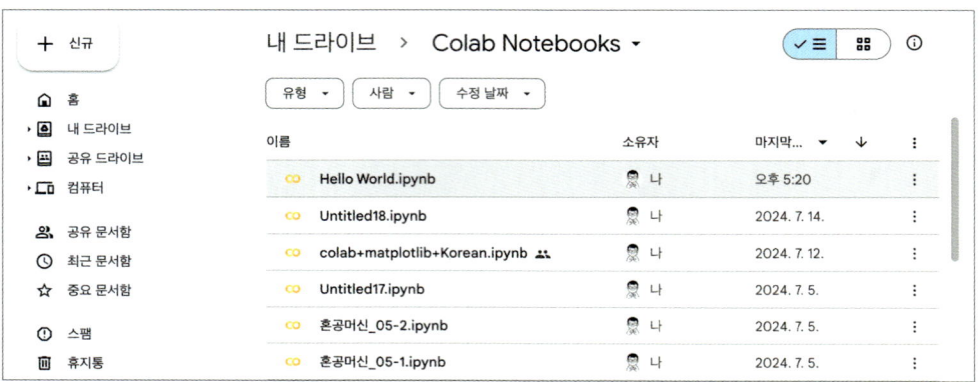

> **여기서 잠깐** **코랩 노트북의 저장**
>
> 구글 코랩 노트북은 기본적으로 구글 드라이브에 저장되며, 해당 노트북을 컴퓨터에 다운로드할 수 있습니다. [파일] – [다운로드] 메뉴를 선택하면 확장자가 'ipynb'인 주피터 노트북 파일이나 일반 파이썬 스크립트인 'py' 파일로 다운로드됩니다.
>
>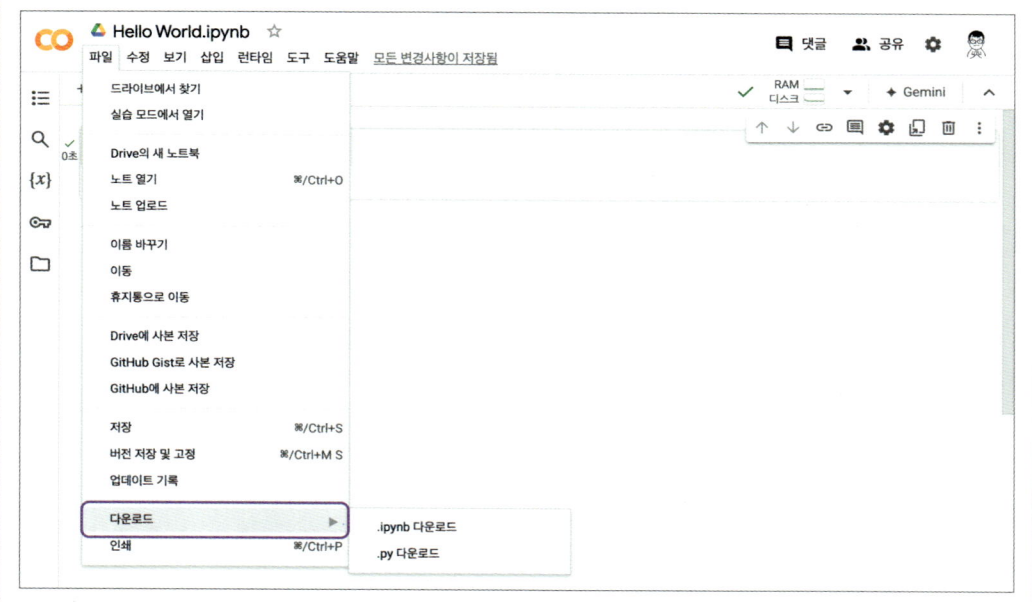

04 구글 드라이브에 저장된 노트북을 코랩으로 불러올 수도 있습니다. 구글 드라이브에서 노트북 파일을 선택한 후, 마우스 오른쪽 버튼을 누르고 [연결 앱] – [Google Colaboratory]를 선택하면 구글 코랩에서 노트북을 열어 편집할 수 있습니다.

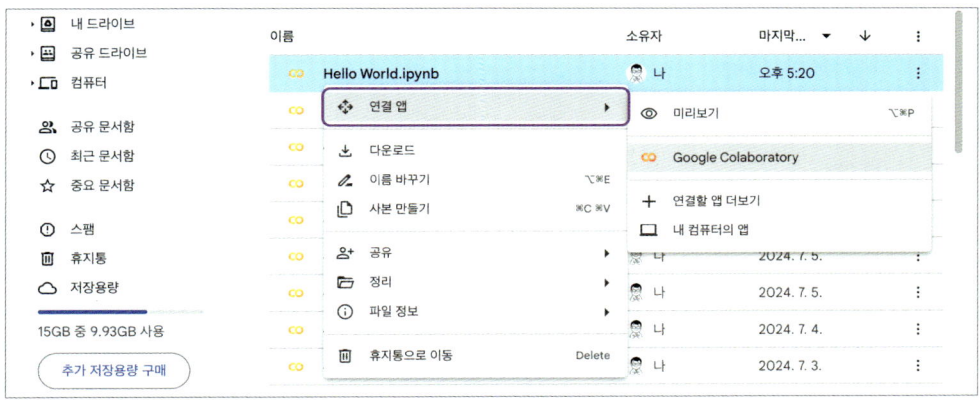

note 코랩 첫 화면에서 [Google Drive] 탭을 선택한 후 구글 드라이브에 저장된 노트북 파일을 불러올 수도 있습니다.

깃허브에 저장된 노트북 불러오기

이 책의 모든 코드는 주피터 노트북으로 작성되어 책의 **깃허브**^Github 저장소에 저장되어 있습니다. 깃허브에 있는 주피터 노트북을 다운로드하거나 깃허브 저장소를 **클론**^clone 하여 사용할 수도 있지만, 코랩에서 바로 노트북을 실행하는 방법도 알아보겠습니다.

01 먼저 웹브라우저에서 책의 깃허브 저장소(https://github.com/rickiepark/hm-dl)에 접속합니다. 깃허브 저장소의 [Code] 탭에서 각 절의 노트북을 볼 수 있습니다.

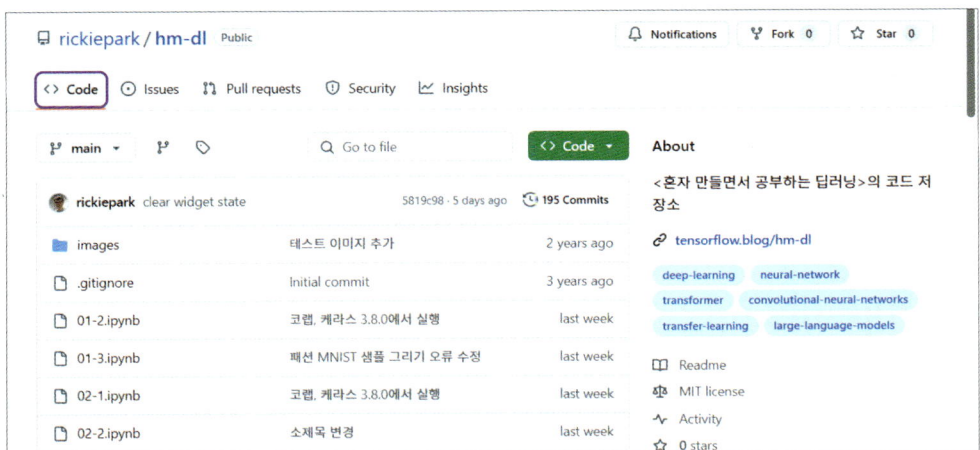

02 예를 들어 1장 2절의 코드는 '01-2.ipynb' 파일에 저장되어 있어 해당 파일을 클릭하면 깃허브에서 노트북 내용을 바로 확인할 수 있습니다. 또한 각 절의 노트북 제목 아래에는 코랩에서 열 수 있는 [Open in Colab] 링크가 포함되어 있으므로 해당 링크를 클릭하면 코랩 페이지에서 깃허브에 있는 노트북을 자동으로 불러올 수 있습니다.

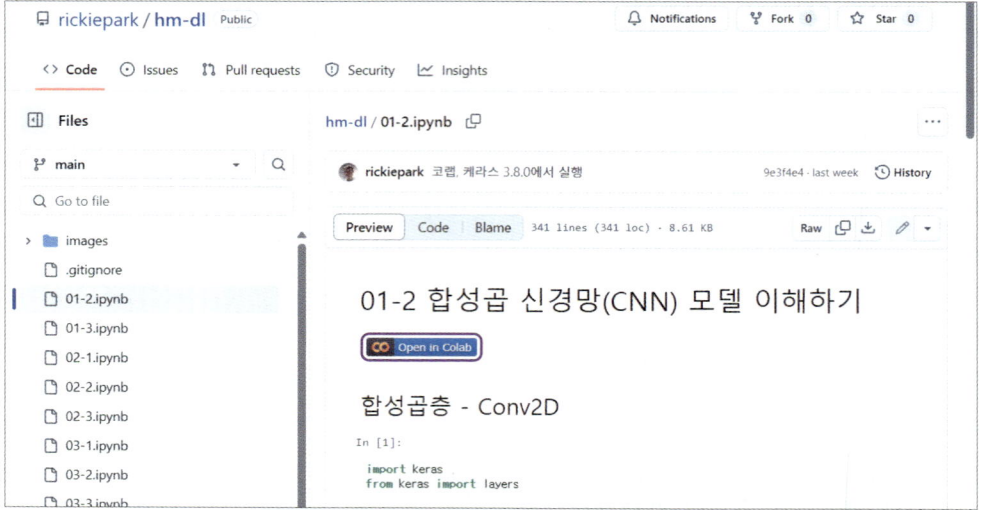

03 이제 코랩에서 1장 2절의 코드를 실행해 볼 수 있습니다. 여기서 실행하고 수정한 내용이 책의 깃허브에 저장되지는 않으니 마음껏 코드를 수정하고 실험해도 괜찮습니다. 만약 이 노트북을 따로 보관하고 싶다면 앞서 설명한 대로 자신의 구글 드라이브에 저장하세요.

> **note** 깃(Git)과 깃허브에 대한 보다 자세한 사용법은 『팀 개발을 위한 Git, GitHub 시작하기(개정판)』(한빛미디어, 2023)에서 참고할 수 있습니다.

텐서플로와 케라스

이 책의 예제 대부분은 **텐서플로**TensorFlow와 **케라스**Keras 라이브러리를 사용하여 구현되었습니다. 자연어 처리를 다루는 4, 5, 6장에서는 추가적으로 **허깅페이스**Huggingface 의 **트랜스포머스**Transformers 라이브러리도 일부 사용하지만, 기본적인 코드 예시는 일관되게 케라스를 사용합니다.

구글의 텐서플로(https://www.tensorflow.org/)는 신경망 모델을 만들 수 있는 전문 라이브러리로, 2015년에 처음 공개되었습니다. 공개되자 마자 큰 인기를 얻으며 꾸준히 버전을 업데이트하고 있는데요. 텐서플로의 핵심 연산은 C++과 GPU 프로그래밍을 위한 CUDA로 구현되어 있지만, 고수준 API는 파이썬으로 제공됩니다. 머신러닝 분야에서는 텐서플로가 나오기 전부터 파이썬이 널리 사용되고 있었기 때문이죠. 텐서플로는 파이썬 API 이외에 자바와 C++ API도 제공합니다.

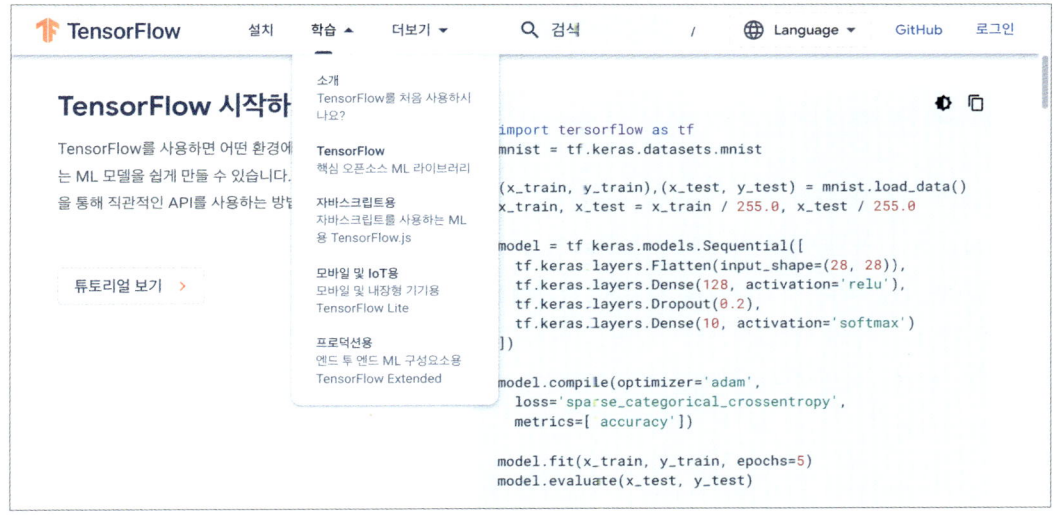

note CUDA는 GPU를 사용해 여러 작업을 동시에 병렬 처리할 수 있도록 만들어 주는 프로그래밍 모델입니다.

딥러닝 라이브러리가 머신러닝 라이브러리와 다른 점 중 하나는 그래픽 처리 장치인 GPU를 사용하여 인공 신경망을 훈련한다는 점입니다. GPU는 벡터와 행렬 연산에 매우 최적화되어 있기 때문에 곱셈과 덧셈이 많이 수행되는 인공 신경망 훈련에 큰 도움이 됩니다.

텐서플로는 하나의 라이브러리로 출발했지만 이제 다양한 도구와 커뮤니티를 포괄하는 커다란 생태계로 성장했습니다. 대표적으로 자바스크립트 머신러닝 라이브러리인 TensorFlow.js, 모바일과 엣지 기기를 위한 TensorFlow Lite, 제품 환경의 머신러닝 파이프라인pipeline을 구성하기 위한 TFXTensorFlow Extended도 제공합니다. 또한 신경망 모델의 훈련 과정을 모니터링할 수 있는 시각화 도구인 텐서보드TensorBoard도 매우 유용하죠.

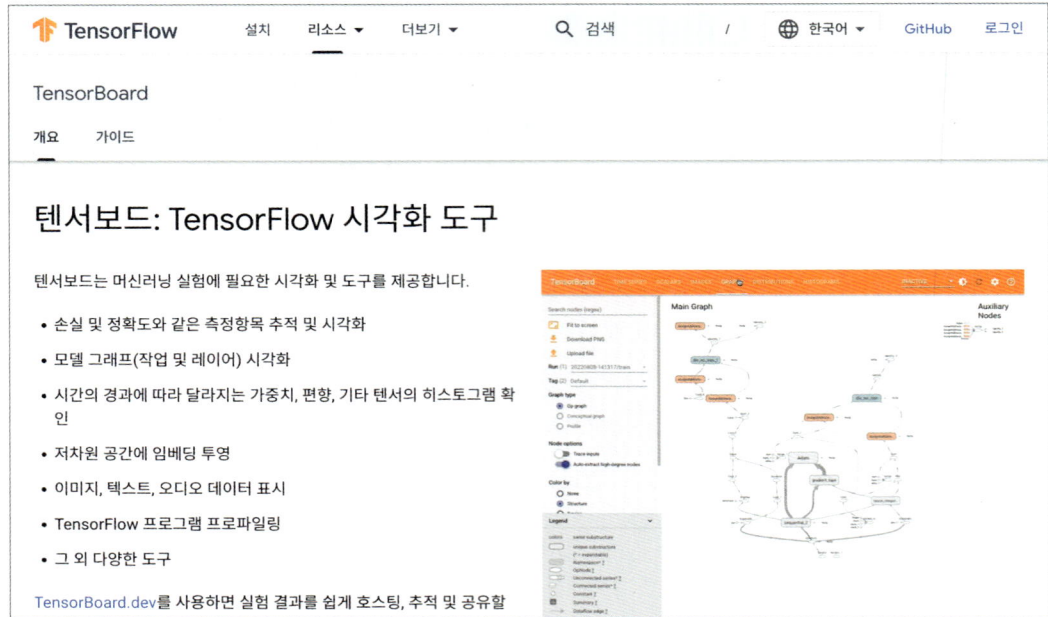

텐서플로가 등장한 이후, 여러 딥러닝 프레임워크가 등장했지만 지금은 **파이토치**[PyTorch] (https://pytorch.org/)와 **텐서플로**가 널리 사용되고 있습니다. 텐서플로 자체적으로도 파이썬 API를 제공하고 있지만 항상 조금 더 편리한 API가 개발자들에게 더 큰 호응을 받기 마련이죠. 케라스는 텐서플로가 등장하기 전부터 **씨아노**[Theano][1] 딥러닝 라이브러리를 위한 고수준 파이썬 API를 제공해왔고, 텐서플로가 출시된 후 발빠르게 텐서플로를 지원하며 텐서플로에서 가장 인기 있는 고수준 라이브러리가 되었습니다.

케라스 라이브러리가 직접 GPU 연산을 수행하지는 않습니다. 대신, GPU 연산을 수행하는 다른 라이브러리를 백엔드[backend]로 사용하는 **멀티 백엔드 정책**을 유지했습니다. 케라스 API만 익히면 다양한 딥러닝 라이브러리를 입맛대로 골라서 쓸 수 있도록 고수준 API를 제공하며, 텐서플로 2.0부터는 제 1의 API가 되었습니다. 이후 케라스를 만든 **프랑소와 숄레**[François Chollet]는 구글에 합류하게 되었죠.

그러나 케라스 2.4부터는 여러 개의 딥러닝 프레임워크를 지원하는 멀티 백엔드 정책을 버리고 텐서플로 전용 API로 재단장했습니다. 최근 파이토치와 **JAX**[2]의 인기가 높아지면서 케라스 정책에는 다시 한번 변화가 생겼습니다. 버전 3.0부터 텐서플로, 파이토치, JAX를 백엔드로 사용할 수 있는 멀티 백엔드 고수준 API로 거듭나겠다는 발표였습니다.

---

1 https://bit.ly/4drCsNm
2 https://github.com/jax-ml/jax

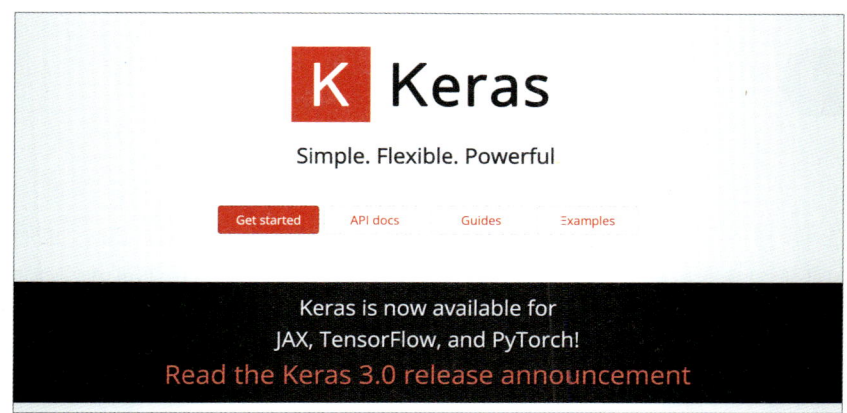

이와 더불어 자연어 처리와 컴퓨터 비전을 위한 전문 라이브러리인 KerasNLP와 KerasCV도 함께 공개했습니다. 우리 책에서도 이 케라스 3.0 버전을 사용해 실습을 진행할 텐데요. 4장에서 자연어 처리 분야의 대규모 언어 모델을 다룰 때는 KerasNLP도 사용해 보겠습니다.

> note 2024년 10월, KerasNLP 라이브러리의 이름이 KerasHub로 바뀌었습니다. 하지만 패키지 이름은 이전과 동일하게 사용할 수 있으므로 책에서는 KerasNLP라고 부르겠습니다.

텐서플로와 케라스에 대해서도 충분한 설명을 들었으니 그럼 이제 케라스 API를 사용한 딥러닝 프로젝트를 시작해 보죠!

마무리

구글 코랩으로 파이썬 코드를 실행하고 마크다운으로 문서를 작성하는 방법을 알아봤습니다. 작성된 노트북을 구글 드라이브에 저장하고 불러오기, 깃허브에 저장된 이 책의 주피터 노트북 파일을 구글 코랩에서 불러오는 방법도 어렵지 않았습니다.

코랩은 기본적으로 무료지만 고성능 GPU 런타임을 사용하기 위해서는 유료인 코랩 프로와 코랩 프로+ 서비스에 가입해야 합니다. 대규모 신경망 모델을 실행하고 훈련하기 위해서는 GPU 런타임이 필수적이기 때문입니다. 다양한 클라우드 서비스에서 GPU 인스턴스를 구매하여 사용할 수도 있지만, 코랩에서 제공하는 간단하고 빠른 GPU 리소스 할당은 가격 대비 매우 매력적인 서비스입니다.

최근 구글 코랩은 제미나이 모델을 사용한 AI 코딩을 지원하기 시작했습니다. AI에게 궁금한 알고리즘에 대해 직접 물어볼 수 있고, 현재 작성하고 있는 코드에 대한 힌트도 얻을 수 있죠. 오류가 발생했을 때 AI가 직접 오류를 수정해 주거나 오류에 대한 상세한 설명을 제공해 주기도 합니다.

딥러닝 공부를 위한 실습 환경과 도구를 둘러봤으니 이제 본격적인 탐험을 시작해 보겠습니다!

▶ 키워드로 정리하는 핵심 포인트

- **구글 코랩**은 주피터 노트북 기반의 무료 파이썬 실행 환경입니다. 컴퓨터에 웹브라우저 이외의 다른 도구를 설치할 필요 없이, 파이썬은 물론 대표적인 파이썬 과학 라이브러리가 설치된 구글 클라우드 런타임을 활용할 수 있습니다. 구글 계정만 있으면 컴퓨팅 자원을 손쉽게 할당받아 사용하고 다른 사람에게 공유하기도 쉽기 때문에 머신러닝, 딥러닝 분야의 개발자와 교육자를 비롯해 많은 사람들에게 인기가 높습니다.

- **주피터 노트북**은 인터랙티브한 환경을 제공하는 파이썬 개발도구입니다. ipynb라는 확장자를 가지고 있는 (주피터)노트북 파일은 코드 셀과 텍스트 셀로 이루어져 있으며, 그래프 및 파이썬 코드의 실행 결과를 노트북 파일에 함께 저장할 수 있습니다. 소스 코드와 문서, 실행 결과를 단일 파일로 공유할 수 있기 때문에 파이썬 개발자와 데이터 과학자들에게 인기가 높으며, 특히 교육과 탐색적 데이터 분석에 많이 사용됩니다.

- **텐서플로**는 구글에서 만든 딥러닝 프레임워크입니다. 저수준 연산은 C++와 CUDA로 구현되어 있으며, 고수준 파이썬 API를 제공합니다. 텐서플로는 파이토치와 함께 전세계 많은 연구 기관과 기업에서 널리 사용하는 대표적인 딥러닝 프레임워크로 자리 잡았습니다. 특히 제품 수준의 딥러닝 모델을 구축하고 배포하는 데 필요한 다양한 도구를 제공하는 것이 특징입니다.

- **케라스**는 딥러닝을 위한 고수준 래퍼^{Wrapper} 라이브러리로, 높은 인기를 구가하는 딥러닝 라이브러리 중 하나입니다. 초기에는 씨아노와 텐서플로를 지원하는 것으로 시작했지만, 점차 CNTK, MXNet 등을 추가하면서 빠르게 인기가 높아졌습니다. 케라스 2.4 버전부터는 텐서플로 전용 라이브러리로 탈바꿈했지만, 3.0 버전부터는 다시 파이토치와 JAX를 지원하는 멀티 백엔드 정책을 채택했습니다.

01-2 합성곱 신경망(CNN) 모델 이해하기

본격적으로 첫 번째 프로젝트를 시작해 보겠습니다! 최초의 합성곱 신경망 모델인 LeNet의 구조를 살펴보면서 관련 개념을 이해하면 이후 딥러닝 모델을 구현하기 위한 기본기를 다지는 데 도움이 될 것입니다.

❶ 딥러닝 개발환경

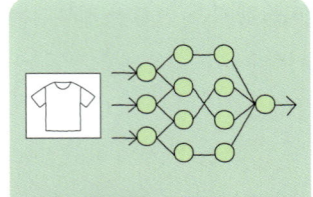
❷ 합성곱 신경망 모델

❸ 패션 상품 이미지 분류

시작하기 전에

딥러닝 모델은 우리가 흔히 접할 수 있는 온라인 마켓의 효율성을 높이는 데에도 매우 유용하게 사용할 수 있습니다. 판매자와 구매자 모두에게 싸고 좋은 패션 상품을 판매하기로 유명한 한빛 마켓을 상상해 보죠. 최근 한빛 마켓은 사용자들이 구매한 패션 상품에 대한 포토 후기 기능을 추가했습니다.

딥러닝 모델을 사용해 포토 후기의 상품 이미지를 분석하면 패션 상품의 카테고리나 색상, 스타일 등을 자동으로 인식하고 태그를 생성할 수 있습니다. 그럼 판매자가 관련 상품을 안내하고, 사용자가 유사 상품을 검색할 때 유용할 것입니다. 가령 신발에 대한 포토 후기를 확인한 고객에게 비슷한 신발 상품을 보여주는 것이죠.

그런데 처음에는 사용자들이 올린 후기 사진이 잘 분류되더니 다양한 사진들이 업로드될수록 이미지를 분류하는 성능이 떨어지고 있습니다. 아무래도 조금 더 강력한 모델을 찾아봐야겠습니다.

최초의 CNN 모델 – LeNet

합성곱 신경망의 초기 형태라 할 수 있는 LeNet은 페이스북의 얀 르쿤^{Yann LeCun}이 개발한 딥러닝 모델입니다. LeNet은 필기 숫자 인식을 위해 설계되었습니다. 미국 우편 서비스에서 우편물의 우편 번호를 자동으로 인식하기 위해 처음으로 합성곱 신경망을 적용했으며, 1998년 발표된 논문을 통해 **LeNet**[3]이라는 이름이 널리 알려졌습니다. 당시 컴퓨팅 자원의 한계에도 불구하고 이미지 분류 작업에서 매우 좋은 성능을 보여 딥러닝 분야의 중요한 시작점 중 하나로 평가받게 되었죠.

LeNet은 르넷이라고 읽습니다. LeNet이라고 하면 보통 LeNet-5 모델을 말하지만 LeNet-1, LeNet-4도 있어요!

LeNet 모델의 **합성곱 신경망(CNN)**^{Convolutional neural network}을 알아보기 위해서는 먼저 **인공 신경망(ANN)**^{Artificial Neural Network}에 대해 짚고 넘어갈 필요가 있습니다. ANN과 LeNet-5 모델의 구조를 비교해 보면 이해가 쉬울 것입니다.

인공 신경망과 합성곱 신경망은 둘 다 딥러닝의 기본 구조라 할 수 있는 신경망의 한 형태지만, 구조와 기능에 차이가 있습니다. 인공 신경망은 입력층과 은닉층, 출력층을 거쳐 데이터를 처리하며, 비교적 간단한 텍스트 분류 작업이나 금융 데이터 예측에 사용합니다.

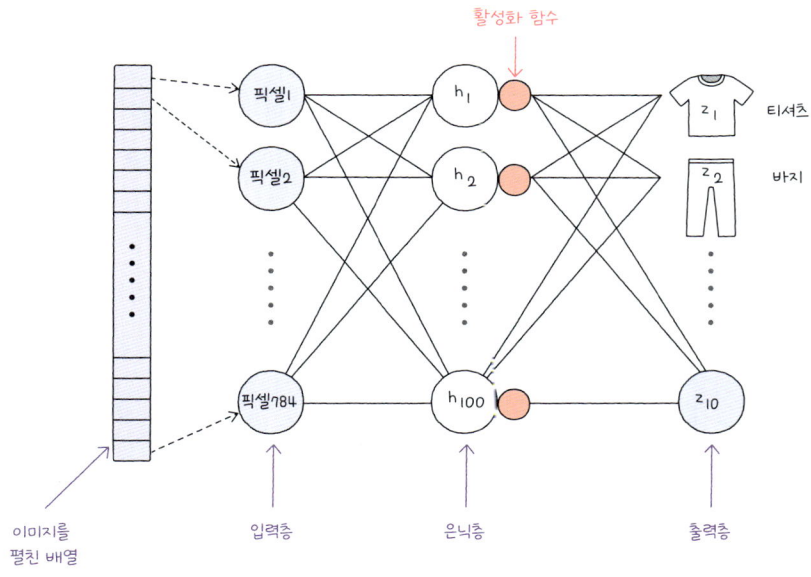

---

[3] Yann LeCun 등. Gradient-based learning applied to document recognition. Proceedings of the IEEE, 86(11), 2278-2324(1998).

- **입력층:** 처음 들어오는 데이터를 받는 곳입니다. 입력층은 신경망이 처리해야 할 원본 데이터를 전달하는 역할을 합니다.
- **은닉층:** 입력층과 출력층 사이에 있는 모든 층을 은닉층이라고 부릅니다. 복잡한 계산을 통해 입력 데이터의 패턴을 찾고, 중요한 특징을 뽑아 냅니다. 예를 들어, 사진 속 얼굴을 인식하는 모델에서는 눈, 코, 입과 같은 특징들을 분석해서 학습합니다.

'은닉'이라는 말은 이 층이 외부에서 직접적으로 보이지 않기 때문에 붙은 이름이에요.

- **출력층:** 최종 결과를 내는 곳입니다. 그림에서는 패션 상품 중 티셔츠, 바지 등 은닉층에서 처리된 정보 $z_1 \sim z_{10}$을 계산하고, 이를 바탕으로 클래스를 예측하기 때문에 신경망의 최종 값을 만든다는 의미에서 출력층이라고 부릅니다.

> **여기서 잠깐** **뉴런과 유닛**
>
> 인공 신경망의 기본 계산 단위를 **뉴런**(neuron) 혹은 **유닛**(unit)이라고 부릅니다. 하지만 뉴런에서 일어나는 일은 선형 계산이 전부입니다. 뉴런이라고 부르면 왠지 우리 뇌에 있는 진짜 뉴런과 관련이 있는 것으로 오해할 수 있어, 최근에는 유닛이라고 표현하는 경우가 많습니다. 이 책에서도 뉴런과 유닛을 같은 의미로 혼용하여 사용합니다. 유닛이 늘어나면 모델의 계산 능력이 향상되므로 밀집층에서는 보통 한 개 이상의 유닛을 가집니다. 하지만 합성곱 신경망 같은 경우에는 유닛이나 뉴런이라고 표현하지 않고 **필터**(filter) 혹은 **커널**(kernel)이라고 부릅니다.

합성곱 신경망은 이미지를 다룰 때 인공 신경망이 가지고 있는 문제를 해결하기 위해 설계되었습니다. 국부적 특성을 추출하는 합성곱층과 풀링층을 통해 이미지의 중요 패턴을 자동으로 학습하며, 이어지는 밀집층에서 최종 분류 작업을 수행합니다. 합성곱 신경망은 특히 얼굴 인식이나 이미지 분석 등 시각적 또는 공간적 데이터를 처리하는 데 탁월합니다.

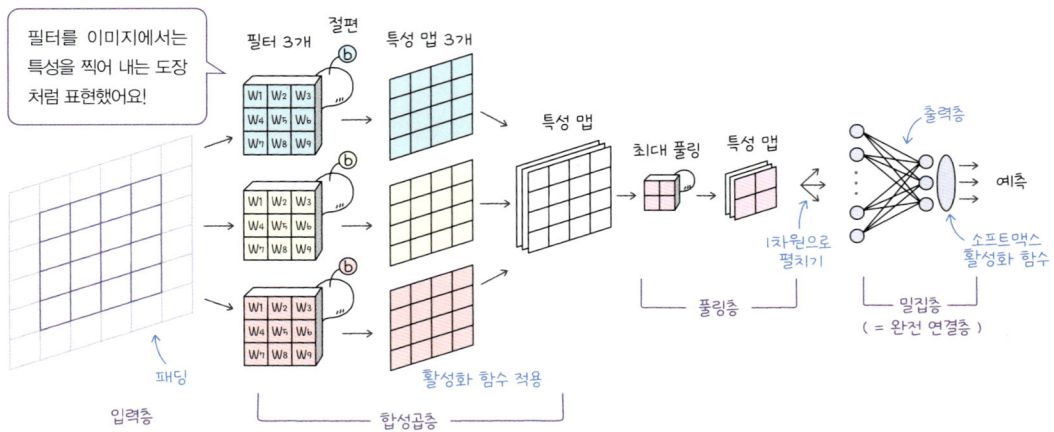

- **합성곱층(convolutional layer)**: 이미지의 작은 부분을 스캔하여 중요한 특성을 추출하는 층입니다. 특별히 합성곱 계산을 통해 압축적으로 얻은 출력을 **특성 맵**feature map이라고 부릅니다.
- **풀링층(pooling layer)**: 합성곱층에서 추출된 특성 맵을 축소해 처리 속도를 높이고, 모델이 더 중요한 패턴에 집중하도록 만드는 층입니다. 풀링층은 이미지의 크기를 줄이면서도 중요한 정보는 유지하는 역할을 합니다.
- **밀집층(dense layer)**: 이전 층에서 추출된 특성을 바탕으로 최종 결과를 도출하는 층입니다. 밀집층의 출력층에서는 추출된 이미지의 패턴을 바탕으로 분류 작업을 수행합니다.

> note 밀집층은 각각의 입력 값이 모든 뉴런에 연결되기 때문에 **완전 연결층**(fully connected layer)이라고도 부릅니다.

당시 LeNet-5 모델에서 사용한 풀링층과 출력층은 요즘 합성곱 신경망 모델에서 사용하는 것과 조금 다른 모습이었습니다. 여기에서는 케라스에서 제공하는 층으로 LeNet-5 모델을 구성하는 합성곱층과 풀링층, 밀집층, 활성화 함수 등의 개념을 차근차근 짚어 보겠습니다.

합성곱층 – Conv2D

> ☑ 개념 체크 | 패딩과 스트라이드
>
> 패딩과 스트라이드는 합성곱 신경망에서 사용하는 개념으로, 이미지를 처리할 때 어떻게 이미지를 다루는지를 결정하는 중요한 요소입니다. 합성곱층에서는 합성곱 계산을 통해 입력된 이미지에서 정보를 추출합니다. 이 과정에서 **패딩**(padding)은 이미지의 가장자리에 빈 공간을 추가해 이미지 가장자리 부분의 픽셀이 충분히 처리될 수 있도록 기회를 부여합니다. 입력된 이미지보다 더 큰 입력 크기를 만들어 일정한 크기의 출력을 만들어 내는 것이죠. 패딩은 실제 입력 값이 아니기 때문에 0으로 채워져 있어 합성곱 계산에 영향을 미치지 않습니다.
>
> 입력과 특성 맵의 크기를 동일하게 만들기 위해 입력 주위에 적절한 개수의 패딩을 추가하는 방식을 **세임 패딩**(same padding), 패딩 없이 순수한 입력 배열에 대해서만 합성곱을 수행해 특성 맵을 만드는 방식을 **밸리드 패딩**(valid padding)이라고 합니다. 밸리드 패딩을 수행하면 입력의 크기보다 특성 맵의 크기가 줄어듭니다. 꼭 기억해야 할 것은 세임 패딩의 경우, 입력과 만들어진 특성 맵의 가로세로 크기가 같다는 점입니다.
>
> **스트라이드**(stride)는 필터가 이미지 위를 이동하는 속도를 의미합니다. 필터는 이미지를 스캔하면서 패턴을 감지하는데, 이때 이미지 위를 몇 칸씩 이동하는지를 결정하는 것이 스트라이드인 것이죠. 스트라이드가 크면 이미지를 처리하는 계산량이 줄어들지만 세밀한 패턴을 놓칠 수 있고, 스트라이드가 작으면 보다 정밀하게 분석할 수 있지만 이미지를 처리하는 계산량이 늘어날 수 있습니다.
>
> 스트라이드는 기본적으로 1입니다. 즉, 필터가 이미지 위를 한 칸씩 이동한다는 뜻이며, 대부분 기본값을 그대로 사용하는 경우가 많습니다. 조금 복잡해 보이지만 케라스 API를 사용하면 Conv2D 클래스의 옵션으로 간단하게 처리할 수 있습니다.

Conv2D 클래스는 2차원 합성곱을 수행하는 층입니다. 이미지의 경우 높이와 너비 방향으로 합성곱 계산을 수행합니다. Conv2D 클래스의 필수 매개변수는 필터 개수와 커널 크기입니다.

> **note** 앞서 [여기서 잠깐!]을 통해 필터가 합성곱 신경망의 기본 계산 단위를 지칭한다고 설명했습니다. 이 책에서는 케라스 API와 이름을 맞춰 뉴런의 개수를 이야기할 때는 필터라고 부르고, 입력에 곱해지는 가중치를 의미할 때는 커널이라고 부르겠습니다.

예를 들어 보죠. 먼저 keras와 layers 모듈을 임포트해 다음과 같이 필터가 10개이고, 커널 크기가 (3, 3)인 합성곱층을 만들어 보겠습니다. 구글 코랩에 접속해 노트명이 '01-2.ipynb'인 새 노트를 추가하고, 다음과 같이 작성합니다.

따라 하며 배우는 코딩

합성곱층 만들기 소스 코드 01-2.ipynb

```
01  import keras
02  from keras import layers
03
04  conv1 = layers.Conv2D(filters=10, kernel_size=(3, 3))
```

01~02 keras에서 layers 모듈을 불러옵니다.
04 필터 개수와 커널 크기를 지정하는 합성곱층을 추가합니다.

사실 `filters`와 `kernel_size`는 파이썬의 **위치 매개변수**^{positional parameter}이므로 위치에 따라 다른 값으로 처리될 수 있어 정해진 순서대로 값을 전달해야 합니다. 따라서 매개변수의 값만 작성해도 되지만, 책에서는 값의 의미를 분명하게 드러내기 위해 가급적 매개변수의 이름을 쓰겠습니다.

`filters`는 필터의 개수이므로 정수 값 하나로 지정하지만, `kernel_size`는 한 개의 정수 또는 두 개의 정수로 구성된 튜플로 지정할 수 있습니다. 보통 커널은 거의 항상 높이와 너비가 같기 때문에 `kernel_size=3`처럼 하나의 숫자로 간단히 지정할 수도 있습니다. 그럼 `kernel_size` 매개변수가 두 개의 정수로 구성된 이유는 무엇일까요? Conv2D 클래스가 2차원 합성곱을 수행하기 때문입니다. 만약 3차원 합성곱을 수행하는 클래스가 있다면 `kernel_size` 매개변수에 세 개의 정수로 구성된 튜플을 전달할 수 있습니다.

> **note** 케라스에는 1차원 합성곱을 수행하는 Conv1D 클래스와 3차원 합성곱을 수행하는 Conv3D 클래스도 있습니다.

> **여기서 잠깐** 합성곱층의 필터와 커널이 아직도 헷갈려요.
>
> 종종 필터와 커널을 구분하지 않고 동일한 것으로 취급하기도 하지만, Conv2D 클래스에서는 두 개념을 조금 나누어 놓았습니다. 필터의 개수를 지정하는 filters는 합성곱층 출력의 마지막 차원을 결정합니다. kernel_size가 필터의 처음 두 차원에 해당하는 너비와 높이를 말하며, 필터의 마지막 세 번째 차원은 입력의 채널 개수에 따라 결정됩니다.
>
>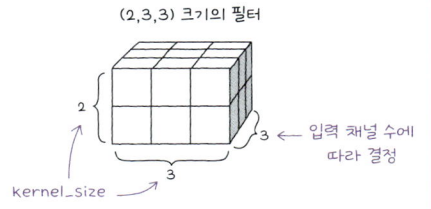

그럼 넘파이를 사용해 임의의 다차원 배열을 하나 만들고, 실제로 conv1층이 이 다차원 배열 입력 데이터를 어떻게 변환하는지 실험해 보죠. 파이썬의 대표적인 배열 라이브러리인 **넘파이**numpy의 random 모듈 아래에는 **난수**random number를 생성하는 normal() 함수와 uniform() 함수가 있습니다.

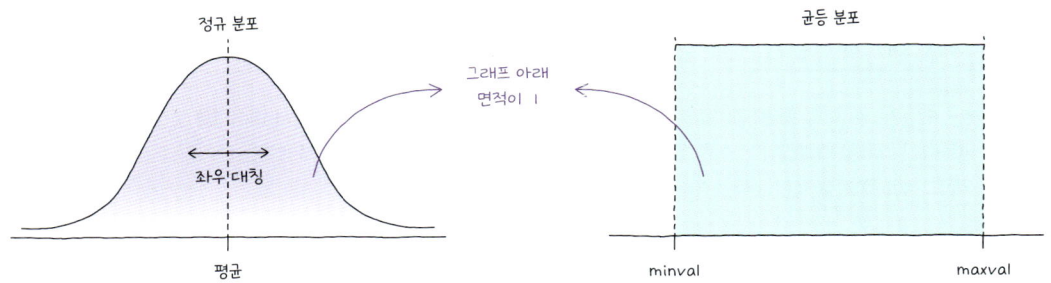

- **normal() 함수: 정규 분포**normal distribution를 따르는 난수를 생성합니다. 첫 번째 매개변수와 두 번째 매개변수는 정규 분포의 평균과 표준편차를 지정하는 loc과 scale입니다. 이 두 매개변수의 기본값은 0.0과 1.0이기 때문에 normal() 함수는 기본적으로 **표준 정규 분포**standard normal distribution를 따르는 난수를 생성합니다. 세 번째 매개변수 size에는 생성하려는 배열의 크기를 지정합니다.
- **uniform() 함수: 균등 분포**uniform distribution를 따르는 난수를 생성합니다. 첫 번째 매개변수와 두 번째 매개변수는 균등 분포의 최솟값과 최댓값을 지정하는 low와 high입니다. low와 high의 기본값은 0.0과 1.0입니다. 세 번째 매개변수는 생성하려는 배열의 크기를 나타내는 리스트입니다.

두 함수 중 normal() 함수를 사용해 (10, 28, 28, 1) 크기의 배열 x를 만들어 합성곱층에 전달하고, 반환된 텐서tensor의 크기를 출력해 보죠. 난수를 사용하여 생성하기 때문에 배열 x에 들어 있는 값은 의미가 없습니다. 여기서는 합성곱층이 어떻게 입력의 크기를 변환하는지를 조사하는 것이 목적입니다.

> **따라 하며 배우는 코딩**
>
> **합성곱층 만들기**   소스 코드 `01-2.ipynb`
>
> ```
> 01  import numpy as np
> 02
> 03  x = np.random.normal(size=(10, 28, 28, 1))
> 04  conv_out = conv1(x)
> 05  print(conv_out.shape)   ← shape 속성을 사용하면 데이터의 크기를 확인할 수 있습니다.
> ```

03 normal() 함수를 사용해 28×28×1 크기의 흑백 이미지 10개를 랜덤으로 생성합니다.

04 첫 번째 합성곱층에 x를 입력으로 전달하고 특성 맵을 출력합니다.

　필터 개수와 커널 크기를 지정하는 합성곱층을 추가합니다.

05 shape 속성을 사용해 합성곱층을 통과한 입력 데이터의 크기를 확인합니다.

실행결과 `(10, 26, 26, 10)`

> **note** 딥러닝 모델은 데이터를 행렬 연산을 통해 처리합니다. **텐서**(Tensor)는 이러한 연산에서 데이터를 효율적으로 다루기 위해 만들어진 다차원 배열입니다. 예를 들어 행렬은 2차원 배열로 배치된 숫자들이므로 2차원 텐서입니다. 컬러 이미지(가로, 세로, 색상 채널)를 표현할 때는 3차원 텐서로 나타냅니다.

`conv1`은 `Conv2D` 클래스의 객체지만 마치 함수처럼 호출할 수 있습니다. 반환된 `conv_out` 텐서의 크기가 얼마로 출력될지 미리 예상할 수 있었나요? 실행 결과의 첫 번째는 배치batch의 차원이고, 두 번째와 세 번째는 각각 높이와 너비에 해당합니다. 네 번째는 채널 혹은 특성 맵의 깊이입니다. 커널 크기가 (3, 3)이고 패딩padding을 추가하지 않았기 때문에 높이와 너비가 2씩 줄어들었고, 특성 맵의 깊이는 `conv1`에 지정된 필터의 개수에 따라 결정되므로 10이 되었습니다.

> **note** 첫 번째 차원에서의 **배치**(batch)는 딥러닝에서 데이터를 훈련할 때 사용하는 **미니 배치**(mini-batch)를 의미합니다. 미니 배치란 전체 훈련 데이터를 한 번에 처리하는 것이 아니라, 데이터의 작은 묶음 단위로 나누어 처리하는 방식을 말합니다.

입력의 깊이와 필터의 깊이 사이의 관계, 그리고 필터의 개수와 특성 맵 깊이 사이의 관계는 다음과 같은 그림으로 나타낼 수 있습니다. 그림에서 볼 수 있듯 필터의 깊이는 기본적으로 입력의 깊이(또는 채널)와 같습니다. 하나의 필터가 하나의 특성 맵을 만들기 때문에 필터의 개수가 곧 특성 맵의 깊이가 됩니다. 일반적으로 합성곱층이 거듭될수록 많은 필터를 사용하는 경향이 있기 때문에 특성 맵의 깊이는 점점 더 깊어집니다. 또한 패딩을 추가하지 않으면 합성곱 연산이 공간 방향의 차원을 줄입니다.

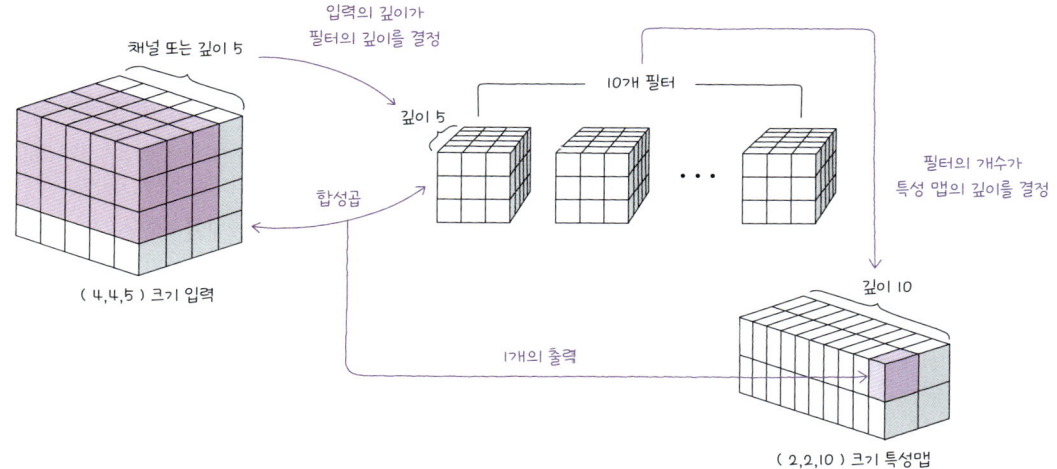

즉, 합성곱 연산은 특성 맵의 깊이가 깊어지면서 모델이 점점 더 복잡한 정보와 세부적인 패턴을 이해하게 만들고, 이미지의 가로와 세로 크기를 점점 작게(공간 방향의 차원이 줄어들게) 만들어 점점 중요한 특성만 남기는 과정입니다.

> note 합성곱 연산에 대한 보다 자세한 설명은 『혼자 공부하는 머신러닝+딥러닝(개정판)』(한빛미디어, 2025) 8장 1절 '합성곱 신경망의 구성 요소'의 내용이나 필자의 블로그에서 '딥러닝을 위한 콘볼루션 계산 가이드(https://bit.ly/conv_guide)' 게시글을 참고하세요.

또한 Conv2D 클래스의 세 번째 매개변수는 높이와 너비 방향 스트라이드를 지정하는 strides입니다. 일반적으로 합성곱층은 입력 이미지 위에서 필터를 이동시킬 때 한 칸씩 움직이기 때문에 strides의 기본값은 보통 (1, 1)입니다. 필터도 높이와 너비 방향 스트라이드가 거의 항상 같기 때문에 튜플 대신 간단하게 strides=1처럼 정수 하나로 지정할 수 있습니다. 그럼 스트라이드(필터의 이동 속도)를 두 배로 늘려 합성곱을 진행하면 이미지 출력 크기가 어떻게 변할까요?

따라 하며 배우는 코딩

합성곱층 만들기　소스 코드　01-2.ipynb

```
01  conv2 = layers.Conv2D(filters=10, kernel_size=(3, 3), strides=(2, 2))
02  print(conv2(x).shape)
```

실행결과 `(10, 13, 13, 10)`

필터가 입력을 하나씩 건너 뛰면서 합성곱을 진행했기 때문에 출력 크기가 이전보다 절반이 줄었군요.

Conv2D의 네 번째 매개변수는 입력 텐서의 테두리에 패딩을 추가하는 방법을 결정하는 `padding`입니다. 이 매개변수의 기본값은 `'valid'`입니다. 밸리드 패딩^{valid padding}은 패딩을 추가하지 않는다는 의미였죠. 따라서 매개변수 `padding`을 `'valid'`로 설정하면 커널의 중심이 닿지 않는 픽셀만큼 출력이 줄어들게 됩니다. 예를 들어 (3, 3) 커널을 사용하는 경우 입력 텐서의 가장자리에 막혀 상하좌우로 한 픽셀씩만 줄어들게 됩니다.

한편 매개변수 `padding`을 `'same'`으로 설정한다는 것은 입력과 특성 맵이 동일한 크기가 되도록 패딩을 추가한다는 의미입니다. 필요한 만큼의 패딩을 자동으로 추가해 주기 때문에 수동으로 계산할 필요가 없어 편리합니다. 작성하던 코드에서 패딩을 `'same'`으로 바꾸고, 다시 한번 출력 크기를 확인해 보죠.

> **따라 하며 배우는 코딩**
> **합성곱층 만들기** 소스 코드 01-2.ipynb

```
01  conv3 = layers.Conv2D(filters=10, kernel_size=(3, 3), strides=(2, 2),
02                        padding='same')
03  print(conv3(x).shape)
```

실행결과 `(10, 14, 14, 10)`

스트라이드가 2이고 세임 패딩(same padding)을 사용했기 때문에 (28, 28)이었던 입력의 높이와 너비 크기가 정확히 절반으로 줄어들어 (14, 14)가 되었습니다. 만약 스트라이드를 기본값 1로 사용한다면 다음과 같이 출력의 높이와 너비는 입력과 동일해집니다.

> **따라 하며 배우는 코딩**
> **합성곱층 만들기** 소스 코드 01-2.ipynb

```
01  conv4 = layers.Conv2D(filters=10, kernel_size=(3, 3), padding='same')
02  print(conv4(x).shape)
```

실행결과 `(10, 28, 28, 10)`

네, 이렇게 합성곱층의 핵심 매개변수 네 개를 모두 알아봤습니다. 이어서 풀링층과 밀집층에 대해서도 정리해 보겠습니다.

풀링층과 밀집층 – AveragePooling2D, Dense

풀링은 입력된 텐서의 높이와 너비를 줄이면서 픽셀 값을 압축하는 기능을 수행합니다. 이미지의 크기를 줄이면서 합성곱층에서 추출된 중요 정보를 압축하는 과정이죠. 앞서 첫 번째 풀링층은 (배치 차원을 제외하고) (28, 28, 6) 크기의 입력을 (14, 14, 6) 크기의 텐서로 줄입니다. 더 일반적으로 말하면 풀링은 첫 번째 배치 차원과 마지막 차원을 제외한 나머지 차원의 크기를 줄입니다.

풀링에는 크게 **평균 풀링**average pooling과 **최대 풀링**max pooling 방법이 있습니다. 케라스는 이 두 풀링 방식을 위해 AveragePooling2D층과 MaxPooling2D층을 제공하는데요. 풀링이 입력에 적용되는 방식은 앞서 언급한 합성곱의 필터가 이동하는 것과 매우 비슷합니다. **풀링 윈도**pooling window 라고 부르는 사각 영역이 입력 텐서 위를 지나가면서 평균값을 계산하거나 최댓값을 선택합니다. 이미지에 작은 영역을 설정하고 그 안에서 모든 값의 평균값, 즉 이미지의 전체적인 특성을 출력하거나 가장 큰 값, 즉 가장 강한 특성을 출력해 내는 것입니다. 전자의 경우가 평균 풀링이고, 후자의 경우가 최대 풀링입니다.

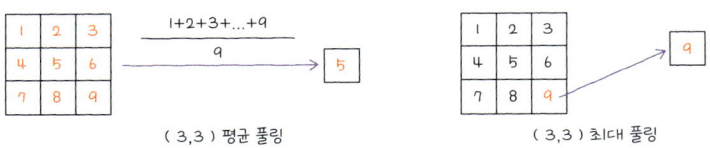

(3,3) 평균 풀링   (3,3) 최대 풀링

다시 말해 합성곱층은 필터가 있어서 입력 텐서에 어떠한 가중치weight를 곱하여 특성 맵을 만들지만, 풀링에는 입력에 곱해지는 값이 없습니다. 단지 입력에 대해 평균값을 계산하거나 최댓값을 선택하는 것이 전부입니다. 하지만 풀링층에도 합성곱층과 같이 커널 크기에 해당하는 풀링 크기 (풀링 윈도의 크기)도 있고, 스트라이드와 패딩도 지정할 수 있습니다. `AveragePooling2D`층과 `MaxPooling2D`층의 첫 번째 매개변수가 풀링 크기에 해당하는 `pool_size`이고, 두 번째와 세 번째 매개변수가 각각 `strides`와 `padding`입니다.

풀링은 합성곱과 달리 스트라이드의 크기가 항상 풀링 크기와 같습니다. 이는 풀링 윈도가 겹쳐서 이동하는 경우가 거의 없다는 것입니다. 따라서 항상 `pool_size`와 `strides`의 값을 동일하게 지정해 주어야 한다면 꽤 번거롭겠지만, 다행히 `strides`의 기본값인 `'None'`을 그대로 사용하면 자동으로 풀링 크기에 맞춰 스트라이드가 설정됩니다.

세 번째 매개변수 `padding`의 기본값은 `'valid'`입니다. 풀링의 목적이 특성 맵의 높이와 너비를 줄이는 것이므로 `padding`을 `'same'`으로 지정하는 경우는 거의 없습니다. 그럼 간단한 풀링 연산을 테스트해 보겠습니다.

따라 하며 배우는 코딩

풀링층과 밀집층 만들기 소스 코드 01-2.ipynb

```
01  pool1 = layers.AveragePooling2D(pool_size=2)
02  pool2 = layers.AveragePooling2D(pool_size=3)
03
04  print(pool1(x).shape)
05  print(pool2(x).shape)
```

01 풀링의 크기가 2인 평균 풀링층을 생성합니다.
02 풀링의 크기가 3인 평균 풀링층을 생성합니다.
04~05 shape 속성을 사용해 풀링층을 통과한 입력 데이터의 크기를 확인합니다.

실행결과 (10, 14, 14, 1)
(10, 9, 9, 1)

풀링의 크기가 2인 경우에는 (10, 28, 28, 1) 크기의 텐서 x의 높이와 너비가 정확히 절반으로 줄어 들었고, 3인 경우에는 입력 이미지 위를 3의 배수씩 이동하는 것이므로 입력의 높이와 너비가 28일 때 9개의 출력만 생성할 수 있습니다.

> **여기서 잠깐** AvgPool2D라는 층도 있던데, 이건 AveragePooling2D층과 다른 층인가요?
>
> AvgPool2D는 단순히 AveragePooling2D의 다른 이름입니다. 비슷하게 MaxPool2D도 MaxPooling2D의 다른 이름이죠. 1차원과 3차원 풀링을 수행하는 AveragePooling1D와 AveragePooling3D, MaxPooling1D와 MaxPooling3D도 있습니다.

풀링층 다음으로 이어지는 밀집층은 입력과 가중치의 **점곱**^{dot product}을 수행합니다. 점곱 연산은 다음 과 같은 수식으로 나타낼 수 있습니다.

$$y = x \cdot W + b$$

> **note** 엄밀히 말하면 점곱은 벡터와 벡터 사이의 연산을 말하지만, 여기에서는 W에 있는 열에 반복적으로 점곱이 수행된다는 의 미로 이해해 주세요.

여기서 x는 입력이고, y는 출력입니다. W가 커널, b가 절편^{bias}에 해당합니다. 케라스에서는 W와 b 까지 포함해 가중치라고 부르지만, W만 가중치라고 하는 경우도 많습니다.

> **note** 밀집층뿐만 아니라 합성곱층에도 필터마다 절편이라는 덧셈항이 있습니다. 보통 절편은 0으로 초기화됩니다.

간단한 밀집층을 만들어 실제로 점곱 연산이 어떻게 동작하는지 확인해 보죠. 다음은 유닛이 3개이고 입력 특성이 2개인 밀집층을 만드는 코드입니다. 넘파이로 특성이 두 개인 샘플 하나를 만들고 dense1를 호출하여 출력 크기를 확인해 보겠습니다.

> note 유닛은 데이터를 받아 특정 계산을 수행하고, 그 결과를 다음 층에 전달합니다. CNN에서는 유닛 대신 필터라고 부르며, 주로 이미지를 처리하면서 특정 패턴을 찾아 내는 역할을 합니다. 쉽게 말해, 이미지를 분석해 모서리나 선과 같은 특징 정보를 뽑아 내는 작은 연산 단위라고 할 수 있습니다.

따라 하며 배우는 코딩

풀링층과 밀집층 만들기   소스 코드 01-2.ipynb

```
01  dense1 = layers.Dense(3)
02
03  import numpy as np
04
05  x2 = np.array([[5, 7]])
06  print(dense1(x2).shape)
```

실행결과 (1, 3)

> note 케라스 층에 전달되는 입력의 첫 번째 차원은 항상 배치 차원이어야 합니다. 따라서 샘플의 크기를 (2,)가 아니라 (1, 2)인 2차원 배열로 만듭니다.

밀집층이 수행하는 연산을 그림으로 그려 보면 (1, 3) 크기가 어떻게 출력되는지 알 수 있습니다.

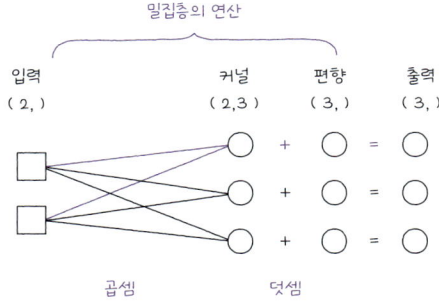

밀집층의 커널 크기는 (입력 크기, 유닛 개수)입니다. 마치 유닛마다 입력 크기만큼의 가중치 값이 있다고 생각해도 좋습니다. 점곱은 입력과 커널의 곱셈을 간단하게 표현하는 수학적 표기법입니다. dense1 객체의 get_weights() 메서드를 호출하면 가중치의 크기를 직접 확인해 볼 수 있습니다.

get_weights() 메서드는 (2, 3) 크기의 커널과 (3,) 크기의 절편을 파이썬 리스트로 묶어서 반환합니다.

따라 하며 배우는 코딩
풀링층과 밀집층 만들기　소스 코드 01-2.ipynb

```
01  print(dense1.get_weights())
02
03  dense1.set_weights([
04      np.array([[1, 2, 3], [4, 5, 6]]),
05      np.array([0, 0, 0])
06  ])
07
08  print(dense1(x2))
```

03~06 커널과 절편을 각각 넘파이 배열로 만들어 dense1 객체의 set_weights() 메서드에 리스트로 전달합니다.
08 앞에서 x2 배열로 생성한 출력 결과를 확인합니다.

실행결과
```
[array([[-0.4972381 ,  0.26210117, -0.06062901],
       [-0.33874118,  0.00881648,  0.34460354]], dtype=float32),
 array([0., 0., 0.], dtype=float32)]
tf.Tensor([[33. 45. 57.]], shape=(1, 3), dtype=float32)
```

[실행결과]를 보면 dense1의 가중치도 처음에는 난수로 설정되어 있네요. 그리고는 dense1이 출력한 값을 이해하기 쉽도록 가중치를 다시 난수 대신 간단한 값으로 설정해 봤습니다. 이 값이 어떻게 계산되었는지 이해할 수 있나요? 이해를 돕기 위해 넘파이에서 제공하는 dot() 함수로 입력과 가중치의 점곱을 계산하여 직접 비교해 보겠습니다.

따라 하며 배우는 코딩
풀링층과 밀집층 만들기　소스 코드 01-2.ipynb

```
01  weight = dense1.get_weights()[0]
02  print(np.dot(x2, weight))
```

실행결과
```
[[33. 45. 57.]]
```

[실행결과]를 보면 넘파이의 dot( ) 함수로 계산한 값과 Dense층이 계산한 점곱의 값이 같은 것을 볼 수 있습니다.

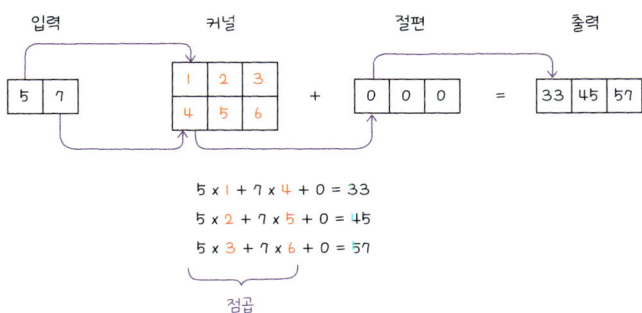

이렇게 밀집층은 모든 입력에 어떠한 가중치를 곱해 출력을 만듭니다. 앞에서 잠깐 보았듯이 처음에는 이 가중치가 랜덤한 값으로 설정되지만, 데이터로 모델을 훈련시키면서 입력에 곱해야 할 적절한 값으로 바뀌게 됩니다. 일반적으로 분류 문제에서는 마지막 밀집층에 분류하려는 클래스 개수만큼 유닛을 두어 각 클래스에 대한 확률을 출력합니다.

마무리

2절에서는 최초의 합성곱 신경망이라고 할 수 있는 LeNet-5에 대해 알아봤습니다. LeNet-5는 페이스북의 얀 르쿤 박사가 개발한 합성곱 신경망으로, 실제 미국의 우편번호 인식 문제를 해결하는 데 사용되었습니다. LeNet-5는 요즘의 신경망 구조와는 조금 다른 기법을 사용했지만, 크게 보면 두 개의 합성곱층과 세 개의 밀집층으로 구성되어 있습니다.

이렇게 LeNet-5의 합성곱층, 풀링과 스트라이드, 밀집층에 대해 살펴봤습니다. LeNet-5 모델을 통해 합성곱 신경망의 기본 구조를 알아봤으므로 이제 한빛 마켓의 포토 후기에 적용해 모델의 성능을 확인해 볼 수 있습니다.

▶ 키워드로 정리하는 핵심 포인트

- **합성곱 신경망(CNN)**은 이미지 분류, 객체 탐지 등을 위한 신경망 모델입니다. 합성곱 신경망의 핵심 층은 단연 합성곱층인데요. 합성곱층은 필터가 입력 위를 슬라이딩하면서 이미지에서 유용한 패턴을 감지하는 역할을 하며, 합성곱층을 통과한 후 풀링층으로 입력의 공간 차원을 줄입니다. 이러한 합성곱층과 풀링층을 반복해서 쌓는 것이 합성곱 신경망의 특징입니다.
- **LeNet-5**는 페이스북의 얀 르쿤 박사가 만든 최초의 합성곱 신경망입니다. 미국의 우편 서비스에 실제로 적용되어 자동 우편번호 인식에 활용되었습니다.
- **풀링**은 가중치가 없고 특성 맵의 가로세로 크기를 줄이는 역할을 합니다. 대표적으로 최대 풀링과 평균 풀링이 있으며 (2, 2) 풀링으로 입력을 절반으로 줄입니다.

01-3 패션 상품 이미지 분류하기

케라스 API를 사용해 구현한 LeNet-5 모델로 샘플에 대한 확률을 출력해 봅니다. 패션 MNIST 데이터셋을 사용한 모델 훈련을 통해 모델의 성능까지 확인할 수 있습니다.

 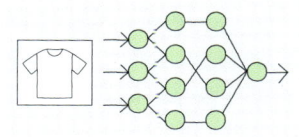 

❶ 딥러닝 개발환경　　❷ 합성곱 신경망 모델　　❸ 패션 상품 이미지 분류

시작하기 전에

합성곱 신경망에 등장하는 여러 개념들을 살펴봤습니다. 사실 텐서플로를 사용하면 합성곱, 패딩, 풀링 크기를 직접 계산할 필요가 없습니다. 사용자는 케라스 API에 복잡한 계산을 모두 맡기고 직관적으로 신경망을 설계할 수 있습니다. 하지만 합성곱 연산을 잘 이해하면 합성곱 신경망 이면의 동작 원리를 터득할 수 있고, 다른 사람이 만든 신경망의 구조를 이해할 때 도움이 됩니다. 케라스 API를 사용해 초기 모델에 해당하는 LeNet-5 모델의 구현 과정을 모두 이해할 수 있다면 2장부터 본격적으로 학습하게 될 고성능 합성곱 신경망 구조를 만나더라도 잘 따라갈 수 있을 것입니다.

그럼 이제 한빛 마켓이 도입한 포토 후기 분류 모델이 패션 상품 이미지를 분류할 때 합성곱의 아이디어가 정말로 도움이 되는지 확인해 보겠습니다!

LeNet 모델 만들기

> **개념 체크** | 활성화 함수 – 시그모이드 함수와 렐루 함수

딥러닝에서 **활성화 함수**(activation function)는 뉴런의 출력 값을 변형시킵니다. 뉴런은 입력을 받아 선형 변환을 적용하며, 활성화 함수는 그 결괏값을 어떻게 변환할지 결정하는 역할을 합니다. 활성화 함수는 비선형(non–linear) 변환을 수행하기 때문에 모델이 복잡한 문제를 잘 해결할 수 있도록 도와주는데요. 예를 들어 **시그모이드 함수**(sigmoid function)의 수식을 살펴보면 이해가 쉽습니다.

$$f(x) = \frac{1}{1 + e^{-x}}$$

이 수식은 **로지스틱 함수**(logistic function)라고도 부릅니다. 이 함수를 그래프로 그리면 S자 형태를 띠는데, x가 큰 양수일 때는 1에 가까워지고 x가 큰 음수일 때는 0에 가까워집니다. 입력 값을 0과 1 사이의 값으로 변환해 주는 것이죠. 그래프가 어떤 모양인지는 잠시 후에 확인해 보겠습니다. 또한 합성곱 신경망에서 널리 사용하는 **렐루 함수**(ReLU, Rectified Linear Unit function)를 수식으로 나타내면 다음과 같습니다.

$$f(x) = \begin{cases} max(0, x), & x \geq 0 \\ 0, & x < 0 \end{cases}$$

렐루 함수는 시그모이드 함수에 비해 아주 단순합니다. x가 양수이면 x 그대로 두고, x가 음수이면 0으로 바꿉니다. 바꿔 말하면 모델의 출력 값에서 양수는 그대로 보내고, 음수는 제거하는 방식으로 모델에 비선형성을 부여합니다.

렐루 함수는 넘파이 배열의 clip() 메서드를 사용해 쉽게 구현할 수 있습니다. clip() 메서드는 전달된 매개변수보다 작은 값을 모두 0으로 만듭니다. 두 함수가 어떤 모양인지는 직접 그래프를 그려 보면 훨씬 쉽게 이해될 것입니다. 시그모이드 함수의 수식을 코드로 쓸 수도 있지만 편리하게도 사이파이(Scipy)에서 expit() 함수로 시그모이드 함수를 제공하고 있으니 활용해 보겠습니다.

x축에 대한 좌푯값을 만들기 위해 넘파이 arange() 함수로 –10~10 사이에서 0.2 간격으로 실숫값을 생성하고, expit() 함수와 clip() 메서드에 사용해 y축 값을 만듭니다. 구글 코랩에서 노트명이 '01-3.ipynb'인 새 노트를 추가하고, 다음과 같이 작성합니다.

```
01  import numpy as np
02  import matplotlib.pyplot as plt
03  from scipy.special import expit
04
05  x = np.arange(-10, 10, 0.2)
06
07  fig, axs = plt.subplots(1, 2, figsize=(12, 4))
08  axs[0].plot(x, expit(x))
09  axs[0].set_title('sigmoid function')
```

```
10    axs[0].set_xlabel('x')
11    axs[0].set_ylabel('f(x)')
12    axs[1].plot(x, x.clip(0))
13    axs[1].set_title('relu function')
14    axs[1].set_xlabel('x')
15    axs[1].set_ylabel('f(x)')
16    plt.show()
```

실행결과

[sigmoid function 그래프와 relu function 그래프]

note 이 책은 그래프를 그리기 위해 파이썬의 대표적인 시각화 라이브러리인 **맷플롯립**(matplotlib)을 사용합니다. 맷플롯립에 대한 자세한 설명은 『혼자 공부하는 데이터 분석 with 파이썬』(한빛미디어, 2023)에서 참고할 수 있습니다.

그래프에서 두 활성화 함수의 특징을 볼 수 있습니다. 시그모이드 함수는 x값의 절댓값이 커지면 기울기가 완만해지면서 1과 0에 수렴하고, 렐루 함수는 음수 부분이 모두 잘려 나간 y = x 직선 같습니다.

신경망은 **경사 하강법**(gradient descent)을 사용해 훈련하기 때문에 기울기가 완만하면 오차에 대한 조정이 더뎌지는데요. 이를 **기울기 소실**(gradient vanishing) 문제라고 부릅니다. LeNet-5를 비롯한 예전 신경망에서는 시그모이드 함수를 주로 사용했지만, 최근에는 기울기 소실의 문제를 개선하기 위해 렐루 함수와 렐루 함수의 다양한 변종들이 폭넓게 적용되고 있습니다. 앞으로 이 책에서도 이러한 렐루 함수의 다양한 변종들을 만날 수 있을 겁니다.

케라스를 사용해 모델을 직접 구현해 보면서 숫자 이미지 분류를 위해 개발된 LeNet-5가 패션 상품 이미지도 잘 분류할 수 있는지 확인해 보겠습니다. 케라스에 있는 Sequential 클래스를 사용하면 간단하게 LeNet-5 모델과 거의 같은 신경망을 만들 수 있습니다. 먼저 keras에서 layers 모듈을 임포트한 다음, LeNet-5 모델에 필요한 층을 하나씩 추가해 보겠습니다.

따라 하며 배우는 코딩

LeNet-5 모델 만들기 소스 코드 01-3.ipynb

```
01  import keras
02  from keras import layers
03
04  lenet5 = keras.Sequential()
05  lenet5.add(layers.Input(shape=(28, 28, 1)))
06  lenet5.add(layers.Conv2D(filters=6, kernel_size=5, activation='sigmoid',
07                           padding='same'))
08  lenet5.add(layers.AveragePooling2D(pool_size=2))
09  lenet5.add(layers.Conv2D(filters=16, kernel_size=5, activation='sigmoid'))
10  lenet5.add(layers.AveragePooling2D(pool_size=2))
11  lenet5.add(layers.Flatten())
12  lenet5.add(layers.Dense(120, activation='sigmoid'))
13  lenet5.add(layers.Dense(84, activation='sigmoid'))
14  lenet5.add(layers.Dense(10, activation='softmax'))
```

04 Sequential() 클래스의 객체를 생성합니다.

05 Input 함수를 사용해 입력(컬러 이미지)의 크기를 지정합니다.

06~07 첫 번째 합성곱층을 추가합니다. 이 층은 필터의 개수가 6개, 커널 크기가 5, 활성화 함수로 시그모이드 함수를 사용합니다. 또한 padding 매개변수를 'same'으로 지정해 입력과 특성 맵의 크기를 동일하게 만듭니다.

08 풀링의 크기가 2인 첫 번째 평균 풀링층을 추가합니다.

09 두 번째 합성곱층을 추가합니다. 이 층은 필터의 개수가 16개, 커널 크기가 5이고, 활성화 함수로 시그모이드 함수를 사용합니다.

10 두 번째 평균 풀링층을 추가합니다.

11 3차원 특성 맵을 1차원으로 펼칩니다.

12 120개의 유닛을 가진 첫 번째 밀집층을 추가합니다.

13 84개의 유닛을 가진 두 번째 밀집층을 추가합니다.

14 10개의 유닛을 가진 세 번째 밀집층을 추가합니다. 이 층이 출력층에 해당합니다.

LeNet 모델 훈련하기

> **개념 체크 | 소프트맥스 함수**
>
> 소프트맥스 함수(softmax function)는 딥러닝에서 분류 문제를 해결할 때 자주 사용하는 함수로, 특히 모델이 여러 카테고리 중 하나를 예측할 때 사용됩니다. 간단하게 소프트맥스 함수의 수식을 살펴볼까요? 출력층에 k개의 유닛이 있다고 할 때, i번째 유닛의 소프트맥스 함수 값은 다음과 같이 나타낼 수 있습니다.
>
> $$f(x)_i = \frac{e^{z_i}}{\sum_{j=1}^{k} e^{z_j}}$$
>
> 이때 k 개의 유닛에서 나오는 소프트맥스 출력을 모두 더하면 1이 됩니다.
>
> $$f(x) = \frac{e^{z_1} + e^{z_2} + \cdots + e^{z_k}}{\sum_{j=1}^{k} e^{z_j}} = 1$$
>
> 따라서 소프트맥스 함수를 통해 모델이 내놓은 예측 값이 얼마나 가능성이 높은지를 확률처럼 해석할 수 있습니다.

우리가 직접 구현한 LeNet 모델의 구조를 자세히 살펴보면서 LeNet-5 모델을 어떻게 훈련시켜야 할지 이해해 보겠습니다. summary() 메서드를 호출해 LeNet-5 모델의 구조를 확인합니다.

```
01  lenet5.summary()
```

실행결과

Model: "sequential"

Layer (type)	Output Shape	Param #
conv2d_4 (Conv2D) ❶	(None, 28, 28, 6)	156
average_pooling2d_2(AveragePooling2D)	(None, 14, 14, 6)	0
conv2d_5 (Conv2D) ❷	(None, 10, 10, 16)	2,416
average_pooling2d_3(AveragePooling2D)	(None, 5, 5, 16)	0
flatten (Flatten) ❹	(None, 400)	0
dense_1 (Dense)	(None, 120)	48,120
dense_2 (Dense) ❺	(None, 84)	10,164
dense_3 (Dense)	(None, 10)	850

❸ (conv2d_5 ~ average_pooling2d_3 묶음)

Total params: 61,706 (241.04 KB)
Trainable params: 61,706 (241.04 KB)
Non-trainable params: 0 (0.00 B)

[실행결과]에서 Output Shape 열에 있는 None은 아직 첫 번째 차원의 크기가 결정되지 않았다는 의미입니다. 이 첫 번째 차원은 샘플 차원 혹은 **배치**batch 차원이라고 부르는데, 신경망에 전달되는 샘플의 개수는 모델을 훈련하거나 모델을 사용해 예측을 만들 때 결정되므로 그 크기를 미리 결정할 수 없어 None으로 표시합니다. 편의상 책에서도 None으로 표시된 배치 차원은 제외하고 층의 출력 크기를 언급하겠습니다. 그럼 LeNet-5 모델의 특성 맵 크기를 하나씩 살펴봅시다.

❶ 첫 번째 합성곱층은 (28, 28, 1) 크기의 입력을 받아 6개의 합성곱 필터를 적용하고, 크기가 (28, 28, 6)인 특성 맵을 만듭니다. 이 합성곱의 커널 크기는 (5, 5)입니다. LetNet-5의 경우, 첫 번째 합성곱에서 (32, 32) 크기의 이미지를 (28, 28)로 줄입니다. 하지만 패션 상품 이미지 분류를 위해 사용할 데이터인 패션 MNIST는 크기가 (28, 28)인 이미지를 입력으로 사용할 것이므로 첫 번째 합성곱층에서 특성 맵의 높이와 너비가 더 줄어들지 않도록 세임 패딩을 사용했습니다. 이렇게 하면 첫 번째 합성곱층의 출력부터는 입력이 LeNet-5 모델과 같아집니다.

❷ 두 번째 합성곱층은 (5, 5) 크기의 필터 16개를 사용합니다. 여기서는 첫 번째와 두 번째 합성곱층이 모두 시그모이드 활성화 함수를 사용했지만, 최근에는 합성곱 신경망에 시그모이드 함수보다는 렐루 함수를 더 많이 사용합니다.

❸ 두 합성곱층 다음에는 평균 풀링층이 뒤따릅니다. 풀링 크기는 (2, 2), 스트라이드 크기도 2입니다. 두 개의 합성곱층을 지난 후 세 개의 밀집층을 통과해 출력이 만들어지는데요. 두 번째 합성곱층이 하나의 샘플에 대해 출력하는 특성 맵의 크기는 (5, 5, 16)입니다.

❹ 밀집층은 각 샘플에 대해 1차원 입력을 기대하므로 Flatten층을 통해 3차원 특성 맵을 1차원으로 펼쳐서 전달합니다.

> note 케라스의 Flatten 클래스는 배치 차원을 제외하고 나머지 입력 차원을 모두 일렬로 펼침으로써 다음 단계에서 처리하기 쉬운 하나의 긴 리스트로 변환합니다. 입력에 곱해지는 가중치나 절편이 없기 때문에 인공 신경망의 성능을 위해 기여하는 바는 없지만, 밀집층의 입력을 만들기 위해 추가해야 합니다.

❺ Flatten층 다음에 오는 세 개의 밀집층은 **분류층**classification layer이라고도 부릅니다. 처음 두 개의 밀집층은 시그모이드 함수로 각각 120개, 84개의 유닛을 사용하며, 마지막 밀집층은 최종 출력을 만들기 때문에 분류하려는 클래스의 개수에 맞춰 10개의 유닛을 사용합니다. 또한 숫자를 인식하는 것은 **다중 분류**multiclass classification의 문제이므로 소프트맥스 활성화 함수를 사용합니다.

> **여기서 잠깐** summary( ) 메서드의 [실행결과]에서 [Param #] 열에 나오는 숫자는 무엇인가요?
>
> [Param #] 열은 가중치 배열의 원소 개수를 나타냅니다. 첫 번째 합성곱층에는 (입력의 채널 개수가 1이므로)(5, 5, 1) 크기의 필터 6개가 있습니다. 따라서 필터의 가중치 크기는 5×5×1×6=150입니다. 여기에 필터마다 절편이 하나씩 있으므로 총 가중치 개수는 156이 되죠. 마찬가지로 두 번째 합성곱층의 가중치 개수를 계산하면 5×5×6×16+16=2,416입니다.
> 첫 번째 밀집층의 경우, 입력 크기가 (400,)이고 유닛 개수가 120개이므로 커널 크기는 400×120=48,000입니다. 여기에 유닛마다 절편을 더하면 총 가중치 개수는 48,120이 됩니다. 마찬가지로 두 번째 밀집층의 가중치 개수는 120×84+84=10,164이고, 마지막 밀집층의 가중치 개수는 84×10+10=850입니다.

이제 드디어 앞서 구현한 Lenet-5 모델로 패션 상품 이미지를 분류해 볼 차례입니다. 먼저 모델을 훈련시킬 데이터가 필요하겠군요.

훈련 데이터 준비하기

딥러닝을 처음 배울 때 많이 사용하는 데이터셋이 있습니다. 손으로 쓴 0~9까지의 숫자 이미지 7만 개로 이루어진 **MNIST**^{Mixed National Institute of Standards and Technology} 데이터셋인데요. MNIST는 딥러닝 모델이 숫자를 얼마나 정확하게 인식하는지 모델을 훈련하고 테스트하는 데 사용되며, 각각의 이미지가 28×28 픽셀로 구성되어 있습니다.

패션 MNIST 데이터셋은 MNIST와 크기, 개수가 동일하지만 숫자 대신에 옷, 신발 등의 패션 아이템 이미지를 포함하고 있습니다. 워낙 유명하기 때문에 많은 딥러닝 라이브러리에서 이 데이터를 가져올 수 있는 도구를 제공합니다. 그럼 모델의 샘플 이미지가 될 패션 MNIST 데이터셋을 로드해 보겠습니다.

01 케라스는 datasets 모듈 아래에 작은 규모의 데이터셋을 직접 로드할 수 있는 함수를 제공합니다. 패션 MNIST의 경우 fashion_mnist.load_data( )로 데이터를 읽을 수 있는데요. 이 함수를 실행하면 **구글 클라우드 플랫폼(GCP)**^{Google Cloud Platform}에 저장된 데이터를 다운로드하여 읽어 들입니다.

```
01  (train_input, train_target), (test_input, test_target) =
    keras.datasets.fashion_mnist.load_data()
```

> note 각각의 데이터는 입력과 타깃의 쌍으로 구성되어 있습니다. 여기서 **입력**(input)은 모델에 입력하는 데이터, **타깃**(target)은 모델이 맞춰야 하는 정답을 말합니다. 패션 이미지 분류 모델에서 입력은 옷이나 신발 등의 이미지, 타깃은 각 이미지가 속하게 될 카테고리가 될 수 있습니다.

02 친절하게도 load_data( ) 함수는 **훈련 세트**train set와 **테스트 세트**test set를 나누어 제공합니다. 타깃 데이터를 확인해 보면 각 샘플의 타깃 값은 하나의 정수입니다. 타깃 값이 정수인지 혹은 **원-핫 인코딩**one-hot encoding된 벡터인지에 따라 모델을 훈련하는 방법은 조금 다릅니다. 모델의 훈련 방법에 대한 설명은 잠시 후에 이어 가겠습니다.

```
01  print(train_target)
```

> 실행결과 [9 0 0 ... 3 0 5]

> note fashion_mnist.load_data()가 반환하는 객체는 모두 넘파이 배열입니다.

> **여기서 잠깐** **원-핫 인코딩**
>
> 원-핫 인코딩은 정수 값을 배열의 인덱스로 생각해 해당 인덱스 위치의 원소만 1로, 나머지는 모두 0인 벡터로 변환하는 인코딩 방식입니다. 예를 들면 그림에 제시된 1차원 정수 배열을 원-핫 인코딩하면 각 정수 값에 해당하는 인덱스의 위치만 1로 설정되어 다음과 같은 2차원 배열로 변환할 수 있습니다.
>
>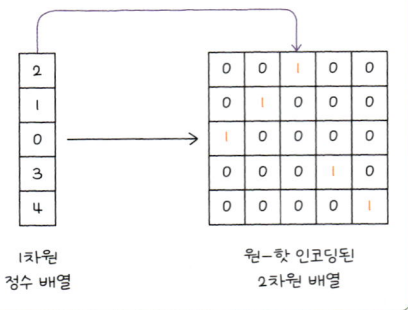
>
> 1차원 정수 배열   원-핫 인코딩된 2차원 배열

---

03 shape 속성을 사용해 훈련 데이터의 크기를 확인할 수 있습니다. 패션 MNIST 데이터는 크기가 28×28인 이미지 60,000개로 이루어져 있군요.

```
01  print(train_input.shape, train_target.shape)
```

> 실행결과 (60000, 28, 28) (60000,)

04 맷플롯립 라이브러리를 사용하면 몇 개의 훈련 데이터 샘플을 그림으로 출력해 볼 수 있습니다. 훈련 데이터가 어떤 이미지인지 직접 확인해 보는 것은 문제를 이해하는 데 큰 도움이 됩니다.

```
01  fig, axs = plt.subplots(1, 10, figsize=(10,10))
02  for i in range(10):
03      axs[i].imshow(train_input[i], cmap='gray_r')
```

```
04        axs[i].axis('off')
05    plt.show()
```

실행결과

훈련 데이터는 10개의 흑백 의류 이미지를 담고 있습니다. 각각 28×28 크기인 이미지 60,000개로 이루어져 있는데요. 즉, 훈련 데이터인 `train_input`은 (60000, 28, 28) 크기의 배열입니다. 앞서 만들었던 Lenet-5 모델의 첫 번째 합성곱층에서 입력 샘플 하나의 크기를 (28, 28, 1)로 지정했으므로 `train_input`의 마지막에 차원 하나를 더 추가하여 (60000, 28, 28, 1)로 만들어야 합니다.

note 크기가 1인 차원을 추가한다고 해도 배열에 있는 원소의 개수는 늘어나지 않습니다. 예를 들어 크기가 (1,)인 배열과 (1, 1, 1, 1)인 배열에 있는 원소의 개수는 모두 동일하게 한 개입니다.

05 넘파이 배열의 `reshape()` 메서드를 사용해 마지막 차원에 1을 추가합니다. 패션 MNIST 이미지의 각 픽셀은 0~255 사이의 흑백 강도를 나타내는 값으로 채워져 있는데, 신경망은 보통 0~1 사이의 값 또는 −1~1 사이의 값에서 잘 동작하기 때문에 차원을 추가한 다음, 255.0으로 모든 배열의 값을 나눕니다.

```
01  train_input = train_input.reshape(-1, 28, 28, 1) / 255.0
```

여기서 −1은 차원의 크기를 명시적으로 정의하지 않으니 넘파이가 알아서 나머지 차원을 고려하여 채워 넣으라는 의미입니다. 사실 `train_input`의 크기를 이미 알고 있으므로 60000이라고 써도 되지만, 파이썬 프로그래머들은 종종 이렇게 특정 차원에 해당하는 값을 비워 놓고 메서드에게 적절한 값을 채우도록 맡깁니다.

테스트 세트는 모델을 마지막에 평가하기 위해 훈련에 사용하지 않습니다. 따라서 모델이 훈련 세트에서 잘 훈련되는지 비교하기 위해서는 별도의 데이터 세트가 필요합니다. 이를 **검증 세트**validation set라고 부릅니다. 다시 앞서 만든 훈련 세트를 더 나누어 검증 세트를 만들어 보죠.

06 검증 세트를 만들기 위해 사이킷런의 `train_test_split` 함수를 사용합니다. 훈련 세트 중 20%를 검증 세트로 떼어 놓기 위해 `test_size` 매개변수를 0.2로 지정하겠습니다.

```
01  from sklearn.model_selection import train_test_split
02
03  train_scaled, val_scaled, train_target, val_target = train_test_split(
04      train_input, train_target, test_size=0.2, random_state=42)
```

> note 사이킷런(scikit-learn)은 파이썬에서 머신러닝과 데이터 분석을 쉽게 사용할 수 있도록 도와주는 라이브러리로, 데이터 전처리나 모델 훈련, 검증, 평가를 위한 다양한 도구들을 제공합니다. 사이킷런에서 제공하는 train_test_split 함수를 사용해 데이터를 랜덤하게 섞고 분할하면 훈련과 검증의 공정성을 높일 수 있습니다.

모델 훈련하기

훈련 데이터가 준비되었으니 이제 모델을 **컴파일**compile하고 훈련을 시작해 보죠. 케라스 콜백을 사용하면 훈련 도중 최상의 모델을 저장하고, 검증 세트에 대한 손실이 증가하기 전에 조기 종료할 수 있어 과대적합을 막는 데에도 유용합니다.

> note **과대적합**(overfitting)이란 모델이 훈련 세트에 너무 과하게 맞춰져서 테스트 세트에서 성능이 떨어지는 현상을 말합니다. 즉, 모델이 훈련 데이터의 세부 패턴이나 잡음까지 훈련해버려서 일반화 능력이 떨어지는 상태가 된 것입니다.

01 먼저 훈련에 사용할 두 개의 **콜백**callback을 정의하겠습니다.

```
01  checkpoint_cb = keras.callbacks.ModelCheckpoint(
02      'lenet5-model.keras', save_best_only=True)
03  early_stopping_cb = keras.callbacks.EarlyStopping(
04      patience=2, restore_best_weights=True)
```

> note ModelCheckpoint 콜백과 EarlyStopping 콜백에 대한 자세한 내용은 『혼자 공부하는 머신러닝+딥러닝(개정판)』(한빛미디어, 2025) 7장에서 참고할 수 있습니다.

02 케라스 모델은 compile() 메서드에서 **손실 함수**^loss function^를 비롯해 훈련에 필요한 몇 가지 요소를 지정합니다. 여기에서는 타깃 값이 정수이고 다중 분류 문제이므로 손실 함수를 'sparse_categorical_crossentropy'로 지정합니다. 또한 케라스는 기본적으로 모델이 훈련을 하는 동안 손실 함수 값을 계산하여 보여줍니다. metrics 매개변수에 훈련 과정을 평가할 측정 지표를 지정해 훈련 진행에 따른 손실 값을 추가합니다.

```
01  lenet5.compile(loss='sparse_categorical_crossentropy',
02                 metrics=['accuracy'])
```

> **여기서 잠깐** 타깃 값이 원-핫 인코딩되어 있을 때는 어떤 손실 함수를 사용해야 하나요?
>
> 다중 분류 문제에서 타깃 값이 원-핫 인코딩되어 있을 때는 손실 함수를 'categorical_crossentropy'로 지정하고, 이진 분류일 때는 'binary_crossentropy'로 지정합니다. 앞서 소프트맥스 함수가 확률로 해석할 수 있는 값을 출력한다고 했던 것을 기억하나요? **크로스 엔트로피**(cross entropy)가 바로 두 확률 값의 차이를 측정하는 도구입니다. 데이터셋에 m개의 클래스가 있을 때 크로스 엔트로피 공식은 다음과 같습니다.
>
> $$L = -\sum_{j=1}^{m} y_j \log(\hat{y}_j)$$
>
> 여기서 y_j는 타깃이고, $\hat{y}_j$은 모델이 예측으로 출력한 값입니다. 정답 클래스에 해당하는 모델의 예측 확률인 $\hat{y}_j$가 0에 가까워지면 $\log(\hat{y}_j)$은 큰 음수가 되어 손실 값이 커집니다. 반대로 $\hat{y}_j$이 1에 가까워지면 $\log(\hat{y}_j)$은 0에 가까워지므로 손실 값이 최소가 됩니다. 따라서 크로스 엔트로피 함수를 사용해 모델을 훈련하면 정답 클래스에 해당하는 예측이 1에 가까워지도록(손실 값이 최소가 되도록) 훈련할 수 있습니다.

03 이제 fit() 메서드에 훈련 입력과 훈련 타깃을 전달하고 20번의 **에포크**^epoch^ 동안 모델을 훈련해 보겠습니다. 조기 종료를 위해 검증 세트 데이터와 콜백을 함께 지정하고, 나중에 그래프로 확인해 보기 위해 fit() 메서드가 반환하는 히스토리(history) 객체를 hist에 저장합니다.

```
01  hist = lenet5.fit(train_scaled, train_target, epochs=20,
02                    validation_data=(val_scaled, val_target),
03                    callbacks=[checkpoint_cb, early_stopping_cb])
```

> **실행결과**
> ```
> Epoch 1/20
> 1500/1500 ━━━━━━━━━━━━━━━━ 56s 35ms/step - accuracy: 0.4169 - loss: 1.5737 - val_accuracy: 0.7222 - val_loss: 0.7199
> Epoch 2/20
> 1500/1500 ━━━━━━━━━━━━━━━━ 36s 24ms/step - accuracy: 0.7410 - loss: 0.6723 - val_accuracy: 0.7664 - val_loss: 0.5975
> ```

```
Epoch 3/20
1500/1500 ———————————— 40s 23ms/step - accuracy: 0.7705 - loss: 0.5915 - val_accuracy: 0.7873 - val_loss: 0.5640
Epoch 4/20
1500/1500 ———————————— 37s 24ms/step - accuracy: 0.7950 - loss: 0.5378 - val_accuracy: 0.8078 - val_loss: 0.5099
Epoch 5/20
1500/1500 ———————————— 35s 23ms/step - accuracy: 0.8191 - loss: 0.4829 - val_accuracy: 0.8211 - val_loss: 0.4717
Epoch 6/20
1500/1500 ———————————— 41s 23ms/step - accuracy: 0.8321 - loss: 0.4574 - val_accuracy: 0.8451 - val_loss: 0.4223
Epoch 7/20
1500/1500 ———————————— 42s 23ms/step - accuracy: 0.8429 - loss: 0.4225 - val_accuracy: 0.8449 - val_loss: 0.4195
Epoch 8/20
1500/1500 ———————————— 36s 24ms/step - accuracy: 0.8497 - loss: 0.4037 - val_accuracy: 0.8495 - val_loss: 0.4054
Epoch 9/20
1500/1500 ———————————— 38s 25ms/step - accuracy: 0.8546 - loss: 0.3920 - val_accuracy: 0.8563 - val_loss: 0.3997
Epoch 10/20
1500/1500 ———————————— 35s 23ms/step - accuracy: 0.8652 - loss: 0.3704 - val_accuracy: 0.8642 - val_loss: 0.3671
Epoch 11/20
1500/1500 ———————————— 37s 25ms/step - accuracy: 0.8637 - loss: 0.3615 - val_accuracy: 0.8680 - val_loss: 0.3679
Epoch 12/20
1500/1500 ———————————— 41s 24ms/step - accuracy: 0.8725 - loss: 0.3449 - val_accuracy: 0.8683 - val_loss: 0.3568
Epoch 13/20
1500/1500 ———————————— 45s 27ms/step - accuracy: 0.8718 - loss: 0.3462 - val_accuracy: 0.8719 - val_loss: 0.3493
Epoch 14/20
1500/1500 ———————————— 78s 25ms/step - accuracy: 0.8790 - loss: 0.3268 - val_accuracy: 0.8674 - val_loss: 0.3644
Epoch 15/20
1500/1500 ———————————— 35s 24ms/step - accuracy: 0.8798 - loss: 0.3228 - val_accuracy: 0.8779 - val_loss: 0.3377
Epoch 16/20
1500/1500 ———————————— 41s 23ms/step - accuracy: 0.8818 - loss:
```

```
                0.3163 - val_accuracy: 0.8792 - val_loss: 0.3310
                Epoch 17/20
                1500/1500 ───────────── 37s 24ms/step - accuracy: 0.8864 - loss:
                0.3112 - val_accuracy: 0.8786 - val_loss: 0.3339
                Epoch 18/20
                1500/1500 ───────────── 43s 26ms/step - accuracy: 0.8858 - loss:
                0.3043 - val_accuracy: 0.8763 - val_loss: 0.3372
```

> **note** 에포크는 모델이 전체 데이터셋을 한 번 학습하는 과정(처음부터 끝까지 훈련 데이터를 모두 처리한 횟수)을 말합니다. 에포크가 많을수록 모델은 데이터를 더 많이 학습할 수 있지만, 너무 많이 반복하면 과대적합 문제가 생길 수 있습니다.

훈련은 18번의 에포크 만에 종료되었습니다. 조기 종료 콜백에서 patience=2로 지정했으므로 16번째 에포크의 성능이 가장 좋은 성능이군요. 정확도가 약 87%를 넘었습니다! LeNet-5 모델은 아주 초기 CNN 모델이지만, 패션 MNIST와 같이 작고 단순한 이미지 데이터는 충분히 잘 분류할 수 있는 강력한 모델인 것 같습니다.

모델 성능 확인하기

마지막으로 hist 객체에 저장된 손실과 정확도를 그래프로 그려서 모델의 성능을 확인해 보겠습니다. 두 값은 각각 'loss'와 'accuracy' 키에 저장되어 있습니다.

따라 하며 배우는 코딩

LeNet-5 모델 성능 확인하기   소스 코드 01-3.ipynb

```python
01  epochs = range(1, len(hist.history['loss'])+1)
02
03  fig, axs = plt.subplots(1, 2, figsize=(12, 4))
04  axs[0].plot(epochs, hist.history['loss'])
05  axs[0].plot(epochs, hist.history['val_loss'])
06  axs[0].set_xticks(epochs)
07  axs[0].set_xlabel('epoch')
08  axs[0].set_ylabel('loss')
09  axs[1].plot(epochs, hist.history['accuracy'])
10  axs[1].plot(epochs, hist.history['val_accuracy'])
11  axs[1].set_xticks(epochs)
12  axs[1].set_xlabel('epoch')
```

```
13  axs[1].set_ylabel('accuracy')
14  plt.show()
```

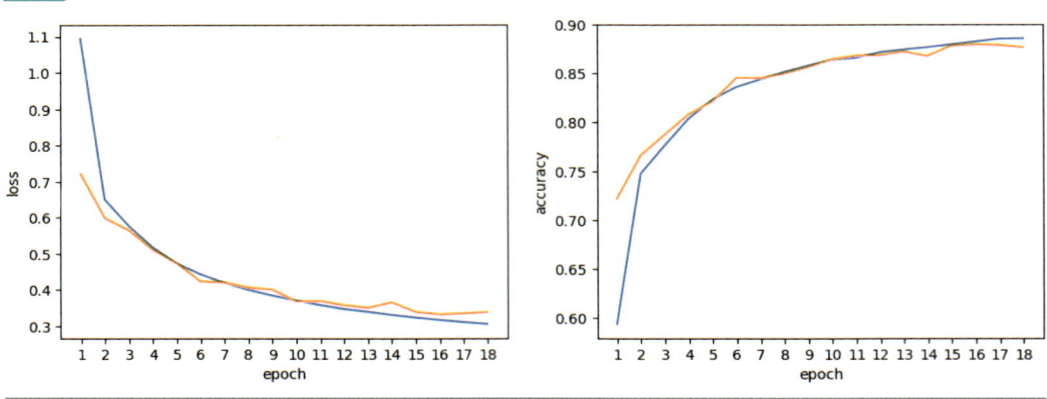

실행결과

> **여기서 잠깐** **set_xticks() 메서드**
>
> 맷플롯립 라이브러리는 입력된 값을 기반으로 축의 눈금을 자동으로 설정합니다. 예를 들어 앞서 그린 손실과 정확도 그래프에서 set_xticks() 메서드를 사용하지 않으면 맷플롯립이 자동으로 1.0, 1.5, 2.0, 2.5 등에 x축 눈금을 설정합니다. 하지만 에포크에는 1.5와 같은 단위가 없기 때문에 오해를 불러일으킬 수 있습니다. 이럴 때 set_xticks() 또는 set_yticks() 메서드를 사용하면 그래프에 표시할 x축 눈금과 y축 눈금을 명시적으로 선택할 수 있습니다.

훈련 세트와 검증 세트에 대한 손실과 정확도를 그래프로 그려 보니 모델이 과대적합되는 순간을 시각적으로 확인할 수 있습니다. 확실히 15번째 에포크 이후에 손실은 더 감소하지 못하고, 정확도는 조금씩 줄어들고 있군요.

지금까지 작업을 정리해 보면 우리는 케라스로 LeNet-5의 구조와 유사한 모델을 만들었고, 패션 MNIST 데이터셋을 훈련 세트, 검증 세트, 테스트 세트로 나누었습니다. 그 다음 훈련 세트와 검증 세트로 모델을 훈련했더니 약 88%의 훈련 성능을 달성했습니다! 이제 이 최초의 CNN 모델인 LeNet-5를 확장하여 더 뛰어난 성능, 새로운 개념을 도입한 고급 CNN 모델들을 만나 볼 차례입니다.

마무리

2절에서는 합성곱, 필터, 패딩, 스트라이드, 풀링 등 합성곱 신경망에 등장하는 여러 새로운 개념을 살펴봤습니다. 하지만 사실 텐서플로를 사용하면 합성곱, 패딩, 풀링 크기를 직접 계산할 필요가 없습니다. 복잡한 계산은 케라스 API에 모두 위임하고 사용자는 직관적으로 신경망을 설계할 수 있죠.

3절에서는 텐서플로 케라스 API를 사용해 패션 MNIST 데이터를 LeNet-5로 분류해 봤습니다. LeNet-5를 직접 구현해 보면서 합성곱 신경망에 대한 내용을 잘 이해했다면 앞으로 만나게 될 복잡한 합성곱층도 이해할 수 있을 것입니다. 한빛 마켓의 포토 후기에 적용할 더 강력하고 뛰어난 모델이 있지 않을까요? 2장에서는 합성곱 신경망의 발전을 이끈 대표적인 모델들에 대해 좀 더 자세히 알아보겠습니다.

▶ 키워드로 정리하는 핵심 포인트

- **LeNet-5**는 두 개의 합성곱층과 세 개의 밀집층을 사용하며, 패션 MNIST 데이터셋을 사용해 훈련했습니다. 이 데이터셋은 신경망을 배울 때 사용하는 가장 기본적인 데이터셋입니다.

- **Conv2D**는 케라스에서 제공하는 합성곱층입니다. 배치 차원을 제외하고 하나의 샘플이 3차원으로 구성되어 있을 것이라 가정합니다. `filters` 매개변수로 합성곱층에서 사용할 필터의 개수를 지정하고, `kernel_size` 매개변수에서 필터의 높이와 너비를 파이썬 튜플로 지정합니다. `kernel_size` 매개변수에 정수 하나를 입력하면 높이와 너비가 동일한 것으로 간주하며, 스트라이드를 지정하는 `strides` 매개변수의 기본값은 (1, 1)입니다.

- **렐루 함수**는 양수는 그대로 통과시키고 음수는 0으로 만드는 활성화 함수입니다. 합성곱 신경망은 물론, 자연어 처리 분야의 순환 신경망과 트랜스포머 모델에도 널리 사용되는 활성화 함수입니다. LeNet-5를 비롯한 초기 신경망에서는 렐루 함수가 아니라 시그모이드 함수를 주로 사용했지만, 최근에는 렐루 함수와 렐루 함수의 다양한 변종 함수들이 폭넓게 적용되고 있습니다.

Chapter 02

사전 훈련된 CNN 모델로 강아지와 고양이 사진 분류하기

학습목표

- 다양한 CNN 모델 중 역사적으로 중요한 의미를 갖는 몇몇 모델들을 이해해 보고, 모델이 성능 향상을 위해 어떤 방법을 사용했는지 알아봅니다.
- 사전 훈련된 CNN 모델을 직접 만들어 보면서 CNN 모델에서 많이 사용되는 핵심 아키텍처의 구성을 이해해 봅니다.
- 케라스에서 로드한 CNN 모델을 사용하여 샘플 이미지를 분류하는 방법을 배웁니다.

챕터 미리보기

▲ 강아지와 고양이 사진 분류하기

❶ 이미지 분류 모델

이미지넷 대회에서 최초로 우승한 AlexNet과 사전 훈련된 모델인 VGG 모델의 차이점을 살펴보면서 CNN 모델의 구조를 이해한다.

❷ 강아지/고양이 사진 분류

VGG 모델을 통해 본격적으로 이미지 분류 모델을 로드하고 예측하는 방법을 배운다.

❸ 모델의 성능 개선

VGG 이후 훈련의 성능을 높여 주목받은 CNN 모델인 ResNet을 통해 이미지 예측을 수행하며, 고급 CNN 모델을 이해하기 위한 초석을 다진다.

02-1 이미지 분류 CNN 모델 만들기

LeNet-5 모델보다 훨씬 복잡한 구조를 가지고 있는 고급 CNN 모델이 어떻게 사람들의 주목을 받게 되었는지, 어떠한 요소들로 구성되어 있는지 이해해 봅시다.

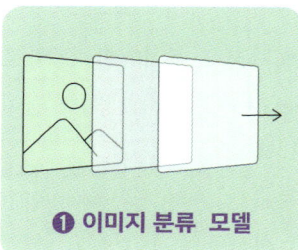
❶ 이미지 분류 모델

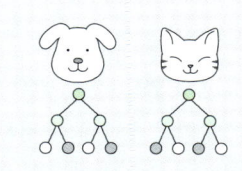
❷ 강아지/고양이 사진 분류

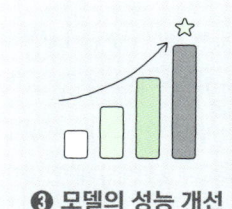
❸ 모델의 성능 개선

시작하기 전에

LeNet-5를 사용해 포토 후기를 잘 분류한 덕분에 한빛 마켓의 인기가 아주 높아졌습니다. 그런데 포토 후기 서비스를 운영하다 보니 이제는 포토 후기로 패션 상품이 아니라 가구나 소품 사진까지 올라오기 시작했습니다. 심지어 반려견, 반려묘 사진을 올리기도 하는군요. 한빛 마켓 개발팀은 전혀 예상하지 못했던 상황입니다.

포토 후기의 목적에 맞지 않는 사진들은 사용자들의 불만을 사지 않게 조용히 따로 구분하는 것이 좋겠습니다. 그런데 이렇게 다양한 종류의 사물을 분류할 수 있는 신경망이 있을까요? 또 그런 신경망에서는 어떤 기술을 사용할까요? 이미지 분류 분야에서 뛰어난 성과를 내거나 혁신적인 아이디어를 도입하여 유명해진 합성곱 신경망(CNN)들이 있습니다. 꼭 알아 두어야 할 몇 가지 CNN 구조에 대해 알아보죠.

이미지넷 대회에서 우승한 최초의 CNN 모델 – AlexNet

우리는 흔히 구조가 사전에 정의되지 않아 엑셀과 같은 도구로 정리할 수 없는 데이터를 비정형 데이터라고 합니다. 이러한 비정형 데이터를 주로 다루는 딥러닝에 관해 설명할 때는 강아지와 고양이 이미지 분류 예시를 많이 접하게 됩니다. 딥러닝으로 작고 뾰족한 귀 모양이나 짧고 뭉뚝한 콧대 등 강아지와 고양이를 특정할 수 있는 주요 특징을 구별할 수 있기 때문입니다.

합성곱 신경망의 신호탄이 된 AlexNet 모델과 반복적 블록 구조라는 개념을 안착시킨 모델인 VGGNet 역시 강아지와 고양이 이미지를 분류하는 데 적용할 수 있는데요. 두 CNN 모델은 어떤 구조와 기술로 다양한 사물을 분류할 수 있을까요?

1장에서 살펴봤던 LeNet-5는 처음 합성곱 신경망을 소개한 역사적 모델이지만, 곧바로 이미지 처리 분야의 주류로 자리매김하지는 못했습니다. 2012년 제프리 힌튼^{Geoffrey Hinton} 팀이 만든 **AlexNet**[1]이 그 해, 이미지넷^{ImageNet} 대회의 우승을 차지하면서 딥러닝 분야도 급변하게 됩니다. 기존의 이미지 처리 방법들은 이미지 분류의 정확도를 높이기 위해 수동으로 여러 특성을 만들었지만, AlexNet은 이미지 원본 픽셀을 그대로 사용하면서도 다른 모델들과 비교해 성능 면에서 압도적인 차이를 보여줬기 때문입니다. 텐서플로의 고수준 API인 케라스 라이브러리를 통해 AlexNet 모델을 만들어 보면서 세부 구조를 확인해 보겠습니다.

> AlexNet은 알렉스넷이라고 읽어요! 개발자 Alex Krizhevsky의 이름을 따서 붙여진 이름이에요.

note 이미지넷은 1,000개의 클래스와 1백만 개 이상의 이미지로 구성된 이미지 데이터베이스로, 컴퓨터 비전과 딥러닝 발전에 중요한 역할을 한 프로젝트로 평가받습니다. 이미지넷 대회란 2010년부터 2017년까지 이미지넷 프로젝트가 컴퓨터 비전 알고리즘을 평가하기 위해 개최한 이미지 인식 경연 대회입니다.

AlexNet 모델 만들기

AlexNet 모델은 1장에서 살펴봤던 LeNet-5 모델과 비교해 다음과 같은 몇 가지의 확연한 차이를 보입니다.

첫째, AlexNet 모델은 LeNet-5 모델보다 많은 층을 사용합니다. LeNet-5 모델과 AlexNet 모델의 구조를 비교하면 두 모델이 사용하는 층의 차이를 한눈에 알 수 있습니다.

---

[1] Krizhevsky, A., Sutskever, I., & Hinton, G. E. Imagenet classification with deep convolutional neural networks(2012).

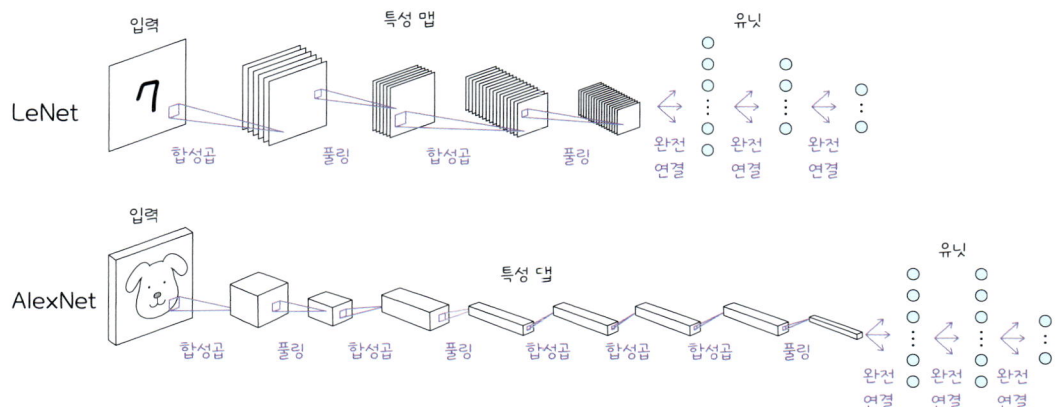

둘째, AlexNet 모델은 LeNet-5 모델에서 사용한 활성화 함수인 시그모이드 함수 대신 렐루 함수를 사용합니다. 시그모이드 함수는 입력 값이 커지고 작아짐에 따라 함수의 기울기가 급격하게 줄어듭니다. 이 기울기는 모델을 훈련할 때 파라미터를 업데이트하기 위해 필요한데요. 여러 개의 층을 가진 신경망의 경우, 시작 부분의 층을 업데이트하려면 뒤쪽 층에 있는 기울기부터 누적해야 합니다. 기울기가 작다면 누적된 기울기도 작아지고, 파라미터를 업데이트하는 데 거의 영향을 미치지 못합니다. 이를 **그레이디언트 소실 문제**gradient vanishing problem라고 합니다. 즉, AlexNet 모델은 렐루 함수를 사용해 활성화 함수로 인한 그레이디언트 소실 문제를 개선해 모델의 성능을 향상시켰습니다.

> note 그레이디언트 소실 문제를 해결하는 또 다른 기술에 대해서는 3절에서 좀 더 알아보겠습니다.

셋째, 평균 풀링 대신 최대 풀링을 사용합니다. 일반적인 풀링은 스트라이드 크기와 풀링 크기가 같지만, AlexNet 모델은 스트라이드 크기가 풀링 크기보다 작아 중첩된 풀링을 수행합니다. 평균 풀링은 풀링 영역 안에 있는 값의 평균으로 처리하기 때문에 (특성 맵에서 높은 값으로 나타나는)중요한 특징을 희석시킬 수 있습니다. 이에 반해, 최대 풀링은 특성 맵에 있는 중요 정보를 희석시키지 않고 다음 층으로 전달할 수 있습니다. 풀링층에 관해서는 잠시 후 코드를 보면서 다시 확인해 보겠습니다.

넷째, AlexNet 모델은 밀집층의 과대적합을 막기 위해 유닛의 출력을 랜덤하게 끄는 드롭아웃을 사용합니다. 이를 통해 일부 유닛에 과도하게 의존하는 것을 막고 모든 유닛이 유용한 패턴을 학습하도록 만듭니다.

두 모델의 차이점을 정리하는 것만으로도 AlexNet 모델의 성능이 크게 향상될 것이라는 것을 기대할 수 있습니다.

그럼 AlexNet 모델을 만들기에 앞서, 모델 훈련에 사용할 이미지 크기를 생각해 볼까요? 이미지넷에 있는 이미지의 크기는 다양합니다. 가장 작은 크기가 256픽셀이고, 최대 512픽셀을 넘지 않습니다. AlexNet은 227×227로 이미지 크기를 줄여서 훈련에 사용하므로 여기서도 입력 이미지의 크기를 227×227이라고 가정하겠습니다. 또한 컬러 이미지이므로 입력 채널은 3이 됩니다.

AlexNet 모델을 만드는 코드는 케라스에서 필요한 모듈을 임포트하는 것으로 시작해 Input() 함수로 입력의 크기를 지정합니다. 1장에서 설명했듯이 Input() 함수를 통해 지정하는 층은 실제 가중치를 가진 층이 아니라, 단순히 입력의 크기를 지정하는 용도로만 사용합니다. 그 다음, ❶ 2개의 합성곱층과 풀링층 → ❷ 3개의 합성곱층 → ❸ 다시 1개의 풀링층 → ❹ 마지막으로 2개의 밀집층과 드롭아웃층 → 출력층으로 구현해 보겠습니다.

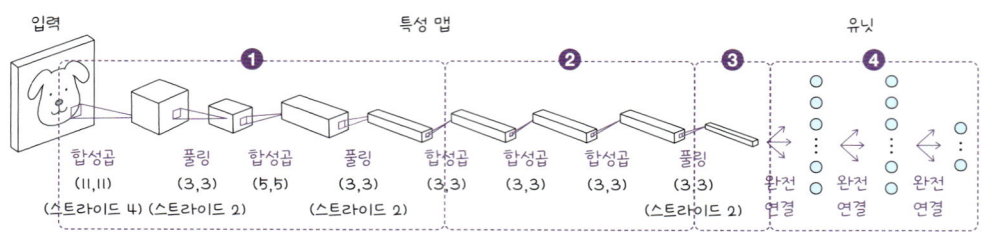

구글 코랩에 접속해 노트명이 '02-1.ipynb'인 새 노트를 추가하고, 다음과 같은 코드를 작성해 실행합니다.

> 따라 하며 배우는 코딩

AlexNet 모델 만들기 　소스 코드 02-1.ipynb

```
01  import keras
02  from keras import layers
03
04  alexnet = keras.Sequential()
05  alexnet.add(layers.Input(shape=(227, 227, 3)))
06  alexnet.add(layers.Conv2D(filters=96, kernel_size=11, strides=4,
07                            activation='relu'))
08  alexnet.add(layers.MaxPooling2D(pool_size=3, strides=2))
09  alexnet.add(layers.Conv2D(filters=256, kernel_size=5, padding='same',
10                            activation='relu'))
11  alexnet.add(layers.MaxPooling2D(pool_size=3, strides=2))
12  alexnet.add(layers.Conv2D(filters=384, kernel_size=3, padding='same',
13                            activation='relu'))
14  alexnet.add(layers.Conv2D(filters=384, kernel_size=3, padding='same',
```

```python
15                             activation='relu'))
16 alexnet.add(layers.Conv2D(filters=256, kernel_size=3, padding='same',
17                             activation='relu'))
18 alexnet.add(layers.MaxPooling2D(pool_size=3, strides=2))
19 alexnet.add(layers.Flatten())
20 alexnet.add(layers.Dense(4096, activation='relu'))
21 alexnet.add(layers.Dropout(0.5))
22 alexnet.add(layers.Dense(4096, activation='relu'))
23 alexnet.add(layers.Dropout(0.5))
24 alexnet.add(layers.Dense(1000, activation='softmax'))
```

01 keras에서 layers 모듈을 불러옵니다.

04 Sequential( ) 클래스의 객체를 생성합니다.

05 Input 함수를 사용해 입력(컬러 이미지)의 크기를 지정합니다.

06~07 첫 번째 합성곱층을 추가합니다. 이 층은 필터의 개수가 96개, 커널 크기가 11, 스트라이드가 4이고, 활성화 함수로 렐루 함수를 사용합니다.

08 풀링의 크기가 3이고, 스트라이드가 2인 첫 번째 최대 풀링층을 추가합니다.

09~10 두 번째 합성곱층을 추가합니다. 이 층을 필터의 개수가 256개, 커널 크기가 5이고, 활성화 함수로 렐루 함수를 사용합니다. 또한 padding 매개변수를 'same'으로 지정해 입력과 특성 맵의 크기를 동일하게 만듭니다.

11 두 번째 최대 풀링층을 추가합니다.

12~13 세 번째 합성곱층을 추가합니다. 이 층은 필터의 개수가 384개, 커널 크기가 3이고, 나머지 매개변수는 두 번째 합성곱층과 같습니다.

14~15 세 번째 합성곱층과 동일한 네 번째 합성곱층을 추가합니다.

16~17 다섯 번째 합성곱층을 추가합니다. 이 층은 필터의 개수가 256개이고, 나머지 매개변수는 네 번째 합성곱층과 같습니다.

18 세 번째 최대 풀링층을 추가합니다.

19 3차원 특성 맵을 1차원으로 펼칩니다.

20 4,096개의 유닛을 가진 첫 번째 밀집층을 추가합니다.

21 드롭아웃을 추가합니다.

22 4,096개의 유닛을 가진 두 번째 밀집층을 추가합니다.

23 드롭아웃을 추가합니다.

24 1,000개의 유닛을 가진 세 번째 밀집층을 추가합니다. 이 층이 출력층에 해당합니다.

Sequential 클래스를 사용하면 순서대로 합성곱층과 풀링층을 추가해 손쉽게 AlexNet 모델을 만들 수 있습니다. 그럼 각 층의 출력 크기를 확인하면서 모델의 구조를 자세히 파악해 보겠습니다.

AlexNet 모델의 구조 분석하기

모델의 구조를 자세히 살펴보기 위해 summary() 메서드를 호출하고, AlexNet 모델의 출력 크기를 확인해 보겠습니다.

```
01  alexnet.summary()
```

실행결과

Model: "sequential"

Layer (type)	Output Shape	Param #
❶ conv2d (Conv2D)	(None, 55, 55, 96)	34,944
❷ max_pooling2d (MaxPooling2D)	(None, 27, 27, 96)	0
❸ conv2d_1 (Conv2D)	(None, 27, 27, 256)	614,656
❹ max_pooling2d_1 (MaxPooling2D)	(None, 13, 13, 256)	0
❺ conv2d_2 (Conv2D)	(None, 13, 13, 384)	885,120
conv2d_3 (Conv2D)	(None, 13, 13, 384)	1,327,488
conv2d_4 (Conv2D)	(None, 13, 13, 256)	884,992
❻ max_pooling2d_2 (MaxPooling2D)	(None, 6, 6, 256)	0
❼ flatten (Flatten)	(None, 9216)	0
dense (Dense)	(None, 4096)	37,752,832
dropout (Dropout)	(None, 4096)	0
dense_1 (Dense)	(None, 4096)	16,781,312
dropout_1 (Dropout)	(None, 4096)	0
dense_2 (Dense)	(None, 1000)	4,097,000

Total params: 62,378,344 (237.95 MB)
Trainable params: 62,378,344 (237.95 MB)
Non-trainable params: 0 (0.00 B)

[실행결과]를 통해 AlexNet 모델을 구성하고 있는 각 층을 하나씩 살펴보겠습니다.

❶ 첫 번째 합성곱층은 11×11 크기의 필터를 96개 사용하고, 스트라이드는 4입니다. Conv2D층의 padding 매개변수를 따로 지정하지 않았으므로 기본값인 'valid'가 사용됩니다. 이렇게 패딩이 없는 경우 출력의 크기는 다음과 같은 공식으로 계산할 수 있습니다. 공식에 따라 첫 번째 합성곱층의 출력 크기를 계산하면 (227 − 11) // 4 + 1 = 55가 됩니다.

```
output_size = (input_size - kernel_size) // stride_size + 1
```

→ 파이썬의 '몫 연산자'

❷ 다음은 풀링층입니다. 앞서 언급한 것처럼 AlexNet 모델에서는 최대 풀링을 적용하며, 풀링 크기보다 스트라이드가 작아 중첩된 풀링을 수행합니다. 풀링층의 출력 크기 또한 공식을 통해 계산할 수 있습니다. 이때 커널 크기(`kernel_size`)에 풀링 크기를 대입합니다. 즉, 첫 번째 풀링층의 출력 크기는 (55 − 3) // 2 + 1 = 27입니다.

풀링층은 깊이 방향 차원, 즉 이미지의 채널(깊이)을 바꾸지 않습니다. 이미지의 가로와 세로 크기를 줄이지만, 채널의 수는 그대로 둡니다. 따라서 풀링층의 깊이는 합성곱층의 출력과 동일하게 96입니다.

❸ 이제 (27, 27, 96) 크기의 풀링층 출력이 두 번째 합성곱층에 전달됩니다. 두 번째 합성곱층은 5×5 크기의 필터 256개를 사용합니다. 두 번째 합성곱층부터는 `padding` 매개변수를 `'same'`으로 지정했기 때문에 출력의 높이와 너비가 입력과 같습니다. 따라서 두 번째 합성곱층의 출력 크기는 (27, 27, 256)이 됩니다.

❹ 두 번째 최대 풀링층의 경우도 풀링 크기가 3이고 스트라이드가 2이므로, 이 풀링층의 출력 크기를 계산하면 (27 − 3) // 2 + 1 = 13입니다.

❺ 그 다음에는 3개의 합성곱층이 연달아 등장합니다. 모두 3×3 크기의 필터와 `'same'` 패딩을 사용하므로 공간 방향 차원, 즉 높이와 너비는 13 그대로이고 깊이 차원만 필터 개수에 따라 384 → 384 → 256으로 바뀝니다. 또한 지금까지의 합성곱층에서 모두 렐루 함수를 활성화 함수로 사용한 것도 눈여겨봅시다.

❻ 마지막 합성곱층 뒤에는 ❹와 같은 최대 풀링층이 또 한 번 적용됩니다. 결국 특성 맵의 크기는 (13, 13, 256)에서 (6, 6, 256)으로 줄어듭니다.

❼ LeNet-5 모델과 비슷하게 마지막 풀링층 다음에는 1개의 `Flatten`층과 3개의 밀집층이 뒤따릅니다. LeNet-5와 다른 점은 밀집층 사이에 추가된 `dropout`층입니다. AlexNet 모델의 드롭아웃 비율은 0.5로, 랜덤하게 절반의 출력을 제외시킵니다. 최종 출력층은 1,000개의 클래스에 해당하는 확률을 출력하기 위해 1,000개의 유닛을 사용합니다.

좋군요. 이제 모델이 모두 준비되었습니다. 이미지넷 데이터셋으로 훈련하는 일만 남았습니다. 그런데 이미지넷 데이터셋처럼 대용량 데이터를 사용해 모델을 훈련하려면 GPU가 장착된 고성능 컴퓨터가 필요합니다. 아마도 이 책을 읽는 대부분의 독자들에게는 아직 이런 고성능의 컴퓨터가 준비되어 있지 않겠죠. 하지만 걱정할 필요가 없습니다. AlexNet이 이미지넷 대회에서 우승을 거머쥐었다면 우리는 그냥 최고의 성능을 낸 AlexNet 모델을 가져다 쓰기만 하면 됩니다.

> **여기서 잠깐** **AlexNet 모델의 기술적 특성**
>
> 실제 AlexNet에는 몇 가지 기술적인 추가 사항들이 포함되어 있습니다. 당시에는 지금보다도 GPU 성능이 좋지 않았기 때문에 전체 네트워크를 2개의 GPU로 나누어 훈련하고, 첫 번째와 두 번째 Conv2D층 다음에 출력 특성을 정규화하는 LRN(Local Response Normalization)층을 추가했습니다. 이 정규화 방식은 높은 값을 가진 특성 맵의 출력이 같은 위치에 있는 다른 특성 맵의 출력을 억제합니다. 하지만 요즘에는 LRN 대신 2장 3절에서 설명할 배치 정규화(batch normalization)를 많이 사용합니다.

그러나 아쉽게도 AlexNet은 케라스를 사용해 구현한 모델이 아닙니다. 이미지넷 대회에서 우승한 AlexNet 모델의 가중치를 우리가 케라스로 만든 모델에 적용하는 일도 꽤 번거로울 것 같군요. 좋은 방법이 없을까요?

"AlexNet이 이미지넷 대회에서 우승했다면 이미 훈련된 모델이 있다는 거잖아. 하지만 이 AlexNet 모델을 직접 가져다 쓸 수 없다면, AlexNet 이후에 우승한 더 좋은 모델을 찾아보자!"

사전 훈련된 CNN 모델 – VGGNet

VGGNet은 옥스포드 대학교의 Visual Geometry Group에서 만든 합성곱 신경망 구조로(그래서 이름이 VGGNet입니다), 2014년 이미지넷 대회에서 준우승한 모델[2]입니다. VGGNet은 준우승이었음에도 불구하고 이미지넷 대회 이후 큰 유명세를 얻었는데요. 그동안의 합성곱 신경망과는 여러 차이점을 가지고 있었기 때문입니다.

VGGNet은 브이지지넷이라고 읽어요!

VGGNet 모델 만들기

VGGNet 모델은 이전의 신경망과는 달리, 여러 번의 합성곱층 다음에 풀링층을 적용하는 방식을 채택했습니다. 동일한 구조를 여러 번 반복하여 깊은 신경망을 구성했다는 점을 포함해 다음과 같은 특징을 보였는데요.

첫째, 합성곱층과 풀링층을 교대로 반복하는 대신, 여러 번의 합성곱층을 적용한 다음 풀링층을 적용합니다. 풀링층은 특성 맵의 높이와 너비를 줄이기 때문에 많이 사용하면 깊은 네트워크를 만들기가 어렵습니다. 예를 들어 224×224 크기의 이미지에서는 최대 7개의 합성곱층과 풀링층 쌍을 놓을 수

---

[2] Simonyan, K., & Zisserman, A. Very deep convolutional networks for large-scale image recognition(2014).

있습니다. 높은 성능을 내기 위해서는 네트워크에 많은 층을 추가해야 합니다. VGGNet에서는 이렇게 깊은 네트워크를 만들기 위해 풀링을 적용하기 전에 여러 개의 합성곱층을 배치했습니다.

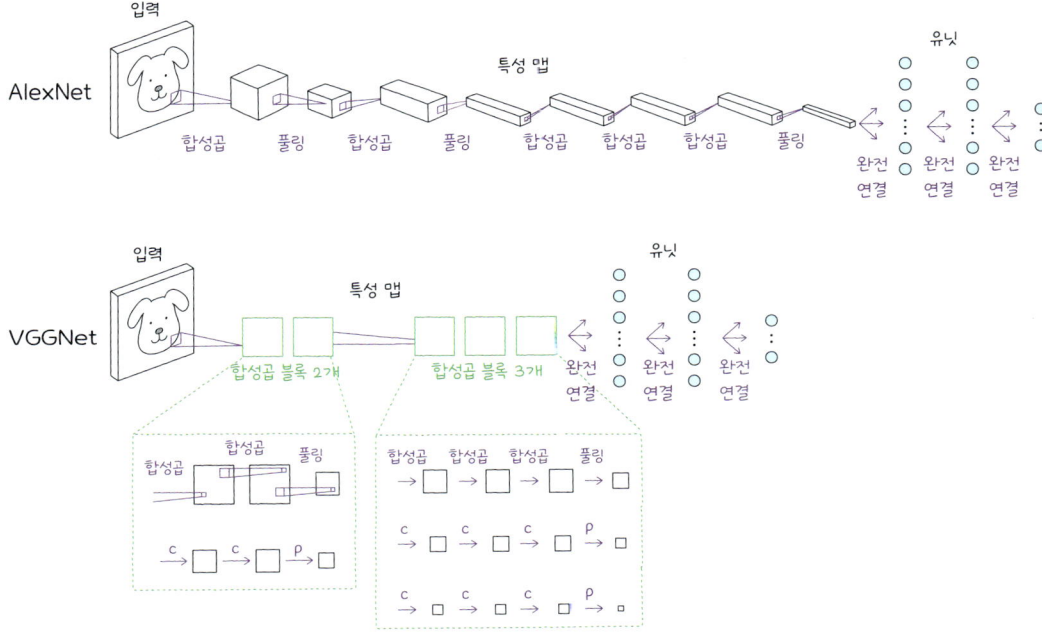

note 그림에서 반복되는 블록의 화살표 위에 표기한 영문자 C는 합성곱(Convolution), P는 풀링(Pooling)을 의미합니다.

둘째, 동일한 여러 개의 합성곱층과 풀링층의 구조를 반복하는 블록block**을 적용합니다.** 블록은 간단하지만 높은 성능을 달성합니다. 이러한 블록 구조는 VGGNet 이후 수많은 신경망 구조에 영향을 미쳤습니다.

셋째, 큰 필터를 사용하는 하나의 합성곱층 대신, 3×3 크기의 작은 필터를 사용하는 여러 개의 합성곱층을 적용합니다. 모델의 성능을 높이고 세밀한 특성을 학습하는 VGGNet 덕분에 그 이후에는 3×3이 합성곱 신경망 필터 크기의 주류로 자리잡았죠.

그럼 이번에는 AlexNet 모델을 만들었던 것처럼 케라스층을 사용해 VGGNet 모델을 만들어 보죠. VGGNet은 반복적으로 적용되는 합성곱층과 밀집층을 합쳐서 층의 개수가 16개인 경우와 19개인 경우를 많이 사용합니다. 이를 간단히 줄여 VGG16, VGG19라고도 부르는데요. 우리는 VGG16 모델을 만들어 보겠습니다. 먼저 그림을 통해 VGG16의 구조부터 확인해 봅시다.

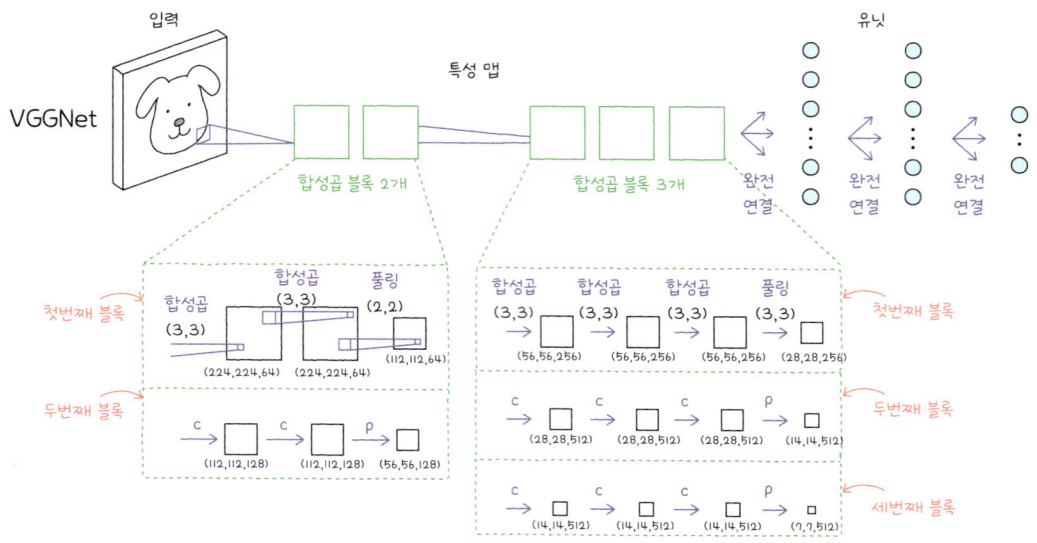

와우! AlexNet과 다르게 많이 복잡하네요. 동일한 합성곱 블록 2개와 3개가 반복되기 때문에 녹색 사각형으로 반복되는 블록을 표시했습니다. 처음 등장하는 2개의 블록은 합성곱층 2개와 풀링층 1개를 적용하고, 그 다음으로 등장하는 3개의 블록은 합성곱층 3개와 풀링층 1개를 적용합니다. 그림이 너무 복잡해지지 않도록 특성 맵에 깊이 차원은 그리지 않았습니다. 그림으로 표현한 VGGNet 모델의 구조에 유념하며 VGG16 모델을 구현해 보겠습니다. 앞서 만들었던 AlexNet의 코드와 비교해 몇 가지 다른 점을 살펴볼 수 있겠군요. 구글 코랩에서 [02-1.ipynb] 노트에 다음과 같은 코드를 작성해 실행합니다.

따라 하며 배우는 코딩

VGG16 모델 만들기 소스 코드 02-1.ipynb

```
01  vggnet = keras.Sequential()
02  vggnet.add(layers.Input(shape=(224, 224, 3)))
03
04  # 1, 2번째 블록
05  for n_filters in [64, 128]:
06      for _ in range(2):
07          vggnet.add(layers.Conv2D(filters=n_filters, kernel_size=3,
08                                    padding='same', activation='relu'))
09      vggnet.add(layers.MaxPooling2D(pool_size=2))
```

```
10
11  # 3, 4, 5번째 블록
12  for n_filters in [256, 512, 512]:
13      for _ in range(3):
14          vggnet.add(layers.Conv2D(filters=n_filters, kernel_size=3,
15                                    padding='same', activation='relu'))
16      vggnet.add(layers.MaxPooling2D(pool_size=2))
17
18  vggnet.add(layers.Flatten())
19  vggnet.add(layers.Dense(4096, activation='relu'))
20  vggnet.add(layers.Dense(4096, activation='relu'))
21  vggnet.add(layers.Dense(1000, activation='softmax'))
```

02 AlexNet과 동일하게 Input 함수로 컬러 이미지의 입력 크기를 지정합니다.

05~09 첫 번째 반복문을 통해 64개의 합성곱 필터와 128개의 합성곱 필터를 사용하는 블록 2개를 추가합니다. 각 블록은 2개의 Conv2D층과 1개의 MaxPooling2D층으로 구성됩니다.

12~16 두 번째 반복문을 통해 256개의 합성곱 필터를 사용하는 블록 1개와 512개의 합성곱 필터를 사용하는 블록 2개를 추가합니다. 각 블록은 3개의 Conv2D층과 1개의 MaxPooling2D층으로 구성됩니다. 전체 합성곱층은 모두 3×3 크기 필터와 렐루 활성화 함수, 세임 패딩을 사용합니다.

18 입력층과 은닉층 사이에 Flatten층을 추가합니다.

19~20 마지막 2개의 밀집층은 AlexNet과 동일하게 4,096개의 유닛을 사용하며, AlexNet과 다르게 드롭아웃을 사용하지 않습니다.

21 1,000개의 유닛을 가진 세 번째 밀집층을 추가합니다. 이 층이 출력층에 해당합니다.

VGGNet 모델은 반복적인 블록 구조를 가지고 있기 때문에 for 반복문을 사용해 간단하게 구현할 수 있습니다. 그럼 각 층의 출력 크기를 확인하면서 모델의 구조를 자세히 분석해 보겠습니다.

VGGNet 모델의 구조 분석하기

VGGNet의 구조는 정말 일관되고 단순하군요. summary( ) 메서드를 호출해 VGG16 모델 구조를 확인해 보겠습니다.

```
01  vggnet.summary()
```

> 실행결과

```
Model: "sequential"
```

Layer (type)	Output Shape	Param #
conv2d (Conv2D)	(None, 224, 224, 64)	1,792
conv2d_1 (Conv2D)	(None, 224, 224, 64)	36,928
max_pooling2d (MaxPooling2D)	(None, 112, 112, 64)	0
conv2d_2 (Conv2D)	(None, 112, 112, 128)	73,856
conv2d_3 (Conv2D)	(None, 112, 112, 128)	147,584
max_pooling2d_1 (MaxPooling2D)	(None, 56, 56, 128)	0
conv2d_4 (Conv2D)	(None, 56, 56, 256)	295,168
conv2d_5 (Conv2D)	(None, 56, 56, 256)	590,080
conv2d_6 (Conv2D)	(None, 56, 56, 256)	590,080
max_pooling2d_2 (MaxPooling2D)	(None, 28, 28, 256)	0
conv2d_7 (Conv2D)	(None, 28, 28, 512)	1,180,160
conv2d_8 (Conv2D)	(None, 28, 28, 512)	2,359,808
conv2d_9 (Conv2D)	(None, 28, 28, 512)	2,359,808
max_pooling2d_3 (MaxPooling2D)	(None, 14, 14, 512)	0
conv2d_10 (Conv2D)	(None, 14, 14, 512)	2,359,808
conv2d_11 (Conv2D)	(None, 14, 14, 512)	2,359,808
conv2d_12 (Conv2D)	(None, 14, 14, 512)	2,359,808
max_pooling2d_4 (MaxPooling2D)	(None, 7, 7, 512)	0
flatten (Flatten)	(None, 25088)	0
dense (Dense)	(None, 4096)	102,764,544
dense_1 (Dense)	(None, 4096)	16,781,312
dense_2 (Dense)	(None, 1000)	4,097,000

Total params: 138,357,544 (527.79 MB)
Trainable params: 138,357,544 (527.79 MB)
Non-trainable params: 0 (0.00 B)

[실행결과]를 통해 VGG16 모델의 특성 맵을 하나씩 살펴보겠습니다.

❶ VGG16의 합성곱층은 세임 패딩을 사용하므로 높이와 너비 차원을 변경하지 않습니다. 첫 번째 블록에 있는 2개의 합성곱층이 가진 필터는 64개이므로 입력된 이미지의 높이와 너비는 바뀌지 않고, 채널 개수만 3개에서 64개로 늘어나 (224, 224, 64) 크기의 특성 맵이 만들어집니다. 마지막에 적용되는 풀링으로 인해 특성 맵의 크기는 높이와 너비가 절반으로 줄은 (112, 112, 64)가 됩니다.

❷ 두 번째 블록도 동일하게 2개의 합성곱층과 1개의 풀링층을 적용하지만, 이번에는 필터의 개수가 128개로 늘어납니다. 따라서 첫 번째 블록에서 출력된 (112, 112, 64) 크기의 특성 맵은 채널이 늘어난 (112, 112, 128)이 됩니다. 두 번째 블록에서도 마지막에 추가된 풀링으로 인해 특성 맵의 공간 방향 차원이 절반으로 줄어 (56, 56, 128)이 됩니다.

❸ 세 번째 블록부터는 합성곱층이 3개가 됩니다. 하지만 모두 동일한 필터 개수를 사용하기 때문에 블록 안에서는 특성 맵의 채널 크기에는 변화가 없습니다. 세 번째 블록에서 사용하는 필터 개수는 256개이므로 앞서 출력된 (56, 56, 128) 크기의 특성 맵은 (56, 56, 256)이 되고, 마찬가지로 풀링층을 통과하면서 (28, 28, 256)이 됩니다.

❹ 네 번째 블록과 다섯 번째 블록에서 사용하는 필터 개수는 512개이므로 네 번째 블록을 통과한 특성 맵의 크기는 (14, 14, 512)가 되고, 다섯 번째 블록을 통과한 특성 맵의 크기는 (7, 7, 512)가 됩니다.

❺ 역시 마지막 블록 다음에는 AlexNet 모델과 동일하게 1개의 Flatten층과 3개의 밀집층이 뒤따릅니다. 처음 2개의 밀집층은 4,096개의 유닛을 사용하고, 최종 출력층은 1,000개의 클래스에 해당하는 확률을 출력하기 위해 1,000개의 유닛을 사용합니다.

이렇게 우리는 컴퓨터 비전 분야에서 합성곱 신경망이 본격적으로 활용되기 시작하는 데 크게 기여한 2개의 신경망을 만들어 보았습니다. AlexNet이 최초로 합성곱 신경망을 사용해 컴퓨터 비전 문제에 대한 해결 방법의 전환점을 마련했다면, VGGNet은 합성곱층과 풀링층을 하나의 블록으로 구성하여 여러 차례 반복하는 기법을 도입했습니다. VGGNet 모델의 이러한 반복 구조는 이후 합성곱 신경망과 트랜스포머를 비롯한 많은 신경망 구조에 영향을 미쳤습니다.

마무리

1절에서는 그림으로 AlexNet과 VGGNet의 구조를 먼저 살펴보고 모델의 전체적인 구성을 확인했습니다. 그리고 케라스의 Sequential 클래스를 사용해 하나씩 층을 쌓는 방식으로 두 모델을 구현했는데요. 모델 객체를 만든 다음 summary() 메서드를 호출해 각 층의 출력 크기를 확인하면서 각 층의 작동 방식을 이해해 봤습니다.

1절의 실습 과정에서는 VGGNet 모델의 구조를 자세히 알아보기 위해 직접 케라스로 VGG16 모델을 만들어 봤지만, 사실 케라스에는 VGG16과 VGG19 모델이 포함되어 있기 때문에 쉽게 가져다 쓸 수 있습니다. 또한 AlexNet 모델에는 사전 훈련된 가중치가 공개되어 있지 않지만, VGGNet 모델에는 이미지넷 데이터셋에서 훈련된 모델의 가중치가 공개되어 있습니다. 2절에서는 방대한 규모의 이미지넷 데이터셋을 활용해 케라스로 사전 훈련된 VGGNet 모델을 직접 사용해 보겠습니다.

▶ 키워드로 정리하는 핵심 포인트

- **이미지넷 대회**는 2010년부터 2017년까지 열린 컴퓨터 비전 경연 대회입니다. 대회에서 제공하는 데이터셋은 1,000개의 클래스와 1백만 개 이상의 이미지로 구성되어 있습니다. 합성곱 신경망의 발전에 큰 영향을 미친 대회로, 인공지능 분야에서는 이에 영감을 받아 많은 경연 대회와 벤치마크 benchmark 데이터셋이 만들어졌습니다.

- **AlexNet**은 2012년 제프리 힌튼 팀이 만든 모델로, 이미지넷 대회에 CNN을 처음 도입하여 큰 차이로 우승을 차지한 모델입니다. 렐루 활성화 함수와 최대 풀링을 사용했고 완결 연결층 사이에 드롭아웃을 적용했습니다.

- **VGGNet**은 옥스포드 대학의 VGG 팀에서 만든 CNN 모델로, 2014년 이미지넷 대회에서 준우승을 차지했습니다. VGGNet은 이전 신경망과 달리 여러 번의 합성곱층 다음에 풀링층을 적용하는 방식을 채택했고, 동일한 구조를 여러 번 반복하여 깊은 신경망을 구성했습니다.

02-2 강아지와 고양이 사진 분류하기

사전 훈련된 모델을 활용하면 자신만의 모델을 훈련하는 데 드는 시간과 노력을 아낄 수 있습니다. 이번에는 케라스에서 제공하는 사전 훈련된 모델을 활용하는 방법에 대해 알아봅시다.

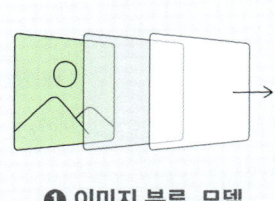

❶ 이미지 분류 모델

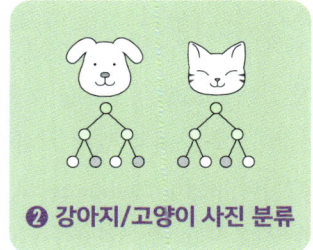

❷ 강아지/고양이 사진 분류

❸ 모델의 성능 개선

시작하기 전에

이제 강아지와 고양이 사진을 분류해 볼 차례입니다. 사진 분류 모델을 만들려면 당연히 많은 양의 사진으로 훈련 세트를 만들어야 합니다. 훈련 세트가 준비되더라도 VGGNet 같은 모델을 훈련하려면 많은 시간과 노력이 필요하죠. 한빛 마켓 개발팀은 특히 훈련 세트의 손실을 안정적으로 줄이기 위해 다양한 하이퍼파라미터를 튜닝하는 일이 가히 예술에 가까운 일이라는 것을 잘 알고 있습니다.

다행히 처음부터 모델을 훈련하지 않고 누군가가 훈련한 모델을 가져다 쓸 수 있는 방법이 있습니다. 책에서는 다양한 방식으로 사전 훈련된 모델을 활용하는 방법을 소개합니다. 그럼 시작해 보죠!

VGGNet 모델 로드하기

이미지넷 데이터셋은 다양한 동물을 포함해 1,000개의 클래스에 해당하는 이미지를 모은 대규모 데이터셋으로, 다양한 품종의 강아지와 고양이도 포함되어 있기 때문에 강아지와 고양이 사진을 분류하기 위해 사전 훈련된 모델을 바로 사용할 수 있습니다.

케라스에서는 VGGNet을 비롯한 여러 가지 모델을 제공합니다. 모델의 구조뿐만 아니라 이미지넷 데이터셋에서 훈련한 모델의 가중치까지 포함되어 있습니다. 케라스에 내장된 VGG16 모델을 사용하기 위해 VGG16() 함수를 호출하고, 샘플 이미지를 로드해 보겠습니다. 구글 코랩에 접속해 새 노트를 추가하고, 노트명을 '02-2.ipynb'로 설정합니다.

01 keras.application 모듈에 있는 VGG16() 함수를 호출합니다. VGG16() 함수의 weights 매개변수는 imagenet이 기본값이므로 다음과 같이 작성하면 자동으로 이미지넷 데이터셋으로 사전 훈련된 가중치를 로드합니다. weights=None으로 지정하면 앞서 2장 1절에서 모델을 만들 때처럼 랜덤하게 초기화된 가중치가 할당됩니다.

```
01  import keras
02
03  vggnet = keras.applications.VGG16()
```

실행결과
```
Downloading data from https://storage.googleapis.com/tensorflow/keras-applications/vgg16/vgg16_weights_tf_dim_ordering_tf_kernels.h5
553467096/553467096 ──────────── 10s 0us/step
```

note keras.application 모듈에서 VGG19() 함수를 호출해 VGG19 모델을 만들 수도 있습니다. VGG16(), VGG19()를 비롯해 케라스에서 제공하는 모델 목록은 케라스 API 문서(https://keras.io/api/applications/)에서 확인할 수 있습니다.

02 이 책의 깃허브 저장소에 있는 강아지와 고양이 샘플 이미지를 로드하여 vggnet 모델로 예측을 수행해 보겠습니다. 다음과 같이 입력해 예제에서 사용할 강아지와 고양이 이미지를 구글 드라이브에서 다운로드하고 압축을 해제합니다.

```
01  !gdown 1xGkTT3uwYt4myj6eJJeYtdEFgTi2Sj8C
02  !unzip cat-dog-images.zip
```

note gdown은 구글 드라이브에서 데이터를 다운로드하기 위한 유틸리티입니다.

실행결과
```
Downloading...
From: https://drive.google.com/uc?id=1xGkTT3uwYt4myj6eJJeYtdEFgTi2Sj8C
To: /content/cat-dog-images.zip
100% 182k/182k [00:00<00:00, 76.3MB/s]
Archive:  cat-dog-images.zip
   creating: images/
  inflating: images/dog.png
  inflating: images/cat.png
```

> **note** 구글 코랩에서는 셸 명령을 실행하기 위해 ! 기호를 사용합니다. 로컬 컴퓨터에서 실행하는 경우에는 ! 기호가 필요하지 않습니다. 구글 코랩에는 gdown이 이미 설치되어 있지만, 로컬 컴퓨터에서 gdown을 사용하려면 다음 명령으로 gdown을 설치해야 합니다.

```
$pip install gdown
```

03 파이썬에서 이미지 파일을 로드하는 방법 중 하나인 PIL 패키지를 사용해 Image 모듈을 임포트한 다음, open() 함수로 강아지 사진을 로드합니다.

```
01  from PIL import Image
02
03  dog_png = Image.open('images/dog.png')
```

04 'dog_png'는 PIL.Image.Image 클래스의 객체입니다. 주피터 노트북의 내장 함수 display()를 사용하면 이 클래스의 객체를 자동으로 인식하여 이미지를 출력할 수 있습니다.

```
01  display(dog_png)
```

실행결과

05 vggnet 객체는 이미 훈련된 모델과 같으므로 `fit()` 메서드를 호출할 필요가 없고, 바로 `predict()` 메서드를 사용해 샘플 이미지를 예측해 볼 수 있습니다. 이 강아지 사진을 vggnet 객체의 `predict()` 메서드에 전달하려면 넘파이 배열로 바꾸어야 합니다. 넘파이 `array()` 함수를 사용해 넘파이 배열 dog_array를 만들고, 그 크기를 출력해 보겠습니다.

```
01  import numpy as np
02
03  dog_array = np.array(dog_png)
04  dog_array.shape
```

실행결과 `(224, 224, 3)`

네, 이렇게 앞서 VGG16 모델을 만들 때 Input 함수로 지정했던 컬러 이미지의 입력 크기와 동일하게 (224, 224, 3) 크기의 넘파이 배열이 준비되었습니다. 이제 사진을 vggnet 모델에 입력할 수 있겠네요.

> **여기서 잠깐** **(224, 224, 3)보다 큰 이미지를 입력할 수는 없나요?**
>
> VGG16 모델의 입력 크기는 기본적으로 (224, 224, 3)입니다. 사실 합성곱층은 필터 크기가 입력 크기에 무관하므로 (224, 224, 3)보다 큰 크기의 이미지 입력에도 적용할 수 있지만, 입력 크기가 달라지면 합성곱층과 풀링층의 출력 크기도 달라집니다. 마지막 풀링층이 출력하는 특성 맵의 크기가 달라지면 첫 번째 밀집층에 입력으로 사용할 수가 없죠. 이런 이유로 우리는 사전에 샘플 이미지의 크기를 (224, 224, 3)로 맞추어 놓았습니다. 하지만 만약 VGG16 모델에서 밀집층만 새로 만들어 추가한다면 다른 크기의 입력 이미지를 사용할 수 있습니다. 이 방법은 다음 절에서 소개하겠습니다.

강아지와 고양이 사진 분류하기

합성곱 신경망 모델에는 예측을 위해 사용하는 저마다의 이미지 전처리 과정이 있습니다. **이미지 전처리**는 사전 훈련된 합성곱 신경망을 사용해 예측을 만들기 전에 수행해야 하는 필수 작업이죠. 신경망 모델마다 기대하는 입력의 크기와 값의 범위가 다른데요. 경우에 따라서는 컬러 채널의 순서가 다를 수도 있습니다. 이는 대부분 모델을 사전 훈련할 때 특정 방식의 전처리를 채택했기 때문입니다. 따라서 모델을 사용하기 전에는 어떤 식의 전처리가 필요한지 검토해야 합니다.

> 모델마다 이미지 전처리 과정이 다 다른데, 전부 다 외울 수 있을까?

강아지 사진 분류하기

VGGNet 모델은 컬러 이미지의 RGB 채널을 BGR로 순서를 바꾼 다음, 각 채널에서 이미지넷 데이터셋의 채널 평균값인 (103.939, 116.779, 123.68)를 빼는 이미지 전처리 과정을 거칩니다. 다행히 케라스에서는 CNN 모델뿐만 아니라 각 모델의 이미지 전처리 방법도 함께 제공합니다. 그럼 지금부터 케라스에 내장된 VGG16 모델을 사용해 강아지 이미지를 전처리해 보겠습니다.

01 케라스에서 `vgg16` 모듈을 임포트하여 앞서 만든 `dog_array` 배열을 `preprocess_input()` 함수에 전달하고, 간단하게 VGGNet에 필요한 이미지 전처리 과정을 수행합니다.

```
01  from keras.applications import vgg16
02
03  vgg_prep_dog = vgg16.preprocess_input(dog_array)
```

02 `vggnet.predict()` 메서드에 `vgg_prep_dog`를 전달해 예측 결과를 만듭니다. 케라스의 `predict()` 메서드는 항상 첫 번째 차원이 배치 차원이어야 하므로 샘플 이미지가 하나뿐이라도 (1, 244, 244, 3)과 같이 4차원 배열을 만들어 입력해야 합니다. 다음과 같이 늘리고 싶은 차원에 `np.newaxis`를 작성하면 됩니다.

```
01  predictions = vggnet.predict(vgg_prep_dog[np.newaxis,:])
```

실행결과 1/1 ━━━━━━━━━━━━━━ 1s 894ms/step

여기서 잠깐 np.newaxis 외에 차원을 추가하는 방법은 없을까요?

reshape() 메서드를 사용하면 다른 차원은 그대로 유지하면서 크기가 1인 차원을 추가할 수 있습니다.

```
new_prep_dog = vgg_prep_dog.reshape((1, 244, 244, 3))
```

그러나 reshape() 메서드에 'vgg_prep_dog'의 크기를 다시 입력하는 것이 번거롭다면 다음과 같이 편리하게 'vgg_prep_dog'의 shape 속성을 지정할 수도 있습니다.

```
new_prep_dog = vgg_prep_dog.reshape((1,) + vgg_prep_dog.shape)
```

또는 expand_dims() 함수를 사용해 원하는 축을 직접 지정하여 차원을 늘릴 수도 있습니다. 예를 들어 첫 번째 차원을 확장하고 싶다면 다음과 같이 axis=0으로 지정하면 됩니다.

```
new_prep_dog = np.expand_dims(vgg_prep_dog, axis=0)
```

03 predictions는 배치 차원에 해당하는 각 행마다 1,000개의 클래스에 대한 확률 값을 담고 있는 배열입니다. 여기에서는 predict() 메서드에 하나의 샘플만 전달했기 때문에 행이 하나입니다. 넘파이 argmax() 함수를 사용하면 이 행에서 가장 큰 값을 가진 위치인 클래스 인덱스를 쉽게 찾을 수 있습니다.

```
01  max_index = np.argmax(predictions[0])
02  print(max_index, predictions[0][max_index])
```

실행결과 `208 0.35698095`

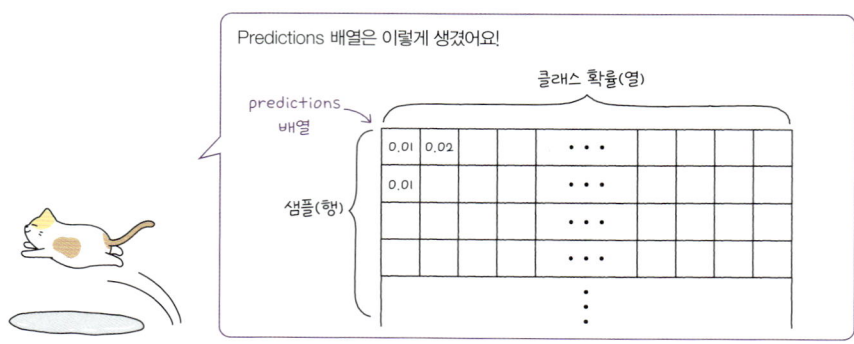

[실행결과]를 보니 인덱스가 208인(즉, 209번째) 클래스가 약 35.7%의 확률로 예측되었습니다. 1,000개의 클래스 중 35.7%를 얻었다면 모델이 상당히 강력하게 예측했다고 볼 수 있습니다. 그럼 인덱스가 208인 클래스는 무엇일까요?

모델 출력 디코딩하기

predict() 메서드는 클래스 인덱스와 확률을 반환하지만 실제로 이 클래스가 강아지인지 고양이인지를 알려 주지는 않습니다. 다행히 이미지넷의 클래스에 대한 정보가 온라인에 공개되어 있기 때문에 손쉽게 어떤 클래스인지 확인할 수 있는데요. **구글 클라우드 스토리지(GCS)**Google Cloud Storage에 저장된 이미지넷 클래스 파일을 다운로드하고 JSON 객체로 디코딩하여 확인해 보겠습니다.

따라 하며 배우는 코딩

예측 클래스 확인하기(1) 소스 코드 02-2.ipynb

```
01  import requests
02
03  url = "https://storage.googleapis.com/download.tensorflow.org/" + \
04        "data/imagenet_class_index.json"
05  json_data = requests.get(url).json()
06
07  json_data[str(max_index)]
```

01 requests 라이브러리를 사용해 데이터를 가져오는 웹 요청을 보냅니다.
03~04 url 변수에 가져올 JSON 데이터 파일의 웹 주소를 저장합니다.
07 이미지를 전처리할 때 구했던 max_index를 문자열로 변환해 json_data에 저장된 클래스 정보를 출력합니다.

실행결과 ['n02099712', 'Labrador_retriever']

> **note** 책에서는 requests 라이브러리나 웹 크롤링에 대해서는 자세히 다루지 않습니다. 보다 자세한 내용이 궁금하다면 『혼자 공부하는 데이터 분석 with 파이썬』(한빛미디어, 2023)을 참고해 보세요.

[실행결과]를 통해 `json_data`에 저장된 클래스 정보를 확인해 보니 인덱스가 208인 클래스는 '래브라도 리트리버(Labrador_retriever)'군요. 사진 속의 강아지 품종을 정확히 잘 찾아낸 것 같습니다. 출력에 있는 값 `'n02099712'`는 이미지넷 클래스에 대한 고유 ID 값으로, 예측 작업에는 필요하지 않으므로 무시해도 괜찮습니다. 이렇게 클래스에 대한 정보를 직접 JSON으로 파싱하여 사용할 수는 있지만 어떤가요? 조금 번거롭습니다. 케라스는 이를 위해 편리한 도구를 제공합니다. 다음과 같이 `keras.applications.vgg16` 모듈 아래 `decode_predictions()` 함수에 `predict()` 메서드의 반환 값인 `predictions`를 전달하면 가장 높은 확률을 가진 5개의 클래스를 얻을 수 있습니다.

따라 하며 배우는 코딩

예측 클래스 확인하기(2) 소스 코드 02-2.ipynb

```
01  vgg16.decode_predictions(predictions)
```

실행결과
```
Downloading data from https://storage.googleapis.com/download.tensorflow.org/
data/imagenet_class_index.json
35363/35363 ━━━━━━━━━━━━━━━━━━ 0s 0us/step
```

```
[[('n02099712', 'Labrador_retriever', 0.35698095),
  ('n02099601', 'golden_retriever', 0.14486553),
  ('n02104029', 'kuvasz', 0.09278709),
  ('n02111500', 'Great_Pyrenees', 0.069169864),
  ('n02106166', 'Border_collie', 0.056728862)]]
```

이렇게 작성하면 최상위 5개 클래스를 확률 순으로 출력해 주기 때문에 보기에 편리하죠. [실행결과]를 보면 약 35.7%의 확률로 '래브라도 리트리버'가 예측되었고, 그 다음 약 14.5%의 확률로 '골든 리트리버'가 예측되었군요.

출력하고 싶은 최상위 클래스의 개수를 top 매개변수로 지정할 수도 있습니다. 만약 가장 높은 확률을 가진 클래스 딱 하나만 출력하고 싶다면 다음처럼 작성하면 됩니다.

```
01  vgg16.decode_predictions(predictions, top=1)
```

 `[[('n02099712', 'Labrador_retriever', 0.35698095)]]`

고양이 사진 분류하기

지금까지 케라스에 내장된 VGG16 모델을 사용해서 강아지 이미지를 분류해 보았는데요. 고양이 이미지를 하나 더 분류해 볼까요? 먼저 동일한 방법으로 고양이 이미지부터 로드해 보겠습니다.

01 PIL 라이브러리의 Image 모듈을 사용해 'cat_png' 클래스의 객체를 인식해 이미지를 출력합니다.

```
01  cat_png = Image.open('images/cat.png')
02  display(cat_png)
```

02 넘파이 array() 함수를 사용해 이미지를 넘파이 배열로 바꾸고 preprocess_input() 함수에 전달합니다. 전처리된 vgg_prep_cat 데이터를 vgg16.predict() 메서드에 전달하여 예측을 만들고, 이를 decode_predictions() 함수에 전달해 최상위 5개 클래스를 확인합니다.

```
01  vgg_prep_cat = vgg16.preprocess_input(np.array(cat_png))
02  predictions = vggnet.predict(vgg_prep_cat[np.newaxis,:])
03  vgg16.decode_predictions(predictions)
```

> 실행결과
> ```
> [[('n02123045', 'tabby', 0.43275443),
>   ('n02124075', 'Egyptian_cat', 0.31127918),
>   ('n02123159', 'tiger_cat', 0.21606451),
>   ('n02971356', 'carton', 0.0035795602),
>   ('n03223299', 'doormat', 0.0031308173)]]
> ```

이 모델은 사진 속 물체를 '얼룩 고양이(tabby)' 또는 '이집트 고양이(Egyptian_cat)'로 생각하는 것 같습니다. 두 클래스는 각각 43.3%와 31.1%의 확률을 가지고 있군요.

이처럼 **사전 훈련**은 구체적인 작업에 딥러닝 모델을 적용하기 전에 대규모 데이터셋에서 일반적인 특성을 학습하는 과정을 말합니다. 컴퓨터 비전에서는 이미지넷 데이터셋, COCO[3] 등과 같은 대규모 데이터셋을 사용해 신경망을 사전 훈련합니다. 자연어 처리에서는 인터넷에서 수집한 텍스트 등을 활용해 트랜스포머와 같은 대규모 언어 모델을 사전 훈련하죠.

다음 절에서 살펴볼 사전 훈련된 CNN 모델은 이미지넷 대회에서 높은 성능을 낸 또 다른 모델, ResNet입니다. ResNet 모델은 합성곱 신경망뿐만 아니라 자연어 처리에 사용되는 트랜스포머를 비롯, 신경망 모델 전반에 널리 사용되는 핵심 기술을 최초로 선보였습니다. 따라서 ResNet의 기술을 이해하면 이후에 등장하는 다양한 신경망을 이해하고 분석하는 데 큰 도움이 될 것입니다.

---

[3] https://cocodataset.org/

마무리

2절에서는 케라스의 `keras.applications` 모듈 아래에 있는 `VGG16` 클래스를 사용하여 강아지와 고양이 샘플 이미지를 분류해 봤습니다. `keras.applications` 모듈에서 제공하는 컴퓨터 비전 모델은 이미지넷 데이터셋에서 사전 훈련된 가중치를 기본으로 제공합니다. VGGNet은 구조가 단순하지만 상대적으로 좋은 성능을 내기 때문에 컴퓨터 비전 작업에 널리 사용됩니다.

샘플 이미지를 모델에 전달하기 위해서는 그 전에 VGG16 모델이 기대하는 방식에 맞춰 데이터를 전처리해야 합니다. 이를 위해 케라스는 `keras.applications.vgg16` 모듈 아래에 `preprocess_input()` 함수를 제공합니다. 또한 1,000개의 클래스에 대한 확률 값을 예측 결과로 출력하며, 각 값이 어떤 클래스의 확률인지 쉽게 파악하는 데 도움이 되는 `decode_predictions()` 함수도 제공합니다.

▶ 키워드로 정리하는 핵심 포인트

- **keras.applications** 모듈은 컴퓨터 비전 문제에 활용할 수 있는 다양한 사전 훈련된 모델을 제공합니다. 케라스에 내장되어 있기 때문에 현재 당면한 문제를 풀기 위해 어떤 모델을 적용할 수 있는지 빠르게 판단하는 데 도움이 됩니다. 자연어 처리 분야에서 사용할 수 있는 사전 훈련된 모델은 KerasNLP 패키지로 제공하며, 이에 대한 내용은 4장에서 자세히 알아보겠습니다.

- **이미지 전처리**는 사전 훈련된 합성곱 신경망을 사용해 예측을 만들기 전에 수행해야 하는 필수 작업입니다. 신경망 모델은 저마다 기대하는 입력의 크기와 값의 범위가 다르며, 경우에 따라서는 컬러 채널의 순서도 다를 수 있습니다. 이는 대부분 모델을 사전 훈련할 때 특정 방식의 전처리를 채택했기 때문입니다. 따라서 모델을 사용하기 전에 어떤 식의 전처리가 필요한지를 검토해야 합니다.

02-3 강아지와 고양이 사진 분류 모델의 성능 개선하기

합성곱 신경망 분야에서 매우 중요한 이정표를 남긴 ResNet 모델은 이후 다른 신경망에 큰 영향을 미친 '잔차 블록'과 '배치 정규화' 개념을 사용합니다.

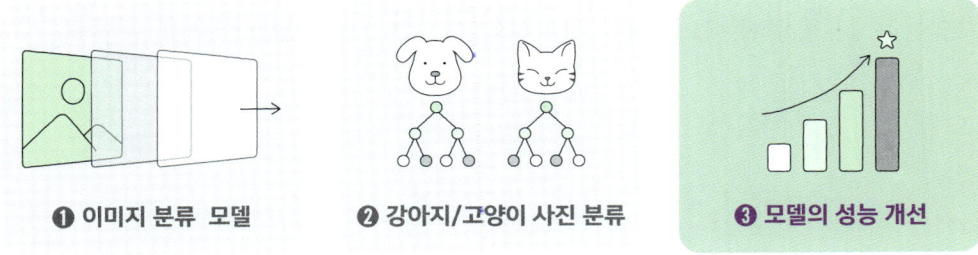

❶ 이미지 분류 모델　❷ 강아지/고양이 사진 분류　❸ 모델의 성능 개선

시작하기 전에

한빛 마켓의 포토 후기로 올라오는 이미지가 점점 다양해지자 16개의 층을 쌓은 VGGNet으로는 한계에 도달한 것 같습니다. 지금은 사전 훈련된 모델을 그냥 사용하지만 나중에는 사용자들이 올린 이미지로 직접 모델을 튜닝해야 할지도 모릅니다. 그래서 향후 성능을 고려하여 조금 더 많은 층을 쌓은 모델을 찾던 한빛 마켓 개발팀은 ResNet을 알게 되었습니다.

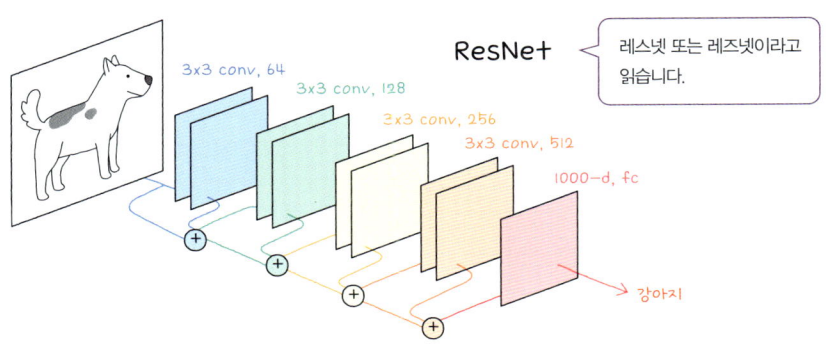

> 레스넷 또는 레즈넷이라고 읽습니다.

ResNet은 신경망에 잔차 블록이라는 독특한 구조를 도입함으로써 매우 깊은 신경망을 만들었습니다. 이번에는 ResNet의 핵심 구성 요소부터 살펴보고, 전체 모델까지 단계적으로 구현해 보겠습니다.

훈련 성능을 높이는 CNN 모델 – ResNet

딥러닝 모델은 경사 하강법으로 신경망을 훈련하며, 손실 함수를 통해 모델의 예측(출력)과 정답(타깃) 사이의 오차를 계산합니다. 그리고 각 유닛이 이런 오차에 얼마나 기여하는지 모델의 끝에서부터 앞으로 누적하여 계산하는 역전파의 과정을 거치게 됩니다. 역전파는 출력 값과 실제 값의 차이를 확인하는 과정에서 오차 발생의 원인을 찾고, 신경망의 가중치를 조정하여 예측을 점점 더 정확하게 만드는 역할을 하죠.

딥러닝 모델은 신경망이 깊어질수록(층이 많아질수록) 이 가중치를 변경해 오차를 줄이는 (작은 실수 값인) **그레이디언트** gradient 가 점점 작아지기 때문에 입력 부분에 가까운 층의 가중치가 잘 변경되지 않는 문제가 발생하는데요. 이런 문제를 해결하기 위해 등장한 개념이 잔차 블록입니다.

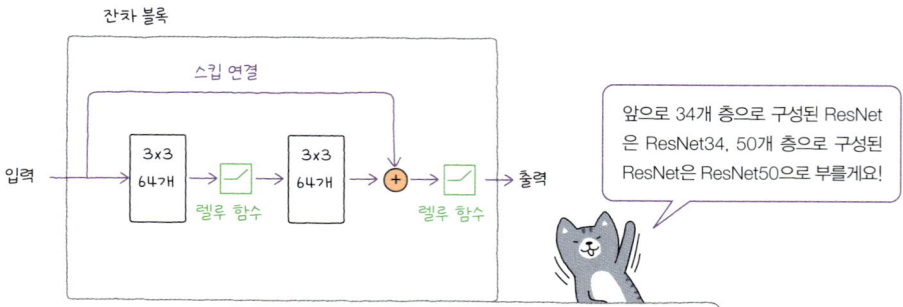

잔차 블록 residual block 은 그림과 같이 입력을 출력에 직접 연결하는 스킵 연결을 추가해 그레이디언트 소실 문제를 완화합니다. 신경망의 층이 깊어지더라도 오차 그레이디언트가 잘 전파되어 신경망의 모든 층이 잘 훈련되는 효과를 내죠. 그림에서 볼 수 있듯이 18개, 34개 층을 쌓은 ResNet18과 ResNet34의 잔차 블록에는 2개의 합성곱 신경망이 포함됩니다. 각각의 합성곱 신경망은 3×3 크기의 필터 64개를 사용하며, 첫 번째 합성곱 신경망 다음과 마지막 출력 직전에 렐루 함수를 적용합니다. 다음은 오차 그레이디언트가 잔차 블록을 통과해 전파되는 과정을 나타낸 그림입니다.

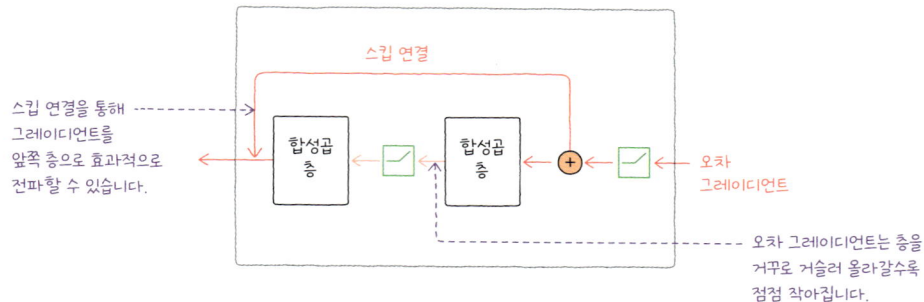

스킵 연결을 사용하면 신경망 모델의 훈련 성능을 높일 수 있어 다른 신경망 구조에도 많이 적용되고 있습니다. 이미지 분류에서 좋은 성능을 내기 때문이기도 하지만, ResNet 모델은 스킵 연결과 잔차 블록이라는 구조를 처음 도입한 신경망으로 꼭 알아 두어야 할 모델 중 하나입니다.

그런데 ResNet50, ResNet101, ResNet152에서 사용하는 잔차 블록은 ResNet18, ResNet34의 잔차 블록과 조금 다릅니다. 다음 그림처럼 3개의 합성곱층으로 구성되며, 합성곱층 다음에 배치 정규화 batch normalization와 렐루 활성화 함수가 뒤따릅니다. 스킵 연결이 마지막 출력 전 렐루 활성화 함수 이전에 더해진다는 점은 ResNet18, ResNet34의 잔차 블록과 마찬가지입니다.

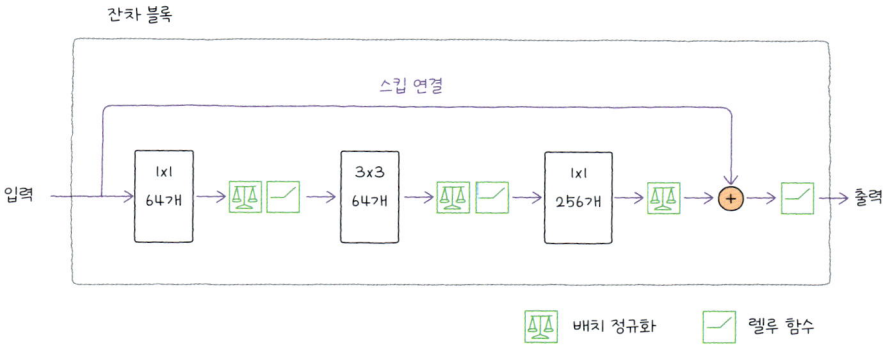

ResNet50과 같이 깊은 네트워크에서는 모델의 연산량을 줄이기 위해 3개의 합성곱층으로 구성된 **병목 블록** bottleneck block이 많이 사용됩니다. 병목 블록의 각 합성곱층은 다음과 같은 형태를 가집니다.

- **첫 번째 합성곱층:** 입력의 공간 방향 크기를 줄입니다(예 56 → 28).
- **두 번째 합성곱층:** 입력 채널의 크기를 유지한 채 특징을 추출합니다.
- **세 번째 합성곱층:** 채널 수를 확장합니다(예 64 → 256).

이러한 잔차 모듈의 병목 블록을 통해 스킵 연결의 채널 수를 맞추고, 보다 다양한 특징을 학습해 모델의 성능을 높일 수 있습니다. 그림 3개의 합성곱을 가진 잔차 블록을 사용하는 ResNet50 모델을 구현해 보면서 배치 정규화에 대해 좀 더 자세히 알아보겠습니다. ResNet 모델은 비교적 구성이 복잡하므로 Sequential() 클래스 대신, 케라스의 함수형 API를 사용합니다.

> note 케라스의 함수형 API는 이전 층의 출력을 다음 층의 입력 매개변수로 넘겨, 층을 마치 함수처럼 사용해 신경망을 연결하는 방법입니다. 층을 '쌓는다'기보다는 각 층을 '함수처럼 호출하여 연결한다'고 생각하면 됩니다. 함수형 API에 대한 자세한 내용은 『혼자 공부하는 머신러닝+딥러닝(개정판)』(한빛미디어, 2025)을 참고하세요.

ResNet 모델 만들기

ResNet 모델은 잔차 모듈이라는 구조를 통해 더욱 깊은 신경망에서도 모델의 학습 성능을 향상시킵니다. **잔차 모듈**residual module은 스킵 연결을 통해 입력 데이터를 직접 다음 층으로 전달해 신경망이 더욱 깊어지더라도 학습이 가능하도록 돕는 잔차 블록과 그 잔차 블록이 모인 잔차 스택으로 구성된 구조를 말합니다.

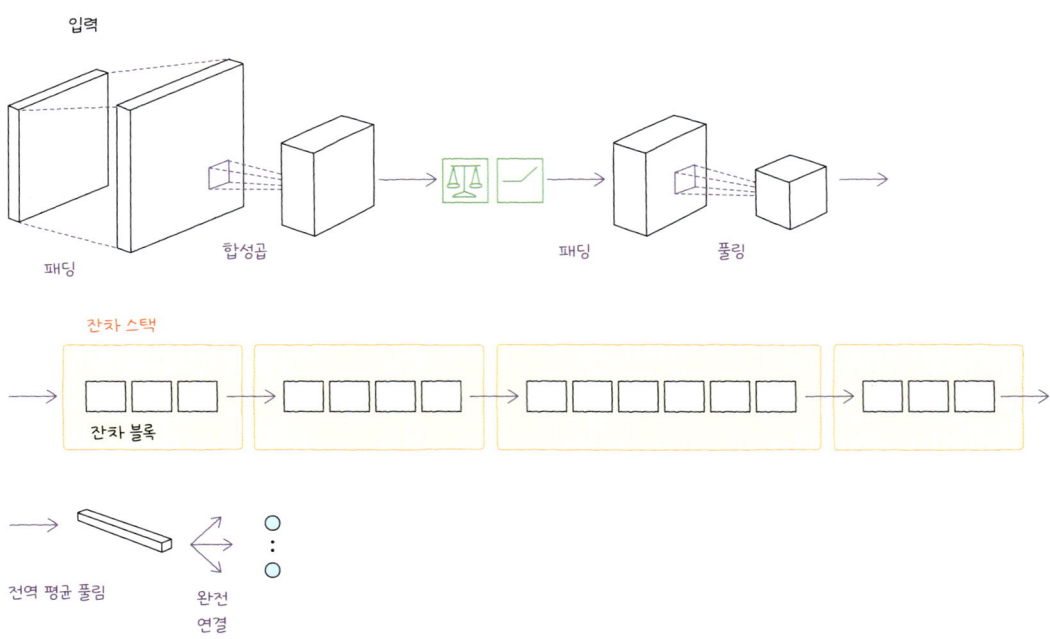

배치 정규화

잔차 블록 내에서 학습의 속도를 높이고 모델의 안정성을 개선하기 위해 사용되는 기법이 배치 정규화입니다. 배치 정규화에 대해 알아보기에 앞서, 모델의 입력부터 배치 정규화 층까지 만들어 보겠습니다. 구글 코랩에서 새 노트 [02-3.ipynb]을 추가하고, 다음과 같은 코드를 작성합니다.

> **따라 하며 배우는 코딩**
>
> **입력 준비 및 배치 정규화 적용하기**   소스 코드 02-3.ipynb

```
01  import keras
02  from keras import layers
03
04  inputs = layers.Input(shape=(224, 224, 3))
05  x = layers.ZeroPadding2D(padding=3)(inputs)
06  x = layers.Conv2D(64, 7, strides=2)(x)
07  x = layers.BatchNormalization(epsilon=1e-5)(x)
08  x = layers.Activation('relu')(x)
```

01~04 케라스에서 layers 모듈을 불러와 모델의 입력 크기를 (224, 224, 3)으로 정의합니다.

05 이미지 주변에 3 픽셀의 패딩을 추가하여 신경망에 주입할 입력 데이터 x를 만듭니다. 이제 입력 데이터 x는 (230, 230, 3) 크기의 이미지입니다.

06 7×7 크기의 필터 64개를 사용하며 스트라이드는 2인 첫 번째 합성곱층에 입력 데이터 x를 통과시킵니다. 출력 크기가 (230 − 7) // 2 + 1 = 112이고 필터 개수가 64개이므로, 이 층이 출력하는 전체 특성 맵의 크기는 (112, 112, 64)가 됩니다.

07~08 그 다음 배치 정규화를 구현한 BatchNormalization( )층과 렐루 활성화 함수를 통과합니다.

그럼 배치 정규화에 대해 알아보겠습니다. 일반적으로 신경망의 입력은 **표준화** standardization를 통해 평균이 0, 표준편차가 1이 되도록 정규화됩니다. 하지만 입력 데이터가 신경망의 여러 층을 통과하면서 이런 정규화가 틀어질 수 있습니다. **배치 정규화** batch normalization는 각 층의 출력을 배치 batch 단위로 다시 정규화함으로써 훈련의 속도와 성능을 높일 수 있는 방법으로, 많은 신경망 모델에서 사용됩니다.

배치 정규화는 먼저 다음과 같은 수식으로 입력 샘플의 평균을 계산합니다. 수식에 있는 m은 배치에 있는 샘플 개수입니다. 평균 μ_B가 배치에 대한 평균임을 드러내기 위해 아래첨자로 B를 추가했습니다.

$$\mu_B = \frac{1}{m}\sum_{i=1}^{m} x_i$$

그리고 분산을 계산합니다. 분산도 배치에 대해 계산했다는 것을 표현하기 위해 아래첨자 B를 추가했습니다. 두 수식은 일반적인 평균과 분산의 공식과 동일하며, 다른 점이라면 배치 안의 샘플에 대해 계산된다는 것뿐입니다.

$$\sigma_B^2 = \frac{1}{m}\sum_{i=1}^{m}(x_i - \mu_B)^2$$

다음으로는 이렇게 구한 평균과 분산을 이용해 다음과 같이 입력 샘플 x_i를 정규화합니다.

$$\hat{x}_i = \frac{x_i - \mu_B}{\sqrt{\sigma_B^2 + \epsilon}}$$

이 수식 또한 입력에서 평균을 빼고 표준편차로 나누는 일반적인 표준화 공식과 거의 동일합니다. 다른 점은 분산 σ_B^2이 0일 경우 나눗셈 오류가 생기지 않도록 ϵ(입실론)이라는 작은 값을 분산에 더하는 것뿐이죠. 보통 ϵ은 1×10^{-5} 정도의 작은 값을 사용하므로 `BatchNormalization()`의 `epsilon` 매개변수를 사용하여 ϵ 값을 지정했습니다. `epsilon` 매개변수의 기본값은 0.001입니다.

배치 정규화는 이처럼 각 입력의 값에 적용하는 연산이므로 입력과 출력의 차원이 같습니다. 마지막으로 이렇게 계산한 $\hat{x}_i$에 다음과 같이 γ(감마)를 곱하고 β(베타)를 더하면 최종 출력 z_i를 만들 수 있습니다.

> z_i는 $\hat{x}_i$와 구분하여 배치 정규화층의 최종 출력을 나타내기 위해 사용한 기호입니다. 오해하지 마세요!

$$z_i = \gamma \hat{x}_i + \beta$$

이때 만약 그대로 $\hat{x}_i$를 사용하면 신경망 층의 표현력이 제한됩니다. 예를 들어 $\hat{x}_i$를 시그모이드 활성화 함수에 통과시킨다고 가정해 볼까요? $\hat{x}_i$는 거의 평균이 0이고 표준편차가 1이므로 대부분의 값이 시그모이드 곡선의 직선 부분에 위치합니다. 따라서 비선형 활성화 함수를 사용하는 효과가 줄어들기 때문에, 이를 위해 감마와 베타를 곱하여 평균과 값의 범위를 바꿔 줍니다. 감마와 베타는 1과 0으로 초기화되고, 다른 모델의 파라미터와 마찬가지로 역전파를 통해 훈련됩니다.

> note 또는 배치 정규화가 모델 훈련에 도움이 되지 않을 때, 모델이 정규화 효과를 최소화할 수 있도록 감마와 베타 파라미터를 학습할 수 있습니다.

끝으로 배치 정규화와 관련해 한 가지 유의할 점은 예측 시에 배치 데이터가 없다면 평균 μ_B와 분산 σ_B^2을 계산하지 못할 수 있다는 것입니다. 그래서 훈련을 할 때는 배치의 평균과 분산에 대한 이동 평균을 계산하여 기록하고, 이렇게 기록해 놓은 평균과 분산을 예측에 사용해 배치 정규화를 수행합니다. 이야기가 길었네요. 다시 예제로 돌아가 보겠습니다.

앞선 코드에서 잔차 블록은 `BatchNormalization()`층과 렐루 활성화 함수를 통과했는데요. 케라스에서는 대부분 `Dense`나 `Conv2D`와 같은 신경망 층의 `activation` 매개변수에서 활성화 함수를 지정할 수 있습니다. 하지만 활성화 함수를 지정하지 못하는 배치 정규화층에서는 `Activation()`층을 사용합니다. Activation()이 layers의 아래 클래스로 구현되었다는 것을 제외하면 activation 매개변수로 지정하는 활성화 함수와 정확히 동일한 작업을 수행합니다.

그 다음 [02-3.ipynb] 노트 하단에 다음과 같은 코드를 작성합니다.

따라 하며 배우는 코딩
패딩 추가 및 최대 풀링 적용하기 소스 코드 02-3.ipynb

```
01  x = layers.ZeroPadding2D(padding=1)(x)
02  x = layers.MaxPooling2D(3, strides=2)(x)
```

01~02 렐루 함수를 통과한 특성 맵에 다시 1 픽셀의 패딩을 추가하여 입력 데이터의 크기를 (114, 114, 64)로 만들고, 최대 풀링층을 적용합니다.

풀링 크기가 3×3이고 스트라이드가 2이므로 AlexNet 모델처럼 중첩된 풀링을 수행하게 됩니다. 이 풀링층의 출력 크기는 (114 − 3) // 2 + 1 = 56으로 계산할 수 있으므로 최종적으로 만들어진 특성 맵의 크기는 (56, 56, 64)가 됩니다. 지금까지의 구성은 다음과 같은 그림으로 나타낼 수 있습니다.

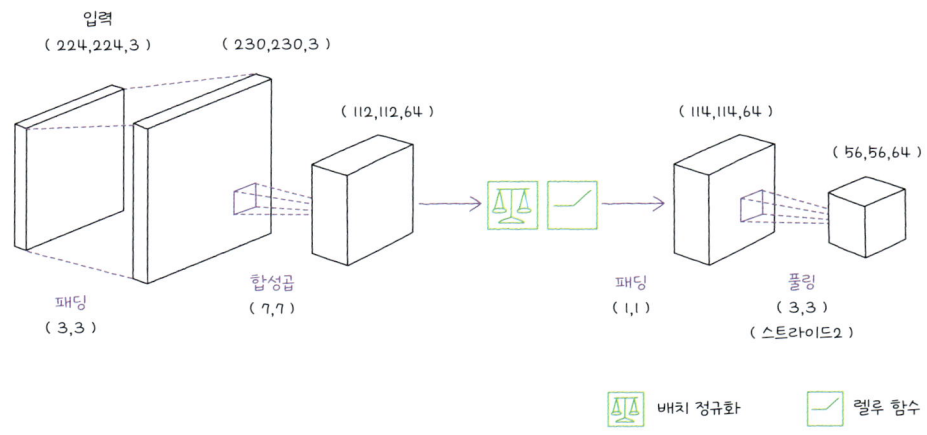

여기서 잠깐   왜 padding 매개변수를 사용하지 않고 수동으로 패딩을 추가하나요?

케라스의 합성곱층과 풀링층에 있는 padding 매개변수는 기본값으로 'valid'와 'same'만 지정할 수 있습니다. 'valid'는 패딩을 전혀 추가하지 않는 옵션이고, 'same'은 입력과 출력이 같은 크기가 되도록 패딩을 추가합니다. 따라서 예제와 같이 원하는 출력 크기로 줄이기 위해 약간의 패딩을 추가하려면 ZeroPadding2D() 층을 사용해 수동으로 지정해야 합니다.

잔차 스택 만들기

ResNet 모델의 핵심 부분은 4개의 잔차 스택으로 구성됩니다. ResNet50의 경우, 다음 그림처럼 각 스택에 3개, 4개, 6개, 3개의 잔차 블록이 들어가 있습니다.

> 잔차 스택은 일반적으로 통용되는 용어가 아니예요! 이해를 돕기 위해 편의상 정의한 것입니다.

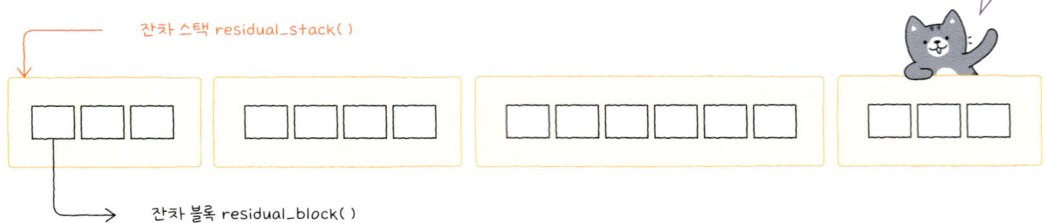

앞서 ResNet50, ResNet101, ResNet152에서 사용하는 잔차 블록으로 소개했던 '3개의 합성곱을 사용한 잔차 블록'이 residual_block()에 구현되어 있다고 가정해 보죠. 그리고 잔차 블록이 모인 잔차 스택은 residual_stack()에 구현되어 있다고 가정하겠습니다.

> note 이후 작성하는 코드들은 ResNet 모델의 구조를 점진적으로 파악하면서 완성하기 때문에 중간 중간에 제시된 코드들이 모두 올바르게 실행되지는 않습니다. 114쪽에 있는 완성된 residual_stack(), build_stack() 함수를 사용해 주세요.

각 잔차 스택에서 사용하는 주요 합성곱의 필터 수는 64개, 128개, 256개, 512개입니다. 잔차 블록 개수와 필터 개수를 고려하여 다음과 같이 `residual_stack()` 함수와 이 함수를 호출하는 `build_stack()`의 뼈대를 구현할 수 있습니다.

따라 하며 배우는 코딩
잔차 스택 만들기(1)

```
01  def build_stack(x):
02      for blocks, filters in [(3, 64), (4, 128), (6, 256), (3, 512)]:
03          x = residual_stack(x, blocks, filters)
04      return x
05
06  def residual_stack(x, blocks, filters):
07      for _ in range(blocks):
08          x = residual_block(x, filters)
09      return x
```

다음 그림에 나오는 첫 번째 잔차 스택(❶)은 앞서 만든 (56, 56, 64) 크기의 입력을 사용하고, 두 번째 잔차 스택(❷)은 공간 방향 차원을 절반으로 줄여 (28, 28, 128) 크기의 입력을 사용합니다.

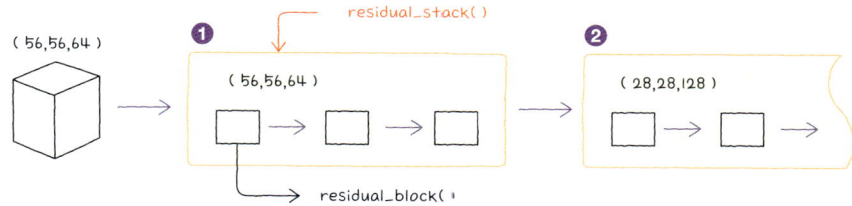

마찬가지로 세 번째 잔차 스택과 네 번째 잔차 스택도 입력의 높이와 너비를 절반으로 줄입니다. 높이와 너비를 줄이는 방법에는 여러 가지가 있지만, ResNet은 두 번째 잔차 스택부터 가장 먼저 등장하는 합성곱층의 스트라이드를 2로 설정하여 높이와 너비를 절반으로 줄이는 방법을 택합니다. 이를 반영해 build_stack()와 residual_stack() 함수를 조금 수정하여 코드에 반영해 보겠습니다.

> **따라 하며 배우는 코딩**
> **잔차 스택 만들기(2)**

```python
def build_stack(x):
    # 첫 번째 잔차 스택의 첫 번째 잔차 블록만 스트라이드 1을 사용합니다
    x = residual_stack(x, 3, 64, first_stride=1)
    # 두 번째 ~ 네 번째 잔차 블록을 만듭니다
    for blocks, filters in [(4, 128), (6, 256), (3, 512)]:
        x = residual_stack(x, blocks, filters, first_stride=2)
    return x

def residual_stack(x, blocks, filters, first_stride=2):
    # 첫 번째 잔차 블록의 첫 번째 합성곱 스트라이드는 first_stride입니다
    x = residual_block(x, filters, first_stride=first_stride)
    for _ in range(1, blocks):
        # 나머지 잔차 블록의 첫 번째 합성곱 스트라이드는 1입니다
        x = residual_block(x, filters, first_stride=1)
    return x
```

이제 첫 번째 잔차 스택에 있는 첫 번째 잔차 블록의 입출력 크기를 조금 더 자세히 살펴볼까요? 첫 번째 잔차 블록에서 사용하는 입력의 높이와 너비는 56×56으로 동일합니다. 하지만 105쪽에서 살펴봤던 잔차 블록에서는 마지막 합성곱층에서 입력 채널 수가 64개에서 256개로 늘어납니다. 정리하면 첫 번째 잔차 블록의 입력 크기는 (56, 56, 64)이고, 출력 크기는 (56, 56, 256)이 됩니다.

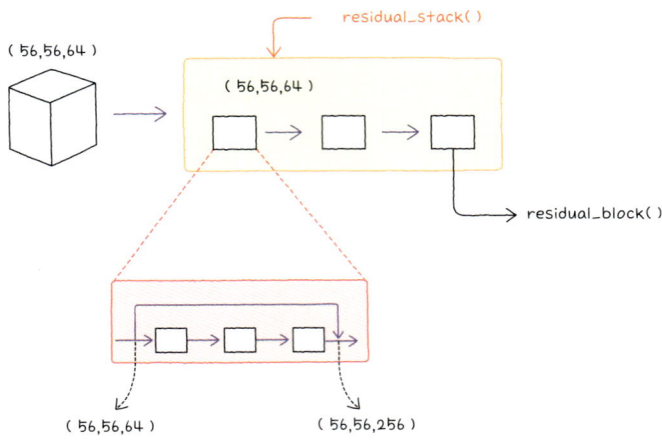

그런데 이렇게 채널 수가 다르면 스킵 연결을 통해 입력을 출력과 더할 수가 없습니다. 따라서 첫 번째 잔차 블록의 스킵 연결에 합성곱층을 추가하여 채널 수를 256개로 맞추어 주어야 합니다. 이를 편의상 합성곱 스킵 연결이라고 부르겠습니다. 마찬가지로 다른 잔차 스택에도 첫 번째 잔차 블록의 스킵 연결에 합성곱이 필요하죠. 이는 다음과 같은 그림으로 나타낼 수 있습니다.

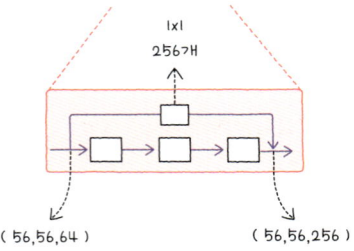

그림처럼 크기가 1×1인 필터 256개를 사용해 합성곱 연산을 수행하기 때문에 입력의 크기가 (56, 56, 256)으로 바뀝니다. 이제 잔차 블록에 있는 마지막 합성곱층의 출력과 더할 수 있는 크기가 되었네요. 이러한 1×1 합성곱 또는 **점별 합성곱**pointwise convolution은 공간 방향 차원을 유지하면서 채널 차원을 변경하기 위해 자주 사용됩니다. 그럼 다시 코드로 돌아가 매개변수에 스킵 연결 여부를 추가하도록 `residual_stack()` 코드를 바꾸고 함수를 완성해 보겠습니다.

따라 하며 배우는 코딩

잔차 스택 만들기(3) 소스 코드 02-3.ipynb

```
01  def build_stack(x):
02      # 첫 번째 잔차 스택의 첫 번째 잔차 블록만 스트라이드 1을 사용합니다
03      x = residual_stack(x, 3, 64, first_stride=1)
04      # 두 번째 ~ 네 번째 잔차 블록을 만듭니다
05      for blocks, filters in [(4, 128), (6, 256), (3, 512)]:
06          x = residual_stack(x, blocks, filters, first_stride=2)
07      return x
08
09  def residual_stack(x, blocks, filters, first_stride=2):
10      # 첫 번째 잔차 블록은 합성곱 스킵 연결을 사용하고        ← 바뀐 부분
11      # 이 잔차 블록의 첫 번째 합성곱 스트라이드는 first_stride입니다
12      x = residual_block(x, filters, first_stride=first_stride, conv_skip=True)
13      for _ in range(1, blocks):
14          # 나머지 잔차 블록의 첫 번째 합성곱 스트라이드는 1입니다
15          x = residual_block(x, filters, first_stride=1, conv_skip=False)
16      return x
```

앞서 잔차 스택을 만들 때 residual_block() 함수에 넘긴 매개변수를 보면 알 수 있듯이, 이 함수는 입력, 필터 개수, 첫 번째 합성곱의 스트라이드, 합성곱 스킵 연결 여부를 받습니다. 합성곱 스킵 연결과 스트라이드가 2인 합성곱층을 반영하여 잔차 블록을 다시 그려 보겠습니다.

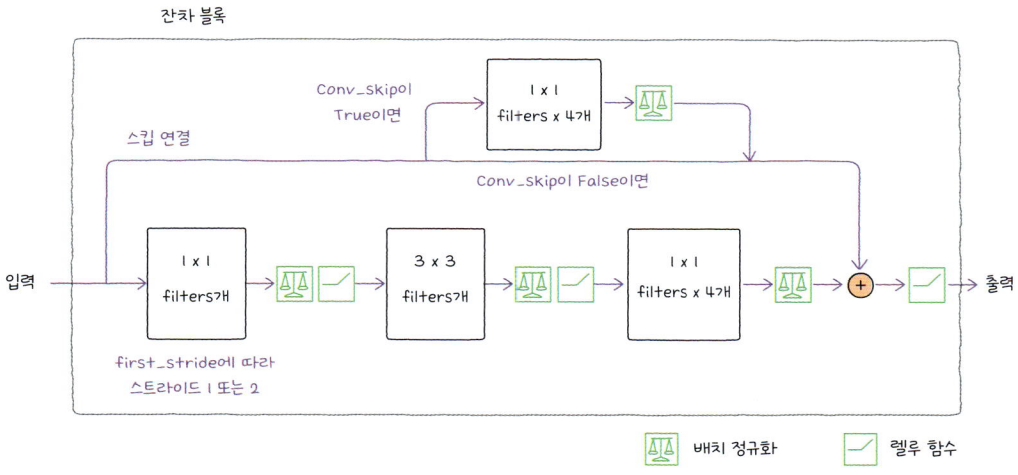

그림을 참고하여 다음과 같이 residual_block() 함수를 구현할 수 있습니다.

> **따라 하며 배우는 코딩**
>
> **잔차 블록 만들기**　소스 코드　02-3.ipynb

```
01  def residual_block(x, filters, first_stride=1, conv_skip=False):
02      skip_conn = x
03      # 합성곱과 배치 정규화, 렐루 활성화
04      # 1x1, filters개 필터, 스트라이드는 first_stride에 따라 1 또는 2
05      x = layers.Conv2D(filters=filters, kernel_size=1,
06                        strides=first_stride)(x)
07      x = layers.BatchNormalization(epsilon=1e-5)(x)
08      x = layers.Activation('relu')(x)
09      # 3x3, filters개 필터
10      x = layers.Conv2D(filters=filters, kernel_size=3,
11                        padding='same')(x)
12      x = layers.BatchNormalization(epsilon=1e-5)(x)
13      x = layers.Activation('relu')(x)
14      # 1x1, filters*4개 필터
15      x = layers.Conv2D(filters=filters*4, kernel_size=1)(x)
16      x = layers.BatchNormalization(epsilon=1e-5)(x)
17      # conv_skip이 True이면 1x1 합성곱을 사용해 채널 크기를 filters*4개로 늘립니다
18      if conv_skip == True:
19          skip_conn = layers.Conv2D(filters=filters*4, kernel_size=1,
20                                    strides=first_stride)(skip_conn)
21          skip_conn = layers.BatchNormalization(epsilon=1e-5)(skip_conn)
22      x = layers.Add()([skip_conn, x])
23      x = layers.Activation('relu')(x)
24      return x
```

작성한 residual_block() 코드를 하나씩 살펴볼까요?

❶ 먼저 스킵 연결을 위해 입력 x를 skip_conn 변수에 따로 저장합니다. 그리고 3개의 '합성곱 – 배치 정규화 – 렐루 활성화 함수'를 반복하는데, 합성곱 필터의 개수는 filters 매개변수로 지정되고 세 번째 합성곱층의 필터 개수는 filters*4개가 됩니다.

- **필터 크기:** 이때 합성곱층의 필터 크기는 각각 1×1, 3×3, 1×1입니다. 1×1 합성곱층은 입력의 높이와 너비를 바꾸지 않으므로 padding 매개변수를 기본값인 'valid'로 두어도 무관하지만, 3×3 합성곱층은 입력과 출력의 높이와 너비가 같아지도록 만들기 위해 padding 매개변수를 'same'으로 지정합니다.
- **스트라이드:** 첫 번째 합성곱의 스트라이드는 first_stride 매개변수로 지정됩니다. 잔차 스택 안에 있는 첫 번째 잔차 블록이라면 first_stride가 2이고, 그렇지 않으면 1입니다. 나머지 합성곱의 스트라이드는 모두 1입니다.

❷ 마지막 렐루 활성화 함수를 통과시키기 전에 배치 정규화 출력과 스킵 연결(skip_conn)을 더합니다. conv_skip이 True이면 1×1 크기 필터 filters*4개를 가진 합성곱층과 배치 정규화층을 사용해 채널의 차원을 맞춥니다.

이제 ResNet 모델의 구조 전체를 완성할 모든 준비를 마쳤습니다. 마지막으로 출력층을 준비해 모델을 만들고, 강아지와 고양이 사진을 분류해 봅시다.

ResNet 모델 만들기

열심히 만든 잔차 스택과 잔차 블록을 모두 쌓고 1,000개의 클래스를 분류하기 위한 밀집층까지 추가해 모델을 완성해 보겠습니다. ResNet 모델의 전체 구조를 이해하고 나면 101개 층으로 구성된 ResNet101과 152개 층으로 구성된 ResNet152 모델까지 어렵지 않게 구현해 볼 수 있습니다.

01 앞서 준비한 입력 데이터 x를 사용해 build_stack()을 호출해 잔차 스택과 잔차 블록을 모두 쌓습니다.

```
01  x = build_stack(x)
```

02 그 다음 각각의 특성 맵을 하나의 값으로 요약하는 **전역 풀링층**^{global pooling layer}을 적용하고, 마지막으로 1,000개의 클래스를 분류하기 위한 밀집층까지 추가합니다. 여기서는 전역 평균 풀링인 GlobalAveragePooling2D()를 사용하겠습니다.

```
01  x = layers.GlobalAveragePooling2D()(x)
02  outputs = layers.Dense(1000, activation='softmax')(x)
```

> **여기서 잠깐** 전역 평균 풀링이 뭔가요?
>
> **전역 풀링**이란 특성 맵의 공간 차원을 하나의 평균값이나 최댓값으로 계산하는 연산을 말합니다. 이렇게 하면 합성곱층에서 추출한 각각의 특성을 하나의 값으로 요약하고, 후속 층의 파라미터 개수를 줄여 계산의 양을 감소시키는 데 도움이 됩니다. 예를 들어 다음과 같은 (7, 7, 2048) 크기의 특성 맵에 전역 풀링층을 적용하면 높이와 너비 차원이 사라지고 깊이 차원은 유지되어 (2048,) 크기의 텐서가 됩니다.

03 Sequential() 클래스 대신, 함수형 API로 케라스 모델을 만들기 위해 필요한 입력 inputs 텐서와 outputs 텐서가 준비되었습니다. 두 텐서를 keras.Model 클래스에 전달하여 입력 inputs에서 출력 outputs까지 이어지는 신경망 모델을 만듭니다.

```
01  model = keras.Model(inputs, outputs)
```

이렇게 완성한 ResNet 모델의 전체 구조는 다음과 같은 그림으로 나타낼 수 있습니다.

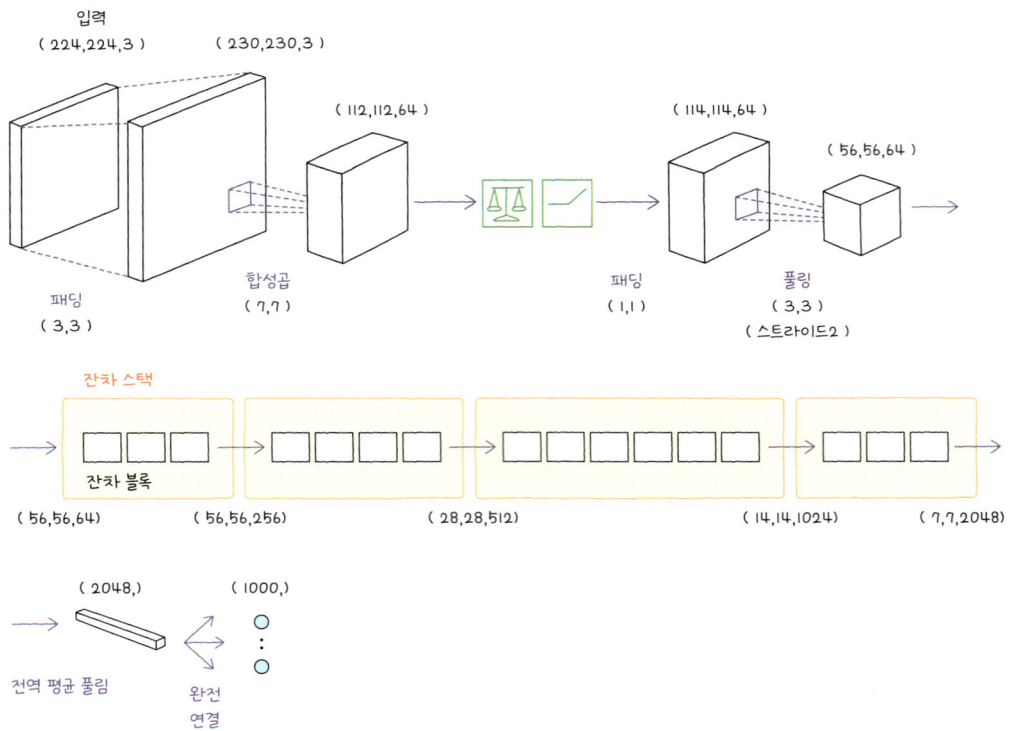

note model.summary() 메서드를 호출하여 ResNet 모델을 구성하는 층과 그 출력 크기를 확인해 보세요.

마찬가지로 101개 층으로 구성된 ResNet101과 152개 층으로 구성된 ResNet152 모델도 쉽게 만들 수 있습니다. 앞서 만들었던 residual_stack() 함수와 residual_block() 함수는 동일하며, 다른 점은 build_stack() 함수뿐입니다. ResNet101 모델의 세 번째 잔차 스택이 23번 반복되는 것 외에는 ResNet50 모델과 동일하죠. 따라서 build_stack101() 함수는 다음과 같이 구성할 수 있습니다.

따라 하며 배우는 코딩
ResNet101 모델 만들기   소스 코드 02-3.ipynb

```
01  def build_stack101(x):
02      # 첫 번째 잔차 스택의 첫 번째 잔차 블록만 스트라이드 1을 사용합니다
03      x = residual_stack(x, 3, 64, first_stride=1)
04      # 두 번째~네 번째 잔차 블록을 만듭니다          ← 세 번째 잔차 스택이 23번 반복
05      for blocks, filters in [(4, 128), (23, 256), (3, 512)]:
06          x = residual_stack(x, blocks, filters, first_stride=2)
07      return x
```

ResNet152 모델은 ResNet101 모델과 비슷하게 두 번째 잔차 스택이 8번 반복되고, 세 번째 잔차 스택이 36번 반복되는 모델입니다. 따라서 build_stack152() 함수는 다음과 같이 구성할 수 있습니다.

따라 하며 배우는 코딩
ResNet152 모델 만들기   소스 코드 02-3.ipynb

```
01  def build_stack152(x):
02      # 첫 번째 잔차 스택의 첫 번째 잔차 블록만 스트라이드 1을 사용합니다
03      x = residual_stack(x, 3, 64, first_stride=1)      ← 두 번째 잔차 스택이 8번 반복
04      # 두 번째~네 번째 잔차 블록을 만듭니다              ← 세 번째 잔차 스택이 36번 반복
05      for blocks, filters in [(8, 128), (36, 256), (3, 512)]:
06          x = residual_stack(x, blocks, filters, first_stride=2)
07      return x
```

강아지와 고양이 사진 분류하기

ResNet 모델을 훈련하는 방법 또한 다른 케라스 모델들과 다르지 않습니다. 하지만 이렇게 큰 모델을 훈련하려면 많은 시간과 자원이 필요하겠죠. VGGNet 모델을 사용했던 것처럼 다행히 케라스에는 이미지넷 데이터셋에서 사전 훈련된 ResNet 모델도 포함되어 있습니다. 이 모델을 사용해 샘플 이미지에 대한 예측을 수행해 보겠습니다.

01 먼저 VGGNet 모델에서 수행했던 것과 동일하게 이 책의 깃허브 저장소에 있는 강아지와 고양이 샘플 이미지를 구글 드라이브에 다운로드하고 압축을 해제합니다.

```
01  !gdown 1xGkTT3uwYt4myj6eJJeYtdEFgTi2Sj8C
02  !unzip cat-dog-images.zip
```

실행결과
```
Downloading...
From: https://drive.google.com/uc?id=1xGkTT3uwYt4myj6eJJeYtdEFgTi2Sj8C
To: /content/cat-dog-images.zip
100% 182k/182k [00:00<00:00, 49.7MB/s]
Archive:  cat-dog-images.zip
   creating: images/
  inflating: images/dog.png
  inflating: images/cat.png
```

02 `keras.applications` 모듈에서 제공하는 ResNet50 모델을 사용하여 강아지 사진에 대한 예측을 만들어 보겠습니다. VGGNet 모델에서 했던 것처럼 `preprocess_input()` 함수를 사용해 강아지 이미지를 전처리합니다.

```
01  from PIL import Image
02  import numpy as np
03  from keras.applications import resnet
04
05  dog_png = Image.open('images/dog.png')
06  resnet_prep_dog = resnet.preprocess_input(np.array(dog_png))
```

> 케라스는 keras.applications 아래에 ResNet50, ResNet101, ResNet152 모델을 제공합니다.

note ResNet 모델이 입력 이미지를 전처리하는 방식은 VGGNet 모델과 동일합니다.

03 ResNet50() 클래스를 사용해 resnet50 모델을 만들고, 전처리된 데이터로 predict() 메서드를 호출합니다. ResNet의 경우도 keras.applications.resnet 모듈 밑에 decode_predictions() 함수가 제공됩니다.

```
01  resnet50 = keras.applications.ResNet50()
02  predictions = resnet50.predict(resnet_prep_dog[np.newaxis,:])
03
04  resnet.decode_predictions(predictions)
```

실행결과
```
Downloading data from https://storage.googleapis.com/tensorflow/keras-applications/resnet/resnet50_weights_tf_dim_ordering_tf_kernels.h5
102967424/102967424 ──────────── 0s 0us/step
1/1 ──────────── 2s 2s/step
Downloading data from https://storage.googleapis.com/download.tensorflow.org/data/imagenet_class_index.json
35363/35363 ──────────── 0s 0us/step
[[('n02099712', 'Labrador_retriever', 0.3853521),
  ('n02099601', 'golden_retriever', 0.089699686),
  ('n02100735', 'English_setter', 0.04212423),
  ('n02106166', 'Border_collie', 0.037774343),
  ('n02101388', 'Brittany_spaniel', 0.030700468)]]
```

[실행결과]를 보면 VGG16 모델보다 조금 더 '래브라도 리트리버'에 대한 확신이 큰 것 같습니다. 입력된 강아지 사진을 '래브라도 리트리버(38.5%)'와 '골든 리트리버(8.9%)'로 잘 예측하고 있습니다. 이번에도 고양이 사진을 하나 더 예측해 보죠. 강아지 사진을 예측할 때와 동일하게 전처리된 데이터로 predict() 메서드를 호출합니다.

따라 하며 배우는 코딩

고양이 사진 분류하기 소스 코드 02-3.ipynb

```
01  cat_png = Image.open('images/cat.png')
02  resnet_prep_cat = resnet.preprocess_input(np.array(cat_png))
03  predictions = resnet50.predict(resnet_prep_cat[np.newaxis,:])
04
05  resnet.decode_predictions(predictions)
```

실행결과 1/1 ━━━━━━━━━━━━━━━━━━━━ 0s 230ms/step
```
[[('n02123045', 'tabby', 0.86861026),
  ('n02124075', 'Egyptian_cat', 0.05077493),
  ('n02123159', 'tiger_cat', 0.042566977),
  ('n07930864', 'cup', 0.0027631463),
  ('n03443371', 'goblet', 0.002099165)]]
```

고양이 사진의 경우, VGG16 모델보다 훨씬 높은 수준(86.8%)으로 '얼룩 고양이'라고 예측하는군요. 사전 훈련된 모델을 사용하면 이렇게 간단한 작업으로 꽤 좋은 성능의 서비스를 구현할 수 있습니다!

| 좀 더 알아보기 | **GoogLeNet** |

2장에서 소개한 CNN 모델 외에도 뛰어난 이미지 인식 성능을 보여 유명해진 모델이 있습니다. 2014년 구글에서 발표하여 이미지넷 대회에서 우승을 차지한 GoogLeNet입니다. GoogLNet은 **인셉션 모듈**inception module이라는 독특한 구조를 사용한 것이 특징인데요. 인셉션 모듈은 다양한 크기의 합성곱(1×1, 3×3, 5×5)을 병렬로 사용해 여러 스케일에서 특징을 추출하는 덕분에 보다 효율적으로 이미지를 분석할 수 있습니다. GoogLeNet에 등장하는 첫 번째 인셉션 모듈은 다음과 같은 그림으로 나타낼 수 있습니다.

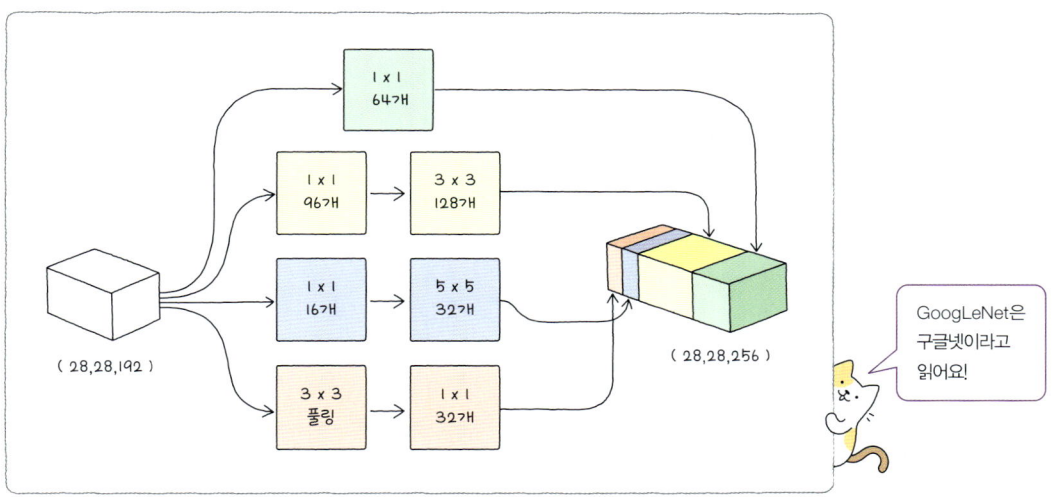

인셉션 모듈은 입력이 그림과 같이 4개 갈래로 병렬 처리된 후 하나로 합쳐진다는 특징이 있습니다. 인셉션 모듈에 있는 모든 합성곱은 세임 패딩을 사용하며, 인셉션 모듈의 각 갈래는 다음과 같이 간단하게 요약할 수 있습니다.

- 1×1 크기의 필터 64개를 사용하는 합성곱층
- 1×1 크기의 필터 96개를 사용하는 합성곱층 다음에 3×3 크기의 필터 128개를 사용하는 합성곱층
- 1×1 크기의 필터 16개를 사용하는 합성곱층 다음에 5×5 크기의 필터 32개를 사용하는 합성곱층
- 3×3 크기의 최대 풀링층 다음에 1×1 크기의 필터 32개를 사용하는 합성곱층

그리고 각 갈래의 출력을 채널 방향으로 차곡차곡 쌓아 인셉션 모듈의 출력을 만듭니다. 층이 깊어질수록 높이와 너비 방향 크기는 줄어들지만, 인셉션 모듈에 있는 필터의 개수는 늘어납니다. 하지만 본격적인 합성곱층 이전에 1×1 합성곱층을 두어 3×3이나 5×5 합성곱의 파라미터 개수를 줄이는 효과를 내죠. 각각의 합성곱층이 다양한 패턴을 감지할 수 있으므로 복잡한 패턴을 처리하는 능력이 뛰어납니다.

GoogLeNet 모델은 그 이후에도 발전을 거듭했습니다. 2015년에는 Inception v2와 Inception v3, 2016년에는 Inception v4, 그리고 Inception과 ResNet의 장점을 결합한 Inception-ResNet을 발표했죠. GoogLeNet 모델 역시 케라스의 `keras.applications` 모듈 아래 `InceptionV3()` 클래스와 `InceptionResNetV2()` 클래스로 Inception v3와 Inception-ResNet 모델을 제공합니다.

note GoogLeNet에 대한 보다 자세한 내용은 『핸즈온 머신러닝 (3판)』(한빛미디어, 2023) 14장에서 참고할 수 있습니다.

미니 프로젝트   GoogLeNet으로 강아지와 고양이 사진 분류하기

케라스는 GoogLeNet의 후속 버전인 Inception v3와 Inception-ResNet v2를 각각 `InceptionV3()` 클래스와 `InceptionResNetV2()` 클래스로 제공합니다. 두 모델은 (299, 299, 3) 크기의 입력을 기대하는데요. 앞서 VGGNet 모델과 ResNet 모델에서 수행했던 것처럼 케라스의 유틸리티 함수를 사용하여 Inception v3, Inception-ResNet v2 모델로 강아지와 고양이 사진을 분류해 보고, VGGNet 및 ResNet의 결과와 비교해 보세요.

가장 먼저 두 모델에서 입력할 이미지의 크기부터 설정해야 합니다. PIL 라이브러리로 이미지를 읽은 후 크기를 변경해야 하죠. 이 작업은 직접 수행할 수도 있지만 케라스에서 이를 위해 편리한 유틸리티 함수를 제공하고 있으므로 모델 구현에 활용해 보겠습니다.

`keras.utils` 모듈 아래에 있는 `load_img()` 함수를 사용하면 앞선 예제에서 수행했던 것처럼 이미지를 읽어 들이는 것뿐만 아니라 이미지를 원하는 크기로 늘리거나 줄일 수도 있습니다. `load_img()` 함수를 사용해 "images/dog.png" 이미지를 (299, 299) 크기로 로드한 다음, `keras.applications.inception_v3` 모듈 아래에 있는 `preprocess_input()` 함수로 전처리합니다.

> 앞에서 작성했던 [02-03. ipynb] 노트에 이어서 작성해야 오류가 안 나요!

```
01  from keras.utils import load_img
02  from keras.applications import inception_v3
03
04  dog_png = load_img("images/dog.png", target_size=(299, 299))
05  incep_prep_dog = inception_v3.preprocess_input(np.array(dog_png))
```

뒤이어 `InceptionV3()` 클래스를 사용해 Inception v3 모델을 만들고, 전처리된 강아지 사진에 대한 예측을 수행해 보겠습니다.

```
01  inception = keras.applications.InceptionV3()
02  predictions = inception.predict(incep_prep_dog[np.newaxis,:])
03  inception_v3.decode_predictions(predictions)
```

> **실행결과**
> ```
> Downloading data from https://storage.googleapis.com/tensorflow/keras-
> applications/inception_v3/inception_v3_weights_tf_dim_ordering_tf_kernels.h5
> 96112376/96112376 ──────────────── 1s 0us/step
> 1/1 ──────────────── 3s 3s/step
> [[('n02104029', 'kuvasz', 0.13835111),
>   ('n02099712', 'Labrador_retriever', 0.07777276),
>   ('n02106166', 'Border_collie', 0.07198335),
>   ('n02111500', 'Great_Pyrenees', 0.06614915),
>   ('n02099601', 'golden_retriever', 0.028383296)]]
> ```

Inception v3 모델은 이 강아지 사진을 리트리버와 비슷하게 생긴 '쿠바츠(kuvasz)'라고 오해하고 있군요. 이번에는 고양이 사진으로도 테스트해 보겠습니다.

```python
01  cat_png = load_img("images/cat.png", target_size=(299, 299))
02  incep_prep_cat = inception_v3.preprocess_input(np.array(cat_png))
03  predictions = inception.predict(incep_prep_cat[np.newaxis,:])
04  inception_v3.decode_predictions(predictions)
```

> **실행결과**
> ```
> 1/1 ──────────────── 1s 1s/step
> [[('n02124075', 'Egyptian_cat', 0.68673724),
>   ('n02123159', 'tiger_cat', 0.13262998),
>   ('n02123045', 'tabby', 0.042150218),
>   ('n04040759', 'radiator', 0.0016103326),
>   ('n02971356', 'carton', 0.0011297741)]]
> ```

고양이 사진에 대해서는 다른 클래스와 비교해 '이집트 고양이'로 매우 확신(68.7%)하는 모습을 볼 수 있습니다. 그럼 이번에는 높은 성능을 내는 모델로 알려진 Inception-ResNet 모델로 다시 한 번 테스트해 보겠습니다.

```python
01  from keras.applications import inception_resnet_v2 as incep_res_v2
02
03  incep_res_prep_dog = incep_res_v2.preprocess_input(np.array(dog_png))
04  inception_resnet = keras.applications.InceptionResNetV2()
```

```
05  predictions = inception_resnet.predict(incep_res_prep_dog[np.newaxis,:])
06  incep_res_v2.decode_predictions(predictions)
```

실행결과
```
Downloading data from https://storage.googleapis.com/tensorflow/keras-
applications/inception_resnet_v2/inception_resnet_v2_weights_tf_dim_ordering_
tf_kernels.h5
225209952/225209952 ──────────── 2s 0us/step
1/1 ──────────── 7s 7s/step
[[('n02099712', 'Labrador_retriever', 0.6563325),
  ('n02104029', 'kuvasz', 0.13956252),
  ('n02099601', 'golden_retriever', 0.055945188),
  ('n02111500', 'Great_Pyrenees', 0.048894808),
  ('n02100735', 'English_setter', 0.0021178732)]]
```

Inception-ResNet 모델은 매우 강한 확률(65.6%)로 '래브라도 리트리버'라고 예측합니다. 지금까지 구현한 모델들이 예측한 값 중에서 가장 높은 확률입니다. 마지막으로 고양이 사진에 대한 예측으로도 확인해 보겠습니다.

```
01  incep_res_prep_cat = incep_res_v2.preprocess_input(np.array(cat_png))
02  predictions = inception_resnet.predict(incep_res_prep_cat[np.newaxis,:])
03  incep_res_v2.decode_predictions(predictions)
```

실행결과
```
1/1 ──────────── 1s 30ms/step
[[('n02123045', 'tabby', 0.424949),
  ('n02124075', 'Egyptian_cat', 0.25830933),
  ('n02123159', 'tiger_cat', 0.12795255),
  ('n02127052', 'lynx', 0.0034486123),
  ('n04525038', 'velvet', 0.002446096)]]
```

고양이 사진에 대해서도 꽤 높은 확률(42.5%)로 '얼룩 고양이'라고 예측하고 있습니다. 강아지와 고양이 사진을 예측한 두 [실행결과]를 보면 Inception-ResNet 모델의 성능이 매우 우수함을 알 수 있습니다.

마무리

3절에서는 여러 가지 중요한 특징을 가진 ResNet에 대해 자세히 알아봤습니다. 잔차 모듈을 직접 구현해 보면서 어떻게 스킵 연결이 이전 입력과 최종 출력을 합치는지도 배웠습니다. ResNet의 또 다른 핵심 구성 요소인 배치 정규화의 개념을 함께 소개하며, 배치 정규화가 신경망에서 어떤 역할을 하는지 알아봤는데요. 스킵 연결과 배치 정규화는 ResNet뿐만 아니라 기타 많은 모델에서도 깊은 신경망을 구성하기 위해 널리 사용되므로 꼭 기억해 두세요.

또한 케라스에서 제공하는 ResNet 모델 중 ResNet101 클래스를 사용해 예제 이미지를 분류하는 작업을 수행해 봤습니다. 케라스에서 제공하는 VGGNet과 ResNet 모델은 모두 이미지넷에서 사전 훈련된 모델이기 때문에 이미지넷 데이터셋에 있는 1,000개의 클래스에 대한 확률을 제공합니다. 만약 그렇다면 10개의 클래스를 가진 독자적인 데이터셋이 있다고 할 때, 어떻게 이러한 고급 모델을 효율적으로 적용할 수 있을까요? 그에 대해서는 뒤이어 3장에서 자세히 알아보겠습니다.

▶ 키워드로 정리하는 핵심 포인트

- **ResNet**은 마이크로소프트 연구원들이 만든 신경망으로, 2015년에 이미지넷 대회에서 우승을 차지했습니다. ResNet은 잔차 블록과 배치 정규화를 사용하여 매우 깊은 층을 쌓은 신경망을 구성합니다. 잔차 블록의 핵심인 스킵 연결과 배치 정규화는 이후 다른 신경망에도 큰 영향을 미쳤습니다.

- **배치 정규화**는 신경망 층의 출력을 정규화하기 위한 기법 중 하나입니다. 일반적인 표준화 방식과 비슷하게 평균과 분산을 사용해 층의 출력을 정규화합니다. 다만, 이 평균과 분산은 전체 훈련 세트가 아니라 배치에서 계산한 값입니다. 정규화로 인해 뒤따르는 활성화 함수의 효용성이 감소되지 않도록 정규화된 값의 스케일을 조정하고 이동시킵니다. 실전에서는 훈련이 끝난 후 평균과 분산을 계산할 배치가 없을 수 있습니다. 이를 위해 훈련하는 동안 각 배치의 평균과 분산의 이동 평균을 구하여 훈련이 끝난 후 예측을 수행할 때 사용합니다.

- **잔차 블록**은 ResNet 신경망에서 도입한 핵심 구성 요소로, 입력을 합성곱층의 출력에 더하는 스킵 연결을 가지고 있습니다. 스킵 연결은 오차 그레이디언트를 효과적으로 전파할 수 있는 통로 역할을 하므로 신경망의 층을 깊게 쌓아 높은 성능을 낼 수 있습니다. 잔차 블록은 1×1 합성곱을 사용하여 입력 차원을 감소시켜 계산 효율성을 높이도록 구성됩니다.

Chapter 03

고급 CNN 모델과 전이 학습으로 이미지 분류하기

학습목표

- 고급 CNN 모델인 DenseNet과 MobileNet의 구조와 특징을 이해합니다.
- MobileNet의 장점을 발전시킨 EfficientNet에 대해 살펴보고 케라스를 사용해 직접 구현해 봅니다.
- 케라스에 내장된 모델 이외에도 텐서플로 허브와 허깅페이스에서 사전 훈련된 모델을 로드하는 방법에 대해 알아봅니다.
- 전이 학습 기법을 사용해 사전 훈련된 모델을 주어진 문제에 맞게 미세 튜닝하는 방법을 배웁니다.

챕터 미리보기

▲ 이미지로 피스타치오 품종 분류하기

❶ 효율성 최적화 모델

파라미터 효율성이 높고 경량화된 모델인 DenseNet과 MobileNet을 구현하여 강아지 사진의 분류 결과를 확인해 본다.

❷ 성능 최적화 모델

컴퓨터 비전 분야에서 높은 성능을 내는 EfficientNet의 핵심 구성 요소인 역 잔차 블록에 대해 이해하고, 이미지 분류의 성능을 확인한다.

❸ 전이 학습

다양한 분야에서 사전 훈련된 모델을 제공하는 텐서플로 허브와 허깅페이스 플랫폼에 대해 알아보고, 전이 학습을 통해 미세 튜닝하는 방법까지 배운다.

03-1 이미지 분류 모델의 효율성 최적화하기

2장에 이어 이미지 분류 모델의 성능을 크게 높인 고급 CNN 모델의 구조를 살펴보고, 이를 활용해 이미지를 분류하는 방법을 알아봅니다.

❶ 효율성 최적화 모델

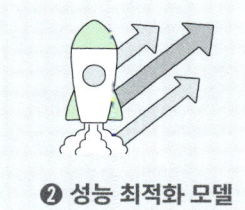
❷ 성능 최적화 모델

❸ 전이 학습

시작하기 전에

한빛 마켓에서 포토 후기를 성공적으로 분류한다는 소문이 돌자, 다른 쇼핑몰에서도 크게 관심을 보이네요. 한빛 마켓은 ResNet을 도입한 다른 쇼핑몰들과의 차별화를 위해 더 뛰어난 성능을 내는 합성곱 신경망을 찾기 시작했습니다.

최신 합성곱 신경망을 사용하면 이미지 분류의 성능을 더 높일 수 있습니다. 최신 경량 모델을 사용하면 성능은 크게 손해보지 않으면서 모바일과 같은 제한된 환경에서 서버까지 데이터를 송수신하지 않고 이미지를 분류할 수 있습니다. 서버로 전달되지 않으니 개인정보 보호 측면에서도 바람직하겠군요! 그럼 최신 CNN 모델들을 살펴보면서 한빛 마켓의 문제를 해결해 보겠습니다.

ResNet의 확장 모델 – DenseNet

DenseNet[1]은 2장 3절에서 만들어 본 ResNet 모델의 아이디어를 확장한 모델로, ResNet과 DenseNet은 모두 깊은 신경망을 다루는 모델이지만 정보를 전달하는 방식에 차이가 있습니다. ResNet은 잔차 연결(스킵 연결)을 사용해 기존 층을 건너뛰어 마지막 합성곱 출력에 입력을 더하는 반면, DenseNet은 이전 층의 모든 출력을 현재 층의 입력으로 사용합니다. 이를 **밀집 연결**^{dense connectivity}이라고 하는데요. 그림으로 살펴보면 더 이해가 쉽습니다.

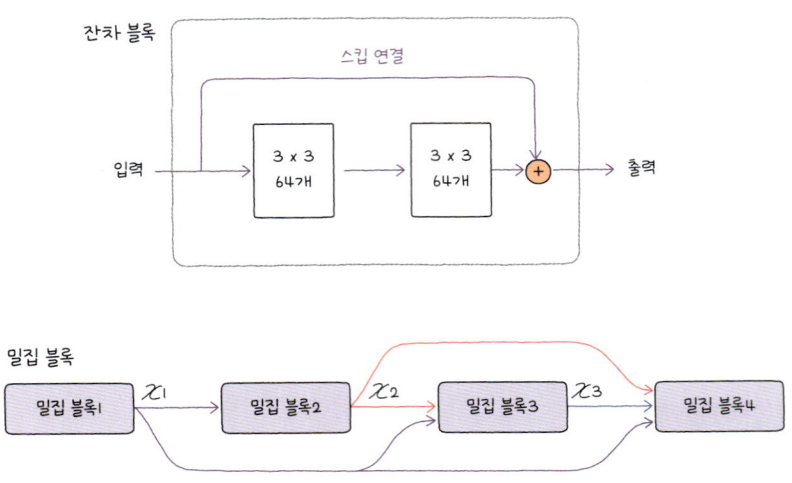

자세한 설명은 잠시 후에 알아보더라도 지금 그림의 밀집 블록에서 관심있게 볼 점은 첫 번째 밀집 블록의 출력 x_1이 두 번째, 세 번째, 네 번째 밀집 블록에도 입력으로 전달된다는 점입니다. 마찬가지로 두 번째 밀집 블록의 출력 x_2도 세 번째, 네 번째 밀집 블록에 전달되면서 앞쪽 블록의 출력이 뒤쪽의 모든 블록에 전달되는 것이죠. 실제로 밀집 연결을 구현할 때는 다음 그림처럼 연결층을 사용하여 차곡차곡 입력을 쌓아 다음 밀집 블록으로 계속 전달합니다.

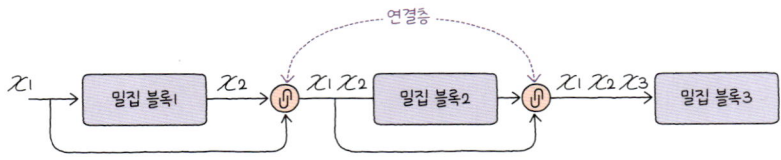

---

1 Gao Huang 등. Densely Connected Convolutional Networks(2016).

DenseNet은 이러한 밀집 블록을 통해 그레이디언트 소실 문제를 해결하고, 더 깊은 층을 쌓을 수 있습니다. DenseNet 모델에는 밀집 블록 이외에도 전환 블록이라는 개념이 있습니다. 전환 블록은 밀집 블록이 여러 번 반복된 후에 등장하는데요. 이해를 돕기 위해 전환 블록에 대해서도 잠시 후에 자세히 알아보겠습니다.

> note 전환 블록(transition block)은 전환층(transition layer)이라고도 부릅니다.

DenseNet 모델은 신경망에 사용되는 층의 개수에 따라 DenseNet-121, DenseNet-169, DenseNet-201, DenseNet-264가 있지만 블록의 반복 횟수만 다를 뿐 기본 구조는 동일합니다. 여기서는 DenseNet-121을 구현해 볼 텐데요. 먼저 밀집 블록과 전환 블록을 차례로 구현하면서 DenseNet 모델의 구조를 파악해 보겠습니다.

DenseNet 모델 준비하기

앞에서 잠깐 소개했듯이 DenseNet에서 사용하는 **밀집 블록**dense block에서는 순서대로 연결되어 있는 일반적인 신경망과 달리, 이전 밀집 블록의 출력을 모두 사용합니다. 다음 그림을 통해 밀집 블록의 안을 자세히 들여다 보겠습니다.

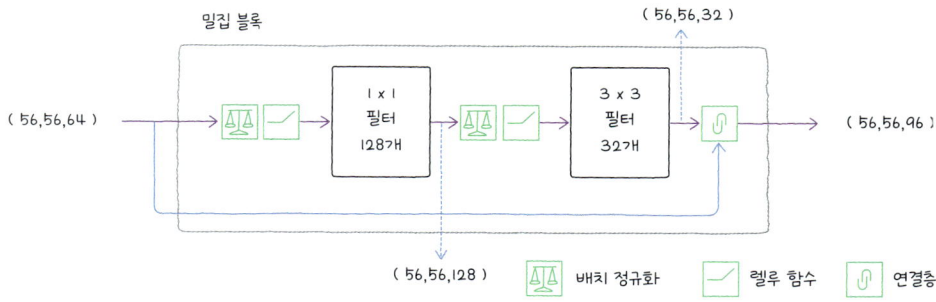

이해를 돕기 위해 그림의 입출력 크기는 첫 번째 밀집 블록에서 가져왔습니다. 가장 먼저 밀집 블록에 들어온 입력은 배치 정규화층과 렐루 활성화 함수를 통과합니다. 그리고 밀집 블록의 각 층은 다음과 같은 형태를 가집니다.

- **첫 번째 합성곱층:** 1×1 크기의 필터 128개를 사용하는 합성곱층을 통과해 특성 맵의 너비와 높이는 바뀌지 않고, 채널 차원만 128개로 늘어납니다.
- **두 번째 합성곱층:** 이어서 배치 정규화층과 렐루 활성화 함수를 통과한 다음, 다시 3×3 필터 32개를 사용하는 합성곱층을 통과합니다. 이 합성곱층은 세임 패딩을 사용하기 때문에 역시 특성 맵의 너비와 높이는 바뀌지 않고, 채널 차원만 32개로 줄어듭니다.

- **연결층**: 밀집 블록의 입력과 마지막 합성곱층의 출력을 연결하는 연결층이 뒤따릅니다. 채널 차원으로 이어 붙이기 때문에 밀집 블록의 최종 출력은 64+32=96개의 차원을 가집니다.

이전 장에서 CNN 모델의 중요 구성 요소들을 모두 익혔기 때문에 쉽게 이해할 수 있을 것입니다. 연결층에서 두 텐서를 연결하기 위해서는 케라스의 **Concatenate**층을 사용합니다. 그럼 케라스로 밀집 블록을 직접 구현해 보겠습니다. 구글 코랩에 접속해 노트명이 '03-1.ipynb'인 새 노트를 추가하고, 다음과 같이 작성합니다.

따라 하며 배우는 코딩

밀집 블록 만들기 소스 코드 03-1.ipynb

```python
import keras
from keras import layers

def dense_block(x, blocks):
    for _ in range(blocks):
        x1 = layers.BatchNormalization(epsilon=1e-5)(x)
        x1 = layers.Activation('relu')(x1)
        x1 = layers.Conv2D(128, 1, use_bias=False)(x1)
        x1 = layers.BatchNormalization(epsilon=1e-5)(x1)
        x1 = layers.Activation('relu')(x1)
        x1 = layers.Conv2D(32, 3, padding='same', use_bias=False)(x1)
        x = layers.Concatenate()([x, x1])
    return x
```

01 keras에서 layers 모듈을 불러옵니다.

04~05 밀집 블록을 구성하는 요소를 차례로 나열하여 dense_block() 함수를 정의합니다. DenseNet은 실제로 이러한 밀집 블록을 여러 번 반복하므로 blocks 매개변수로 반복 횟수를 지정합니다.

06~08 배치 정규화층은 입력의 평균을 0으로 맞추는 역할을 하므로 그 다음에 등장하는 층에서 절편을 학습할 필요가 없습니다. 그래서 이 코드처럼 Conv2D층의 use_bias 매개변수를 'False'로 지정하는 경우가 종종 있습니다.

이렇게 여러 번 반복된 밀집 블록 다음으로는 전환 블록이 등장합니다. 밀집 블록을 반복하여 쌓으면 채널의 깊이가 점점 깊어집니다. 모델 파라미터의 크기가 늘어나고 연산량이 증가하죠. 따라서 일정 횟수 동안 밀집 블록을 반복한 다음에는 특성 맵의 너비와 높이, 채널을 줄여 줄 필요가 있습니다. 이것이 바로 **전환 블록**transition block이 수행하는 일입니다.

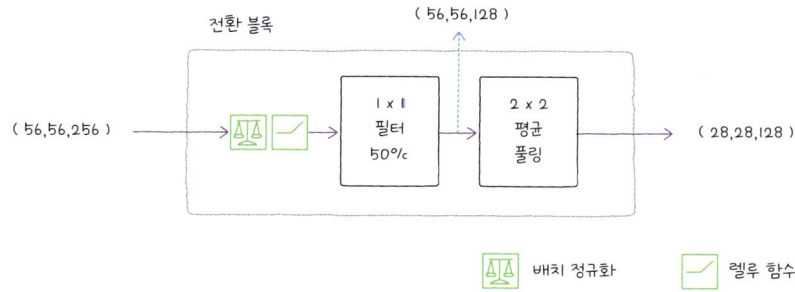

그림의 텐서 크기는 첫 번째 전환 블록을 참조했습니다. 가장 먼저 전환 블록에 들어온 입력은 배치 정규화층과 렐루 활성화 함수를 통과합니다. 그리고 전환 블록의 각 층은 다음과 같은 형태를 가집니다.

- **합성곱층**: 1×1 크기 필터를 사용하는 합성곱층을 거칩니다. 역시 1×1 필터를 사용하기 때문에 특성 맵의 너비와 높이가 변하지 않습니다. 이 합성곱층의 필터 개수는 입력 채널의 절반입니다. 그림에서 입력되는 특성 맵의 채널 개수가 256개이므로 합성곱의 필터 개수는 128개가 되고, 출력 특성 맵의 크기는 (56, 56, 128)이 됩니다.
- **풀링층**: 2×2 평균 풀링을 사용해 너비와 높이를 절반으로 줄여 (28, 28, 128) 크기의 특성 맵을 출력합니다.

네, 밀집 블록을 구현했을 때처럼 전환 블록도 쉽게 구현할 수 있습니다. 이번에는 `transition_block()` 함수를 사용해 전환 블록을 구현해 보죠.

> **따라 하며 배우는 코딩**
> **전환 블록 만들기** 소스 코드 03-1.ipynb

```
01  def transition_block(x):
02      x = layers.BatchNormalization(epsilor=1e-5)(x)
03      x = layers.Activation('relu')(x)
04      x = layers.Conv2D(int(x.shape[-1]/2), 1, use_bias=False)(x)
05      x = layers.AveragePooling2D(2)(x)
06      return x
```

01 전환 블록을 구성하는 요소를 나열하여 transition_block() 함수를 정의합니다.
04 Conv2D층에서 필터 개수를 지정할 때는 입력 텐서에 있는 채널 개수를 구해 2로 나눕니다. 기본적으로 채널 차원이 마지막에 있다고 가정하면 텐서의 shape 속성의 마지막 원소가 채널 크기가 됩니다. 여기에서도 use_bias 매개변수를 'False'로 지정합니다.

DenseNet 모델을 만들기 위한 두 개의 블록을 모두 구현했습니다. 이제 입력부터 최종 밀집층까지 전체 모델을 구현해 보고, 강아지 사진을 분류하는 DenseNet 모델의 성능을 확인해 보겠습니다.

DenseNet 모델 만들기

밀집 블록과 전환 블록을 제외한 DenseNet 모델의 나머지 구성은 ResNet 모델과 매우 비슷합니다. 2장에서 구현했던 ResNet 모델을 떠올리며 DenseNet 모델을 마저 구현해 보겠습니다.

01 Input() 함수를 사용해 DenseNet 모델에 들어갈 입력부터 정의해 보겠습니다.

```
01  inputs = layers.Input(shape=(224, 224, 3))
```

02 입력 주위에 픽셀 크기가 3인 패딩을 추가하여 입력의 크기를 230×230으로 늘린 다음, 이어서 합성곱층을 통과하며 112×112로 줄입니다. 패딩을 추가해 이미지 가장자리에 있는 정보를 보존하고, 합성곱층을 거쳐 이미지의 중요 패턴을 압축하여 전달하도록 설계하는 과정입니다. 이때 채널의 크기는 64로 늘어납니다.

```
01  x = layers.ZeroPadding2D(padding=3)(inputs)
02  x = layers.Conv2D(64, 7, strides=2, use_bias=False)(x)
```

03 이어서 배치 정규화층과 렐루 활성화층을 통과시키고, 1 픽셀의 패딩을 추가하여 (114, 114, 64)인 특성 맵을 만듭니다. 그리고 3×3의 최대 풀링을 적용하는데, 이 풀링층의 스트라이드가 2이므로 출력 특성 맵의 크기는 (56, 56, 64)가 됩니다.

```
01  x = layers.BatchNormalization(epsilon=1e-5)(x)
02  x = layers.Activation('relu')(x)
03  x = layers.ZeroPadding2D(padding=1)(x)
04  x = layers.MaxPooling2D(3, strides=2)(x)
```

04 이제 밀집 블록을 반복할 차례입니다. 밀집 블록을 6번 반복하고 전환 블록이 나옵니다. 그 다음에는 밀집 블록을 12번 반복하고 전환 블록이 나오고, 그 다음에는 밀집 블록을 24번 반복하고 전환 블록이 나옵니다. 마지막에는 밀집 블록을 16번 반복하고 마칩니다. DenseNet 모델의 핵심은 앞서 `dense_block()` 함수와 `transition_block()` 함수를 구현해 놓았기 때문에 간단하게 만들 수 있습니다.

```
01  for blocks in (6, 12, 24):
02      x = dense_block(x, blocks)
03      x = transition_block(x)
04  x = dense_block(x, 16)
```

05 이제 배치 정규화층과 렐루 활성화 함수, 전역 풀링층, 그리고 분류를 위한 최종 밀집층까지 마저 구성합니다.

```
01  x = layers.BatchNormalization(epsilon=1e-5)(x)
02  x = layers.Activation('relu')(x)
03  x = layers.GlobalAveragePooling2D()(x)
04  outputs = layers.Dense(1000, activation='softmax')(x)
```

06 `inputs`과 `outputs` 텐서가 준비되었으니 케라스 모델을 만들 수 있습니다.

```
01  model = keras.Model(inputs, outputs)
```

07 모델의 구조를 자세히 살펴보기 위해 `summary()` 메서드를 호출해 보겠습니다. 매우 긴 출력 결과를 볼 수 있습니다.

```
01  model.summary()
```

> 실행결과

```
Model: "functional"
```

Layer (type)	Output Shape	Param #	Connected to
input_layer (InputLayer)	(None, 224, 224, 3)	0	-
zero_padding2d (ZeroPadding2D)	(None, 230, 230, 3)	0	input_layer[0][0]
conv2d (Conv2D)	(None, 112, 112, 64)	9,408	zero_padding2d[0][0]
batch_normalization (BatchNormalization)	(None, 112, 112, 64)	256	conv2d[0][0]
activation (Activation)	(None, 112, 112, 64)	0	batch_normalization[0…
zero_padding2d_1 (ZeroPadding2D)	(None, 114, 114, 64)	0	activation[0][0]
max_pooling2d (MaxPooling2D)	(None, 56, 56, 64)	0	zero_padding2d_1[0][0]
batch_normalization_1 (BatchNormalization)	(None, 56, 56, 64)	256	max_pooling2d[0][0]
activation_1 (Activation)	(None, 56, 56, 64)	0	batch_normalization_1…
··· (중략) ···			
global_average_pooling2d (GlobalAveragePooling2D)	(None, 1024)	0	activation_120[0][0]
dense (Dense)	(None, 1000)	1,025,000	global_average_poolin…

```
Total params: 8,062,504 (30.76 MB)
Trainable params: 7,978,856 (30.44 MB)
Non-trainable params: 83,648 (326.75 KB)
```

지면에 제약이 있어 모두 살펴볼 수는 없지만, DenseNet 모델의 출력 결과가 이렇게나 긴 이유는 밀집 블록을 많이 쌓아 구성하기 때문입니다. 다음 그림으로 표현한 DenseNet 모델의 전체 구조와 출력 결과를 비교하면서 텐서의 크기가 어떻게 변해 가는지 추적해 보세요.

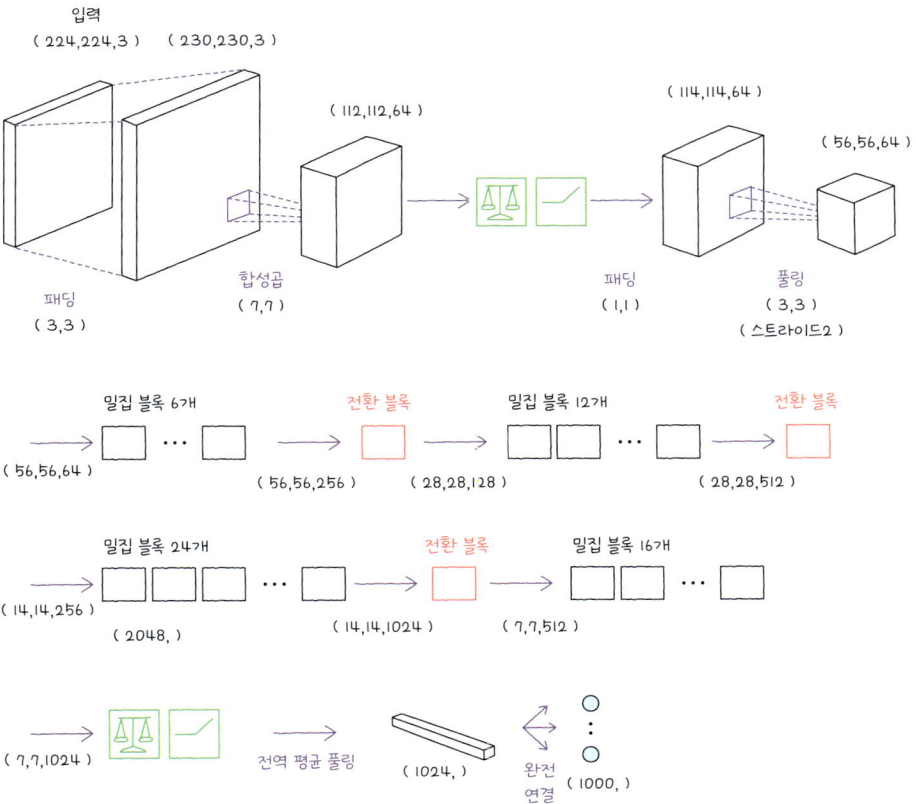

DenseNet-169와 DenseNet-201, DenseNet-264는 DenseNet-121 모델과 세 번째, 네 번째 밀집 블록에 포함된 층의 개수가 다른 것을 제외하면 그림 속 구조와 동일합니다. 우리가 구현한 DenseNet-121 모델은 각각 6, 12, 24, 16개의 밀집 블록을 쌓았습니다. 다른 모델들이 사용하는 밀집 블록의 개수는 다음과 같습니다.

- **DenseNet-169:** 6, 12, 32, 32개
- **DenseNet-201:** 6, 12, 48, 32개
- **DenseNet-264:** 6, 12, 64, 48개

각 모델의 이름 뒤에 있는 숫자가 곧 모델에 포함된 층의 전체 개수를 나타냅니다. 포함된 층의 개수가 가장 작은 121은 모델을 가볍고 효율적으로 만들어 이미지 분류 같은 작업에 적합합니다. 169 - 201 - 264로 숫자가 커지면 모델의 깊이가 깊어져 더 복잡한 패턴을 학습할 수 있지만, 연산량이 늘어나 더 많은 컴퓨팅 자원이 필요합니다. 따라서 특정 작업에 필요한 성능과 효율성에 따라 이러한 구조적 특징을 고려해 모델을 선택할 수 있습니다.

DenseNet 모델로 강아지 사진 분류하기

모델을 완성했으니 이제 강아지 사진을 분류하여 DenseNet 모델의 성능을 직접 확인해 보겠습니다. 케라스는 DenseNet에 대해서도 사전 훈련된 모델을 제공하므로 케라스에 내장된 모델을 로드하여 강아지 사진을 분류해 보겠습니다.

01 먼저 구글 드라이브에서 샘플 이미지를 다운로드하고 압축을 해제합니다.

```
01  !gdown 1xGkTT3uwYt4myj6eJJeYtdEFgTi2Sj8C
02  !unzip cat-dog-images.zip
```

실행결과
```
Downloading...
From: https://drive.google.com/uc?id=1xGkTT3uwYt4myj6eJJeYtdEFgTi2Sj8C
To: /content/cat-dog-images.zip
100% 182k/182k [00:00<00:00, 78.4MB/s]
Archive:  cat-dog-images.zip
   creating: images/
  inflating: images/dog.png
  inflating: images/cat.png
```

02 2장 2절에서 VGG 모델을 로드했을 때처럼 PIL 패키지를 사용해 강아지 이미지를 읽어 들인 다음, `keras.applicaitons.densenet` 모듈 아래에 있는 `preprocess_input()` 함수를 사용해 강아지 이미지를 전처리합니다. DenseNet의 전처리는 단순히 입력 값을 255로 나누어 0~1 사이의 값으로 만드는 것입니다.

```
01  import numpy as np
02  from PIL import Image
03
04  dog_png = np.array(Image.open('images/dog.png'))
05
06  from keras.applications import densenet
07
08  dense_prep_dog = densenet.preprocess_input(dog_png)
```

03 DenseNet-201 함수로 모델 객체를 만든 다음 예측을 수행합니다. densenet201.predict( ) 메서드에 dense_prep_dog를 전달해 예측 결과를 만듭니다.

```
01  densenet201 = keras.applications.DenseNet201()
02  predictions = densenet201.predict(dense_prep_dog[np.newaxis,:])
03  densenet.decode_predictions(predictions)
```

실행결과
```
Downloading data from https://storage.googleapis.com/tensorflow/keras-applications/densenet/densenet201_weights_tf_dim_ordering_tf_kernels.h5
82524592/82524592 ──────────── 4s 0us/step
1/1 ──────────── 7s 7s/step
Downloading data from https://storage.googleapis.com/download.tensorflow.org/data/imagenet_class_index.json
35363/35363 ──────────── 0s 0us/step
[[('n02099712', 'Labrador_retriever', 0.5281201),
  ('n04409515', 'tennis_ball', 0.19857857),
  ('n02104029', 'kuvasz', 0.060605332),
  ('n02111500', 'Great_Pyrenees', 0.027188223),
  ('n02099601', 'golden_retriever', 0.017613817)]]
```

[실행결과]를 보면 119쪽에서 ResNet 모델이 강아지 사진을 예측했던 결과(래브라도 리트리버 38.5%)보다 훨씬 더 강하게 예측(52.8%)하고 있음을 확인할 수 있습니다. 아주 훌륭하네요.

모바일 환경(경량) 모델 – MobileNet

지금까지 사용했던 DenseNet 모델들은 용량이 꽤 큽니다. 모델의 파라미터가 많다는 이야기입니다. 2장에서 살펴본 ResNet152 모델의 파라미터 총량이 230MB인데 비해 DenseNet201 모델의 파라미터 총량은 77MB로, ResNet152 모델의 1/3밖에 되지 않지만 성능은 결코 뒤지지 않죠. 하지만 77MB도 적지 않은 용량입니다.

합성곱 신경망은 파라미터의 개수가 작을수록 실행 속도가 더 빠르고, 시스템 자원도 덜 소모합니다. 동일한 성능을 내는 CNN 모델이라면 파라미터 개수가 적은 것이 좋겠죠. 만약 어떤 마켓에서 키오스크로 물건을 주문하는 시스템을 기획한다면 어떨까요? 이러한 임베디드 시스템은 컴퓨팅 성능이 낮기 때문에 모델의 용량을 최대한으로 줄여야 합니다. 그럼 DenseNet201 모델이 그러했던 것처럼 성능은 크게 뒤지지 않으면서 용량은 더 작은 모델이 있을까요?

네, 있습니다. 바로 지금 우리가 살펴볼 **MobileNet**[2]입니다. MobileNet은 핵심 구성 요소인 깊이별 합성곱층이라는 방식으로 용량 문제를 해결했습니다. 일반 합성곱의 경우에는 모든 채널을 동시에 처리하는 필터를 적용하여 각 채널 간의 상호작용을 만들어 내는 반면, **깊이별 합성곱**depthwise convolution은 각 채널마다 합성곱이 따로 따로 수행되는 필터를 사용하여 각 채널의 특성을 독립적으로 추출합니다. 별도의 필터와 단순한 연산, 각 채널의 독립적 처리를 통해 메모리와 처리 성능이 제한적이 환경에서 높은 성능을 발휘하는 것이죠. 일반 합성곱과 깊이별 합성곱의 차이는 다음 그림을 통해 잘 이해할 수 있습니다.

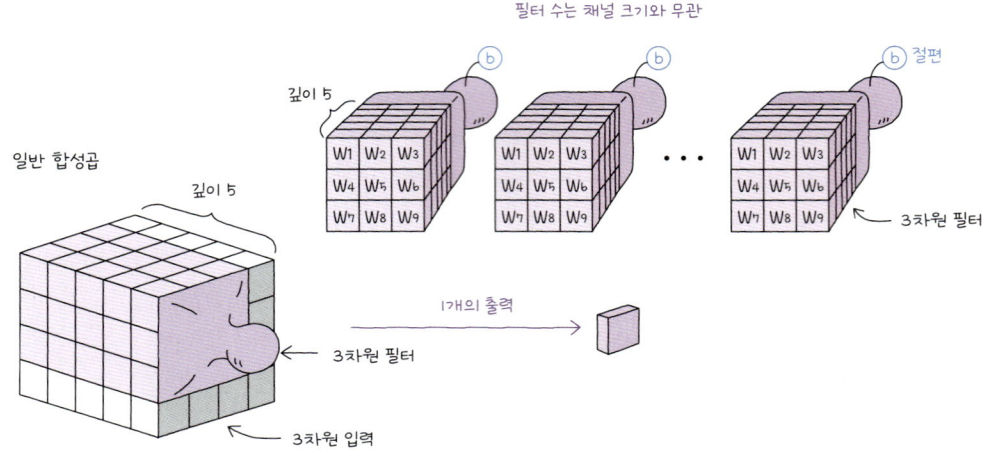

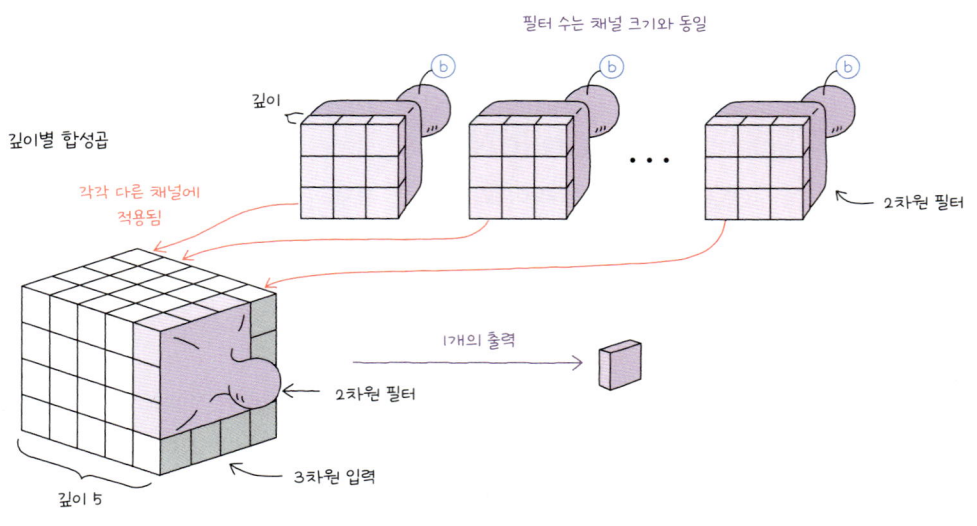

[2] Andrew G. Howard 등. MobileNets: Efficient Convolutional Neural Networks for Mobile Vision Applications(2017).

그림에서 일반 합성곱은 입력의 채널 개수와 필터의 깊이가 같습니다. 그래서 전체 채널에 대해 입력과 필터를 곱하여 하나의 출력을 만듭니다. 따라서 입력의 채널 개수는 출력의 채널 개수에 영향을 미치지 못하고, 필터의 개수가 출력의 채널 개수를 결정합니다.

이에 반해 깊이별 합성곱은 필터의 깊이가 1이고, 각 필터가 서로 다른 채널에 적용됩니다. 따라서 입력 채널의 개수가 곧 출력 채널의 개수가 됩니다. 필터의 개수는 자동으로 입력의 채널 개수와 동일하므로 따로 지정할 필요가 없습니다.

깊이별 합성곱은 채널별로 정보를 분리할 수 있다고 가정한 것입니다. 이렇게 하면 필터의 파라미터 수는 크게 줄어들고, 계산의 효율성은 높아집니다. 사실 깊이별 합성곱은 **Xception**[3] 모델에서 처음 도입되었는데요. 이 모델은 케라스를 만든 프랑소아 숄레가 만든 것으로도 유명합니다.

note Xception(Extreme Inception) 모델은 Inception 모델의 개선판으로, Inception 모델은 123쪽 2장 [미니 프로젝트]에서 소개했었습니다.

케라스에서는 깊이별 합성곱층을 `DepthwiseConv2D` 클래스로 제공합니다. 이 클래스는 `Conv2D`와 사용법이 매우 비슷하지만, 입력의 채널 개수와 필터 개수가 동일하기 때문에 필터 개수를 지정하는 매개변수가 없고 커널의 너비와 높이만 지정합니다. 그럼 케라스의 깊이별 합성곱층을 사용해 MobileNet 모델의 구조를 파악해 보겠습니다.

여기서 잠깐 **DepthwiseConv2D 클래스에 있는 depth_multiplier 매개변수**

DepthwiseConv2D 클래스의 depth_multiplier 매개변수는 입력이 각 채널에 적용할 필터의 개수를 말합니다. 이 매개변수의 기본값은 1로, 즉 채널마다 기본적으로 하나의 필터를 적용합니다. 하지만 depth_multiplier를 2로 지정하면 입력 채널마다 두 개의 필터를 적용해 결국 출력 특성 맵의 채널 수가 입력 채널 수의 두 배가 됩니다. 그러나 MobileNet 모델에서는 depth_multiplier 매개변수를 사용하지 않으므로 크게 신경 쓰지 않아도 됩니다.

MobileNet 모델 준비하기

MobileNet 모델은 **깊이별 분리 합성곱 블록**depthwise separable convolution block (또는 **깊이별 분리 합성곱 층**depthwise separable convolution layer)을 반복적으로 쌓아서 구성됩니다. 깊이별 분리 합성곱 블록은 앞에서 소개한 깊이별 합성곱과 일반 합성곱, 배치 정규화, 렐루 활성화 함수로 구성되어 있는데요. 역시 그림을 통해 블록의 전체 구성을 자세히 확인해 보겠습니다.

---

[3] François Chollet. Xception: Deep Learning with Depthwise Separable Convolutions(2016).

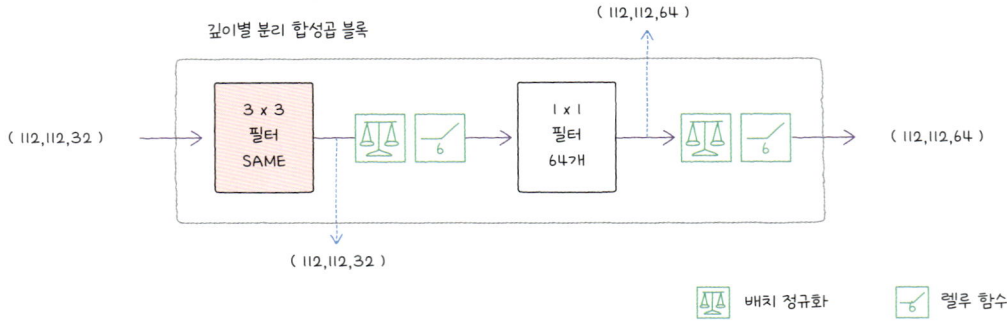

그림은 MobileNet의 첫 번째 깊이별 분리 합성곱 블록을 나타냅니다. 이 블록은 다음과 같이 깊이별 합성곱과 **점별 합성곱**pointwise convolution, 두 개의 층으로 이루어져 있습니다.

- **깊이별 합성곱층:** 그림에서 빨간색으로 표시되어 있는 깊이별 합성곱층에서는 각 입력 채널에 독립적으로 필터를 적용해 이미지의 공간 정보를 학습합니다. 이 단계에서는 채널 간 연산이 일어나지 않아 계산량이 크게 줄어듭니다.
- **점별 합성곱층:** 1×1 합성곱을 수행하고 배치 정규화층과 렐루 활성화 함수를 거쳐서 각 채널 간의 정보를 결합합니다. 이를 통해 최종 출력을 생성합니다. 점별 합성곱층에서 사용되는 필터 개수는 처음 64개에서 신경망이 깊어질수록 점차 늘어나게 됩니다.

깊이별 합성곱층에서는 입력 채널 개수와 동일한 필터가 만들어지므로 필터 크기 외에 별도의 필터 개수를 명시하지 않습니다. MobileNet의 깊이별 합성곱층은 모두 3×3 크기 필터와 same 패딩을 사용합니다. 즉 출력의 너비와 높이가 입력과 동일하다는 것입니다. 깊이별 합성곱층은 입력 채널에 필터를 하나씩 적용하므로 출력 채널 개수가 입력과 동일합니다.

그 다음으로는 배치 정규화층과 렐루 활성화 함수를 통과해 점별 합성곱층이 이어지는데요. 렐루 활성화 함수의 최댓값을 6으로 제한하는 ReLU6를 사용합니다. 이 렐루 함수는 다음의 그래프처럼 음수를 모두 0으로, 6보다 큰 값을 모두 6으로 만들어 활성화 값이 너무 커지지 않도록 합니다. 계산량을 줄이고 그레이디언트가 커지는 것을 막으면 모델의 훈련을 안정화하는 데 도움이 되기 때문입니다.

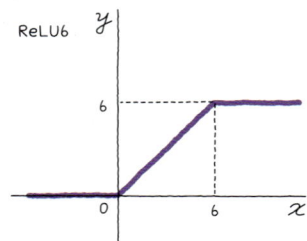

앞서 깊이별 분리 합성곱 블록을 나타낸 그림에서 입력 (112, 112, 32)와 출력 (112, 112, 64)를 보면 특성 맵의 너비와 높이가 변하지 않은 것을 볼 수 있습니다. 신경망이 깊어질수록 특성 맵의 너비와 높이를 줄이기 위해서는 깊이별 합성곱층의 스트라이드를 2로 설정하고, 패딩 옵션을 valid로 지정하는 깊이별 분리 합성곱 블록이 필요합니다. 이 블록은 다음과 같은 그림으로 나타낼 수 있습니다.

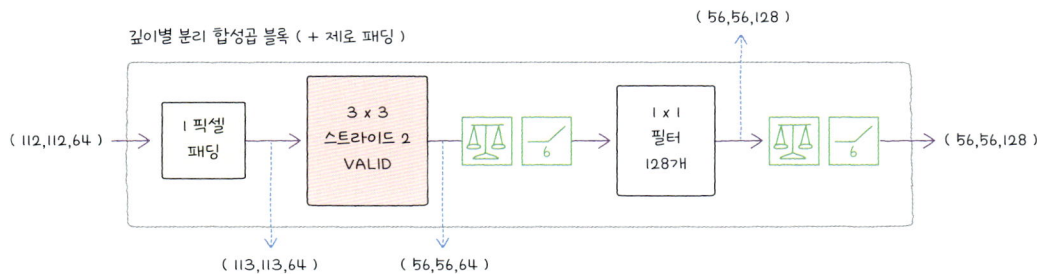

빨간색으로 표시된 깊이별 합성곱층의 필터가 3×3이기 때문에 112×112 크기를 절반(56×56)으로 줄이기 위해서는 1 픽셀을 추가하여 113×113으로 만들어야 합니다. 출력 크기는 valid 패딩일 경우, 다음과 같은 공식으로 계산할 수 있습니다.

```
output_size = (input_size - kernel_size) // stride_size + 1
```

note 이 공식은 85쪽에서 Alexnet 모델의 첫 번째 합성곱층의 출력 크기를 계산할 때도 사용했었습니다.

패딩을 추가한 다음에는 스트라이드를 2, valid 패딩을 사용해 입력의 너비와 높이를 절반으로 줄입니다. 그 다음으로 이어지는 층들은 그림과 동일하지만, 1×1 합성곱의 필터 개수가 128개로 늘어났습니다.

그럼 이제 깊이별 분리 합성곱 블록을 직접 구현해 볼 차례입니다. 두 버전의 깊이별 분리 합성곱 블록을 따로 만들지 않고 하나의 함수에서 스트라이드 매개변수에 따라 패딩을 추가할 수 있도록 만들어 보죠. [03-1.ipynb] 노트 하단에 다음과 같이 코드를 작성합니다.

따라 하며 배우는 코딩

깊이별 분리 합성곱 블록 만들기 소스 코드 03-1.ipynb

```
01  def depthwise_separable_block(inputs, filters, strides=1):
02      if strides == 1:
03          x = inputs
04      else:
```

```
05            x = layers.ZeroPadding2D(padding=((0, 1), (0, 1)))(inputs)
06
07     x = layers.DepthwiseConv2D(3, padding='same' if strides == 1 else 'valid',
08                                strides=strides, use_bias=False)(x)
09     x = layers.BatchNormalization(epsilon=1e-5)(x)
10     x = layers.ReLU(max_value=6.0)(x)
11     x = layers.Conv2D(filters, 1, padding='same', use_bias=False)(x)
12     x = layers.BatchNormalization(epsilon=1e-5)(x)
13     x = layers.ReLU(max_value=6.0)(x)
14     return x
```

01 깊이별 분리 합성곱 블록을 구성하기 위한 매개변수와 함께 depthwise_separable_block() 함수를 정의합니다.
04~05 stride 매개변수가 1이 아니면 입력의 크기를 조정하기 위해 위아래와 왼쪽, 오른쪽 부분에 1 픽셀을 추가(제로 패딩)합니다.
07~08 깊이별 합성곱층을 구성합니다. 필터 크기는 3×3이고 패딩은 stride가 1일 때 'same', 그 외에는 'valid'로 지정합니다. 조건에 따라 stride 매개변수 값을 바꾸기 위해 인라인(inline) if 절을 사용합니다.
09~10 배치 정규화층과 렐루 활성화 함수를 구성합니다. ReLU6를 적용하기 위해 Activation 클래스 대신 ReLU 클래스를 사용하여 최댓값을 6.0으로 지정합니다. max_value의 기본값은 None으로, 최댓값을 제한하지 않습니다.
11 1×1 크기 필터를 사용하는 점별 합성곱층을 구성합니다. 필터 개수는 filters 매개변수에 의해 결정됩니다. 점별 합성곱층과 깊이별 합성곱층 모두 배치 정규화 다음에 구성되기 때문에 use_bias를 False로 설정할 수 있습니다.
12~13 다시 이전과 동일한 배치 정규화층과 렐루 활성화 함수를 적용합니다.

ZeroPadding2D 클래스의 padding 매개변수에 패딩을 지정하는 방법은 세 가지입니다.

- **정수 하나를 지정하는 경우:** padding=2처럼 하나의 정수를 지정하면 입력 텐서의 둘레에 동일한 양의 패딩을 추가합니다.
- **정수의 튜플을 지정하는 경우:** padding=(1,2)처럼 정수의 튜플을 지정하면 입력의 위아래 1 픽셀, 좌우 2 픽셀을 추가합니다.
- **튜플의 튜플을 지정하는 경우:** padding=((0, 1), (0, 1))처럼 튜플의 튜플을 지정하면 순서대로 입력의 위아래와 좌우 패딩을 각기 다르게 지정할 수 있습니다. 이 코드는 위에 0 픽셀, 아래에 1 픽셀, 왼쪽에 0 픽셀, 오른쪽에 1 픽셀을 추가합니다.

조금 복잡하지만 깊이별 분리 합성곱 블록을 잘 구현해 봤습니다. 이제 전체 MobileNet 모델을 구현해 보고, 사전 훈련된 모델을 로드하여 강아지 사진을 분류할 때의 성능을 확인해 보겠습니다.

> **여기서 잠깐** 커널 크기가 1이면 'same' 패딩과 'valid' 패딩이 동일하지 않나요?
>
> 맞습니다. 커널 크기가 1이면 padding 매개변수에 상관없이 출력 특성 맵의 높이와 너비가 입력과 동일합니다. 하지만 이 책에서는 코드를 보고 특성 맵의 크기를 한눈에 알아보기 쉽도록 커널 크기가 1일 때도 종종 padding을 'same'으로 지정하겠습니다.

MobileNet 모델 만들기

MobileNet도 이전 모델들과 마찬가지로 다음과 같이 입력을 정의하는 것을 시작으로 전체 모델을 구현할 수 있습니다.

01 Input( ) 함수를 사용해 MobileNet 모델에 들어갈 입력을 정의합니다.

```
01  inputs = layers.Input(shape=(224, 224, 3))
```

02 3×3 크기의 필터 32개를 사용하는 합성곱층을 적용합니다. 스트라이드로 2를 사용하기 때문에 특성 맵의 너비와 높이가 절반으로 줄어듭니다. 이어서 배치 정규화층과 ReLU6 함수를 통과합니다.

```
01  x = layers.Conv2D(32, 3, padding='same', strides=2, use_bias=False)(inputs)
02  x = layers.BatchNormalization(epsilon=1e-5)(x)
03  x = layers.ReLU(max_value=6.0)(x)
```

03 본격적으로 깊이별 분리 합성곱 블록이 등장합니다. for 반복문을 사용해 두 개의 블록이 짝을 이루어 세 번 연속되도록 구성합니다. 첫 번째 블록은 스트라이드를 1로 수행하고 두 번째 블록은 필터를 두 배로 증가, 스트라이드를 2로 설정하여 특성 맵의 너비와 높이를 줄입니다. 이 과정을 통해 필터 개수는 64 → 128 → 256으로 점점 늘어나고, 특성 맵의 너비와 높이는 112에서 56 → 28 → 14로 점점 줄어들게 됩니다. 결국 반복문이 모두 수행되면 특성 맵의 크기는 (14, 14, 512)가 됩니다.

```
01  for filters in (64, 128, 256):
02      x = depthwise_separable_block(x, filters)
03      x = depthwise_separable_block(x, filters*2, strides=2)
```

04 512개의 필터를 사용하는 깊이별 분리 합성곱 블록을 for 반복문으로 다섯 번 반복합니다. 스트라이드는 기본값인 1을 사용하므로 특성 맵의 크기가 바뀌지 않습니다. 반복문 다음으로는 스트라이드가 2이고 필터 개수가 1024인 깊이별 분리 합성곱 블록과 스트라이드가 1이고 필터 개수가 1024인 깊이별 분리 합성곱 블록을 수행합니다. 이렇게 특성 맵의 너비와 높이는 한 번 더 줄어들어 (7, 7, 1024)가 됩니다.

```
01  for _ in range(5):
02      x = depthwise_separable_block(x, 512)
03  x = depthwise_separable_block(x, 1024, strides=2)
04  x = depthwise_separable_block(x, 1024)
```

05 마지막으로 전역 평균 풀링을 적용합니다. 이때 keepdims 매개변수를 True로 지정하여 특성 맵의 차원을 유지합니다. 이어서 합성곱 연산을 적용하기 때문에 높이와 너비 차원을 유지시켜 특성 맵의 크기를 (1024,)가 아니라 (1, 1, 1024)가 되도록 합니다.

```
01  x = layers.GlobalAveragePooling2D(keepdims=True)(x)
```

06 작은 비율의 드롭아웃을 적용한 다음 합성곱 신경망을 통과시켜 특성 맵의 차원을 (1, 1, 1000)으로 만듭니다. 끝으로 Reshape층으로 특성 맵의 차원을 (1000,)으로 바꾸고, 소프트맥스 활성화 함수를 통과시켜 1,000개 클래스에 대한 확률을 출력합니다.

```
01  x = layers.Dropout(0.001)(x)
02  x = layers.Conv2D(1000, 1, padding='same')(x)
03  x = layers.Reshape((1000,))(x)
04  outputs = layers.Activation('softmax')(x)
```

07 이제 입력과 최종 출력이 준비되었으니 MobileNet 모델을 만들 수 있습니다. 이 모델의 summary() 메서드를 호출해 모델의 구조를 자세히 살펴봅시다.

```
01  model = keras.Model(inputs, outputs)
02
03  model.summary()
```

> 실행결과

Model: "functional_1"

Layer (type)	Output Shape	Param #
input_layer (InputLayer)	(None, 224, 224, 3)	0
conv2d (Conv2D)	(None, 112, 112, 32)	864
batch_normalization (BatchNormalization)	(None, 112, 112, 32)	128
re_lu (ReLU)	(None, 112, 112, 32)	0
depthwise_conv2d (DepthwiseConv2D)	(None, 112, 112, 32)	288
batch_normalization_1 (BatchNormalization)	(None, 112, 112, 32)	128
re_lu_1 (ReLU)	(None, 112, 112, 32)	0
conv2d_1 (Conv2D)	(None, 112, 112, 64)	2,048
batch_normalization_2 (BatchNormalization)	(None, 112, 112, 64)	256
... (중략) ...		
reshape (Reshape)	(None, 1000)	0
activation (Activation)	(None, 1000)	0

Total params: 4,253,864 (16.23 MB)
Trainable params: 4,231,976 (16.14 MB)
Non-trainable params: 21,888 (85.50 KB)

이번에도 [실행결과]를 다 살펴보지는 않았지만, 긴 출력 결과의 하단을 보면 MobileNet 모델의 파라미터 개수가 약 4백만 개, 16MB 정도인 것을 확인할 수 있습니다. 이전에 살펴본 DensNet 모델의 용량(30.44MB)에 비하면 매우 경량이군요. 이번에도 그림으로 표현한 MobileNet 모델의 전체 구조와 [실행결과]를 비교하면서 텐서의 크기가 어떻게 변해 가는지 추적해 보세요.

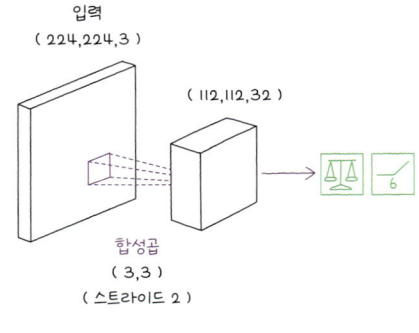
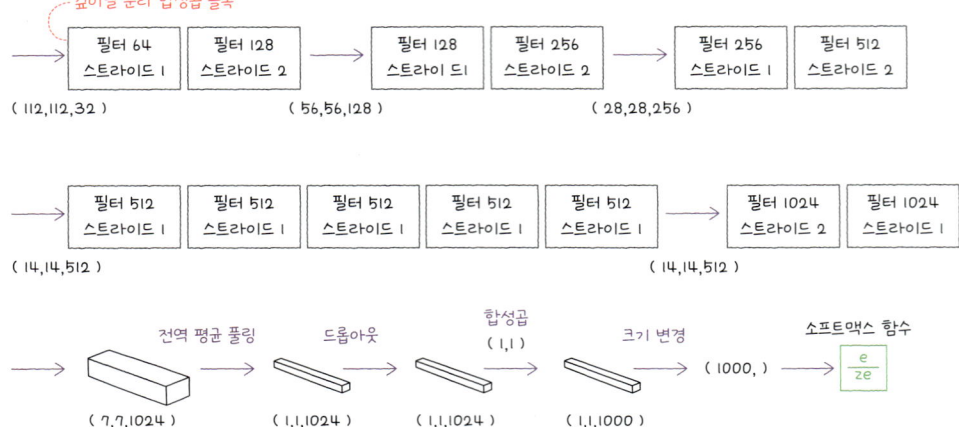

MobileNet 모델로 강아지 사진 분류하기

한 가지 더 확인할 것이 있습니다. 이런 경량 모델이 정말 좋은 성능을 낼 수 있을까요? 이를 확인하기 위해 케라스에 내장된 모델을 로드하여 MobileNet 모델로 강아지 사진을 분류해 보겠습니다. 이미 구글 드라이브에서 샘플 이미지를 다운로드해 읽어 들인 상태이므로 바로 강아지 이미지를 전처리하는 것부터 시작해 보겠습니다. MobileNet 모델의 전처리는 입력 값을 127.5로 나누고, −1을 빼서 0~1 사이의 값으로 만드는 것입니다. 다음과 같이 강아지 이미지를 전처리하고 MobileNet 함수로 모델 객체를 만든 다음 예측을 수행합니다.

> 이제 케라스에 내장된 모델을 로드하고, 입력을 전처리한 다음 예측을 수행하는 일련의 과정이 꽤나 익숙해졌을 것입니다.

따라 하며 배우는 코딩
MobileNet 모델로 예측하기 소스 코드 03-1.ipynb

```
01  from keras.applications import mobilenet
02
```

```
03  mobile_prep_dog = mobilenet.preprocess_input(dog_png)
04  model = keras.applications.MobileNet()
05  predictions = model.predict(mobile_prep_dog[np.newaxis,:])
06  mobilenet.decode_predictions(predictions)
```

03 keras.applicaitons.densenet 모듈 아래에 있는 preprocess_input( ) 함수를 사용해 이미지를 전처리합니다.
05 model.predict( ) 메서드에 mobile_prep_dog를 전달해 예측 결과를 만듭니다.

> 실행결과
> ```
> [[('n02099712', 'Labrador_retriever', 0.4090401),
>   ('n02104029', 'kuvasz', 0.1895473),
>   ('n02110341', 'dalmatian', 0.14881541),
>   ('n02111500', 'Great_Pyrenees', 0.04276232),
>   ('n02099601', 'golden_retriever', 0.027608035)]]
> ```

MobileNet 모델의 [실행결과]를 보니 강아지 사진을 '래브라도 리트리버'라고 높은 확률(40.9%)로 예측하고 있습니다. DenseNet201 모델의 1/5에 지나지 않는 파라미터 용량으로 크게 뒤지지 않는 성능을 보여주는군요. 이러한 MobileNet 모델의 효율성은 모두 깊이별 합성곱 덕분입니다.

> **여기서 잠깐** **MobileNet 모델의 버전**
>
> MobileNet은 이후 MobileNetV2[4]와 MobileNetV3[5] 버전을 발표했습니다. 이 모델들은 **역 잔차 블록**(inverted residual block)이라는 새로운 구조를 사용했는데요. ResNet 모델에서 도입했던 잔차 블록의 개념을 역으로 적용한 것으로, 모델 연산의 효율성을 높이는 동시에 성능 유지에도 중요한 역할을 합니다. 특히 역 잔차 블록에서는 두 단계로 구성된 깊이별 분리 합성곱이 특성의 깊이 차원에서 효율적으로 정보를 처리하는 데 도움을 줍니다.

다음 2절에서 살펴볼 EfficientNet의 역 잔차 블록은 MobileNetV3의 역 잔차 블록과 비슷하지만, 새로운 스위시 활성화 함수를 도입한 것이 특징입니다. EfficientNet은 모델의 정확성을 높이기 위해 네트워크의 크기를 키우거나 연산의 용량을 늘려야 하는 한계를 극복하는 컴퓨팅 자원의 효율적 사용에 집중했습니다. 효율성과 성능의 균형을 혁신적으로 개선한 모델로 주목받았죠. 이번에는 EfficientNet이 어떤 모델인지 알아봅시다.

---

[4] Mark Sandler 등. MobileNetV2: Inverted Residuals and Linear Bottlenecks(2018).
[5] Andrew Howard 등. Searching for MobileNetV3(2019).

마무리

1절에서는 컴퓨터 비전 분야에서 높은 성능을 내는 두 종류의 신경망에 대해 배웠습니다. DenseNet은 ResNet의 잔차 블록을 확장한 밀집 블록을 주요 구성 요소로 사용합니다. 비교적 단순한 구조를 유지하면서 밀집 블록을 반복적으로 쌓아 성능을 높이죠. MobileNet은 DenseNet보다 훨씬 적은 모델 파라미터로 높은 성능을 달성하기 때문에 컴퓨팅 자원이 제한적인 모바일 환경에 적합합니다. 이를 위해 전통적인 합성곱층 대신, Xception 모델에서 제안한 깊이별 합성곱을 사용함으로써 모델의 용량을 크게 줄였습니다. 최신 CNN 모델은 성능이 좋지만 일반적으로 용량도 크기 때문에 이런 모델을 사용해 예측 서비스를 운영하려면 비용이 많이 들 수 있습니다. 하지만 비교적 파라미터 개수가 적은 MobileNet으로는 비용 걱정을 조금 덜 수 있을 것 같군요.

▶ 키워드로 정리하는 핵심 포인트

- **DenseNet**은 잔차 연결을 사용한 밀집 블록과 특성 맵의 크기를 줄이는 전환 블록을 반복적으로 쌓아 구성합니다. 밀집 블록의 잔차 연결은 입력과 출력을 더하는 것이 아니라 연결하는 것이 특징입니다. 이로 인해 앞쪽에 있는 밀집 블록의 출력을 뒤쪽의 밀집 블록으로 모두 전달할 수 있습니다. 기본적인 DenseNet은 밀집 블록을 각각 6개, 12개, 24개, 16개를 쌓으며, 그 사이에 전환 블록을 놓습니다.

- **MobileNet**은 모바일 환경에 적합하도록 고안된 신경망입니다. 모델의 파라미터 개수를 줄이기 위해 일반 합성곱 대신 깊이별 합성곱을 사용하고, 특성 맵의 깊이를 늘리기 위해 점별 합성곱을 사용합니다. 이를 깊이별 분리 합성곱 블록이라 부릅니다. 버전 2에서는 이를 확장한 역 잔차 블록을 사용하며, 버전 3에서는 역 잔차 블록에 SE 블록을 추가하여 성능을 높였습니다. 역 잔차 블록과 SE 블록에 대해서는 다음 절에서 자세히 설명합니다.

- **깊이별 합성곱층**은 케라스를 만든 프랑소와 숄레가 Xception 모델에서 처음 소개한 층입니다. 깊이별 합성곱층은 입력 채널마다 서로 다른 합성곱 필터가 적용되기 때문에 깊이가 1이며, 필터 개수는 입력 채널의 개수에 따라 자동으로 결정됩니다. 깊이별 합성곱층은 이러한 특징 덕분에 일반적인 합성곱층보다 모델의 파라미터 개수를 크게 줄였습니다.

03-2 이미지 분류 모델의 성능 최적화하기

EfficientNet은 모바일이나 IoT처럼 제한된 자원 환경에서도 뛰어난 성능을 낼 수 있어 다양한 응용의 가능성을 넓혔습니다. 효율적인 구조 설계의 중요성을 입증한 모델이죠. 이름마저 'Efficient'Net입니다!

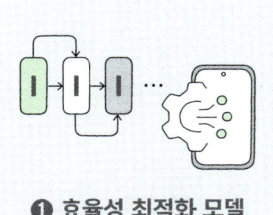
❶ 효율성 최적화 모델

❷ 성능 최적화 모델

❸ 전이 학습

시작하기 전에

경쟁사에서 도입한 EfficientNet을 조사해 보니 컴퓨팅 비용의 효율성이 높고 성능이 우수해 컴퓨터 비전 분야에서 널리 사용되고 있다고 합니다. 4장에서 배울 트랜스포머 기반 모델을 제외하면 순수한 CNN 기반 모델 중에서는 단연 이미지 분류에서 가장 높은 성능을 내는 모델입니다.

EfficientNet은 비교적 복잡하지만 다행히 1절에서 살펴봤던 MobileNet과 깊은 관련이 있습니다. 두 모델 모두 구글 브레인 Google Brain 팀에서 만든 모델로, EfficientNet이 MobileNetV2와 MobileNetV3에서 제안한 역 잔차 블록을 약간 개선하여 사용하기 때문입니다.

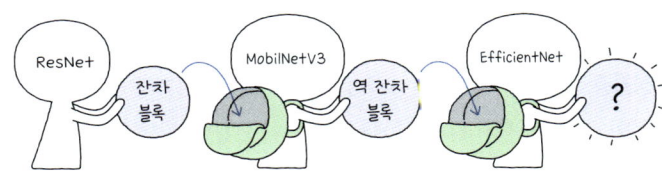

MobileNetV2와 MobileNetV3, EfficientNet까지 모두 역 잔차 블록을 사용한다니, 이 블록이 매우 중요한 역할을 하는 것 같습니다. 역 잔차 블록이 무엇인지부터 알아보는 것이 순서일 것 같군요.

가장 높은 성능을 내는 모델 – EfficientNet

ResNet 모델의 잔차 블록은 1×1 합성곱층으로 입력의 채널을 압축한 다음, 3×3 합성곱을 수행하고 다시 1×1 합성곱으로 채널을 팽창시킵니다. 즉, 잔차 블록이 압축 → 팽창의 순서를 거친다면 역 잔차 블록은 반대로 팽창 → 압축의 순서를 거칩니다. 그래서 이름이 역 잔차 블록인 것인데요.

입력의 채널을 1×1 합성곱으로 채널을 팽창시킨다고 가정하고 역 잔차 블록에 대해 알아보겠습니다. 팽창된 특성 맵에 일반 합성곱을 적용하면 파라미터의 개수가 크게 증가하게 됩니다. 이때 도움이 되는 것이 깊이별 분리 합성곱입니다. 각 채널별로 분리하여 3×3 합성곱을 수행하기 때문에 팽창된 특성 맵을 처리하는 데 부담이 없습니다. 그림으로 살펴보죠.

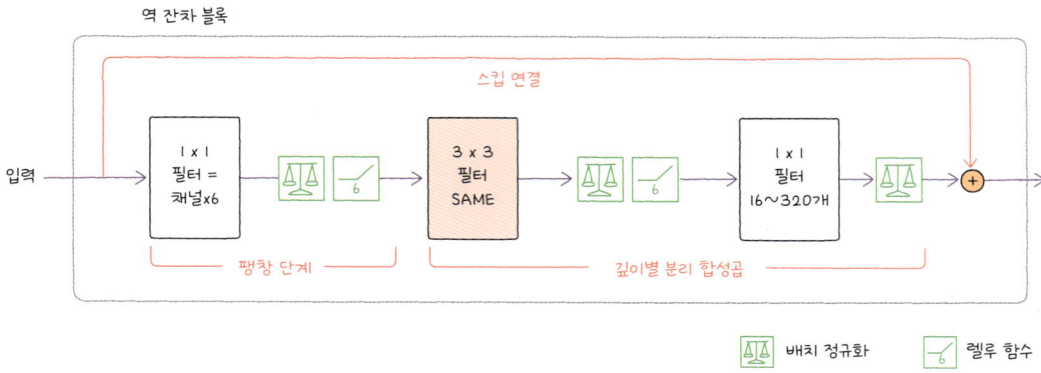

이 블록이 바로 MobileNetV2에서 사용된 역 잔차 블록입니다. 이 블록의 각 층은 다음과 같은 형태를 가집니다.

- **첫 번째 1×1 합성곱층:** 이 부분이 팽창 단계에 해당합니다. 필터 개수를 입력 채널의 6배로 설정하는데요. MobileNetV2에 맨 처음 등장하는 한 개의 블록을 제외하고, 모두 채널을 이렇게 6배로 늘립니다.
- **깊이별 분리 합성곱층:** 빨간색으로 표시한 깊이별 합성곱이 등장합니다. 이 깊이별 분리 합성곱층 다음에는 배치 정규화와 ReLU6 함수가 으레 따라옵니다.
- **두 번째 1×1 합성곱층:** 이어서 등장하는 1×1 합성곱의 필터 개수를 늘려 신경망이 깊어질수록 16개에서 320개까지 늘어납니다. 여기에서 처음 확장했던 채널의 개수를 다시 낮춰 연산량을 감소시킵니다. 이 부분이 압축 단계에 해당합니다. 마지막 1×1 합성곱 다음에는 ReLU6 함수를 사용하지 않습니다. 이를 **선형 병목** linear bottleneck 이라고 부릅니다.

MobileNetV2 논문의 발표자들은 마지막 렐루 함수가 오히려 신경망의 성능을 떨어뜨린다는 것을 관찰했습니다. 특성 맵에 있는 중요한 정보가 렐루 함수를 통과하면서 유지된다면(양수 부분에 있다면) 렐루 함수를 제거해도 중요한 정보는 그대로 다음 층으로 전달될 수 있습니다. 또 역 잔차 블록은 마지막 렐루 함수가 없더라도 중간에 두 개의 ReLU6 함수가 있어 훈련에 필요한 비선형성이 충분한 것 같습니다.

잔차 블록은 블록의 입력과 출력을 더하는 스킵 연결로 끝납니다. 높이와 너비의 차원을 줄이기 위해 MobileNetV2의 두 번째 3×3 합성곱에서 스트라이드를 2로 설정하는 블록에서는 스킵 연결을 사용하지 않습니다. 하지만 스킵 연결을 사용하는 블록과 스킵 연결을 사용하지 않는 블록, 두 경우 모두 그냥 관례적으로 역 잔차 블록이라고 부릅니다. MobileNetV2는 이렇게 역 잔차 블록을 사용해 신경망의 파라미터 개수를 경량 모델인 MobileNet보다 더 줄였습니다. MobileNetV2의 파라미터는 약 350만 개로, 약 13M의 공간을 차지합니다. 다음 버전인 MobileNetV3에서는 역 잔차 블록에 **SE 블록**Squeeze and Exite block[6]을 추가했습니다.

SE 블록은 각 채널을 하나의 값으로 압축해 채널에 대한 가중치를 학습한 다음, 이 가중치를 다시 원본 채널에 곱하여 채널의 중요도를 조정하는 역할을 수행합니다. 가중치를 학습하여 중요도가 높은 채널은 더 강조하고, 상대적으로 그렇지 않은 채널은 억제하는 효과를 냅니다. SE 블록을 통해 모델의 연산량은 크게 늘지 않으면서 신경망의 성능을 향상할 수 있다는 사실이 밝혀지면서 여러 모델에 SE 블록이 도입되게 되었습니다. 이번에도 MobileNetV3의 역 잔차 블록에 SE 블록이 어떻게 추가되어 있는지 그림으로 살펴보겠습니다.

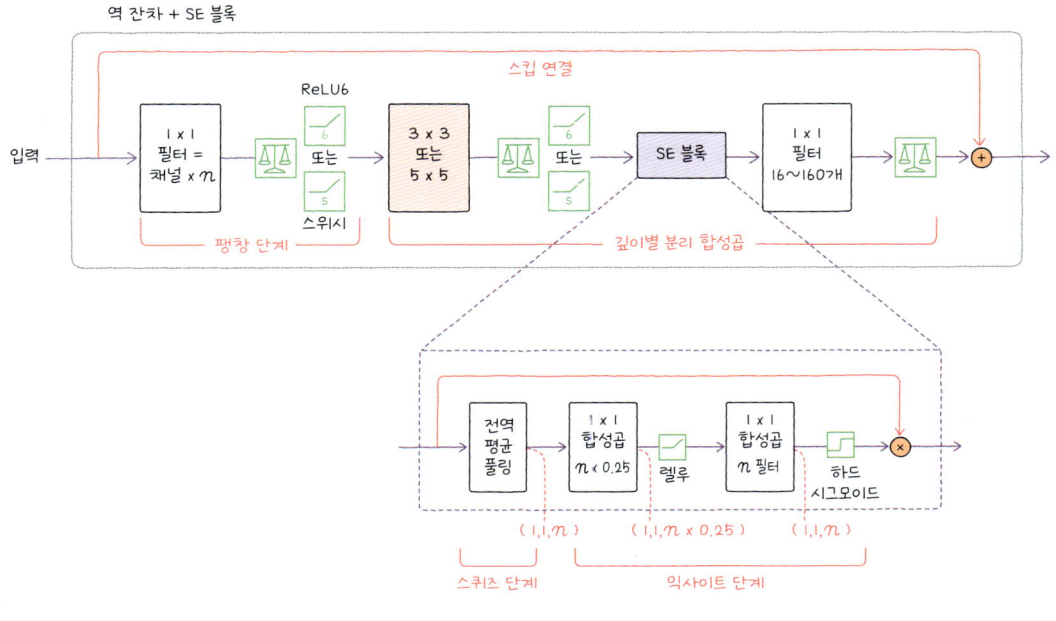

---

[6] Jie Hu 등. Squeeze-and-Excitation Networks(2017).

그림에서 볼 수 있듯이 SE 블록은 3×3 깊이별 합성곱과 1×1 점별 합성곱 사이에 추가됩니다. SE 블록은 크게 다음과 같은 두 단계로 이루어져 있습니다.

- **스퀴즈(squeeze) 단계:** 먼저 전역 평균 풀링을 적용하여 특성 맵의 각 채널을 하나의 값으로 압축합니다.
- **익사이트(excite) 단계:** 그 다음 두 개의 1×1 합성곱을 통과시켜 채널별 가중치를 학습합니다. 마지막에 이 가중치 값을 원본 입력에 곱하여 채널의 중요도를 조정합니다. 첫 번째 합성곱의 필터 개수는 입력 채널 개수 n에 SE 비율(0.25)을 곱해 채널 수를 줄인 다음, 두 번째 합성곱에서 원본 특성 맵의 채널 수로 복구하는 과정을 거칩니다.

그런데 익사이트 단계의 첫 번째 합성곱은 렐루 활성화 함수를 사용하고, 두 번째 합성곱은 **하드 시그모이드** hard sigmoid 함수를 사용합니다. MobileNetV3는 하드 시그모이드 외에도 **스위시** swish[7] 함수를 활성화 함수로 사용하는데요. 두 함수에 대해서는 잠시 후에 조금 더 자세히 알아보죠.

EfficientNet의 역 잔차 블록이 MobileNetV3와 조금 다른 점은 렐루 함수 대신 스위시 활성화 함수를 사용하고, 블록의 마지막 스킵 연결을 더하기 전에 드롭아웃층을 적용한다는 것인데요. 드롭아웃 비율은 0에서 시작해서 블록이 거듭할수록 0.2까지 증가합니다. 이 드롭아웃은 조금 특별합니다.

일반적으로 드롭아웃은 특성 맵에서 일부 값을 랜덤하게 제거하지만, 역 잔차 블록에서는 특성 맵의 전체 값을 제거합니다. 다시 말하면 역 잔차 블록의 출력 값을 20%의 확률로 모두 0으로 만듭니다. 이렇게 되면 스킵 연결로 전달된 입력이 그대로 역 잔차 블록의 출력이 되는 효과를 만들기 때문에 역 잔차 블록이 있으나 마나하게 된 셈이죠. 이를 **확률적 깊이** stochastic depth[8]라고 부르는데, 이는 층을 많이 쌓을수록 그레이디언트 소실로 신경망을 훈련하기가 어려워지는 문제를 완화시켜 줍니다. 다음 그림이 바로 SE 블록과 드롭아웃층까지 모두 나타낸 역 잔차 블록의 모습입니다.

---

[7] Prajit Ramachandran 등. Searching for Activation Functions(2017).
[8] Gao Huang 등. Deep Networks with Stochastic Depth(2016).

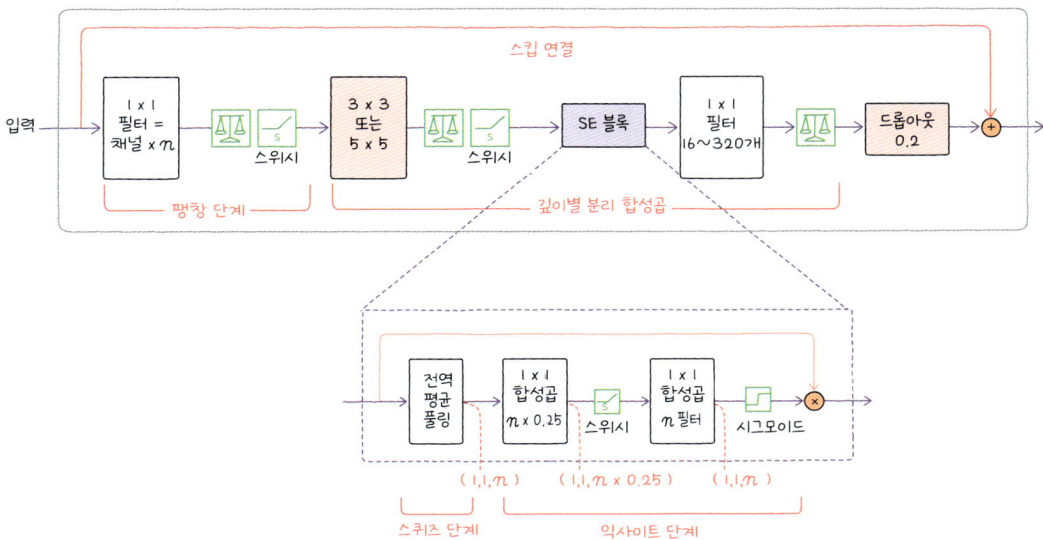

새로운 활성화 함수 – 스위시

MobileNetV3와 EfficientNet에 추가된 새로운 활성화 함수까지 이해하면 EfficientNet이 어떤 모델인지 제대로 이해할 수 있을 것입니다. MobileNetV3는 역 잔차 블록에서 ReLU6 함수 또는 스위시 함수를 사용하고, SE 블록에서 렐루 함수와 시그모이드 함수를 사용합니다. 하지만 EfficientNet은 SE 블록의 마지막 합성곱에만 시그모이드 함수를 사용하고, 그외에는 모두 스위시 함수를 사용합니다. **스위시 함수**swish function는 렐루와 비슷한 형태를 띠지만 렐루 함수보다 부드럽고 유연하게 입력값을 처리해 신경망의 성능 향상에 큰 도움이 된다고 알려져 있습니다. 다음에 제시된 스위시 함수의 수식을 살펴보면 더 이해가 쉬울 것입니다.

$$f(x) = x \cdot \sigma(x)$$

여기서 $\sigma(x)$는 시그모이드 함수를 나타냅니다. 이해를 돕기 위해 스위시 함수를 렐루 함수와 비교한 그래프를 한번 그려 보죠. 구글 코랩에서 노트명이 '03-2.ipynb'인 새 노트를 추가하고, 다음과 같이 작성해 실행합니다.

따라 하며 배우는 코딩

스위시 함수 그래프 그리기 소스 코드 03-2.ipynb

```
01  import numpy as np
02  import matplotlib.pyplot as plt
03  from scipy.special import expit
04
05  x = np.arange(-10, 10, 0.2)
06
07  plt.plot(x, x.clip(0), label='relu')
08  plt.plot(x, x * expit(x), label='swish')
09  plt.xlabel('x')
10  plt.ylabel('f(x)')
11  plt.legend()
12  plt.show()
```

05 x축에 대한 좌표 값을 만들기 위해 넘파이 arange() 함수로 -10~10에서 0.2 간격으로 실숫값을 생성합니다.
07~08 clip() 메서드와 expit() 함수를 사용해 y축 값을 만듭니다.

실행결과

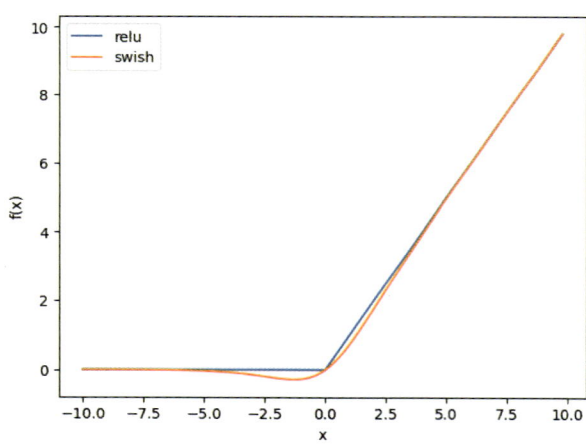

그래프에서 볼 수 있듯이 스위시 함수는 렐루 함수와 매우 비슷하기 때문에 렐루 함수를 쓰는 곳에 그대로 쓸 수 있습니다. 스위시 함수는 렐루처럼 음수를 0으로 만들지 않고 모든 지점에서 미분이 가능하며, 그레이디언트를 0으로 만들지 않기 때문에 **죽은 뉴런**dying neuron이 발생하지 않는다는 장점이 있습니다.

> **여기서 잠깐** **죽은 뉴런이란?**
>
> 어떤 유닛(뉴런)의 활성화 함수로 렐루 함수를 사용하는 경우를 가정해 봅시다. 렐루 함수는 훈련 세트에 있는 모든 샘플에 대해 활성화 함수의 입력이 음수이면 출력을 0으로 만들고, 그레이디언트도 0으로 만듭니다. 만약 특정 학습 과정에서 뉴런이 계속해서 음수 값을 받아 렐루 함수가 지속적으로 0을 출력하는 상태가 된다면 해당 뉴런의 가중치가 계속 갱신되지 않는(죽어버리는) 경우가 발생합니다. 경사하강법으로 모델을 훈련하지 못하는 것이죠. 바로 이런 경우를 '죽은 뉴런'이라고 표현합니다. 스위시 함수는 입력이 음수라 하더라도 출력이 완전히 0이 되지 않으므로 뉴런이 죽을 확률이 적습니다.

한편, MobileNetV3는 스위시 함수를 적용할 때 시그모이드 함수 대신에 계산이 조금 더 쉬운 하드 시그모이드 함수를 사용합니다. 하드 시그모이드 함수를 적용한 스위시 함수는 **하드 스위시 함수**hard swish function라고 부릅니다. 하드 시그모이드 함수는 다음과 같은 수식으로 나타낼 수 있습니다.

$$f(x) = \frac{ReLU6(x+3)}{6}$$

MobileNet 모델에서 봤던 ReLU6 그래프를 왼쪽으로 3만큼 이동시키고 출력을 1/6로 줄인 것이죠. 하드 시그모이드 함수를 그래프로 그려 보면 시그모이드 함수와 매우 비슷한 것을 알 수 있습니다. 시그모이드 함수의 부드러운 곡선을 간단한 직선으로 바꾼 것 같군요.

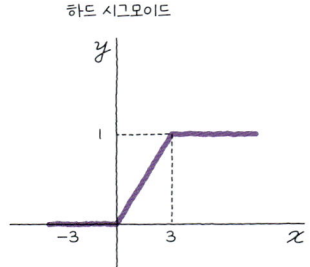
하드 시그모이드

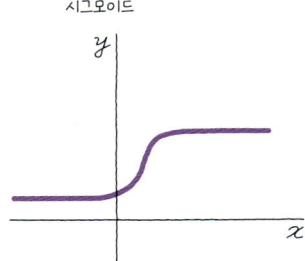
시그모이드

하드 시그모이드에 사용되는 ReLU6는 넘파이 `minimum()` 메서드와 `maximum()` 메서드를 사용해 간단히 구현할 수 있습니다. 이번에는 두 함수를 사용해 스위시 함수와 하드 스위시 함수를 그래프로 그려 보겠습니다.

> **따라 하며 배우는 코딩**
>
> 하드 스위시 함수 그래프 그리기　　소스 코드　03-2.ipynb

```
01  def relu6(x):
02      return np.minimum(np.maximum(x, 0), 6)
03
04  x = np.arange(-10, 10, 0.2)
05
06  plt.plot(x, x * expit(x), label='swish')
07  plt.plot(x, x * relu6(x+3)/6, label='hard-swish')
08  plt.xlabel('x')
09  plt.ylabel('f(x)')
10  plt.legend()
11  plt.show()
```

실행결과

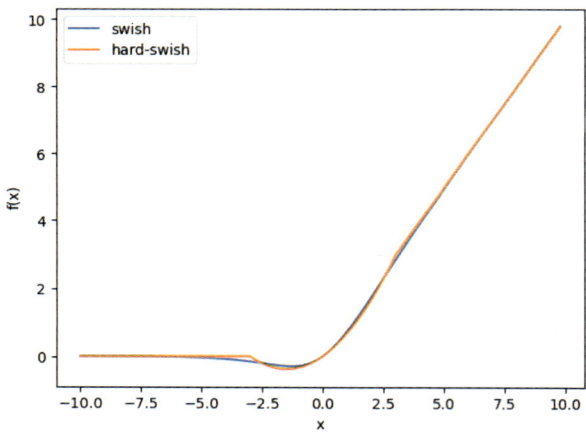

하드 스위시 함수는 스위시 함수만큼 부드럽지는 않지만 스위시 함수와 거의 비슷한 형태를 띱니다. 스위시 함수 대신에 하드 스위시를 사용하는 이유는 계산이 간단하기 때문입니다. 같은 이유로 MobileNetV3 모델은 시그모이드 함수를 사용하는 곳에 하드 시그모이드 함수를 사용합니다.

활성화 함수를 비롯해 MobileNetV3와 EfficientNet 모델은 이전 모델처럼 블록을 단순하고 규칙적인 방식으로 반복하지 않습니다. 직관에 따라 모델의 크기를 늘리는 기존의 성능 개선 방식을 해결하기 위해 두 모델이 고안한 방법인 복합 스케일링에 대해 알아보겠습니다.

성능과 효율을 동시에 잡는 방법 – 복합 스케일링

주어진 문제에 맞는 최적의 신경망 모델(머신러닝)을 만들기 위해서는 데이터 준비, 모델 선택, 전처리 등 여러 단계가 필요합니다. AutoML Automated Machine Learning은 이러한 과정들을 자동으로 수행하기 위한 기술을 말하는데요. MobileNetV3와 EfficientNet의 연구자들은 최적의 신경망 구조를 찾기 위해 AutoML을 사용했습니다. 두 모델에서 사용한 AutoML 방법을 간단히 살펴보죠.

MobileNetV3는 NAS Network Architecture Search 방법을 사용하여 전체적인 구조를 결정하고 NetAdapt[9] 알고리즘을 사용해 층의 필터 수를 찾았습니다. 이렇게 해서 네트워크의 크기가 큰 버전의 MobileNetV3-Large와 작은 버전의 MobileNetV3-Small을 만들었는데요. AutoML을 사용해 신경망 구조를 결정했기 때문에 이전 모델처럼 블록의 구조가 일관되지는 않습니다. 실제로 MobileNetV3는 3×3 합성곱과 5×5 합성곱을 섞어서 쓰며, 역 잔차 블록에서 SE 블록을 쓰는 경우와 그렇지 않은 경우도 있습니다. MobileNetV3-Large와 MobileNetV3-Small 모델은 케라스에서 `MobileNetV3Large()` 함수와 `MobileNetV3Small()` 함수로 제공되므로 간편하게 가져다 쓸 수 있습니다.

기존 모델에서는 모델의 성능을 높이기 위해 신경망의 층 수(깊이)를 늘리거나 특성 맵의 채널(너비)을 늘리고, 입력 이미지의 해상도를 높이는 방법을 주로 사용했는데요. 하지만 신경망의 깊이를 두 배로 늘리면 소요되는 연산량도 두 배로 늘어나고, 너비와 해상도를 두 배로 늘리면 연산량은 네 배로 늘어나게 되죠(즉, 제곱에 비례하여 늘어납니다).

> **여기서 잠깐** 너비(채널)를 늘리면 연산량이 왜 제곱으로 늘어나나요?
>
> 특성 맵의 채널 수를 늘리면 늘어난 채널을 입력으로 받을 때와 출력할 때 모두 연산량이 늘어나기 때문입니다. 예를 들어 3×3 필터 2개를 사용해 2개의 채널을 가진 특성 맵을 입력으로 받아 2개의 채널을 가진 특성 맵을 출력한다고 가정해 보죠. 이 층에 필요한 파라미터 수는 3×3×2×2 = 36개입니다. 또 입력과 출력의 채널 수를 3배로 늘려 6개라고 가정했을 때 필요한 파라미터 수는 3×3×6×6 = 324개로 9배가 늘어납니다. 입력의 해상도(너비와 높이)가 늘어나는 경우에는 면적이 제곱으로 늘어나기 때문에 연산량도 제곱으로 늘어납니다.

EfficientNet은 AutoML 기술을 사용해 작은 크기의 신경망을 만든 다음 깊이와 너비, 해상도, 이세 가지 요소를 복합적으로 늘려 신경망의 성능을 높이는 **복합 스케일링** compound scaling 방식을 처음으로 제안했습니다. 복합 스케일링에서는 다음과 같이 신경망의 구조를 늘려 필요한 연산량의 총합을 제한하는 방식으로 각 요소를 조정합니다(여기에서 $\alpha \cdot \beta^2 \cdot \gamma^2 \approx 2$).

---

[9] Tien-Ju Yang 등. NetAdapt: Platform-Aware Neural Network Adaptation for Mobile Applications(2018).

- **깊이:** 신경망의 층 수를 늘려 모델의 깊이를 늘립니다. → $d=\alpha^\phi$
- **너비:** 특성 맵의 채널 수를 늘립니다. → $w=\beta^\phi$
- **해상도:** 입력 이미지의 해상도를 높입니다. → $r=\gamma^\phi$

EfficientNet은 각 요소의 비율을 균형 있게 조정하는 복합 계수를 사용해 자원을 효율적으로 활용하면서 성능을 최적화합니다. ϕ의 값에 따라 신경망의 크기를 결정할 수 있는 것인데요. EfficientNet은 $\phi=1$일 때 깊이 1.2, 너비 1.1, 해상도 1.15가 최상의 성능을 나타내는 값임을 찾았습니다. 논문에서는 EfficientNetB0부터 EfficientNetB7에서 사용한 ϕ의 값을 정확하게 언급하지 않아 궁금할 수 있습니다. 다만, 실제 구현에서는 깊이, 너비, 해상도에 다음과 같은 값을 사용하며, 이를 참고하면 ϕ의 값은 대략 0, 0.5, 1, 2, 3, 4, 5, 6으로 추정됩니다.

모델	깊이(α)	너비(β)	해상도(γ)
EfficientNetB0	1.0	1.0	224
EfficientNetB1	1.1	1.0	240
EfficientNetB2	1.2	1.1	260
EfficientNetB3	1.4	1.2	300
EfficientNetB4	1.8	1.4	380
EfficientNetB5	2.2	1.6	456
EfficientNetB6	2.6	1.8	528
EfficientNetB7	3.1	2.0	600

EfficientNet 모델 만들기

그럼 이러한 복합 스케일링 방식을 적용한 EfficientNet 모델을 직접 구현해 보겠습니다. EfficientNet 모델군 중 가장 기본이 되는 버전인 EfficientNetB0는 더 크고 복잡한 EfficientNetB1~B7 모델로 확장될 수 있는 기반 모델로, 이미지 분류 작업에서 높은 정확도를 유지하면서 상대적으로 적은 연산량이 필요한 경량 모델입니다. 먼저 EfficientNet 모델의 핵심 구성 요소인 역 잔차 블록이 그룹으로 반복되도록 구현하고, 마지막에 역 잔차 블록의 출력을 사용해 분류 작업을 수행하는 층을 구성해 보겠습니다.

역 잔차 블록 만들기

앞서 살펴봤던 역 잔차 블록의 구조를 하나씩 구현해 보겠습니다. 팽창 단계와 깊이별 분리 합성곱층, SE 블록, 출력 단계의 순서가 될 것입니다. 이렇게 역 잔차 블록의 요소를 모두 구성하고, 이어서 배치 정규화층과 스위시 활성화 함수까지 적용해 보죠. [03-2.ipynb] 노트 하단에 다음과 같은 순서로 코드를 추가합니다.

01 입력 텐서, 출력의 필터 수, 합성곱 커널 크기, 스트라이드, 드롭아웃 비율, 팽창 비율을 매개변수로 받는 `inv_res_block()` 함수를 정의합니다. 이 함수는 다소 많은 매개변수가 다뤄지므로 단계를 나누어 하나씩 구현해 보겠습니다.

```
01  def inv_res_block(inputs, filters_out, kernel_size, strides,
02                    dropout_rate, expand_ratio):
```

02 먼저 팽창 단계가 시작됩니다. 입력의 채널 개수에 팽창 비율을 곱한 만큼의 필터를 사용해 1×1 합성곱을 수행한 다음, 배치 정규화와 스위시 활성화 함수를 적용합니다. 여기서 EfficientNet의 역 잔차 블록이 MobileNetV3와 다른 점은 활성화 함수로 렐루 함수를 사용하지 않고, 스위시 함수만 사용한다는 점입니다.

```
01      # 팽창 단계
02      filters_in = inputs.shape[-1]
03      filters = filters_in * expand_ratio
04      if expand_ratio > 1:
05          x = layers.Conv2D(filters, 1, padding='same',
06                            use_bias=False)(inputs)
07          x = layers.BatchNormalization()(x)
08          x = layers.Activation('swish')(x)
09      else:
10          x = inputs
```

04~09 EfficientNet의 역 잔차 블록은 여섯 개 그룹으로 나눌 수 있습니다. 그중 첫 번째 그룹만 팽창 비율이 1이고, 나머지 그룹의 팽창 비율은 6입니다. 만약 팽창 비율이 1이면 단순히 팽창 단계를 건너뜁니다.

03 다음으로 깊이별 분리 합성곱 단계가 이어집니다. `padding_size()` 함수를 사용해 입력의 크기와 커널 크기를 기준으로 패딩을 계산하도록 지정하고, 패딩이 필요한 경우에만 Zero Padding2D층을 적용해 입력의 크기를 유지하도록 만듭니다.

```
01    # 깊이별 분리 합성곱
02    if strides == 2:
03        x = layers.ZeroPadding2D(padding=padding_size(x.shape,
04                                                       kernel_size))(x)
05    x = layers.DepthwiseConv2D(kernel_size, strides=strides,
06                                use_bias=False, padding='same'
07                                if strides == 1 else 'valid')(x)
08    x = layers.BatchNormalization()(x)
09    x = layers.Activation('swish')(x)
```

02 입력 크기를 줄이기 위해 스트라이드가 2일 때만 실행합니다.

03 `padding_size()` 함수를 사용해 커널 크기(kernel_size)가 3인 경우에는 1 픽셀을 패딩하고, 5인 경우에는 2 픽셀을 패딩해 출력 크기를 줄이지 않고 그대로 유지합니다. 입력의 크기가 짝수일 때는 입력의 위쪽과 왼쪽에 패딩을 하나 적게 추가합니다.

05~07 DepthwiseConv2D층을 구성해 각 입력 채널마다 독립적으로 합성곱을 적용합니다.

08~09 이어서 깊이별 합성곱, 배치 정규화, 스위시 활성화 함수를 적용합니다.

04 SE 블록이 등장할 차례입니다. 나중에 SE 블록의 최종 출력과 곱하기 위해 x를 se_input으로 저장하고, 전역 평균 풀링과 1×1 합성곱을 차례대로 두 번 구성합니다.

```
01    # SE 블록
02    se_input = x
03    x = layers.GlobalAveragePooling2D(keepdims=True)(x)
04    x = layers.Conv2D(int(filters_in * 0.25), 1, padding='same',
05                       activation='swish')(x)
06    x = layers.Conv2D(filters, 1, padding='same', activation='sigmoid')(x)
07    x = layers.Multiply()([se_input, x])
```

03 GlobalAveragePooling2D층을 적용해 입력의 각 채널별 평균을 계산하여 크기를 줄입니다.

04~05 첫 번째 합성곱은 역 잔차 블록의 입력 채널 수에 0.25를 곱한 값만큼의 필터 수와 스위시 활성화 함수를 사용합니다. SE 블록의 스퀴즈 단계에 해당합니다.

06 두 번째 합성곱은 다시 1×1 커널을 사용하여 채널 수를 원래 값으로 복원합니다. 시그모이드 활성화 함수를 사용해 채널별 가중치를 생성합니다.

07 시그모이드 함수로 생성된 가중치를 입력 채널 개수에 곱해 중요도가 높은 채널은 강조하고, 낮은 채널은 억제합니다.

05 마지막 출력 단계를 구성합니다. 출력 필터 개수만큼 1×1 합성곱을 구성하고, 배치 정규화를 적용해 최종적으로 입력과 결합하는 단계입니다. 여기까지가 역 잔차 블록인 `inv_res_block()` 함수의 구현입니다.

```
01    # 출력 단계
02    x = layers.Conv2D(filters_out, 1, use_bias=False)(x)
03    x = layers.BatchNormalization()(x)
04    if strides == 1 and filters_in == filters_out:
05        if dropout_rate > 0:
06            x = layers.Dropout(dropout_rate,
07                               noise_shape=(None, 1, 1, 1))(x)
08        x = layers.Add()([x, inputs])
09    return x
```

04 스트라이드가 1이고, 입력과 출력 필터 개수가 같으면(즉, 각 블록 그룹에서 첫 번째 블록을 제외한 나머지 블록에) 입력과 출력을 더할 수 있는 조건을 확인합니다.

05 드롭아웃 비율이 0보다 크면 드롭아웃을 적용합니다. 일부 뉴런을 무작위로 비활성화해 과대적합을 방지하는 역할을 합니다.

06~07 드롭아웃 비율은 가장 첫 번째 블록이 0, 마지막 블록에서 0.2가 되어 선형적으로 증가합니다. 이 드롭아웃은 확률적 깊이 알고리즘을 구현하기 위해(드롭아웃이 각 채널 전체에 일관되게 적용되도록) noise_shape 매개변수에 드롭아웃 필터의 크기를 단일값으로 지정합니다.

08~09 x와 inputs를 잔차 연결하고 스킵 연결을 더해 최종 출력합니다.

06 앞서 언급했던 패딩 크기 계산을 위한 함수까지 정의해 보겠습니다. 입력 크기와 커널 크기에 따라 패딩 값을 동적으로 결정하여 출력 크기를 원하는 방식으로 조정합니다.

```
01  def padding_size(input_size, kernel_size):
02      # 입력 크기가 짝수이면 위쪽과 왼쪽 패딩을 하나 줄입니다.
03      padding = kernel_size // 2
```

```
04        if input_size[1] % 2 == 0:
05            return ((padding - 1, padding),
06                    (padding - 1, padding))
07        else:
08            return padding
```

03 기본적으로 패딩의 크기는 커널 크기를 2로 나눈 몫입니다.

04~06 하지만 입력 크기가 짝수이면 위쪽과 왼쪽의 패딩을 하나씩 줄입니다.

07~08 입력 크기가 홀수이면 모든 방향에 동일하게 계산된 패딩 값을 적용합니다.

07 다음으로는 깊이(α)와 너비(β) 값에 따라 역 잔차 블록을 반복하는 횟수와 필터 개수를 조정하는 함수인 round_repeats() 함수를 정의합니다. 우리는 가장 기본 버전인 EfficientNetB0를 구현할 예정이므로 α와 β가 모두 1입니다. 따라서 별도의 함수를 작성할 필요는 없지만, 여기서는 전체 모델의 구성을 이해하기 위해 추가해 보겠습니다.

```
01  import math
02
03  def round_repeats(repeats, depth):
04      """repeats * depth 보다 큰 정수를 반환합니다"""
05      return int(math.ceil(repeats * depth))
06
07  def round_filters(filters, width):
08      """filters * width 보다 크고 8의 배수가 되도록 만듭니다"""
09      filters *= width
10      new_filters = max(8, int(filters + 4) // 8 * 8)
11      if new_filters < 0.9 * filters:
12          new_filters += 8
13      return int(new_filters)
```

05 신경망의 깊이를 조절하기 위해 블록의 반복 횟수에 depth 값을 곱한 후 올림하여 정수를 반환합니다.

07~10 round_filters() 함수는 조금 더 복잡합니다. 모델의 너비를 최적화하기 위해 필터 개수와 width를 곱한 값을 기준으로 필터 수가 8의 배수가 되도록 조정합니다.

11~12 안정적인 필터 크기를 제공하기 위해 새로 계산된 new_filters 값이 기존의 filters * width 값보다 너무 작아지지 않도록 보정합니다.

EfficientNet 모델 만들기

> **✅ 개념 체크 | 표준화**
>
> **표준화**(standardization)는 입력(x)에서 평균(μ)을 빼고, 표준편차(σ)로 나누는 것을 말합니다. 이렇게 얻은 값을 **표준점수** 또는 **z 점수**(z score)라고 부르며, 다음과 같은 공식으로 나타낼 수 있습니다.
>
> $$z = \frac{x - \mu}{\sigma}$$
>
> EfficientNetB0 모델을 구현하기 위해 작성할 코드에서는 이미지넷 데이터의 RGB 값에 대한 표준편차인 0.229, 0.224, 0.225라는 값을 사용합니다.

이제 앞에서 만든 역 잔차 블록을 사용해 EfficientNetB0 모델을 만들어 보겠습니다. 역 잔차 블록을 6개 그룹으로 나누어 반복하고, 블록의 출력을 사용해 분류 작업을 수행하는 층까지 구성해 모델을 완성해 볼 텐데요. 먼저 이미지 입력값을 정규화하고, 필터와 패딩을 조정해 첫 번째 합성곱층을 적용합니다. 앞서 언급한 대로 EfficientNetB0 모델의 α와 β 파라미터에 해당하는 `depth`와 `width`는 모두 1.0으로 지정합니다.

따라 하며 배우는 코딩

EfficientNet 만들기 소스 코드 `03-2.ipynb`

```
01  import keras
02  from keras import layers
03
04  depth = 1.0
05  width = 1.0
06  inputs = layers.Input(shape=(224, 224, 3))
07
08  x = layers.Rescaling(1.0 / 255.0)(inputs)
09  x = layers.Normalization()(x)
10  x = layers.Rescaling(1.0 / np.sqrt([0.229, 0.224, 0.225]))(x)
11  x = layers.ZeroPadding2D(padding=padding_size(x.shape, 3))(x)
12  x = layers.Conv2D(round_filters(32, width), 3, strides=2, padding='valid',
13                   use_bias=False)(x)
14  x = layers.BatchNormalization()(x)
15  x = layers.Activation('swish')(x)
```

02~06 케라스에서 layers 모듈을 불러와 모델의 입력 크기를 (224, 224, 3)로 정의합니다.
08 입력 이미지를 0~1 사이의 값으로 정규화하기 위해 Rescaling층을 사용합니다. 보통 이미지는 0~255 사이의 값으로 표현되므로 255로 나누어 정규화합니다.
09 Normalization층을 사용해 평균과 표준편차를 기준으로 입력값이 고르게 분포되도록 정규화합니다.
10 각 채널이 표준편차가 다르므로 다시 Rescaling층을 사용해 채널별로 추가적인 정규화를 수행합니다.
11~13 ZeroPadding2D 클래스로 1 픽셀을 패딩하여 255×255 크기의 입력을 만든 다음, 3×3 크기의 필터를 사용하는 합성곱을 적용합니다. 이 합성곱은 스트라이드가 2이므로 입력의 너비와 높이가 절반으로 줄어 122×122 크기의 특성 맵을 만듭니다. 필터의 개수는 앞서 정의한 round_filters( ) 함수를 사용합니다.
14~15 이어서 배치 정규화층과 스위시 활성화 함수를 적용합니다.

EfficientNet의 경우 입력을 255로 나누고 `Normalization`층으로 표준화를 수행합니다(입력에서 평균을 빼고 표준편차로 나눕니다). 하지만 원본 EfficientNet에서는 표준편차 대신에 분산으로 나누었으므로 여기서도 이미지넷에서 훈련한 가중치를 재사용한다고 가정하면 동일하게 분산으로 나누어야 합니다. 따라서 `Rescaling`층을 적용해 입력을 표준편차로 다시 나눕니다. 이렇게 하면 표준화 공식의 분모에서 표준편차를 분산으로 바꾸는 셈이 됩니다.

> note 다시 언급하지만 합성곱층을 적용할 때 필터의 개수는 width가 1.0이므로 round_filters( ) 함수로 필터가 늘어나지 않습니다. 하지만 EfficientNetB1~B7의 모델을 만들 때 효과를 볼 수 있습니다.

다음으로 역 잔차 블록을 반복할 차례입니다. 블록은 6개의 그룹으로 나뉘어 몇 차례 반복됩니다. 파이썬 딕셔너리로 각 블록에 적용할 파라미터와 반복 횟수를 먼저 정의해 놓으면 반복 코드가 단순해지고 이해하기가 쉽습니다. 6개의 블록 그룹에 대한 딕셔너리를 다음과 같이 [03-2.ipyn] 노트 하단에 추가합니다.

따라 하며 배우는 코딩
역 잔차 블록 매개변수 준비하기　소스 코드 03-2.ipynb

```
01 blocks_params = [
02     {
03         'kernel_size': 3,
04         'repeats': 1,
05         'filters_out': 16,
06         'strides': 1
07     },
08     {
09         'kernel_size': 3,
```

```
10          'repeats': 2,
11          'filters_out': 24,
12          'strides': 2
13      },
14      {
15          'kernel_size': 5,
16          'repeats': 2,
17          'filters_out': 40,
18          'strides': 2
19      },
20      {
21          'kernel_size': 3,
22          'repeats': 3,
23          'filters_out': 80,
24          'strides': 2
25      },
26      {
27          'kernel_size': 5,
28          'repeats': 3,
29          'filters_out': 112,
30          'strides': 1
31      },
32      {
33          'kernel_size': 5,
34          'repeats': 4,
35          'filters_out': 192,
36          'strides': 2
37      },
38      {
39          'kernel_size': 3,
40          'repeats': 1,
41          'filters_out': 320,
42          'strides': 1
43      },
44  ]
```

03 각 블록에서 사용할 합성곱 커널의 크기를 설정합니다.
04 역 잔차 블록을 몇 번 반복할지 지정합니다.
05 각 블록에서 출력할 특성 맵의 채널 크기(출력된 채널의 수)를 의미합니다.
06 블록 내 합성곱 연산의 스트라이드를 설정합니다.
08~44 6개의 역 잔차 블록 그룹을 설정합니다.

코드의 블록 파라미터를 잘 보면 첫 번째 블록과 마지막 블록의 반복 횟수(repeats)만 1인 것을 볼 수 있습니다. 좋습니다. 그럼 이 딕셔너리를 사용해 여섯 개의 블록 그룹을 반복해 보죠. 다시 한번 [03-2.ipyn] 노트 하단에 다음과 같은 코드를 추가합니다.

따라 하며 배우는 코딩
역 잔차 블록 그룹 반복하기 소스 코드 03-2.ipynb

```
01  filter_expand_ratio = 1
02  block_count = 0
03  total_blocks = float(sum(round_repeats(params['repeats'],
04                                         depth) for params in blocks_params))
05  for params in blocks_params:
06      # depth에 따라 블록의 입력과 출력 필터를 늘립니다.
07      filters_out = round_filters(params['filters_out'], width)
08      strides = params['strides']
09      for j in range(round_repeats(params['repeats'], depth)):
10          # 반복의 첫 번째 블록을 제외한 나머지 블록은 스트라이드 1입니다.
11          if j > 0:
12              strides = 1
13          dropout_rate = 0.2 * block_count / total_blocks
14          x = inv_res_block(x, filters_out, params['kernel_size'],
15                            strides, dropout_rate, filter_expand_ratio)
16          block_count += 1
17      filter_expand_ratio = 6
```

01 역 잔차 블록의 팽창 단계에서 필터 개수에 곱할 비율을 지정합니다. 첫 번째 블록은 팽창 단계에서 필터 수를 늘리지 않지만 나머지 블록은 모두 6배로 늘립니다. 따라서 처음에는 filter_expand_ratio를 1로 지정하고, 첫 번째 블록을 반복한 다음에는 6으로 바꿉니다.

02~03 드롭아웃 비율은 확률적 깊이를 위해 처음 0으로 시작해 마지막 블록에서 0.2까지 늘려야 하므로 block_count 변수를 0으로 초기화하고, 전체 블록의 반복 횟수를 구해 total_blocks에 저장합니다. 이때 depth 파라미터에 따라 반복 횟수를 늘리기 위해 round_repeats() 함수를 사용합니다.

05 blocks_params를 순회하면서 inv_res_block() 함수를 호출합니다.

07 width 파라미터에 따라 블록의 출력 필터 개수를 계산하여 filters_out 변수에 저장합니다.

08 스트라이드도 strides 변수에 따로 저장합니다. 스트라이드 변수를 따로 만드는 이유는 블록을 반복할 때 첫 번째만 blocks_params에 있는 스트라이드 값을 사용하고, 그 다음 반복부터는 무조건 1을 사용하기 위함입니다.

11 그래서 j 값이 0보다 큰 경우 strides 값을 1로 바꿉니다.

13 이제 blocks_params에 있는 repeats 파라미터만큼 inv_res_block()을 반복하면서 이 함수에서 필요한 매개변수를 전달합니다. 미리 준비한 block_count와 total_blocks를 사용해 dropout_rate를 계산합니다.

14~16 inv_res_block()을 호출한 다음 block_count를 1씩 증가시킵니다.

마지막 단계는 블록의 출력을 사용해 분류 작업을 수행하는 층을 구성하는 것입니다. 순서대로 1,280개의 필터를 사용하는 1×1 합성곱과 배치 정규화, 스위시 활성화 함수, 전역 평균 풀링, 드롭아웃을 적용하고 최종적으로 (1,000개의 클래스 확률을 출력하기 위해) 1,000개의 유닛을 사용하는 밀집층을 둡니다. 앞서 만든 inputs와 Dense층의 출력을 사용하면 케라스 **Model** 클래스로 간단하게 EfficientNetB0 모델을 만들 수 있습니다. [03-2.ipyn] 노트 하단에 다음과 같은 코드를 추가하고, summary() 메서드를 통해 모델의 구조를 자세히 살펴보겠습니다.

따라 하며 배우는 코딩

모델을 만들어 구조 확인하기   소스 코드 03-2.ipynb

```
01  x = layers.Conv2D(round_filters(1280, width), 1, padding='same',
02                    use_bias=False)(x)
03  x = layers.BatchNormalization()(x)
04  x = layers.Activation('swish')(x)
05
06  x = layers.GlobalAveragePooling2D()(x)
07  x = layers.Dropout(0.2)(x)
08  outputs = layers.Dense(1000, activation='softmax')(x)
09
10  model = keras.Model(inputs, outputs)
11  model.summary()
```

> 실행결과

Model: "functional"

Layer (type)	Output Shape	Param #	Connected to
input_layer_4 (InputLayer)	(None, 224, 224, 3)	0	-
rescaling_8 (Rescaling)	(None, 224, 224, 3)	0	input_layer_4[0][0]
normalization_4 (Normalization)	(None, 224, 224, 3)	7	rescaling_8[0][0]
rescaling_9 (Rescaling)	(None, 224, 224, 3)	0	normalization_4[0][0]
zero_padding2d_10 (ZeroPadding2D)	(None, 225, 225, 3)	0	rescaling_9[0][0]
conv2d_131 (Conv2D)	(None, 112, 112, 32)	864	zero_padding2d_10[0][…
batch_normalization_98 (BatchNormalization)	(None, 112, 112, 32)	128	conv2d_131[0][0]
activation_66 (Activation)	(None, 112, 112, 32)	0	batch_normalization_9…
⋯ (중략) ⋯			
multiply_47 (Multiply)	(None, 7, 7, 1152)	0	activation_97[0][0], conv2d_193[0][0]
conv2d_194 (Conv2D)	(None, 7, 7, 320)	368,640	multiply_47[0][0]
batch_normalization_145 (BatchNormalization)	(None, 7, 7, 320)	1,280	conv2d_194[0][0]
conv2d_195 (Conv2D)	(None, 7, 7, 1280)	409,600	batch_normalization_1…
batch_normalization_146 (BatchNormalization)	(None, 7, 7, 1280)	5,120	conv2d_195[0][0]
activation_98 (Activation)	(None, 7, 7, 1280)	0	batch_normalization_1…
global_average_pooling2d (GlobalAveragePooling2D)	(None, 1280)	0	activation_98[0][0]
dropout_29 (Dropout)	(None, 1280)	0	global_average_poolin…
dense_2 (Dense)	(None, 1000)	1,281,000	dropout_29[0][0]

Total params: 5,330,571 (20.33 MB)
Trainable params: 5,288,548 (20.17 MB)
Non-trainable params: 42,023 (164.16 KB)

[실행결과]를 보면 전체 파라미터가 약 530만 개, 20MB 정도입니다. MobileNet(약 4백만 개, 16MB)에 비하면 조금 많지만 ResNet, DenseNet(약 790만 개, 30MB)에 비하면 확실히 작습

니다. EfficientNet은 역 잔차 블록, SE 블록과 같은 새로운 기술을 도입해 높은 성능을 달성하면서
도 파라미터의 수는 크게 늘리지 않았기 때문에 많은 사람들이 선호하는 신경망이 된 것 같습니다.
다음과 같이 그림으로 나타낸 EfficientNetB0 모델의 전체 구조와 [실행결과]를 비교해 보세요.

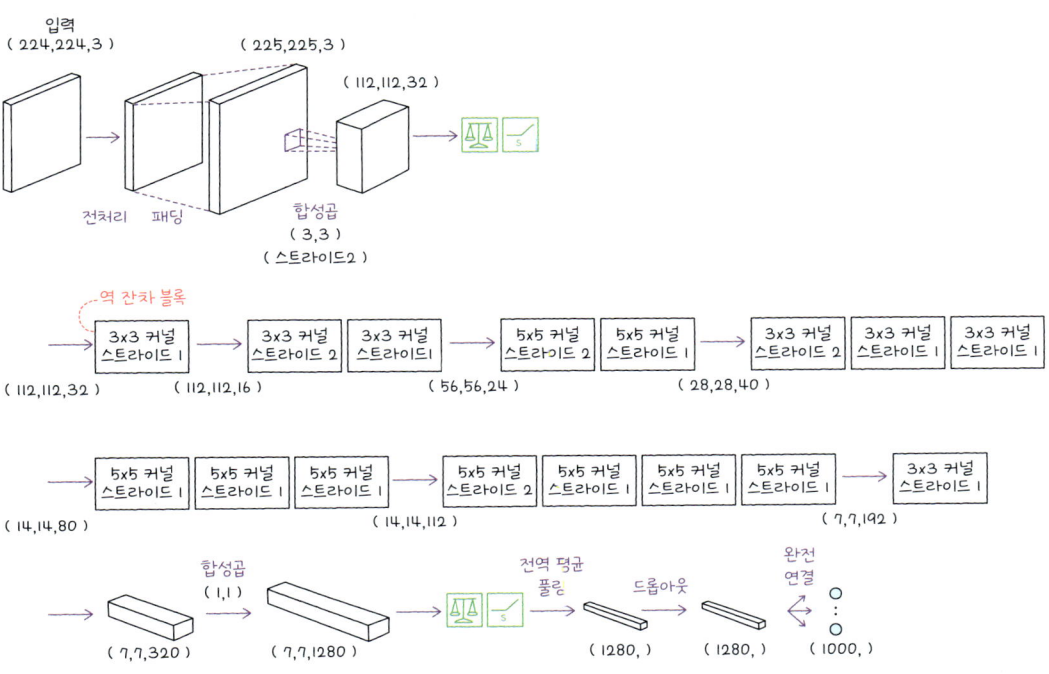

EfficientNet 모델로 강아지 사진 분류하기

예상했겠지만 케라스에는 이미 EfficientNet 모델을 구현할 수 있는 `EfficientNetB0` 클래스부터
`EfficientNetB7` 클래스까지 모두 준비되어 있습니다. 그럼 이번에도 케라스에 내장된 모델을 로드하
여 강아지 사진을 분류해 보겠습니다. EfficientNet 모델의 뛰어난 성능을 확인해 볼 기회입니다.

01 구글 드라이브에서 샘플 이미지를 다운로드해 파이썬에서 넘파이 배열로 읽어 들입니다. 그리
고 `EfficientNetB0` 클래스를 임포트하여 강아지 이미지에 대한 예측을 만들어 보겠습니다.

```
01  !gdown 1xGkTT3uwYt4myj6eJJeYtdEFgTi2Sj8C
02  !unzip cat-dog-images.zip
```

> **실행결과**
> ```
> Downloading...
> From: https://drive.google.com/uc?id=1xGkTT3uwYt4myj6eJJeYtdEFgTi2Sj8C
> To: /content/cat-dog-images.zip
> 100% 182k/182k [00:00<00:00, 64.1MB/s]
> Archive:  cat-dog-images.zip
>    creating: images/
>   inflating: images/dog.png
>   inflating: images/cat.png
> ```

02 'dog_png'를 efficientb0 객체의 predict() 메서드에 전달합니다.

```
01  import numpy as np
02  from PIL import Image
03
04  dog_png = np.array(Image.open('images/dog.png'))
05
06  from keras.applications import efficientnet
07
08  efficientb0 = keras.applications.EfficientNetB0()
09  predictions = efficientb0.predict(dog_png[np.newaxis,:])
10  efficientnet.decode_predictions(predictions)
```

> **실행결과**
> ```
> [[('n02099712', 'Labrador_retriever', 0.4050169),
>   ('n02104029', 'kuvasz', 0.13706662),
>   ('n02111500', 'Great_Pyrenees', 0.03616423),
>   ('n02095889', 'Sealyham_terrier', 0.026665334),
>   ('n02099601', 'golden_retriever', 0.014263775)]]
> ```

> **note** EfficientNet의 경우 모델에서 입력을 직접 전처리하기 때문에 efficientnet.preprocess_input() 함수를 호출할 필요가 없습니다. 실제로 이 함수는 아무런 작업을 하지 않고 입력을 그대로 반환하기만 합니다.

역시 강아지 사진을 '래브라도 리트리버(40.5%)'로 잘 분류하네요. MobileNet보다 훨씬 많은 층을 쌓았지만 모델의 파라미터 크기는 조금밖에 늘어나지 않았습니다. 책에서는 MobileNet과 EfficientNet이 비슷한 실행 결과(40.9%, 40.5%)를 보였지만, 많은 경우에 EfficientNet 모델이 더 좋은 결과를 만들 가능성이 높다는 것을 기억해 주세요.

마무리

지금까지 EfficientNet의 구조를 알아보기 위해 MobileNetV2에 도입된 역 잔차 블록에 대해 살펴보고, MobileNetV3가 EfficientNet에서 어떻게 발전되었는지 알아봤습니다. EfficientNet의 역 잔차 블록은 MobileNetV3의 역 잔차 블록과 비슷하지만 새로운 스위시 함수를 도입했습니다. 또한 층의 개수와 특성 맵의 채널 개수, 입력의 해상도 사이의 관계에 따라 모델의 크기를 체계적으로 늘리는 방법을 채택했습니다. 논문에서 자세히 밝히지 않았으나 일반적인 구현을 참고하여 EfficientNetB0부터 EfficientNetB7까지 8개의 모델 크기도 정리해 봤습니다.

이렇게 EfficientNet의 핵심 구성 요소를 이해한 후에는 케라스를 사용해 역 잔차 블록부터 전체 모델을 직접 만들어 보면서 모델의 구조를 학습했습니다. 또 케라스에 내장된 `EfficientNetB0` 클래스를 사용해 이미지넷에서 사전 훈련된 모델로 이미지를 분류해 봤습니다.

2장에서 살펴봤던 사전 훈련된 모델을 사용하면 손쉽게 예측을 만들 수 있지만, 당면한 과제가 사전 훈련에 사용된 데이터셋과 상이할 경우에는 만족할 만한 결과를 내지 못할 수 있습니다. 이런 경우에는 사전 훈련된 모델의 일부 층을 새로운 층으로 바꾸어 훈련하거나 사전 훈련된 모델의 층 일부를 재훈련하는 방식으로 모델의 성능과 효율을 높일 수 있습니다. 이어질 3절에서 배울 전이 학습 또한 이러한 기법 중 하나에 해당합니다. 그럼 더 학습을 이어가 보죠.

▶ 키워드로 정리하는 핵심 포인트

- **EfficientNet**은 MobileNet에서 제안한 역 잔차 블록에 스위시 활성화 함수를 적용하고, 확률적 깊이 알고리즘을 도입하여 보다 깊은 층을 쌓을 수 있도록 구성합니다. 또한 모델의 성능과 신경망의 깊이, 너비, 해상도 사이의 관계를 연구하여 복합 스케일링 기법을 제안했습니다.

- **역 잔차 블록**은 일반적인 잔차 블록과는 달리, 특성 맵의 크기를 크게 늘린 후 다시 압축하는 패턴을 가집니다. 늘어난 채널에 효과적으로 대응하기 위해 깊이별 분리 합성곱을 사용합니다. 깊이별 분리 합성곱은 3×3 깊이별 합성곱층과 1×1 합성곱층으로 구성된 것이 특징입니다. 역 잔차 블록은 MobileNetV2에서부터 MobileNetV3과 EfficientNet까지 모델의 핵심 구성 요소로 활용됩니다.

- **SE 블록**은 특성 맵의 채널에 부여할 가중치를 학습하는 모듈로 이해할 수 있습니다. SE 블록을 통해 모델의 어떤 채널이 중요한지를 학습할 수 있습니다. 이는 마치 4장에서 배울 트랜스포머의 어텐션 가중치와 비슷한 역할을 한다고 할 수 있습니다. SE 블록은 MobileNetV3에서 역 잔차 블록에 처음 접목되었고, 이후 EfficientNet에도 사용되었습니다.

- **스위시 함수**는 렐루 함수와 그래프 모양이 비슷하지만 신경망의 성능을 높이는 데 도움이 된다고 알려져 있습니다. 스위시 함수는 $x \cdot \sigma(x)$와 같이 계산합니다. 시그모이드 함수($\sigma(x)$)의 계산을 피하기 위해 ReLU6 함수를 대신 사용하기도 합니다. 스위시 함수는 합성곱 신경망을 비롯한 트랜스포머 기반의 대규모 언어 모델에서도 널리 사용됩니다.

03-3 전이 학습으로 피스타치오 이미지 분류하기

이미지 분류를 위해 사전 훈련된 모델은 이미지넷 데이터셋에서 훈련된 경우가 많습니다. 이를 그대로 사용할 수도 있지만 당면한 문제가 이미지넷 데이터셋과 다르다면 전이 학습을 고려할 필요가 있습니다.

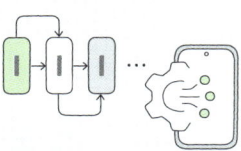
❶ 효율성 최적화 모델

❷ 성능 최적화 모델

❸ 전이 학습

시작하기 전에

한빛 마켓에서는 사업을 확장해 품질 좋기로 유명한 튀르키예 산 키르미지^{Kirmizi} 품종의 피스타치오와 시이리트^{Siirt} 품종의 피스타치오를 판매하기 시작했습니다. 높은 인기에 걸맞게 사용자들의 포토 후기도 크게 늘었습니다. 그런데 두 피스타치오가 비슷하다 보니 종종 사용자들이 키르미지와 시이리트 품종을 혼동해 다른 상품 페이지에 사진을 올리는 경우가 생기는군요.

이 문제를 해결하기 위해서는 EfficientNet 모델처럼 케라스에서 사전 훈련된 모델을 가져다 쓰는 방법도 있지만, 다른 방법도 있다고 합니다. 이번에는 텐스플로 허브 라이브러리와 허깅페이스 모델 저장소를 활용해 한빛 마켓의 피스타치오 이미지 분류 문제를 해결해 보겠습니다.

텐서플로 허브로 강아지 사진 분류하기

케라스의 백엔드backend로 텐서플로를 사용하고 있다면 케라스에 내장된 모델 이외에도 **텐서플로 허브**TensorFlow Hub에서 제공하는 다양한 사전 훈련된 모델을 다운로드하여 사용할 수 있습니다. 텐서플로 허브를 통해 모델을 밑바닥부터 훈련하지 않고 최신 모델을 자신의 작업에 통합할 수 있습니다.

텐서플로 허브에 있던 사전 훈련된 모델은 2023년 초 **캐글 모델**kaggle model로 이전되었습니다. 캐글은 머신러닝 경연대회를 위한 플랫폼으로, 전 세계 개발자와 데이터 과학자들이 참여하여 실력을 겨루는 곳입니다. 머신러닝 대회뿐만 아니라 유용한 자료와 데이터를 많이 얻을 수 있습니다. 캐글로 이전하기는 했지만 텐서플로 허브 라이브러리를 사용하는 방법은 이전과 동일합니다. 다만, 이제부터는 캐글의 모델 페이지(https://www.kaggle.com/models/)에서 사전 훈련된 모델을 찾아야 합니다.

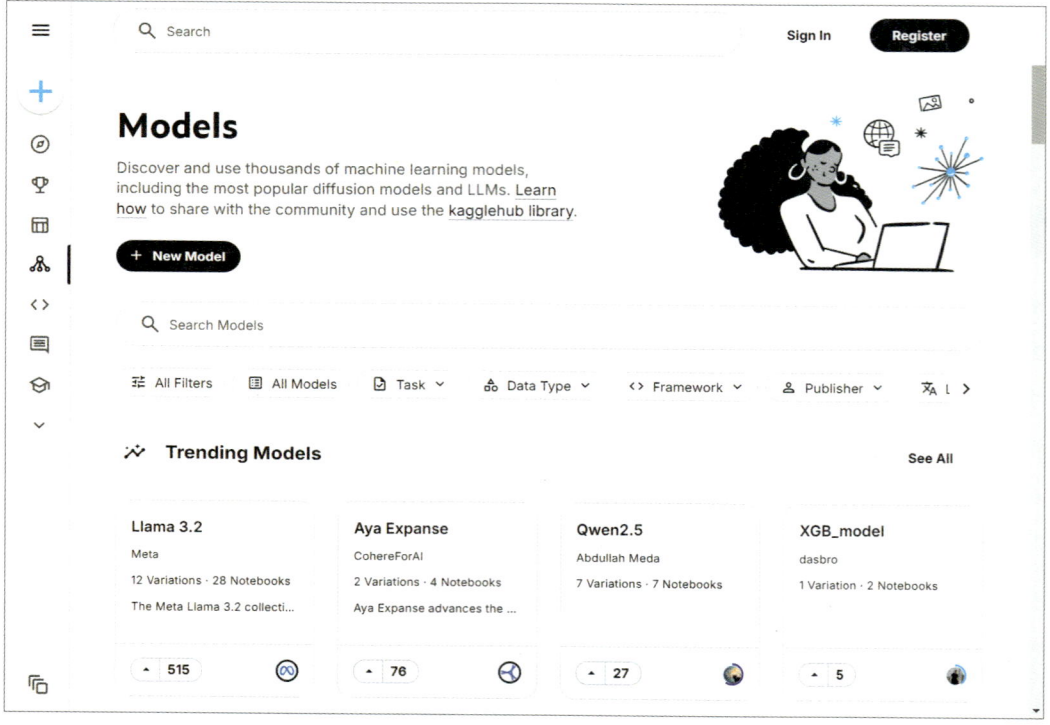

2절에서 구현했던 EfficientNet 모델을 캐글에서 찾아 강아지 사진 분류 문제를 해결해 볼까요? EfficientNet 모델을 검색하는 것부터 시작해 보겠습니다.

01 화면 중앙에 있는 검색 란에 'efficientnet'이라고 입력합니다. 이 페이지는 반응형으로 제작되어 있어 검색어를 조금만 입력해도 자동으로 모델을 찾아서 보여줍니다.

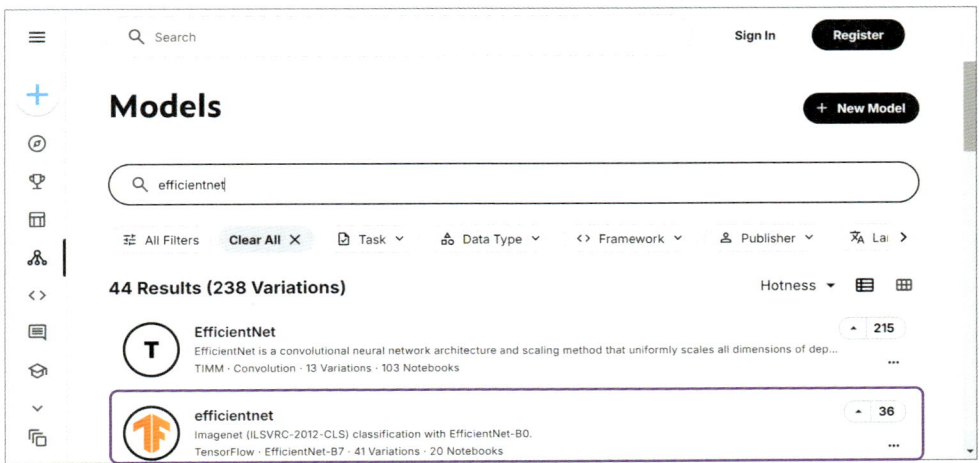

02 EfficientNet V1에 해당하는 항목 [efficientnet]을 클릭해 상세 페이지를 엽니다.

03 상세 페이지 하단에 있는 [Model Variations] 섹션의 [TensorFlow 2] – [VARIATION] 목록에서 구현할 모델의 버전(b0~b7)을 선택할 수 있습니다. 우리는 [b0-classification]을 선택합니다.

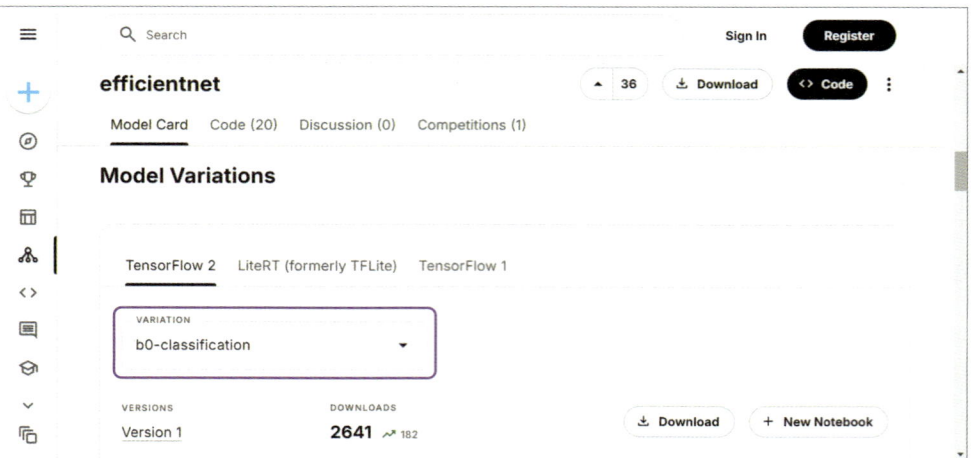

> **여기서 잠깐** **b0-feature-vector**
>
> [VARIATION] 목록에 있는 [b*-feature-vector] 옵션은 EfficientNet의 역 잔차 블록의 출력을 사용해 나만의 분류 모델을 훈련하는 전이 학습을 수행하고 싶을 때 사용합니다.

04 조금 더 아래로 내려가면 [Usage] 섹션에서 케라스 허브로 이 모델을 사용하는 샘플 코드를 볼 수 있습니다. 가장 중요한 부분은 hub.KerasLayer() 클래스에 들어가는 모델의 URL입니다. 이후 코드에서 KerasLayer 클래스에 전달할 예정이므로 해당 URL을 복사해 둡니다.

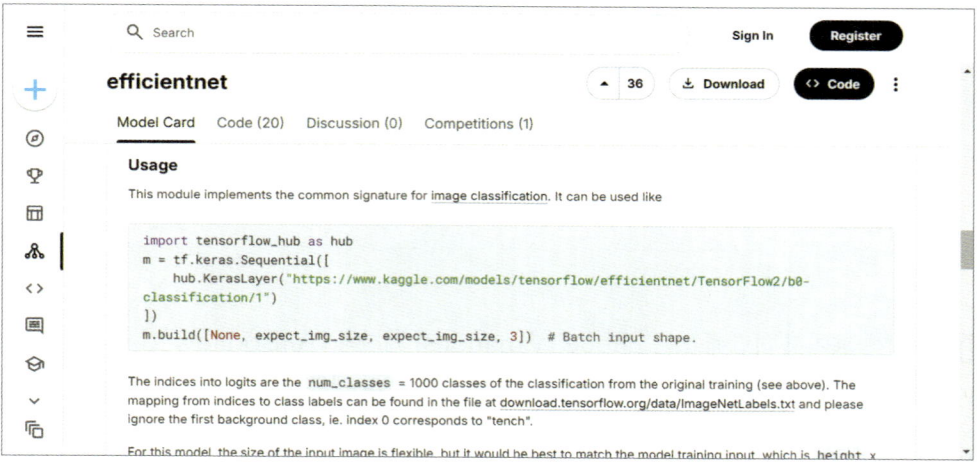

note 이 URL은 **03**의 [VARIATION] 목록에서 모델 선택값을 바꾸면 자동으로 바뀝니다.

05 구글 코랩에서 노트명이 '03-3.ipynb'인 새 노트를 추가하고, 가장 먼저 다음과 같이 케라스와 텐서플로 허브 패키지를 임포트합니다.

```
01  import tf_keras as keras
02  from tf_keras import layers
03  import tensorflow_hub as hub
```

> **여기서 잠깐** 텐서플로 허브가 설치되어 있지 않다면?
>
> 텐서플로 허브는 모델 저장소이자, 이를 활용할 수 있는 라이크러리이기도 합니다. 구글 코랩에는 텐서플로 허브가 이미 설치되어 있습니다. 만약 사용하는 컴퓨터에 텐서플로 허브가 설치되어 있지 않다면 코랩에 다음 명령을 작성해 텐서플로 허브를 설치해 주세요.
>
> ```
> $pip install tensorflow-hub
> ```
>
> 이 글을 쓰는 시점에는 텐서플로 허브가 최신 케라스 3.x 버전과 호환되지 않으므로 텐서플로 전용 케라스 구현인 tf-keras를 사용해야 합니다. 코랩에는 tf-keras가 텐서플로 허브와 함께 설치되어 있습니다. 만약 tf-keras를 따로 설치하려면 다음 명령을 사용하세요.
>
> ```
> $pip install tf-keras=2.17.1
> ```
>
> 그리고 본문의 코드를 따라 하며 keras 대신 tf_keras를 사용합니다.

06 hub 패키지에 있는 KerasLayer 클래스에 아까 복사해 둔 b0-classification의 경로를 전달합니다. 이 클래스는 텐서플로 모델을 저장하는 SavedModel 포맷을 읽어 케라스층으로 반환합니다. 반환된 층은 보통의 케라스층처럼 Sequential 클래스나 함수형 API에 넣어 모델을 만들 수 있습니다. 여기서는 간단하게 Sequential 클래스를 사용해 모델을 만들어 보겠습니다.

```
01  hub_efficientb0 = keras.Sequential([
02      layers.Input(shape=(224, 224, 3)),
03      layers.Rescaling(1.0 / 255.0),
04      hub.KerasLayer('https://www.kaggle.com/models/tensorflow/
            efficientnet/TensorFlow2/b0-classification/1')
05  ])
```

03 KerasLayer() 클래스를 호출하기 전에 Rescaling 클래스로 입력 값을 255로 나눕니다. 이때 입력의 크기로 input_shape 매개변수로 지정할 수 있습니다.

> note 04 [Usage] 섹션의 샘플 코드 아래에 있는 설명을 읽어 보면, 이 모델은 입력이 224×224이고, 0~1 사이로 정규화되어 있다고 간주하고 있습니다(즉, 표준화를 수행할 필요가 없습니다). 그래서 Rescaling 클래스로 입력 값을 255로 나누기만 한 것입니다.

07 이렇게 간단하게 hub_efficientb0 모델을 만들었습니다. 그럼 샘플 이미지를 다운로드하고 파이썬으로 읽어 들여 강아지 사진에 대한 예측을 만들어 보겠습니다.

```
01  !gdown 1xGkTT3uwYt4myj6eJJeYtdEFgTi2Sj8C
02  !unzip cat-dog-images.zip
03
04  import numpy as np
05  from PIL import Image
06
07  dog_png = np.array(Image.open('images/dog.png'))
```

실행결과
```
Downloading...
From: https://drive.google.com/uc?id=1xGkTT3uwYt4myj6eJJeYtdEFgTi2Sj8C
To: /content/cat-dog-images.zip
100% 182k/182k [00:00<00:00, 5.47MB/s]
Archive:  cat-dog-images.zip
   creating: images/
  inflating: images/dog.png
  inflating: images/cat.png
```

08 predict() 메서드로 예측을 만들고, decode_predictions() 메서드로 예측한 클래스 레이블을 확인해 보겠습니다.

```
01  from keras.applications import efficientnet
02
03  predictions = hub_efficientb0.predict(dog_png[np.newaxis,:])
04  efficientnet.decode_predictions(predictions)
```

```
실행결과  1/1 [==============================] - 2s 2s/step
         Downloading data from https://storage.googleapis.com/download.tensorflow.
         org/data/imagenet_class_index.json
         35363/35363 ───────────────── 0s 0us/step
         [[('n02099712', 'Labrador_retriever', 0.3682943),
           ('n02104029', 'kuvasz', 0.19339891),
           ('n02099601', 'golden_retriever', 0.06145812),
           ('n02111500', 'Great_Pyrenees', 0.05779673),
           ('n02095889', 'Sealyham_terrier', 0.017902806)]]
```

아주 손쉽게 EfficientNet 모델을 구현해 봤습니다. 캐글 모델에는 CNN 모델뿐만 아니라 다른 종류의 모델들도 다양하게 제공하고 있습니다. 케라스에서 사전 훈련된 모델을 사용하고 싶다면 캐글 모델 저장소를 가장 먼저 찾아봐야 할 것입니다.

note 파이토치(PyTorch) 사용자라면 파이토치 공식 허브(https://pytorch.org/hub/)에서 다양한 사전 훈련된 CNN 모델을 다운받아 사용할 수 있습니다.

허깅페이스로 강아지 사진 분류하기

허깅페이스Huggingface에서도 캐글 모델처럼 사전 훈련된 모델을 다운받을 수 있습니다. 허깅페이스는 4장에서 설명할 **자연어 처리(NLP)**Natural Language Processing를 위한 **트랜스포머스**transformers 라이브러리를 만든 회사로 유명해졌는데요. 이후 자연어 처리에 관련된 사전 훈련된 모델을 제공하게 되면서 많은 사람들이 자연어를 처리할 때 가장 먼저 사용하는 라이브러리가 되었습니다. 이제는 자연어 처리는 물론 컴퓨터 비전에 관한 모델까지 폭넓게 제공하고 있습니다. 자연어 처리를 위한 허깅페이스 transformers 라이브러리에 대해서는 4장에서 자세히 설명하기로 하고, 여기서는 허깅페이스에서 제공하는 사전 훈련된 모델을 사용하는 방법만 간단하게 알아보겠습니다.

허깅페이스 모델 저장소는 커뮤니티 기반 플랫폼으로, 누구나 모델을 업로드하고 사용할 수 있어 다양한 최신 모델들을 검색해 적용할 수 있습니다. 그럼 허깅페이스에서도 EfficientNet 모델을 한번 구현해 보죠.

01 허깅페이스 웹사이트(https://huggingface.co/)에 접속해 맨 위에 있는 검색 란에 'effici-entnet'를 검색하면 매우 많은 결과를 볼 수 있습니다. 우리는 구글에서 제공하는 'google/efficientnet-b0'를 선택하겠습니다.

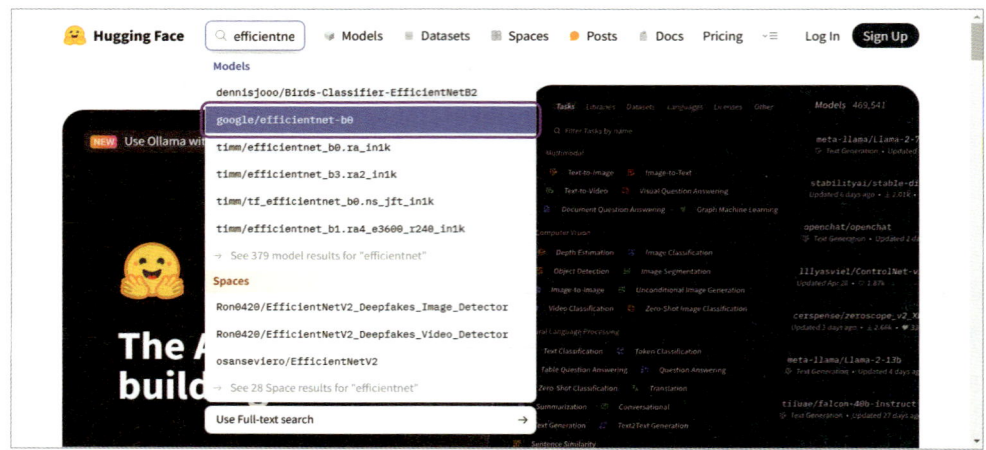

02 google/efficientnet-b0 모델의 상세 페이지에 들어가면 모델에 대한 설명과 예제 코드를 확인할 수 있습니다. 예제 코드는 상세 페이지 하단에 있는 'How to use' 절에서도 볼 수 있고, 상단 오른쪽에 있는 [Use this model]을 클릭해 [Transformers]를 선택해도 확인할 수 있습니다.

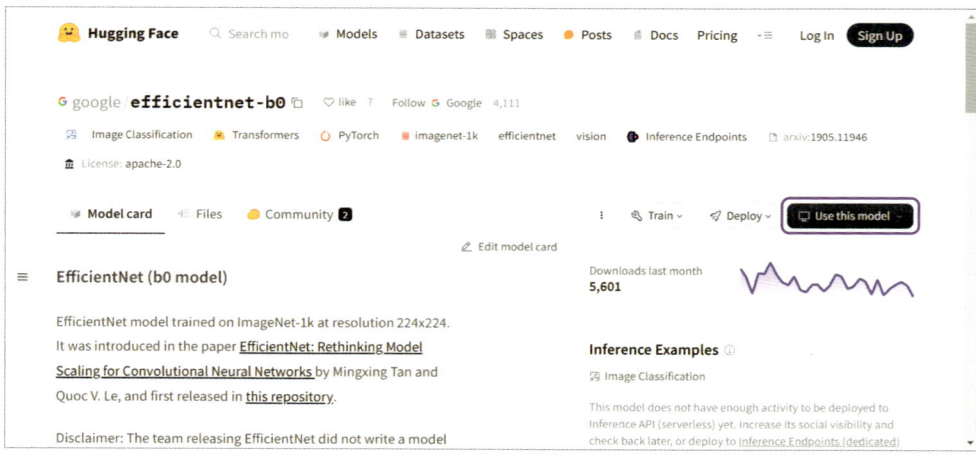

> **여기서 잠깐** **허깅페이스의 Inference Providers**
>
> 허깅페이스 모델 저장소에서 제공하는 모델 중 인기가 많은 일부 모델은 웹 페이지에서 무료로 테스트할 수 있는 [Inference Providers] 서비스를 제공합니다. 모델의 상세 페이지의 오른쪽 상단에 있는 [Inference Providers] 섹션에 분류하고자 하는 이미지를 끌어다 놓기만 하면 자동으로 모델을 실행하고 결과를 알려줍니다. 단 한 줄의 코드도 작성할 필요가 없습니다!
> 하지만 [Inference Providers] 서비스는 사용자들이 모델을 사용하는 활동량에 따라 추후 사라지거나 변동될 수 있습니다.

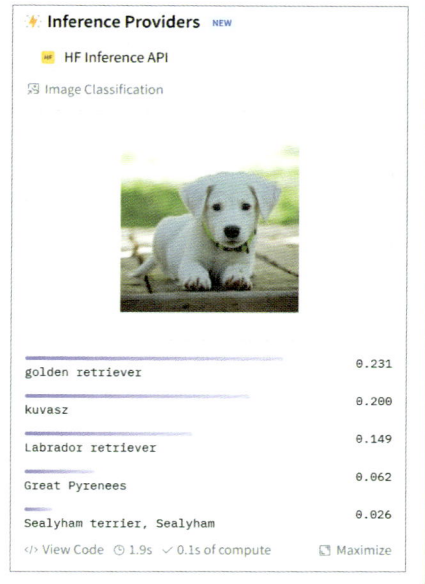

03 transformers 라이브러리에서 efficientnet 모델을 사용하는 방법은 여러가지지만, 여기서는 가장 간단한 pipeline() 함수를 사용해 보겠습니다. [03-3.ipynb] 노트에 코드를 추가해 transformers 라이브러리의 pipeline() 함수를 임포트합니다.

```
01  from transformers import pipeline
```

> note 구글 코랩에는 transformers가 이미 설치되어 있습니다. 만약 사용하는 컴퓨터에 transformers 라이브러리가 설치되어 있지 않다면 다음 명령으로 설치해 보세요.

```
$pip install transformers
```

04 pipeline() 함수를 사용하려면 수행하려는 작업을 task 매개변수에 지정해야 하므로 이미지 분류에 해당하는 'image-classification'을 입력하고, 구글에서 제공하는 efficientnet-b0를 사용할 예정이므로 model 매개변수에 사용하려는 모델 이름으로 'google/efficientnet-b0'를 입력합니다.

```
01  pipe = pipeline(task='image-classification', device=0,
02                  model='google/efficientnet-b0')
```

01 pipeline( ) 함수로 로드한 모델은 기본적으로 CPU에서 실행되기 때문에 만약 GPU가 있다면 매개변수를 device =0으로 설정하고 GPU를 활용하여 모델을 수행할 수 있습니다.

note 앞으로 허깅페이스의 다양한 작업에 대해 알아볼 예정입니다. 전체 작업 목록은 'https://huggingface.co/tasks'에서 참고할 수 있습니다.

여기서 잠깐 pipeline( ) 함수의 device 매개변수

CPU에서 모델을 실행하려면 device 매개변수를 -1이나 cpu로 설정하면 됩니다. 코랩은 기본적으로 CPU 런타임을 제공하지만, 딥러닝 작업에는 GPU가 필요한 경우가 많습니다. 그래서 우리는 이미 1장에서 코랩 환경을 설정할 때 코랩의 런타임 유형을 'T4 GPU'로 선택한 상태입니다!

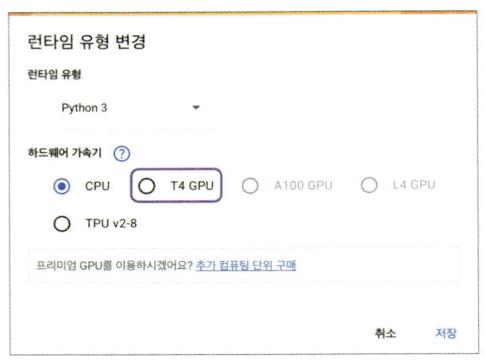

05 이제 마찬가지로 pipeline( ) 함수가 반환한 pipe 객체를 분류하려는 이미지와 함께 함수처럼 호출하면 강아지 사진에 대한 예측을 만들 수 있습니다.

```
01 pipe('images/dog.png')
```

실행결과
```
[{'label': 'Labrador retriever', 'score': 0.3682946264743805},
 {'label': 'kuvasz', 'score': 0.19339881837368011},
 {'label': 'golden retriever', 'score': 0.061458297073841095},
 {'label': 'Great Pyrenees', 'score': 0.05779697746038437},
 {'label': 'Sealyham terrier, Sealyham', 'score': 0.01790272817015648}]
```

pipe 객체는 이미지에 대한 URL, 로컬 경로 또는 PIL 이미지 객체를 처리할 수 있어 다양한 상황에서 유용하게 사용할 수 있습니다. 이렇게 케라스에서 사전 훈련된 모델을 사용하는 것만큼 매우 간단하게 EfficientNetB0 모델을 테스트했습니다.

텐서플로 허브와 허깅페이스에서 사전 훈련된 모델을 가져와 손쉽게 이미지 분류에 사용하는 방법을 살펴봤는데요. 지금까지 살펴본 이미지넷에서 사전 훈련된 모델은 1,000개의 클래스에 대해 분류를 수행합니다. 그런데 만약 현재 당면한 문제에서 분류하려는 이미지가 이 1,000개의 클래스에 속해 있지 않다면 어떻게 해야 할까요? 그럼 사전 훈련된 EfficientNet 모델을 전혀 사용할 수 없는 걸까요? 이 문제를 해결할 방법을 알아보겠습니다.

전이 학습으로 피스타치오 품종 분류하기

이미지넷 데이터셋에서 사전 훈련된 신경망은 간편하게 가져다 쓸 수 있지만, 모든 분류 문제에 최적화된 것은 아닙니다. 하지만 현재 당면한 문제가 사전 훈련에 사용된 데이터셋과 크게 다르다고 해서 이렇게 큰 신경망을 처음부터 훈련하기에는 너무 많은 시간과 비용이 듭니다. 생각해 보면 사전 훈련된 모델을 이미지넷 데이터셋에 있는 1,000개의 클래스에만 사용할 수 있다면 텐서플로, 파이토치, 허깅페이스 같은 회사들이 모델 저장소를 운영하기 위해 그렇게 많은 공을 들일 필요가 없겠죠. 사전 훈련된 신경망의 대부분은 그대로 두고 최상위 일부 층만 다시 훈련하여 새로운 문제에 적응시키는 방법이 있습니다. 이를 **전이 학습**transfer learning이라고 합니다.

사전 훈련된 모델로 피스타치오 품종 분류하기

먼저 이미지넷 데이터셋으로 사전 훈련된 모델인 EfficientNet으로 1,000개의 클래스에 속해 있지 않은 피스타치오 이미지를 분류해 보겠습니다. 이번에는 캐글에 공개된 피스타치오 **이미지 데이터셋**[10]을 활용해 볼 텐데요. 이 데이터셋에는 다음과 같이 1,232개의 키르미지 피스타치오와 916개의 시이리트 피스타치오, 두 종류의 사진이 있습니다.

01 캐글 페이지에서 직접 피스타치오 이미지 데이터셋을 다운로드해도 되지만 학습의 편의를 위해 구글 드라이브에 데이터셋을 올려 놓았습니다. [03-3.ipynb] 노트 하단에 코드를 추가해 피스타치오 이미지 데이터셋을 구글 드라이브에서 다운로드하고, 파이썬으로 읽어들입니다.

```
01  !gdown 10bnEC6-ZfXZFZ2mb3zoWd38TjYufanWo
02  !unzip -q Pistachio_Image_Dataset.zip
```

[10] https://www.kaggle.com/datasets/muratkokludataset/pistachio-image-dataset

> **실행결과** Downloading...
> From: https://drive.google.com/uc?id=10bnEC6-ZfXZFZ2mb3zoWd38TjYufanWo
> To: /content/Pistachio_Image_Dataset.zip
> 100% 25.9M/25.9M [00:00<00:00, 158MB/s]

02 다운로드한 'Pistachio_Image_Dataset.zip' 파일의 압축을 풀면 키르미지 피스타치오 이미지가 있는 [Kirmizi_Pistachio] 폴더와 시이리트 피스타치오 이미지가 있는 [Siirt_Pistachio] 폴더로 나뉘어 있는데요. 피스타치오 이미지를 하나 선택해 크기를 한번 확인해 보겠습니다.

```
01  pistachio_sample = np.array(Image.open
02  ('Pistachio_Image_Dataset/Kirmizi_Pistachio/kirmizi (1).jpg'))
03  pistachio_sample.shape
```

> **실행결과** (600, 600, 3)

03 피스타치오 데이터는 600×600 크기의 컬러 이미지군요. 우연찮게 **EfficientNetB7**의 입력 크기와 같습니다. 케라스에 내장된 **EfficientNetB7** 클래스를 사용해 이 피스타치오 샘플에 대한 예측을 수행해 보죠.

```
01  efficientb7 = keras.applications.EfficientNetB7()
02  predictions = efficientb7.predict(pistachio_sample[np.newaxis,:])
03  efficientnet.decode_predictions(predictions)
```

> **실행결과** Downloading data from https://storage.googleapis.com/keras-applications/efficientnetb7.h5
> 268326632/268326632 [==============================] - 1s 0us/step
> 1/1 [==============================] - 9s 9s/step
> [[('n01950731', 'sea_slug', 0.23482268),
>   ('n01924916', 'flatworm', 0.20674507),
>   ('n01943899', 'conch', 0.086223796),
>   ('n01945685', 'slug', 0.0850055),
>   ('n01955084', 'chiton', 0.028243236)]]

어이쿠! 이 모델은 샘플로 입력한 피스타치오 이미지를 '바다 민달팽이(sea slug)'나 '편형동물(flatworm)'로 인식하는 것 같습니다. 확실히 이미지넷 데이터셋에서 훈련된 모델은 이미지넷 데이터셋에 포함되어 있지 않은 피스타치오 이미지를 분류하는 데에는 적절하지 않은 것 같군요.

전이 학습으로 피스타치오 품종 분류하기

> **☑ 개념 체크** | 케라스의 image_dataset_from_directory() 함수와 RMSprop 옵티마이저
>
> 케라스의 **image_dataset_from_directory() 함수**를 사용하면 로컬 디렉토리에 폴더별로 나뉘어 있는 이미지를 간편하게 로드할 수 있습니다. 특히 이미지가 여러 하위 폴더로 분류되어 있을 때 유용하며, 각각의 하위 폴더가 클래스 레이블을 나타낸다고 가정합니다. 기본적으로 폴더의 이름 순으로 클래스 레이블을 부여합니다. 다양한 매개변수를 지정하는데, 각각 다음과 같은 기능을 포함하고 있습니다.
>
> - **directory:** 첫 번째 매개변수는 이미지 폴더가 들어 있는 폴더의 최상위 디렉토리 경로를 지정합니다.
> - **labels:** 레이블을 어떻게 할당할지 결정하며, 기본값인 inferred로 지정하면 각 하위 폴더의 이름을 자동으로 레이블로 사용합니다.
> - **image_size:** 모델에 입력하기 전에 원하는 입력의 크기를 (높이, 너비)의 형태로 지정하면 이미지 크기를 자동으로 변환해 줍니다.
> - **batch_size:** 모델 학습 한 번에 처리할 이미지 개수를 결정하며, 기본값은 32입니다.
> - **shuffle:** 데이터셋을 섞을지의 여부를 설정하며, 기본값은 True입니다. 데이터의 순서를 랜덤하게 만들어 과대적합을 방지합니다.
> - **validation_split:** 읽어들인 데이터를 훈련 세트와 검증 세트로 나누어 전달합니다. 전체 데이터에서 검증 세트로 떼어낼 비율을 지정합니다.
> - **subset:** image_dataset_from_directory() 함수가 훈련 세트와 검증 세트 중 어떤 것을 반환할지를 지정합니다. 여기서는 두 데이터셋을 모두 반환하기 위해 지정합니다. 둘 중 하나만 반환하려면 train 또는 validation, 훈련 세트와 검증 세트를 둘 다 반환하려면 both로 지정합니다.
> - **seed:** 매개변수 shuffle이나 validation_split과 함께 사용하며 데이터 셔플이나 분할의 일관성을 유지합니다. 만약 매개변수 shuffle을 True로 설정하고 매개변수 seed를 123과 같은 값으로 지정하면 데이터셋을 로드할 때마다 셔플의 순서가 동일하게 적용됩니다. 이는 코드의 실행 환경이 다르거나 여러 번 실행되는 경우에도 항상 같은 데이터 순서를 보장합니다. 또한 validation_split과 함께 사용해 매번 동일하게 훈련 세트와 검증 세트가 나뉘도록 보장함으로써 모델 평가가 반복적으로 일관되게 이루어지도록 돕습니다.
>
> **RMSprop(Root Mean Square Propagation) 옵티마이저**는 복잡하고 노이즈가 있는 데이터셋에서 학습률을 조정해 학습의 안정성을 높이고, 각각의 매개변수 업데이트를 조절하는 알고리즘을 말합니다. 각각의 매개변수들은 모델의 학습 속도와 안정성을 조절하는 데 사용됩니다. 자세한 설명은 『핸즈온 머신러닝(3판)』(한빛미디어, 2023)을 참고하세요.

전이 학습을 수행하려면 사전 훈련된 EfficientNet 모델이 추출한 특성 맵을 사용하면서 모델의 분류를 담당하는 마지막 부분의 몇 개 층을 새로운 층으로 갈아 끼워야 합니다. 피스타치오 이미지 분류를 위해 기존 EfficientNet 모델의 마지막 역 잔차 블록 다음에 이어지는 합성곱층에서부터 마지막 밀집층을 삭제하고, 새로운 밀집층을 추가하는 것입니다. 합성곱 신경망에서는 이렇게 모델의 합성곱층 또는 합성곱 블록에서 생성한 특성 맵을 사용해 분류 작업을 수행하는 층들을 **분류층**

classification layer 또는 **분류기**classifier라고 부릅니다. 앞서 2절에서 구현한 EfficientNet 모델의 그림으로 확인해 보면 이해가 더 쉬울 것입니다.

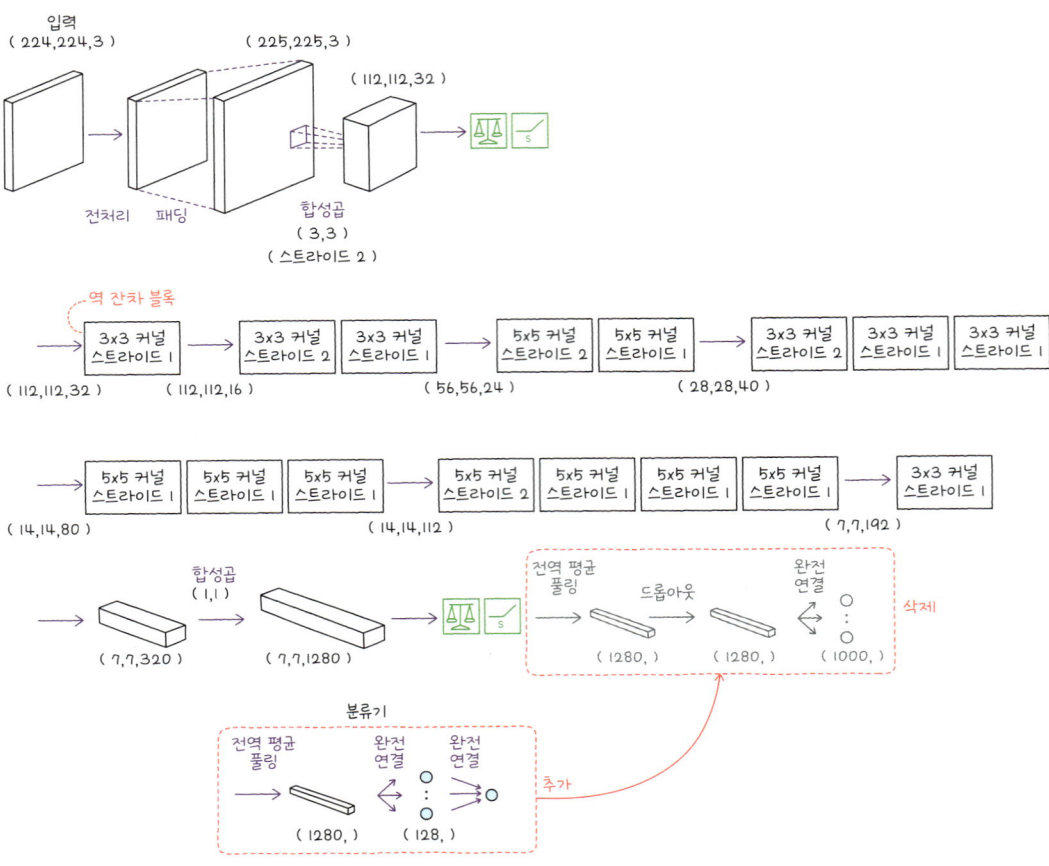

케라스에 내장된 사전 훈련된 모델은 분류기를 제외할 수 있도록 `include_top` 매개변수를 제공합니다. 예를 들어 `EfficientNetB0` 클래스를 임포트할 때 `include_top` 매개변수를 False로 지정하면 그림과 같이 기존 EfficientNet 모델의 역 잔차 블록까지만 가져올 수 있습니다. 이를 종종 **베이스 모델**base model이라고 부릅니다.

> note `include_top` 매개변수의 기본값은 True입니다.

밀집층은 입력에 따라서 가중치 크기가 결정됩니다. 그래서 사전 훈련된 모델에 밀집층이 있을 때 신경망의 입력 크기를 바꾸면 오류가 발생합니다. 즉, 사전에 결정된 입력의 크기에 따라 밀집층의 가중치가 훈련되어 있기 때문에 다른 크기의 입력을 전달하면 가중치와 점곱을 수행할 수 없습니다. 하지만 `include_top` 매개변수를 False로 지정해 밀집층이 있는 부분을 빼고 모델을 가져오면 신경망에 다른 입력을 전달해도 문제가 되지 않습니다. 다만, 마지막 역 잔차 블록의 크기만 달라질 뿐이죠. `EfficientNetB0` 클래스는 기본적으로 입력 크기가 (224, 224, 3)일 것이라고 가정합니다. 여기에 앞에서 확인했던 (600, 600, 3) 크기의 피스타치오 이미지를 전달해 보겠습니다. 그 다음 전이 학습으로 훈련된 EfficientNet 모델로 같은 이미지를 테스트해 보죠.

01 EfficientNet을 베이스 모델로 사용하기 위해 `include_top` 매개변수를 `False`로 지정해 `EfficientNetB0` 클래스를 임포트하고, 피스타치오 샘플 이미지 데이터의 특성 맵을 추출합니다. 이렇게 사전 훈련된 모델의 베이스 모델을 사용하면 다양한 입력을 처리할 수 있습니다.

```
01  keras_efficientb0_base = keras.applications.EfficientNetB0(
02      include_top=False)
03  feature_map = keras_efficientb0_base(pistachio_sample[np.newaxis,:])
04  feature_map.shape
```

03 EfficientNetB0 클래스에 (224, 224, 3) 크기의 입력을 전달하면 마지막 역 잔차 블록의 출력 크기는 (7, 7, 320)이지만 (600, 600, 3) 크기의 피스타치오 이미지 입력을 전달하니 (18, 18, 1280)으로 커졌습니다.

> **실행결과**
> ```
> Downloading data from https://storage.googleapis.com/keras-applications/
> efficientnetb0_notop.h5
> 16705208/16705208 [==============================] - 0s 0us/step
> TensorShape([1, 18, 18, 1280])
> ```

02 베이스 모델에 새로운 분류기를 붙이기 전에 피스타치오 이미지를 **텐서플로 데이터셋**TensorFlow Dataset으로 로드해 보겠습니다. 케라스의 `image_dataset_from_directory()` 함수를 사용하면 로컬 디렉토리에 폴더별로 나뉘어 있는 이미지를 간편하게 로드할 수 있습니다.

```
01  train_ds, val_ds = keras.utils.image_dataset_from_directory(
02      'Pistachio_Image_Dataset', image_size=(224, 224), batch_size=16,
03      validation_split=0.2, subset='both', seed=42
04  )
```

01 `image_dataset_from_directory()` 함수는 기본적으로 폴더의 이름 순으로 클래스 레이블을 부여하기 때문에 [Kirmizi_Pistachio] 폴더에 있는 이미지는 클래스 0이 되고, [Siirt_Pistachio] 폴더에 있는 이미지는 클래스 1이 됩니다.

02 두 개의 이미지 폴더가 들어 있는 상위 폴더의 이름을 첫 번째 매개변수로 지정합니다. 베이스 모델은 600×600 크기의 입력도 처리할 수 있지만 코랩에서의 실행을 위해 입력 크기(image_size)를 224×224로 줄이고, batch_size 역시 코랩의 메모리 부족 문제를 피하기 위해 16으로 지정합니다.

03 validation_split으로 전체 데이터에서 검증 세트로 떼어 낼 비율을 0.2로 지정하고, subset을 'both'로 지정해 훈련 세트와 검증 세트를 모두 반환하도록 설정합니다. 마지막으로 매개변수 seed를 난수 초깃값으로 지정해 함수를 반복하여 호출해도 동일한 훈련 세트와 검증 세트를 얻을 수 있도록 설정합니다.

실행결과
```
Found 2148 files belonging to 2 classes.
Using 1719 files for training.
Using 429 files for validation.
```

> **note** 여기서는 간단한 예제로 만들기 위해 테스트 세트를 사용하지 않았습니다. 만약 테스트 세트를 따로 떼어 내려면 간단한 스크립트를 작성하여 랜덤하게 피스타치오 이미지 일부를 골라 별도의 폴더로 옮기세요.

03 모델을 만들어 훈련할 때 `keras_efficientb0_base`의 가중치가 함께 변경되면 이미지넷에서 사전 훈련된 특성을 제대로 활용하지 못할 수 있습니다. 이를 막기 위해 다음과 같이 케라스 층에서 제공하는 `trainable` 속성을 False로 지정합니다.

```
01  keras_efficientb0_base.trainable = False
```

04 베이스 모델에 전역 평균 풀링층과 밀집층 두 개를 추가하여 피스타치오 이미지 분류를 위한 모델을 만들어 보겠습니다.

```
01  inputs = keras.Input(shape=(224, 224, 3))
02  x = keras_efficientb0_base(inputs)
03  x = layers.GlobalAveragePooling2D()(x)
04  x = layers.Dense(128, activation='relu')(x)
05  outputs = layers.Dense(1, activation='sigmoid')(x)
06  model = keras.Model(inputs, outputs)
```

03 keras_efficientb0_base의 출력을 전역 평균 풀링층을 사용해 1차원으로 압축합니다.
04 128개의 유닛을 가진 밀집층을 통과시킵니다.
05 이진 분류의 문제이므로 마지막 밀집층의 유닛은 한 개이고, 활성화 함수는 시그모이드 함수를 사용합니다.

05 RMSprop 옵티마이저와 'binary_crossentropy' 손실 함수를 사용하고, 훈련 세트와 검증 세트를 지정해 20번의 에포크 동안 모델을 훈련합니다. [실행결과]를 보니 피스타치오 품종을 97%에 가까운 정확도로 분류하고 있습니다.

```
01  rmsprop = keras.optimizers.RMSprop(learning_rate=5e-5)
02  model.compile(optimizer=rmsprop, loss='binary_crossentropy',
03                metrics=['accuracy'])
04  hist = model.fit(train_ds, epochs=20, validation_data=val_ds)
```

01 학습률(learning_rate)을 다소 낮은 값이라 할 수 있는 5e-5로 지정해 모델이 손실을 최소화하는 방향으로 업데이트합니다.

02 이진 분류이므로 손실 함수를 'binary_crossentropy'로 지정합니다.

실행결과
```
Epoch 1/20
108/108 ─────────── 21s 117ms/step - loss: 0.4900 - accuracy: 0.8162 - val_loss: 0.3636 - val_accuracy: 0.9091
Epoch 2/20
108/108 ─────────── 8s 67ms/step - loss: 0.3210 - accuracy: 0.9092 - val_loss: 0.2555 - val_accuracy: 0.9301
Epoch 3/20
108/108 ─────────── 5s 44ms/step - loss: 0.2442 - accuracy: 0.9290 - val_loss: 0.2001 - val_accuracy: 0.9441
Epoch 4/20
108/108 ─────────── 6s 57ms/step - loss: 0.1959 - accuracy: 0.9453 - val_loss: 0.1685 - val_accuracy: 0.9534
Epoch 5/20
108/108 ─────────── 5s 48ms/step - loss: 0.1645 - accuracy: 0.9523 - val_loss: 0.1442 - val_accuracy: 0.9580
Epoch 6/20
108/108 ─────────── 5s 45ms/step - loss: 0.1413 - accuracy: 0.9639 - val_loss: 0.1291 - val_accuracy: 0.9650
Epoch 7/20
108/108 ─────────── 6s 55ms/step - loss: 0.1267 - accuracy: 0.9639 - val_loss: 0.1181 - val_accuracy: 0.9720
Epoch 8/20
108/108 ─────────── 5s 48ms/step - loss: 0.1151 - accuracy: 0.9651 - val_loss: 0.1075 - val_accuracy: 0.9697
Epoch 9/20
108/108 ─────────── 5s 45ms/step - loss: 0.1036 - accuracy: 0.9686 - val_loss: 0.1017 - val_accuracy: 0.9674
```

```
Epoch 10/20
108/108 ──────────────── 6s 57ms/step - loss: 0.0936 - accuracy:
0.9756 - val_loss: 0.0950 - val_accuracy: 0.9744
Epoch 11/20
108/108 ──────────────── 5s 44ms/step - loss: 0.0891 - accuracy:
0.9744 - val_loss: 0.0903 - val_accuracy: 0.9767
Epoch 12/20
108/108 ──────────────── 6s 50ms/step - loss: 0.0818 - accuracy:
0.9761 - val_loss: 0.0861 - val_accuracy: 0.9767
Epoch 13/20
108/108 ──────────────── 5s 45ms/step - loss: 0.0798 - accuracy:
0.9744 - val_loss: 0.0830 - val_accuracy: 0.9744
Epoch 14/20
108/108 ──────────────── 6s 57ms/step - loss: 0.0739 - accuracy:
0.9785 - val_loss: 0.0795 - val_accuracy: 0.9744
Epoch 15/20
108/108 ──────────────── 5s 44ms/step - loss: 0.0718 - accuracy:
0.9767 - val_loss: 0.0768 - val_accuracy: 0.9744
Epoch 16/20
108/108 ──────────────── 7s 60ms/step - loss: 0.0688 - accuracy:
0.9802 - val_loss: 0.0748 - val_accuracy: 0.9767
Epoch 17/20
108/108 ──────────────── 5s 45ms/step - loss: 0.0642 - accuracy:
0.9785 - val_loss: 0.0732 - val_accuracy: 0.9767
Epoch 18/20
108/108 ──────────────── 5s 48ms/step - loss: 0.0567 - accuracy:
0.9831 - val_loss: 0.0716 - val_accuracy: 0.9744
Epoch 19/20
108/108 ──────────────── 6s 53ms/step - loss: 0.0588 - accuracy:
0.9808 - val_loss: 0.0701 - val_accuracy: 0.9790
Epoch 20/20
108/108 ──────────────── 5s 44ms/step - loss: 0.0570 - accuracy:
0.9837 - val_loss: 0.0692 - val_accuracy: 0.9790
```

06 마지막으로 hist 객체에 저장된 손실과 정확도를 그래프로 그려서 모델의 성능을 시각화할 수 있습니다.

```
01  import matplotlib.pyplot as plt
02
03  fig, axs = plt.subplots(1, 2, figsize=(12, 4))
```

```
04  axs[0].plot(range(1, 21), hist.history['loss'], label='loss')
05  axs[0].plot(range(1, 21), hist.history['val_loss'], label='val_loss')
06  axs[0].set_xticks(range(1, 21))
07  axs[0].set_xlabel('epoch')
08  axs[0].set_ylabel('loss')
09  axs[0].legend()
10  axs[1].plot(range(1, 21), hist.history['accuracy'], label='accuracy')
11  axs[1].plot(range(1, 21), hist.history['val_accuracy'],
12              label='val_accuracy')
13  axs[1].set_xticks(range(1, 21))
14  axs[1].set_xlabel('epoch')
15  axs[1].set_ylabel('accuracy')
16  axs[1].legend()
17  plt.show()
```

실행결과

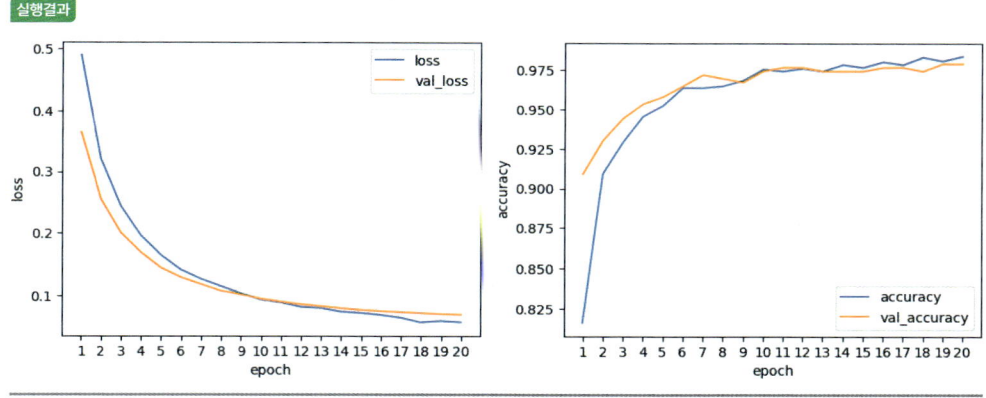

케라스에서 제공하는 사전 훈련된 모델 EfficientNet을 사용해 피스타치오 이미지 분류 모델을 성공적으로 훈련했습니다. 이 실습을 통해 볼 수 있듯이 전이 학습은 대규모 데이터셋에서 훈련된 신경망을 문제에 적용할 수 있는 아주 유용한 방법입니다. 이미지 처리 분야뿐만 아니라 텍스트를 처리할 때도 널리 사용되는 기법입니다.

note 베이스 모델을 동결하지 않고 함께 훈련하는 방법도 있습니다. 훈련 데이터가 충분하다면 베이스 모델의 일부 층을 동결하지 않고, 새로 추가된 분류층과 함께 훈련할 수 있습니다. 이를 **미세 튜닝**(fine tuning)이라고 합니다.

미니 프로젝트   캐글 모델로 피스타치오 품종 분류하기

본문에서 실습했던 케라스 제공 EfficientNetB0 모델을 사용한 전이 학습을 캐글 모델 사이트 (https://www.kaggle.com/models/tensorflow/efficientnet/)에 있는 EfficientNetB0 모델[11]로 수행해 보세요. 베이스 모델을 얻으려면 EfficientNet V1에 해당하는 항목 [efficientnet]의 상세 페이지 하단에 있는 [Model Variations] 섹션의 [TensorFlow 2] – [VARIATION] 목록에서 앞서 선택했던 [b0-classification] 대신 [b0-feature-vector]를 선택해야 합니다.

note 캐글 모델 사이트에서 [VARIATION] 목록을 선택하는 내용은 179쪽 03 내용을 참고하세요.

캐글에서 제공하는 EfficientNet은 입력 값을 255로 나누어 0~1 사이의 값으로 정규화해야 한다는 점을 기억하세요. b0-feature-vector는 EfficientNetB0 모델의 전역 풀링층의 출력을 반환하기 때문에 추가로 전역 풀링층을 추가하여 차원을 축소할 필요가 없습니다.

또한 텐서플로 허브의 **KerasLayer()** 클래스는 기본적으로 반환된 층의 가중치를 동결합니다. 그러므로 별도로 반환된 층의 가중치를 동결하지 않아도 됩니다. 모델을 만들고 피스타치오 데이터셋에서 훈련한 후 훈련 세트와 검증 세트에 대한 손실과 정확도 그래프를 그려 보세요.

note 만약 KerasLayer()로 가중치가 동결되지 않은 층을 만들려면 trainable 매개변수를 True로 지정하세요.

캐글 모델에 있는 EfficientNet의 b0-feature-vector 옵션은 다음 그림과 같이 전역 풀링층의 출력을 반환합니다. 이 출력의 크기는 (1280,)이므로 별도로 차원을 변환할 필요가 없습니다. 여기서는 b0-feature-vector의 출력 다음에 128개의 유닛을 가진 밀집층과 하나의 유닛으로 최종 분류를 수행하는 밀집층을 추가하겠습니다.

[11] https://www.kaggle.com/models/tensorflow/efficientnet/

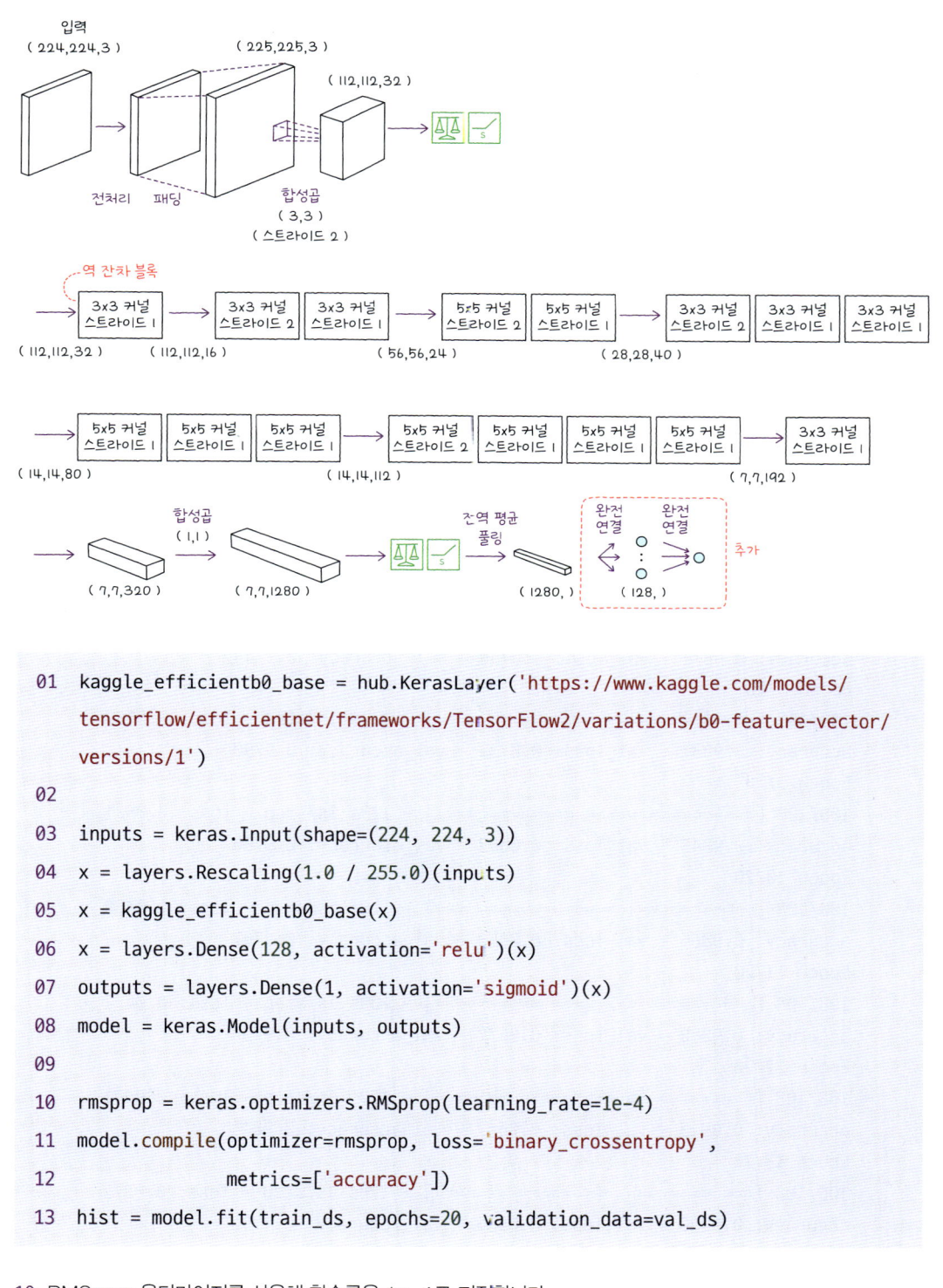

```
01  kaggle_efficientb0_base = hub.KerasLayer('https://www.kaggle.com/models/
    tensorflow/efficientnet/frameworks/TensorFlow2/variations/b0-feature-vector/
    versions/1')
02
03  inputs = keras.Input(shape=(224, 224, 3))
04  x = layers.Rescaling(1.0 / 255.0)(inputs)
05  x = kaggle_efficientb0_base(x)
06  x = layers.Dense(128, activation='relu')(x)
07  outputs = layers.Dense(1, activation='sigmoid')(x)
08  model = keras.Model(inputs, outputs)
09
10  rmsprop = keras.optimizers.RMSprop(learning_rate=1e-4)
11  model.compile(optimizer=rmsprop, loss='binary_crossentropy',
12                metrics=['accuracy'])
13  hist = model.fit(train_ds, epochs=20, validation_data=val_ds)
```

10 RMSprop 옵티마이저를 사용해 학습률을 1e-4로 지정합니다.

03~17 그외 손실 함수와 측정 지표, 에포크 등은 본문 내용과 동일합니다.

실행결과
```
Epoch 1/20
108/108 [==============================] - 124s 1s/step - loss: 0.3673 - accuracy: 0.8755 - val_loss: 0.2306 - val_accuracy: 0.9347
Epoch 2/20
108/108 [==============================] - 129s 1s/step - loss: 0.1836 - accuracy: 0.9517 - val_loss: 0.1547 - val_accuracy: 0.9510
Epoch 3/20
108/108 [==============================] - 129s 1s/step - loss: 0.1296 - accuracy: 0.9645 - val_loss: 0.1188 - val_accuracy: 0.9674
Epoch 4/20
108/108 [==============================] - 129s 1s/step - loss: 0.1023 - accuracy: 0.9715 - val_loss: 0.1027 - val_accuracy: 0.9720
Epoch 5/20
108/108 [==============================] - 109s 1s/step - loss: 0.0853 - accuracy: 0.9744 - val_loss: 0.1064 - val_accuracy: 0.9650
Epoch 6/20
108/108 [==============================] - 108s 1s/step - loss: 0.0743 - accuracy: 0.9761 - val_loss: 0.0904 - val_accuracy: 0.9697
Epoch 7/20
108/108 [==============================] - 108s 1s/step - loss: 0.0646 - accuracy: 0.9837 - val_loss: 0.0798 - val_accuracy: 0.9744
Epoch 8/20
108/108 [==============================] - 127s 1s/step - loss: 0.0580 - accuracy: 0.9837 - val_loss: 0.0732 - val_accuracy: 0.9790
Epoch 9/20
108/108 [==============================] - 129s 1s/step - loss: 0.0531 - accuracy: 0.9843 - val_loss: 0.0683 - val_accuracy: 0.9790
Epoch 10/20
108/108 [==============================] - 128s 1s/step - loss: 0.0488 - accuracy: 0.9866 - val_loss: 0.0650 - val_accuracy: 0.9767
Epoch 11/20
108/108 [==============================] - 109s 1s/step - loss: 0.0437 - accuracy: 0.9889 - val_loss: 0.0677 - val_accuracy: 0.9790
Epoch 12/20
108/108 [==============================] - 129s 1s/step - loss: 0.0401 - accuracy: 0.9913 - val_loss: 0.0641 - val_accuracy: 0.9814
Epoch 13/20
108/108 [==============================] - 128s 1s/step - loss: 0.0372 - accuracy: 0.9930 - val_loss: 0.0586 - val_accuracy: 0.9790
Epoch 14/20
108/108 [==============================] - 106s 979ms/step - loss: 0.0350 - accuracy: 0.9884 - val_loss: 0.0567 - val_accuracy: 0.9790
```

```
Epoch 15/20
108/108 [==============================] - 130s 1s/step - loss: 0.0324 - accuracy: 0.9924 - val_loss: 0.0557 - val_accuracy: 0.9790
Epoch 16/20
108/108 [==============================] - 109s 1s/step - loss: 0.0298 - accuracy: 0.9924 - val_loss: 0.0542 - val_accuracy: 0.9790
Epoch 17/20
108/108 [==============================] - 109s 1s/step - loss: 0.0284 - accuracy: 0.9930 - val_loss: 0.0536 - val_accuracy: 0.9790
Epoch 18/20
108/108 [==============================] - 129s 1s/step - loss: 0.0262 - accuracy: 0.9930 - val_loss: 0.0527 - val_accuracy: 0.9837
Epoch 19/20
108/108 [==============================] - 129s 1s/step - loss: 0.0247 - accuracy: 0.9948 - val_loss: 0.0526 - val_accuracy: 0.9837
Epoch 20/20
108/108 [==============================] - 109s 1s/step - loss: 0.0225 - accuracy: 0.9948 - val_loss: 0.0520 - val_accuracy: 0.9837
```

놀랍군요. 피스타치오의 품종을 99%가 넘는 정확도로 분류하고 있습니다. `fit()` 메서드가 반환한 `hist` 객체를 사용해 손실과 정확도 그래프도 확인해 봅시다.

```
01  fig, axs = plt.subplots(1, 2, figsize=(12, 4))
02  axs[0].plot(range(1, 21), hist.history['loss'], label='loss')
03  axs[0].plot(range(1, 21), hist.history['val_loss'], label='val_loss')
04  axs[0].set_xticks(range(1, 21))
05  axs[0].set_xlabel('epoch')
06  axs[0].set_ylabel('loss')
07  axs[0].legend()
08  axs[1].plot(range(1, 21), hist.history['accuracy'], label='accuracy')
09  axs[1].plot(range(1, 21), hist.history['val_accuracy'], label='val_accuracy')
10  axs[1].set_xticks(range(1, 21))
11  axs[1].set_xlabel('epoch')
12  axs[1].set_ylabel('accuracy')
13  axs[1].legend()
14  plt.show()
```

실행결과

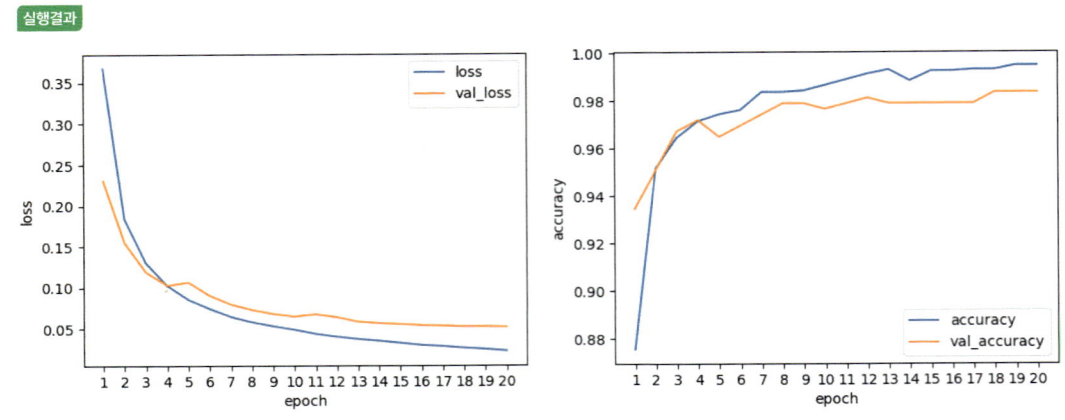

캐글에서는 이외에도 다양한 신경망 구조에 대한 사전 훈련된 모델을 많이 제공하고 있습니다. 여기서 구현해 본 EfficientNet 외에도 다양한 모델을 바꿔 가며 다양한 모델 구현을 실습해 보세요. 이런 노력이 딥러닝 실력을 키우는 데 큰 도움이 될 것입니다.

마무리

3절에서는 케라스에서 제공하는 EfficientNet 모델을 사용해 전이 학습을 수행해 봤습니다. 전이 학습을 통해 피스타치오 이미지를 훌륭하게 분류하는 모델을 비교적 간단하게 구현했고, 텐서플로 허브와 캐글 모델을 활용한 전이 학습도 경험해 봤습니다. 이어질 4장에서는 그 분야를 확장해 자연어 처리에서 혁신적인 성과를 보인 트랜스포머의 개념에 대해 이해해 보고, 허깅페이스 모델을 사용하는 방법까지 자세히 알아보겠습니다.

▶ 키워드로 정리하는 핵심 포인트

- **텐서플로 허브**는 사전 훈련된 모델을 제공하는 저장소이자 라이브러리입니다. 최근에는 텐서플로 허브의 모델 저장소 역할이 캐글로 이전되어 라이브러리만 남았습니다. 텐서플로 허브 라이브러리를 사용하면 간편하게 캐글에 공개된 모델을 케라스 모델이나 층으로 통합할 수 있습니다.

- **허깅페이스**는 트랜스포머 기반의 자연어 처리 모델을 공유하는 플랫폼으로 시작했습니다. 이후 모델을 쉽게 사용할 수 있는 transformers 라이브러리를 공개하면서 대표적인 자연어 처리 분야의 모델 허브로 자리매김했는데요. 현재는 자연어 처리뿐만 아니라 컴퓨터 비전을 포함한 머신러닝 분야의 전반에 걸쳐 다양한 모델과 도구를 제공하고 있습니다.

- **전이 학습**은 당면한 문제에 사전 훈련된 모델을 적용하는 매우 유용한 기법으로, 컴퓨터 비전 분야에서 널리 사용됩니다. 케라스에서 사전 훈련된 모델의 분류층을 제외한 베이스 모델을 임포트한 다음, 현재 문제에 잘 맞는 분류층을 추가합니다. 그리고 베이스 모델의 가중치를 동결하고 주어진 데이터셋으로 모델을 훈련합니다. 이렇게 하면 이미지넷 데이터셋에서 훈련된 베이스 모델의 특성을 추출하는 성능을 활용한 높은 수준의 이미지 분류 모델을 비교적 손쉽게 얻을 수 있습니다.

Chapter 04

트랜스포머 인코더 모델로 텍스트 감성 분류하기

학습목표

- 자연어 처리 분야를 혁신한 어텐션 메커니즘과 대규모 언어 모델의 성공을 이끈 트랜스포머 구조에 대해 알아봅니다.
- 트랜스포머 구조 중에서 인코더만 사용한 대규모 언어 모델인 BERT와 토크나이저에 대해 배웁니다.
- KerasNLP와 허깅페이스 transformers 라이브러리를 사용한 자연어 처리 분야의 전이 학습에 대해 알아봅니다.
- BERT의 훈련 방법을 개선하여 성능을 높인 RoBERTa와 DistilBERT 모델에 대해 배웁니다.

챕터 미리보기

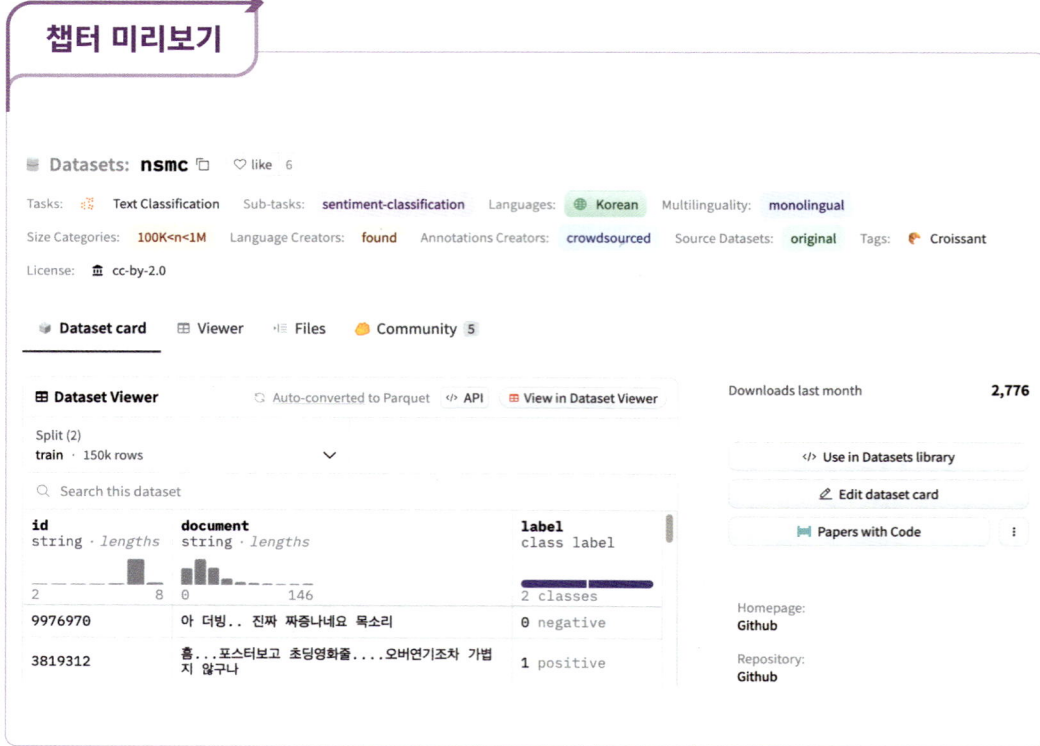

▲ 트랜스포머 기반 대규모 언어 모델로 영화 리뷰 텍스트의 감성 분석하기

❶ 트랜스포머 인코더

순환 신경망을 사용하지 않고 어텐션 메커니즘만 사용한 딥러닝 모델인 트랜스포머 인코더 모델을 구현해 본다.

❷ 텍스트 분류 모델

트랜스포머 인코더만 사용한 대표적인 모델인 BERT로 Keras NLP와 허깅페이스 모델 저장소에서 제공하는 트랜스포머 인코더 모델을 경험해 본다.

❸ 모델의 성능 개선

BERT를 기반으로 만든 대규모 언어 모델인 RoBERTa와 Distil BERT, DistilBERT에 대해 알아본다.

04-1 트랜스포머 인코더 모델 이해하기

최근 자연어 처리 분야의 성공을 이끈 트랜스포머의 핵심 구성 요소인 어텐션 메커니즘과 위치 인코딩, 층 정규화 등을 차례로 살펴보고, 이들을 조합한 트랜스포머 인코더 모델을 구현해 봅시다.

❶ 트랜스포머 인코더

❷ 텍스트 분류 모델

❸ 모델의 성능 개선

시작하기 전에

트랜스포머transformer는 문장이나 소리 등 순서가 있는 데이터에서 중요한 부분을 자동으로 찾아내 데이터를 처리하는 딥러닝 모델을 말합니다. 트랜스포머는 기존에 이러한 시간적 의존성을 다루기 위해 사용했던 **순환 신경망(RNN)** Recurrent Neural Network 의 순차적인 처리 방식과는 달리, 모든 데이터를 동시에(병렬로) 처리해 RNN보다 훨씬 빠르고 효율적으로 학습할 수 있습니다. 트랜스포머 모델은 데이터를 이해하는 단계인 **인코더**encoder와 인코더가 이해한 내용을 바탕으로 결과를 생성하는 단계인 **디코더**decoder 구조로 이루어져 있는데요. 트랜스포머를 한빛 마켓에 적용해 볼까요?

입소문을 탄 한빛 마켓은 미국, 독일, 중국 등 다양한 해외 구매자들이 업로드한 후기까지 처리해야 하는 상황이 되었습니다. 한빛 마켓은 이제 다양한 언어로 입력된 문장을 이해하고, 그 의미를 파악해 내는 트랜스포머 모델이 필요합니다. 이번에는 텍스트 처리 분야에서 RNN의 성능을 뛰어넘은 트랜스포머에 대해 알아보겠습니다.

어텐션 메커니즘

트랜스포머의 핵심은 **어텐션**attention이라는 개념에 있습니다. **어텐션 메커니즘**attention mechanism은 모델에 입력된 데이터의 모든 단어들 중 특정 단어와 관련이 높은 단어에 집중해 데이터를 처리하도록 설계된 기법입니다. **셀프 어텐션**self-attention이란 어텐션 메커니즘의 한 방식으로, 문장의 모든 단어가 서로를 참고해 각각 다른 단어와의 관련성을 파악(계산)하는 방법입니다. 그리고 **멀티 헤드 어텐션**multi-head attention이란 여러 개의 셀프 어텐션(헤드)을 동시에 수행해 이 관련성을 다양한 관점에서 더 깊게 이해할 수 있도록 확장한 방법이라고 할 수 있습니다.

어텐션 메커니즘은 2014년 발표된 논문[1]에서 처음 소개되었습니다. 특히 인코더-디코더 순환 신경망(RNN)을 사용하던 기계 번역의 성능을 높이기 위해 고안된 것인데요. 예를 들어 영어로 입력된 문장을 한국어로 번역하는 것처럼, 한 언어를 다른 언어의 문장으로 변환할 때 유용합니다.

> 기계 번역이란 사람이 사용하는 특정 언어(자연어)를 컴퓨터가 다른 언어로 번역하는 것을 말해요!

기계 번역에서 인코더 RNN은 먼저 입력된 문장을 처리하여 최종 **은닉 상태**hidden state로 만듭니다. 이를 종종 **문맥 벡터**context vector라고 부르는데, 문맥 벡터는 문장의 중요 정보가 담긴 일종의 요약본이라고 할 수 있습니다. 그 다음 디코더 RNN이 인코더로부터 받은 문맥 벡터를 사용해 새로운 문장, 즉 번역된 문장을 생성하는 것이죠.

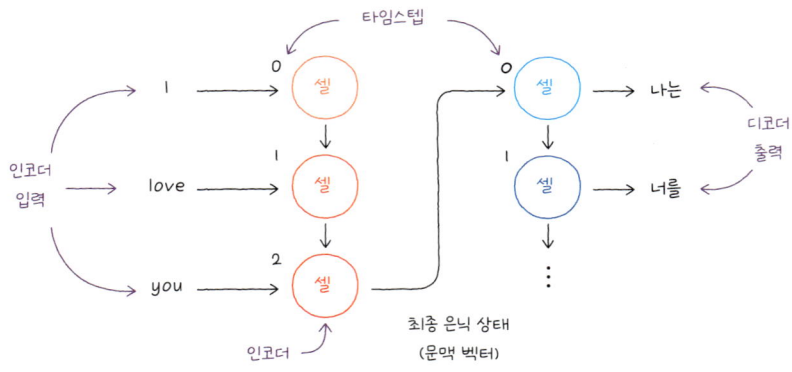

---

[1] Dzmitry Bahdanau 등. Neural Machine Translation by Jointly Learning to Align and Translate(2014).

> **여기서 잠깐**　'셀'과 '층'은 다른 개념인가요?
>
> 순환 신경망(RNN)에서는 신경망의 층(layer)을 종종 셀(cell)이라고 부릅니다. 또 셀의 출력을 은닉 상태라고 부르죠. 신경망의 구조마다 층을 부르는 이름이 조금씩 다를 수 있습니다. 하지만 기본 구조는 같습니다. 순환 신경망과 셀에 대한 자세한 내용은 『혼자 공부하는 머신러닝+딥러닝(개정판)』(한빛미디어, 2025)을 참고하세요.
>
>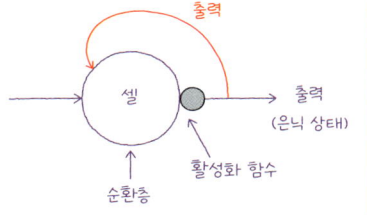

하지만 긴 문장일수록 정확한 번역이 어려울 수 있습니다. RNN은 긴 시퀀스의 텍스트를 잘 처리하도록 발전해왔지만 여전히 많은 한계를 가지고 있습니다. 특히 인코더에 입력되는 텍스트가 길수록 중요한 단어와 덜 중요한 단어가 섞여 있어, 문맥 벡터만으로는 오래된 단어의 정보를 기억하기가 힘듭니다. 이는 그레이디언트가 여러 **타임스텝** timestep에 걸쳐 전파되면서 점점 약해지기 때문입니다.

> note 타임스텝은 RNN이 하나하나의 단어를 시간의 순서에 따라 처리하는 과정을 의미합니다. RNN은 문장의 각 단어를 한 번에 하나씩 순서대로 처리하는데, 이때 각 단어를 처리하는 하나의 단계를 타임스텝이라고 부릅니다.

어텐션 메커니즘은 인코더의 마지막 타임스텝에서 얻은 은닉 상태뿐만 아니라, 인코더의 모든 은닉 상태를 디코더가 텍스트를 생성할 때마다 참고하도록 만듭니다. 문장에서 특히 중요한 단어들에 더 집중하도록 도와줌으로써 번역의 정확도를 높입니다. 디코더는 번역 문장을 만들 때 다음 그림과 같이 어텐션 메커니즘을 통해 어떤 단어에 주의(어텐션)를 기울여야 할지 결정합니다.

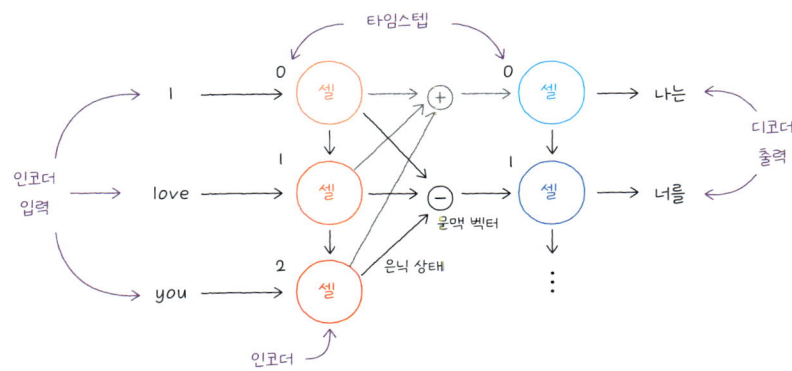

중요한 점은 디코더가 '모든' 타임스텝에서 인코더의 은닉 상태를 참고해 문맥 벡터(마지막 은닉 상태)를 만든다는 점입니다(이전 타임스텝의 문맥 벡터를 회색으로 표시했습니다). 그림의 예시처럼 인코더에 입력된 'I love you'라는 문장은 인코더의 어텐션 메커니즘을 통해 문맥 벡터를 생성하고, 디코더는 이 문맥 벡터를 활용해 '나는'과 '너를'이라는 단어를 차례대로 생성합니다. 어텐션 메커니즘의 문맥 벡터를 수식으로 살펴보면 이해가 더 쉽습니다.

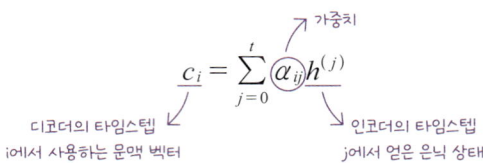

수식에서 볼 수 있듯이 디코더에서 사용하는 문맥 벡터는 인코더가 각 타임스텝에서 생성하는 모든 은닉 상태의 가중치 합입니다. 디코더는 인코더의 은닉 상태에 곱해지는 가중치인 α_{ij}를 통해 어떤 은닉 상태, 즉 어떤 단어에 주의를 기울일지를 결정할 수 있습니다. 물론 인코더의 은닉 상태에 곱해지는 가중치인 α_{ij}값 역시 다음과 같은 수식을 통해 훈련됩니다.

$$e_{ij} = V \tanh(W s_{i-1} + U h_j)$$

최종적으로 계산된 e_{ij}의 결과를 다음과 같은 소프트맥스 함수에 통과시켜 가중치 α_{ij}의 값을 얻습니다. 소프트맥스 함수를 사용했기 때문에 인코더의 각 은닉 상태에 대한 가중치 α_{ij}를 모두 더하면 1이 됩니다.

$$\alpha_{ij} = \frac{e^{e_{ij}}}{\sum_{k=1}^{t} e^{e_{jk}}}$$

이렇게 인코더의 은닉 상태와 디코더의 은닉 상태를 더하는 어텐션은 논문 발표자의 이름을 따서 **바흐다나우 어텐션**Bahdanau attention이라고 부르기도 하고, 인코더의 출력과 디코더의 은닉 상태를 더하기 때문에 **덧셈 어텐션**, 또는 **연결 어텐션**이라고도 부릅니다.

2015년에는 인코더의 최종 은닉 상태와 디코더의 은닉 상태를 더하는 것이 아니라 곱하는 방식으로 α_{ij}를 계산하는 새로운 어텐션이 발표되었는데요.[2] 이 어텐션은 논문 발표자의 이름을 따서 **루옹 어텐션**Luong attention 또는 **점곱 어텐션**이라고 부릅니다. 루옹 어텐션에서는 인코더와 디코더의 은닉 상태를 더하지 않고, 다음과 같이 점곱하여 e_{ij}값을 계산합니다.

$$e_{ij} = h_j^T \cdot s_i$$

---

[2] Minh-Thang Luong 등. Effective Approaches to Attention-Based Neural Machine Translation(2015).

케라스에서는 편리하게도 이 두 가지 방식의 어텐션 모두 layers.Attention 클래스로 제공합니다. Attention 클래스의 score_mode 매개변수의 기본값인 'dot'은 점곱 어텐션을 수행하고, score_mode 매개변수를 'concat', use_scale 매개변수를 'True'로 지정하면 덧셈 어텐션을 수행합니다. 우리가 알아볼 트랜스포머 모델은 점곱 어텐션을 사용하므로 다음 절에서 자세히 확인해 보겠습니다.

어텐션 메커니즘이 발표된 후 자연어 처리 분야에서는 LSTM ^{Long Short-Term Memory}이나 GRU ^{Gated Recurrent Unit} 층을 사용하는 순환 신경망에 어텐션을 추가하는 형태로 발전했습니다. 하지만 순환 신경망을 사용하기 때문에 여전히 입력되는 텍스트를 순차적으로 처리해야 했는데요.

> **note** LSTM과 GRU는 모두 RNN 모델의 한 종류입니다. LSTM은 긴 시퀀스를 처리할 때 초기 입력 정보를 잊어버리는 기본 RNN 모델의 장기 의존성 문제(Long-Term Dependency)를 해결하기 위해 설계되었으며, GRU는 LSTM의 간소화 버전이라고 할 수 있습니다. 이러한 RNN을 기반으로 한 접근법은 트랜스포머가 등장하며 다소 축소되었지만, 특정 도메인에서는 여전히 활용되고 있습니다.

2017년, 드디어 순환 신경망에 어텐션을 추가하는 것이 아니라 (순환 신경망 없이) 어텐션만으로 만드는 인코더-디코더 모델이 등장했습니다. 이 모델이 바로 **트랜스포머** ^{Transformer}입니다. 트랜스포머의 전체 구조는 다음 그림과 같이 나타낼 수 있습니다.

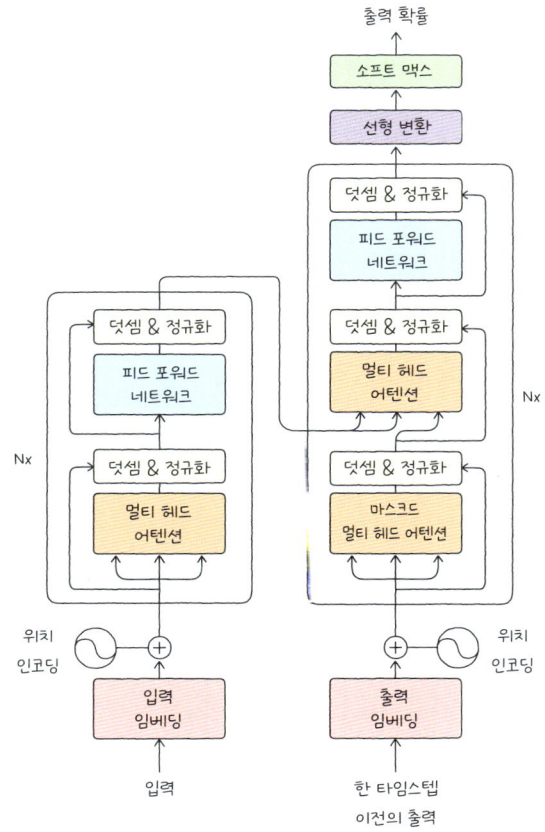

트랜스포머의 구조가 다소 복잡해 보일 수 있지만 차근차근 각각의 구성 요소를 하나씩 배우고 나면 전체 구조를 이해하는 것이 어렵지 않을 것입니다. 그럼 본격적으로 어텐션 메커니즘 중 하나인 셀프 어텐션부터 자세히 알아보겠습니다.

셀프 어텐션

앞서 살펴봤듯이 기본 어텐션 메커니즘은 입력된 문장을 처리한 인코더의 은닉 상태와 다음 단어를 출력하기 위한 디코더의 은닉 상태를 비교해 어떤 단어가 가장 중요한지를 나타내는 어텐션 점수를 계산했습니다. 트랜스포머는 인코더에서 입력 토큰을 임베딩한 벡터만으로 어텐션 점수를 계산하는데요. 입력 **토큰** token이란 모델에 입력하려는 텍스트를 잘게 나눈 단위를 말하며, 일반적으로 하나의 단어는 한 개 이상의 토큰으로 나뉩니다. **임베딩** embedding은 신경망이 이러한 토큰을 처리할 수 있도록 고정 크기의 벡터로 변환한 것인데요. 디코더의 은닉 상태 없이 입력 토큰만으로 어텐션 점수를 계산하기 때문에 셀프 어텐션이라고 부릅니다. 입력된 문장 속 단어들이 서로 얼마나 중요한지를 계산하는 과정이라고 할 수 있습니다. 그럼 셀프 어텐션은 어떻게 계산하는지 순서대로 한번 따라가 보죠.

> note 임베딩 벡터는 일반적으로 모델의 훈련 과정을 통해 학습되며, 토큰 사이의 관계를 나타낼 수 있습니다. 임베딩 벡터를 훈련하는 방법은 『혼자 공부하는 머신러닝+딥러닝(개정판)』(한빛미디어, 2025) 9장에서 참고할 수 있습니다.

셀프 어텐션은 **스케일드 점곱 어텐션** scaled dot-product attention이라는 방식을 사용합니다. 각각의 단어가 다른 단어들과 얼마나 관련이 있는지를 계산하기 위해 다음과 같은 과정을 거칩니다.

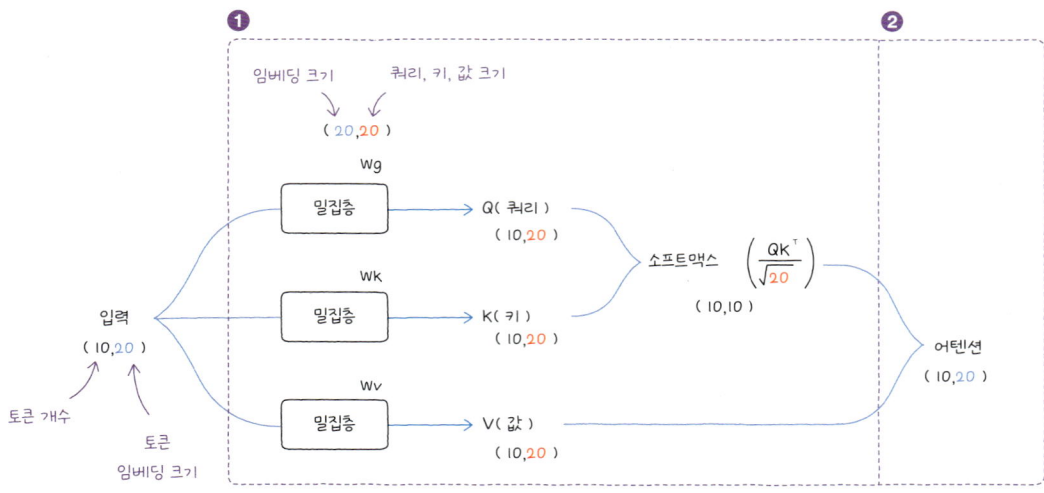

❶ 입력을 세 개의 다른 벡터로 변환

먼저 입력 토큰의 임베딩을 세 개의 서로 다른 밀집층에 통과시켜 **쿼리**query, **키**key, **값**value 벡터를 만듭니다. 쿼리는 이 단어가 어떤 정보를 찾고 있는지(계산의 기준), 키는 가지고 있는 정보가 무엇인지(비교의 기준), 값은 이 정보를 제공하면 어떤 결과가 나오는지(실제 정보의 내용)를 나타냅니다. 일반적으로 쿼리, 키, 값의 길이는 토큰 임베딩의 길이와 동일합니다.

❷ 벡터 간 관계(유사도) 및 최종 결과 계산

각각의 벡터들이 얼마나 관련이 있는지를 계산하기 위해 쿼리, 키에 대한 점곱을 수행하고, 임베딩 길이의 제곱근으로 나눠 스케일링합니다. 이를 통해 점곱 연산의 값이 너무 커지지 않도록 안정화합니다. 그리고 각 단어에 계산된 중요도를 확률처럼 확인할 수 있도록 소프트맥스 함수에 통과시켜 합이 1이 되도록 어텐션 점수를 정규화합니다. 마지막으로 계산된 어텐션 점수와 값 벡터를 곱합니다. 각 단어의 중요도를 기반으로 새로운 벡터가 만들어집니다.

> **note** 소프트맥스 함수를 통과한 어텐션 점수를 **어텐션 가중치**(attention weight)라고 구분해서 부르기도 하지만, 두 용어를 구분하지 않고 혼용하는 경우가 많습니다. 이 책에서도 두 용어를 같은 의미로 혼용해서 사용합니다.

그림에서 쿼리, 키, 값을 만들기 위한 밀집층의 가중치 W_q, W_k, W_v의 크기는 모두 동일하게 (20, 20)이므로 W_q에 대한 크기만 표시했습니다(편의 상 절편은 나타내지 않았습니다). 이 가중치는 모두 모델이 훈련될 때 역전파를 통해 학습되는 파라미터입니다. 쿼리, 키, 값 벡터의 길이도 모두 20으로 동일합니다. 일반적으로 토큰 임베딩의 크기(20)와 쿼리, 키, 값의 크기(20)는 같습니다. 하지만 그림에서는 시각적으로 구분하기가 쉽도록 토큰 임베딩은 파란색, 쿼리와 키, 값의 크기는 빨간색으로 표시했습니다.

다행히 셀프 어텐션을 케라스 코드로 표현하면 다음과 같이 간단하게 작성할 수 있습니다. 구글 코랩에서 새 노트 '04-1.ipynb'를 추가하고, 다음과 같이 작성합니다.

따라 하며 배우는 코딩

셀프 어텐션 만들기   소스 코드 04-1.ipynb

```
01  import keras
02  from keras import layers
03
04  def self_attention(inputs, att_dim):
```

> keras.ops는 넘파이, 선형대수 연산 등 딥러닝 모델을 만들 때 편리하게 사용할 수 있는 다양한 딥러닝 연산 함수를 제공합니다.

```
05      # (n_batch, n_token, embed_dim) --> (n_batch, n_token, att_dim)
06      query = layers.Dense(att_dim)(inputs)
07      key = layers.Dense(att_dim)(inputs)
08      value = layers.Dense(att_dim)(inputs)
09      # score: (n_batch, n_token, n_token)
10      key_t = keras.ops.transpose(k, axes=(0, 2, 1))
11      query_key_dot = keras.ops.matmul(query, key_t) / keras.ops.sqrt (att_dim)
12      score = keras.activations.softmax(query_key_dot)
13      # (n_batch, n_token, att_dim)
14      return keras.ops.matmul(score, value)
```

`keras.ops.` → 케라스3에서 추가된 API

05~08 (n_batch, n_token, embed_dim) 크기의 inputs를 세 개의 Dense층에 통과시켜 (n_batch, n_token, att_dim) 크기의 쿼리, 키, 값을 만듭니다. 따라서 각 Dense층에는 (embed_dim, att_dim) 크기의 가중치와 (att_dim) 크기의 절편이 있습니다.

09~12 transpose( ) 함수를 사용해 키를 전치합니다. 전치할 때 배치 차원을 제외하고 나머지 두 차원을 바꾸어야 하므로 axes=(0, 2, 1)로 지정합니다. 그리고 행렬 곱셈 함수인 matmul( )을 사용해 쿼리와 키의 전치를 곱하고, att_dim의 제곱근으로 나눕니다. 마지막으로 소프트맥스 함수를 통과시킨 다음, 값(value)을 곱해서 계산한 최종 어텐션 점수를 반환합니다.

> **note** n_batch는 배치 크기, n_token은 토큰 개수, embed_dim는 토큰 임베딩 크기, att_dim은 쿼리, 키, 값 벡터의 크기입니다.

코드에서 보았듯이 셀프 어텐션에서 사용되는 세 개 밀집층의 가중치는 훈련을 통해 학습됩니다. 이 가중치를 통해 입력 토큰에서 어떤 단어에 주목할지를 결정하는 데 도움을 주는 어텐션 점수를 계산할 수 있습니다.

멀티 헤드 어텐션

트랜스포머는 하나가 아니라 여러 개의 셀프 어텐션을 사용합니다. 이를 여러 개의 **어텐션 헤드** attention head를 사용한다고 말하는데요. 여러 개의 어텐션 헤드를 실행해 서로 다른 관점에서 단어 간의 중요도를 계산하면 문장의 의미를 더 깊게 이해할 수 있습니다. 이를 **멀티 헤드 어텐션** multi-head attention 이라고 하며, 다음과 같은 과정을 거칩니다.

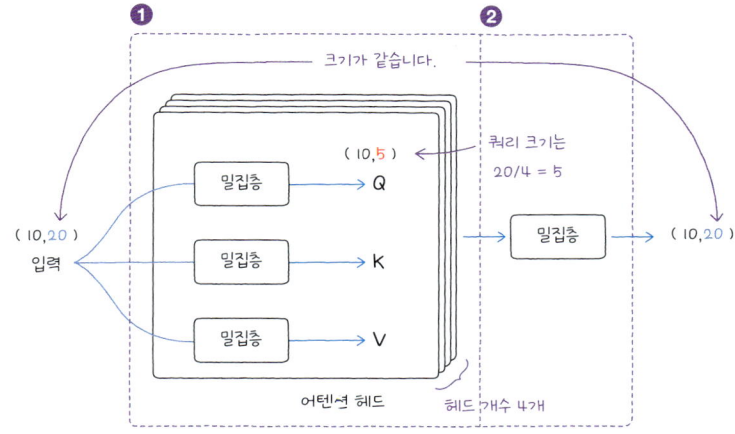

❶ 어텐션 계산

각각의 헤드가 독립적으로 셀프 어텐션을 실행하고, 각 헤드에서 계산된 출력을 하나로 연결합니다.

❷ 최종 변환

하나로 연결될 멀티 헤드 어텐션의 결과를 밀집층에 통과시켜 원본 임베딩 크기로 변환합니다.

멀티 헤드 어텐션은 트랜스포머의 핵심이기 때문에 케라스에서는 MultiHeadAttention 클래스로 멀티 헤드 어텐션 기능을 제공합니다. MultiHeadAttention 클래스에 필요한 두 개의 매개변수는 어텐션 헤드의 개수를 지정하는 num_heads와 키 벡터의 차원을 결정하는 key_dim입니다. 쿼리와 값의 크기는 키의 크기와 동일하게 설정됩니다. 하지만 만약 값 벡터의 크기를 따로 지정하려면 value_dim 매개변수를 사용합니다. 멀티 헤드 어텐션에서 쿼리, 키, 값의 크기는 앞선 그림과 같이 입력의 크기(20)를 헤드 개수(4)로 나눈 값(20/4=5)을 사용하는 경우가 많습니다. 하나의 멀티 헤드 어텐션층으로 구성된 간단한 모델을 만들어 ƒ 중치 크기를 확인해 보겠습니다.

> **따라 하며 배우는 코딩**

멀티 헤드 어텐션 만들기 소스 코드 04-1.ipynb

```
01  inputs = keras.Input(shape=(10, 20))
02  x = layers.MultiHeadAttention(num_heads=4, key_dim=5)(query=inputs,
03                                                        value=inputs)
04  model = keras.Model(inputs, x)
05  model.summary()
```

01 그림의 예시와 동일하게 (10, 20) 크기의 벡터를 입력으로 지정합니다.

02~03 MultiHeadAttention 클래스를 사용해 멀티 헤드 어텐션의 조건을 지정합니다. 일반적으로 쿼리, 키, 값의 크기는 입력 크기를 헤드 개수로 나눈 값을 사용합니다. 따라서 쿼리, 키, 값의 크기를 모두 동일하게 5로 지정하고, 4개의 어텐션 헤드를 사용합니다.

> 실행결과

```
Model: "functional"
```

Layer (type)	Output Shape	Param #	Connected to
input_layer (InputLayer)	(None, 10, 20)	0	-
multi_head_attention (MultiHeadAttention)	(None, 10, 20)	1,680	input_layer[0][0], input_layer[0][0]

```
Total params: 1,680 (6.56 KB)
Trainable params: 1,680 (6.56 KB)
Non-trainable params: 0 (0.00 B)
```

케라스 함수형 API를 사용해 간단한 모델을 만들었습니다. `MultiHeadAttention`층을 호출할 때는 `query` 매개변수에 쿼리, `value` 매개변수에 값을 전달해야 합니다. 셀프 어텐션은 한 시퀀스 안에 있는 토큰 사이의 관계를 분석하기 위해 쿼리와 값에 동일한 값을 사용합니다. 따라서 두 매개변수에 모두 `inputs`를 전달합니다. 또한 `value` 매개변수에 전달된 값을 키로 사용하지만 `key` 매개변수에 별도로 지정할 수도 있습니다.

`summary()` 메서드의 출력 결과를 보니 `MultiHeadAttention`층에 1,680개의 모델 파라미터가 있군요. 이 층의 파라미터 개수를 파악할 수 있으면 멀티 헤드 어텐션층을 이해하는 데 도움이 됩니다. 차근차근 우리가 코드로 구현한 모델의 파라미터 개수를 계산해 보죠.

❶ 어텐션 계산 단계

(10, 20) 크기의 입력이 세 개의 밀집층으로 들어가 (10, 5) 크기의 쿼리, 키, 값이 됩니다. 이 밀집층에 있는 가중치 크기는 밀집층의 가중치 행렬의 크기에 의해 결정되므로 (20, 5)이고, 절편의 크기는 (5,)입니다. 또 쿼리와 키, 값마다 이런 밀집층이 있으므로 밀집층 세 개의 총 가중치 크기는 $(20 \times 5 + 5) \times 3 = 315$개이고, 이런 어텐션 헤드가 네 개이므로 $315 \times 4 = 1,260$개가 됩니다.

❷ 최종 변환 단계

(10, 5) 크기의 어텐션 헤드 네 개의 출력을 연결한 (10, 20) 크기의 입력을 받아 (10, 20) 크기의 출력을 만드는 밀집층을 거칩니다. 따라서 이 밀집층의 가중치 크기는 (20, 20)이고, 절편 크기는 (20,)입니다. 이 가중치를 모두 더하면 $1,260 + 20 \times 20 + 20 = 1,680$개가 됩니다.

> **여기서 잠깐** 　어텐션 헤드의 밀집층에 2차원 입력을 전달해도 되나요?
>
> 네, 가능합니다. 케라스의 Dense층에 2차원 이상의 입력을 전달하면 입력의 마지막 차원을 따라 점곱 연산을 수행합니다. 예를 들어 유닛의 개수가 8개인 Dense층에 (10, 20) 크기의 입력이 전달되면 (20, 8) 크기의 가중치를 사용해 (10, 8) 크기의 출력을 만듭니다.
>
> 하지만 MultiHeadAttention 클래스는 특수한 밀집층을 사용해서 여러 개의 어텐션 헤드에 대한 계산을 한 번에 수행합니다. 예를 들어 밀집층에 (10, 20) 크기의 입력을 전달하면 (20, 4, 5) 크기의 가중치를 곱해 (10, 4, 5) 크기의 쿼리, 키, 값을 만듭니다. 여기서 '4'는 어텐션 헤드의 개수를 나타냅니다. 이 밀집층의 절편 크기는 (4, 5)입니다. 마지막으로 스케일드 점곱 어텐션을 통과한 다음에는 다시 원본 임베딩 크기로 변환하는 밀집층을 거칩니다. 이 밀집층에서는 (10, 4, 5) 크기 입력에 (4, 5, 20) 크기의 가중치를 곱해서 (10, 20) 크기의 출력을 만듭니다. 이 밀집층의 절편 크기는 (20,)입니다. 따라서 가중치를 모두 더하면 1,680이 됩니다.

위치 인코딩과 층 정규화

트랜스포머 인코더 모델은 어텐션 메커니즘을 통해 입력된 단어 간의 관계를 효과적으로 계산할 수 있게 되었지만, 어텐션은 순서를 고려하지 않아 단어가 등장하는 위치나 순서를 이해하기가 어렵습니다. 또한 어텐션 메커니즘의 밀집층에서 연산 과정을 반복하다 보면 계산된 값이 너무 커지거나 작아질 수 있죠. 모델을 더 발전시키려면 문장의 순서를 이해하고 보다 안정적으로 학습하는 과정이 필요합니다. 이번에는 트랜스포머 인코더 모델의 마지막 퍼즐인 위치 인코딩과 층 정규화에 대해 알아보겠습니다.

순서 정보 더하기 – 위치 인코딩

셀프 어텐션은 입력 토큰 사이의 중요도를 감지하는 데 뛰어난 역할을 수행하지만 한 가지 단점도 있습니다. 순환 신경망처럼 토큰이 순서대로 입력되지 않기 때문에 토큰과 토큰 사이의 거리를 감지하지 못한다는 것입니다. 다음 문장을 생각해 보죠.

I love you because you love me

이 문장에서 'love'는 다른 위치에 두 번 등장합니다. 만약 "나를 사랑하는 사람이 누구야?"라고 묻는다면 모델은 두 번째 위치에 있는 'love'에 주의를 기울여야 할 것입니다. 하지만 두 위치에 있는 단어 'love'의 임베딩 벡터가 동일하다면 이러한 차이를 나타내기가 어렵죠. 그래서 단어의 순서에 대한 정보를 보완하기 위해 토큰 임베딩에 추가하는 값을 **위치 인코딩(PE)** Positional Encoding이라고 합니다.

원본 트랜스포머 논문에서는 삼각함수를 사용해 토큰의 위치 정보를 만들었는데요. 삼각함수를 사용하면 벡터화된 위치를 쉽게 계산할 수 있고, 삼각함수의 주기적이고 매끄러운 패턴을 이용해 위치의 연관성을 자연스럽게 나타낼 수 있습니다. p번째 토큰의 임베딩에 d 길이의 위치 인코딩을 추가한다고 생각해 보죠. 위치 인코딩은 다음과 같이 짝수와 홀수, 두 가지 형태로 정의되며, 짝수 위치에는 sin 함수를 사용하고 홀수 위치에는 cos 함수를 사용합니다. 수식에서 i는 0~d 사이의 짝수입니다.

> note 토큰 임베딩에 위치 인코딩을 더하기 때문에 위치 인코딩의 길이 d는 일반적으로 토큰 임베딩의 길이와 같습니다.

- 짝수 차원에 대해, $PE(p, i) = \sin\left(\dfrac{p}{10000^{\frac{i}{d}}}\right)$ → 0~d 사이의 짝수
  ↓ → 위치 인코딩의 길이
  토큰의 위치

- 홀수 차원에 대해, $PE(p, i+1) = \cos\left(\dfrac{p}{10000^{\frac{i}{d}}}\right)$

위치 인코딩은 각 토큰의 임베딩에 더해지기 때문에 일반적으로 토큰 임베딩의 길이와 동일하게 위치 인코딩의 길이(d)가 결정됩니다. 그럼 이 수식을 간단한 넘파이 함수로 구현해 위치 인코딩이 어떤 값을 가지는지 확인해 보겠습니다.

따라 하며 배우는 코딩
위치 인코딩 만들기   소스 코드 04-1.ipynb

```
01  import numpy as np
02  import matplotlib.pyplot as plt
03
04  d = 500
05  n_token = 200
06  pos_encoding = np.zeros((d, n_token))
07  for p in range(n_token):
08      for i in range(0, d, 2):
09          pos_encoding[i, p] = np.sin(p/10000**(i/d))
10          pos_encoding[i+1, p] = np.cos(p/10000**(i/d))
11  plt.figure(figsize=(10, 3))
12  plt.imshow(pos_encoding, interpolation="quadric", aspect="auto")
13  plt.axis([0, n_token, 0, 200])
```

```
14   plt.xlabel('token position')
15   plt.ylabel('position encoding')
16   plt.colorbar()
17   plt.show()
```

04~06 먼저 토큰 개수 n_token=200, 위치 인코딩의 길이 d=500만큼의 빈 넘파이 배열 pos_encoding을 만듭니다.

07~10 두 개의 for 반복문을 사용해 각 토큰마다 0~d 사이의 짝수를 순회하면서 위치 인코딩(d)을 계산하여 pos_encoding에 추가합니다.

12 pos_encoding 배열을 넘파이 imshow() 함수로 출력하면 -1~1 사이의 인코딩 값을 색으로 구분해 볼 수 있습니다. imshow() 함수의 interpolation 매개변수는 픽셀 사이의 보간 방식을 정의합니다. aspect 매개변수를 "auto"로 지정하면 앞서 figure() 함수에서 정의한 그래프 크기에 맞춰 자동으로 이미지를 늘립니다.

16 마지막으로 컬러바(colorbar)를 그려서 색깔의 강도에 따른 값의 크기를 표시합니다.

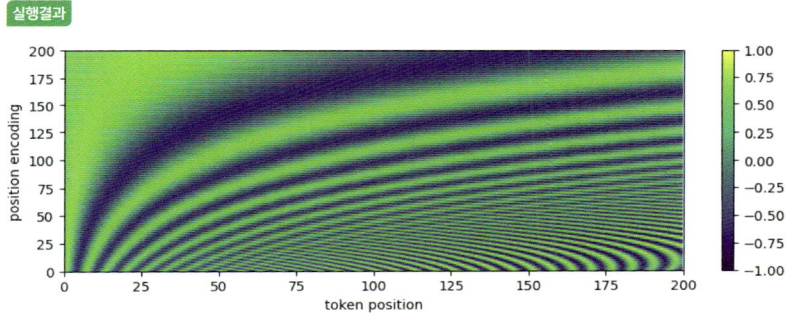

note imshow() 함수의 interpolation 매개변수가 픽셀 사이의 값을 채우는 보간(interpolation) 방식을 정의한다고 설명했습니다. 작은 이미지를 크게 확대할 때 보간법을 사용해 기존 픽셀 값 사이의 적절한 값을 계산하면 픽셀들이 모자이크처럼 보이는 현상을 방지할 수 있습니다. 예를 들어 "quadric" 옵션은 2차 함수를 사용하여 픽셀 사이를 보간합니다. interpolation 매개변수에 지정할 수 있는 옵션은 다양하므로 자세한 내용은 맷플롯립 온라인 문서(https://bit.ly/3TvB0kU)를 참고하세요.

[실행결과]를 살펴보면 0~200까지의 토큰이 모두 다른 위치 인코딩을 가진다는 것을 알 수 있습니다. 이러한 각각의 위치 인코딩을 토큰의 임베딩에 더하여 멀티 헤드 어텐션의 입력으로 사용하는 것이죠. 최근에는 이렇게 생성한 위치 인코딩 대신에 훈련을 통해 정수 위치에 해당하는 인코딩을 모델이 학습하는 방법을 널리 사용하고 있는데요. 이를 **위치 임베딩**positional embedding이라고 하며, 토큰 임베딩처럼 케라스의 Embedding 클래스를 사용하면 다음과 같이 손쉽게 구현할 수 있습니다.

따라 하며 배우는 코딩

위치 임베딩 만들기 · 소스 코드 04-1.ipynb

```
01  vocab_size = 10000
02  embed_dim = 768
03  max_seq_len = 512
04
05  inputs = keras.Input(shape=(None,))
06  token_embedding = layers.Embedding(vocab_size, embed_dim)(inputs)
07  token_pos = keras.ops.arange(n_token)
08  pos_embedding = layers.Embedding(max_seq_len, embed_dim)(token_pos)
09  encoder_inputs = token_embedding + pos_embedding
```

01~03 먼저 모델의 어휘 사전 크기(vocab_size), 임베딩의 크기(embed_dim), 입력 시퀀스의 최대 길이(max_seq_len)를 설정합니다.

06 케라스의 layers.Embedding 클래스를 사용해 입력 토큰을 토큰 임베딩으로 변환합니다.

07 입력 토큰의 길이만큼 정수 인덱스를 생성합니다.

08 토큰 임베딩과 유사하게 layers.Embedding 클래스로 토큰 위치를 위치 임베딩으로 변환합니다. 토큰 임베딩과 위치 임베딩을 더하여 최종 입력을 준비합니다.

훈련 안정화하기 – 층 정규화

2장 3절에서 우리는 ResNet 모델을 구현하며 배치 정규화에 대해 학습했습니다. 배치 정규화는 입력 데이터가 신경망의 여러 층을 통과하면서 틀어지는 데이터 분포를 다시 배치 단위로 각 층의 출력(특성)을 정규화함으로써 훈련의 안정성과 속도를 높이는 기법인데요. **층 정규화**layer normalization는 배치 정규화와는 조금 다르게 배치 단위가 아니라 각 샘플의 특성을 정규화합니다. 층 정규화는 텍스트 시퀀스에 있는 토큰마다 정규화하는 것이기 때문에 시퀀스를 기반으로 하는 자연어 처리 작업에 더 적합한 방식이라고 볼 수 있습니다. 다음 그림과 같은 3차원 입력에서 배치 정규화는 샘플과 토큰에 걸쳐 정규화가 수행되고, 층 정규화는 한 토큰의 특성에 대해 정규화가 수행됩니다.

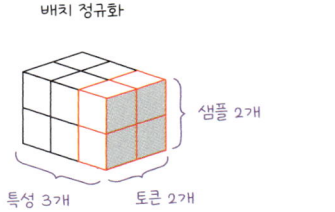
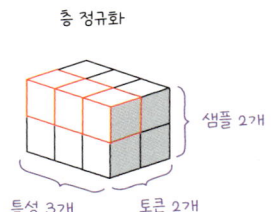

층 정규화는 케라스의 LayerNormalization 클래스에 구현되어 있으므로 샘플 데이터가 배치 정규화와 층 정규화를 통해 어떻게 변화되는지 직접 구현하면서 이해해 보죠. [04-1.ipynb] 노트에 배치 정규화층을 구현하는 코드부터 작성해 보겠습니다.

01 넘파이에서 arange 함수를 사용해 (2, 2, 3) 크기의 샘플 데이터를 만듭니다.

```
01  data = np.arange(12, dtype="float32").reshape(2, 2, 3)
02  print(data)
```

실행결과
```
[[[ 0.  1.  2.]
  [ 3.  4.  5.]]

 [[ 6.  7.  8.]
  [ 9. 10. 11.]]]
```

02 배치 정규화층인 BatchNormalization 클래스 객체로 샘플 데이터를 처리합니다. 처리 결과를 넘파이 배열로 받기 위해서는 numpy() 메서드를 호출해야 합니다.

```
01  batchnorm = layers.BatchNormalization()
02  print(batchnorm(data, training=True).numpy())
```

01~02 BatchNormalization 클래스는 훈련할 때만 샘플 간의 평균과 분산을 계산하므로 batchnorm 객체를 호출할 때는 매개변수를 training=True로 설정합니다. 이 매개변수를 지정하지 않으면 평균을 0, 분산을 1로 사용하여 정규화를 수행합니다.

실행결과
```
[[[-1.3415811  -1.3415811  -1.3415811 ]
  [-0.44719368 -0.44719374 -0.44719374]]

 [[ 0.44719374  0.44719374  0.44719374]
  [ 1.3415811   1.341581    1.3415312 ]]]
```

> 2장에서 배운 배치 정규화 공식으로 간단하게 계산할 수 있어요!

[실행결과]를 보면 마지막 차원을 따라 나란히 놓인 0, 3, 6, 9가 −1.34, −0.45, 0.45, 1.34로 변환되었음을 알 수 있습니다. 즉, 즉 모든 샘플과 모든 토큰에 있는 첫 번째 특성을 정규화했습니다.

03 BatchNormalization 클래스의 epsilon 기본값 1e-3을 적용하면 **02**의 출력 결과와 매우 비슷한 결과를 얻을 수 있습니다.

```
01  temp = np.array([0, 3, 6, 9])
02  (temp - np.mean(temp)) / (np.sqrt(np.var(temp) + 1e-3))
```

실행결과 `array([-1.34158116, -0.44719372,  0.44719372,  1.34158116])`

그럼 이번에는 층 정규화를 적용해 보겠습니다. 각 샘플의 토큰마다 특성을 정규화하는 출력 결과를 확인할 수 있습니다.

01 층 정규화층인 LayerNormalization 클래스를 사용해 샘플 데이터를 처리합니다. LayerNormalization()층에도 배치 정규화와 마찬가지로 훈련되는 가중치 감마와 베타가 있습니다.

```
01  layernorm = layers.LayerNormalization()
02  print(layernorm(data).numpy())
```

실행결과
```
[[[-1.2238274  0.         1.2238274]     ← 0, 1, 2가
  [-1.2238274  0.         1.2238274]]      -1.22, 0, 1.22로
                                           변환됨
 [[-1.2238274  0.         1.2238274]
  [-1.2238274  0.         1.2238274]]]
```

02 이 결과 역시 간단한 넘파이 코드로 재현해 볼 수 있습니다.

```
01  temp = np.array([0, 1, 2])
02  (temp - np.mean(temp)) / (np.sqrt(np.var(temp) + 1e-3))
```

실행결과 `array([-1.22382734,  0.        ,  1.22382734])`

이와 같은 방식으로 층 정규화는 트랜스포머 모델에서 각 층의 출력을 정규화하여 모델을 안정적으로 훈련하는 데 중요한 역할을 합니다.

트랜스포머 인코더 모델 만들기

> **✓ 개념 체크 | 패딩 토큰**
>
> **패딩 토큰**(padding token)은 입력 데이터의 길이를 동일하게 맞추기 위해 추가하는 빈자리 표시입니다. 예를 들어 3개의 단어로 구성된 문장과 5개의 단어로 구성된 문장이 입력되었다면 더 짧은 문장에 패딩 토큰을 추가해 두 문장 모두 5개의 단어로 구성되도록 길이를 동일하게 만드는 것이죠.
>
> | 입력 | 패딩 전 | 패딩 후 |
> |---|---|---|
> | 강아지가 뛰었다 | → [강아지, 가, 뛰었다] | → [강아지, 가, 뛰었다, ⟨PAD⟩, ⟨PAD⟩] |
> | 고양이가 놀았다 그리고 쉬었다 | [고양이, 가, 놀았다, 그리고, 쉬었다] | [고양이, 가, 놀았다, 그리고, 쉬었다] |
>
> 실제로 패딩 토큰은 의미가 없는 빈자리를 나타내므로 어텐션 계산에서 제외되어야 합니다. 어텐션 메커니즘이 패딩 토큰의 어텐션을 계산하면 모델이 불필요한 정보를 학습하거나 계산을 낭비할 수 있어, 모델을 구현할 때는 패딩 토큰을 무시하는 표시인 padding_mask를 지정하곤 합니다.
> padding_mask는 입력된 문장에서 유효한 단어를 1로, 패딩 토큰을 0으로 나타내 패딩 토큰을 무시하도록 패딩 토큰의 위치를 알려주는 마스크(mask)입니다. 모델은 padding_mask를 통해 패딩 토큰을 무시하게 되고, 실제로 의미 있는 단어들만 학습하게 됩니다.

트랜스포머 인코더는 위치 인코딩으로 문장의 순서를 파악하고, 셀프 어텐션과 멀티 헤드 어텐션으로 중요한 정보에 집중해 데이터를 처리합니다. 그리고 층 정규화를 거쳐 트랜스포머가 최종 결과를 예측하는 데 중요한 역할을 하는 벡터를 생성합니다. 그럼 이번에는 지금까지 설명한 모든 구성 요소들을 조합해 트랜스포머 인코더의 전체 구조를 구현해 보겠습니다. 앞서 그림으로 살펴본 전체 트랜스포머 구조에서 인코더 부분만 떼어 내어 조금 더 자세히 그려 보겠습니다. 편의 상 트랜스포머의 연산이 왼쪽에서 오른쪽으로 진행되도록 그렸습니다. 그냥 모델을 옆으로 뉘었다고 생각해 주세요.

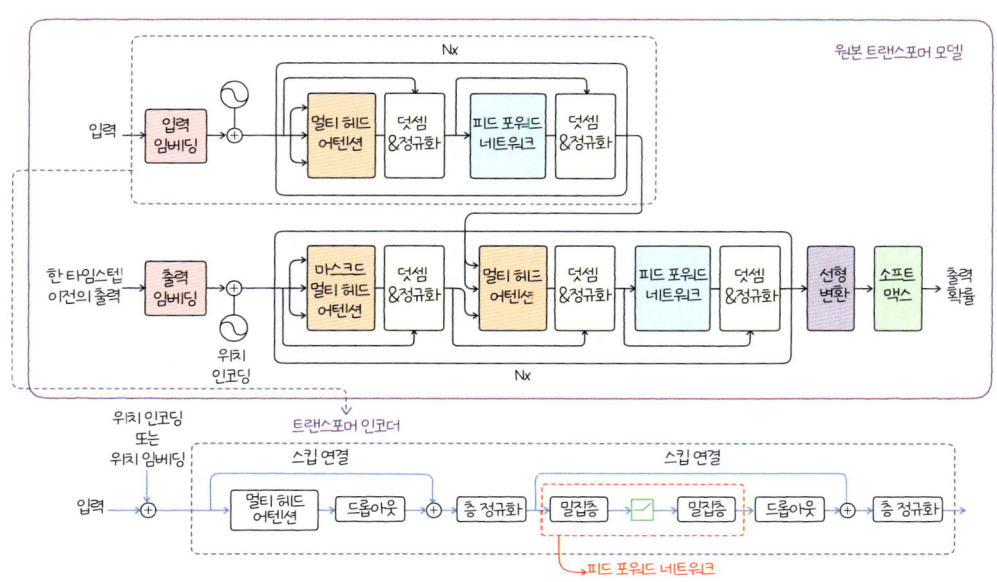

원본 트랜스포머 모델의 그림에는 표시되어 있지 않지만, 멀티 헤드 어텐션층 다음에는 과대적합을 막기 위해 훈련 단계에서 뉴런의 일부를 무작위로 비활성화하는 드롭아웃층이 놓입니다. 드롭아웃층의 출력은 어텐션의 입력과 더해져(스킵 연결) 층 정규화를 통과합니다(원본 트랜스포머 모델에서 '덧셈 & 정규화'로 표시된 부분). 그리고 **위치별 피드 포워드 네트워크** position-wise feed-forward network 또는 그냥 **피드 포워드 네트워크**라고 부르는 두 개의 밀집층을 지납니다.

- **첫 번째 밀집층**: 입력 벡터의 차원을 확장하는 단계로, 렐루 활성화 함수를 사용합니다.
- **두 번째 밀집층**: 다시 원래의 임베딩 차원으로 축소하는 단계로, 활성화 함수를 사용하지 않습니다.

원본 트랜스포머 모델은 첫 번째 밀집층의 유닛 개수를 임베딩 벡터의 네 배로 두고, 두 번째 밀집층의 유닛 개수는 네 배로 줄여서 원래 임베딩 벡터 크기로 되돌립니다. 이 두 밀집층은 시퀀스의 각 토큰에 대해 적용되기 때문에 마치 점별 합성곱과 같은 효과를 냅니다.

이어서 드롭아웃층을 지나 밀집층의 입력과 더해지는 스킵 연결을 통과한 다음, 층 정규화를 적용하여 인코더의 최종 출력을 만듭니다. 스킵 연결 직전에 통과하는 드롭아웃층은 **잔차 드롭아웃**이라고도 부릅니다. 원본 트랜스포머 모델은 어텐션층에서 소프트맥스 함수의 출력에도 드롭아웃을 적용합니다. 이는 **어텐션 드롭아웃**이라고도 합니다.

트랜스포머 기반 모델에서는 임베딩 벡터의 크기를 종종 임베딩 크기 또는 은닉 크기라고 부릅니다. 책에서는 앞으로 토큰 벡터의 크기를 은닉 크기라고 부르겠습니다. 그럼 스킵 연결과 밀집층 구현에 유념하며 트랜스포머 인코더 모델을 직접 만들어 보겠습니다. 케라스를 사용해 그림으로 살펴봤던 트랜스포머 인코더 모듈을 `transformer_encoder()` 함수로 구현해 보겠습니다. 이 함수는 토큰의 임베딩과 위치 임베딩이 더해진 값을 입력으로 기대합니다.

따라 하며 배우는 코딩

트랜스포머 인코더 모듈 만들기   소스 코드 04-1.ipynb

```
01  # x는 토큰 임베딩과 위치 임베딩을 더한 값입니다.
02  def transformer_encoder(x, padding_mask, dropout, activation='relu'):
03      residual = x
04      key_dim = hidden_dim // num_heads
05      # 멀티 헤드 어텐션을 통과합니다.
06      x = layers.MultiHeadAttention(num_heads, key_dim, dropout=dropout)(
07          query=x, value=x, attention_mask=padding_mask)
08      x = layers.Dropout(dropout)(x)
```

```
09        # 스킵 연결
10        x = x + residual
11        x = layers.LayerNormalization()(x)
12        residual = x
13        # 위치별 피드 포워드 네트워크
14        x = layers.Dense(hidden_dim * 4, activation=activation)(x)
15        x = layers.Dense(hidden_dim)(x)
16        x = layers.Dropout(dropout)(x)
17        # 스킵 연결
18        x = x + residual
19        x = layers.LayerNormalization()(x)
20        return x
```

02 매개변수 x, padding_mask, dropout, activation을 지정해 transformer_encoder() 함수를 정의합니다.

06~08 배치에 있는 샘플의 시퀀스 길이가 다른 경우, 짧은 시퀀스에 0 패딩을 추가해 동일한 길이가 되도록 맞춥니다. 이러한 0 패딩을 무시하기 위해 1과 0으로 이루어진 padding_mask를 사용합니다. padding_mask 매개변수로 받은 패딩 마스크를 MultiHeadAttention 클래스의 객체를 호출할 때 attention_mask 매개변수로 전달합니다. 또 MultiHeadAttention 클래스는 어텐션 드롭아웃을 위해 dropout 매개변수를 제공하며, transformer_encoder() 함수의 dropout 매개변수 값을 잔차 드롭아웃과 어텐션 드롭아웃에 모두 사용합니다.

08, 16 두 번의 스킵 연결 직전에 드롭아웃층을 배치합니다.

note MultiHeadAttention 클래스에서 사용한 attention_mask 매개변수는 나중에 트랜스포머 디코더를 구현할 때 다른 종류의 마스킹을 위해 다시 한번 사용합니다.

인코더와 디코더 구조를 모두 사용하는 원본 트랜스포머 모델과는 다르게 트랜스포머 인코더만 사용한 모델도 있고, 디코더만 사용한 모델도 있습니다. 트랜스포머 인코더 모델은 지금까지 케라스를 통해 직접 만들어 본 인코더 블록 여러 개를 반복하여 사용합니다. 이어서 2절에서는 대표적인 트랜스포머 인코더 모델인 BERT에 대해 알아보겠습니다.

마무리

1절에서는 대규모 언어 모델의 흥행을 주도해 온 어텐션 메커니즘과 트랜스포머 모델을 알아봤습니다. 트랜스포머 모델은 기존의 어텐션 메커니즘을 하나의 텍스트 시퀀스에 적용시킨 셀프 어텐션을 사용합니다. 셀프 어텐션의 계산 방식을 그림과 파이썬 코드로 구현해 보고, 여러 개의 어텐션 헤드가 포함된 케라스의 멀티 헤드 어텐션층을 소개했습니다.

다음으로는 트랜스포머 모델의 인코더 구조에 등장하는 위치 인코딩과 층 정규화를 살펴봤습니다. 트랜스포머 모델은 순환 신경망과 달리 순환 구조가 없기 때문에 텍스트에 있는 순서 정보를 감지하지 못합니다. 이를 위해 위치 인코딩을 토큰 임베딩에 더해서 동일한 토큰이 위치에 따라 다른 임베딩을 가지도록 만듭니다. 층 정규화는 2장에서 배운 배치 정규화와 매우 비슷하지만 입력 텐서의 마지막 차원, 즉 특성 차원에 대해 적용된다는 점이 다릅니다. 마지막으로 이렇게 살펴본 멀티 헤드 어텐션과 위치 인코딩, 층 정규화를 모두 사용해 케라스로 트랜스포머 인코더 모듈을 만들어 보았습니다.

▶ 키워드로 정리하는 핵심 포인트

- **어텐션 메커니즘**은 인코더-디코더 모델 구조에서 디코더가 텍스트를 생성할 때 어떤 입력에 주의를 기울일지를 결정하기 위해 고안된 알고리즘입니다. 순환 신경망으로 구성된 인코더-디코더 모델에 어텐션 메커니즘을 사용하여 번역 작업의 성능을 높였습니다.

- **트랜스포머**는 어텐션 메커니즘의 아이디어를 확장하여 인코더와 디코더에서 순환 신경망을 빼고 어텐션과 피드 포워드 신경망으로 구성한 모델입니다. 어텐션을 인코더의 문맥 벡터에 대해 계산하는 것이 아니라 입력 토큰 사이의 어텐션을 계산하기 때문에, 특별히 셀프 어텐션이라고 부릅니다. 트랜스포머 구조는 텍스트 처리 분야에서 높은 성능을 내기 때문에 순환 신경망을 완전히 대체하고 있습니다.

- **멀티 헤드 어텐션**은 여러 개의 셀프 어텐션(헤드)을 병렬로 처리합니다. 셀프 어텐션이 문맥에서 중요한 토큰을 감지한다면 멀티 헤드 어텐션층이 다양한 헤드를 통해 더 폭넓게 문맥을 이해하는 데 도움이 될 것입니다. 케라스는 이를 위해 `MultiHeadAttention` 클래스를 제공합니다. 트랜스포머 기반 대규모 언어 모델이 발전하면서 다양한 종류의 멀티 헤드 어텐션이 개발되고 있습니다.
- **위치 인코딩**은 트랜스포머 모델이 입력 데이터의 순서를 고려하지 못한다는 단점을 보완하기 위한 장치입니다. 입력 토큰의 임베딩에 위치 인코딩을 더함으로써 같은 토큰이더라도 시퀀스에 등장하는 위치에 따라 다른 임베딩을 가지게 됩니다. 원본 트랜스포머는 삼각 함수를 사용해 위치 인코딩을 만들었지만, 최근에는 토큰의 임베딩을 만드는 것처럼 위치 정수를 임베딩층에 통과시켜 위치 임베딩을 만드는 방법이 같이 사용되고 있습니다.

04-2 전이 학습으로 영화 리뷰 텍스트의 감성 분류하기

대표적인 트랜스포머 인코더 기반 언어 모델인 BERT에 대해 알아보고, 전이 학습을 위해 케라스와 허깅페이스 모델 저장소에서 제공하는 트랜스포머 인코더 모델을 경험해 봅니다.

❶ 트랜스포머 인코더 ❷ 텍스트 분류 모델 ❸ 모델의 성능 개선

시작하기 전에

이제 본격적으로 트랜스포머 모델을 사용해 한빛 마켓의 리뷰를 분류해 볼 차례입니다. 원본 트랜스포머 모델은 인코더-디코더 구조를 가지고 있는데요. 한빛 마켓처럼 텍스트를 분류하는 경우라면 인코더만으로도 가능하다는군요. 트랜스포머 인코더만을 사용한 대표 모델을 한 번 찾아봐야겠습니다. BERT를 사용해 보라구요? 그건 세서미 스트리트 Sesame Street 에 나오는 캐릭터 이름 아닌가요?

한때 BERT, ERNIE, ELMo 등 세서미 스트리트에 등장하는 캐릭터를 딥러닝 모델의 이름으로 사용하는 유행이 있었습니다. 2절에서는 대규모 데이터에서 사전 훈련된 트랜스포머 인코더 모델인 BERT의 구조를 이해하고 활용하는 방법에 초점을 맞춰 알아보겠습니다.

트랜스포머 인코더 기반 언어 이해 모델 – BERT

트랜스포머 인코더 모델은 입력된 문장의 단어 간의 관계를 이해하며 문맥 정보를 추출하는 강력한 도구입니다. BERT Bidirectional Encoder Representations from Transformers 는 2018년 구글의 연구원들이 발표한 트랜스포머 인코더 기반의 **대규모 언어 모델(LLM)** Large Language Model 인데요.[3] BERT는 딥러닝과 자연어 처리(NLP)의 새로운 가능성을 열어 준 언어 이해 모델로, 이전 모델들이 한 방향(왼쪽에서 오른쪽 또는 오른쪽에서 왼쪽)으로만 단어를 이해한 것과 달리, 단어의 양방향 문맥을 동시에 학습합니다. 대규모 텍스트 데이터를 활용해 사전 학습을 수행한 뒤, 다양한 자연어 처리 작업에 쉽게 적용할 수 있는 범용 모델로 설계되었습니다. BERT는 **북코퍼스** BooksCorpus (8억 개 단어)[4]와 위키피디아 Wikipedia (25억 개 단어) 데이터를 사용해 사전 훈련되었으며, 두 가지 사전 훈련 방식을 사용합니다.

하나는 입력 데이터의 일부 토큰을 가린(**마스킹** masking) 다음, 모델이 가려진 단어를 예측하는 **마스크드 언어 모델링(MLM)** Masked Langauge Model 이고, 하나는 두 문장이 제시됐을 때 두 번째 문장이 첫 번째 문장에 이어지는 다음 문장인지를 예측하는 **다음 문장 예측(NSP)** Next Sentence Prediction 입니다. 이렇게 사전 훈련된 BERT는 문맥을 이해하는 능력이 뛰어나 다양한 자연어 처리 작업에서 활용할 수 있습니다. 물론, 이를 가능하게 만드는 것은 BERT의 핵심 구성 요소인 인코더 블록 덕분입니다.

자연어 처리 모델에서는 합성곱 신경망과 비슷하게, 학습된 출력 벡터를 기반으로 수행되는 별도의 분류기를 제외한 나머지 부분을 종종 **백본** backbone 또는 **베이스** base 라고 부릅니다. BERT는 다음 그림처럼 여러 개의 트랜스포머 인코더 블록을 포함하고 있는 BERT 백본과 분류기로 구성되어 있습니다.

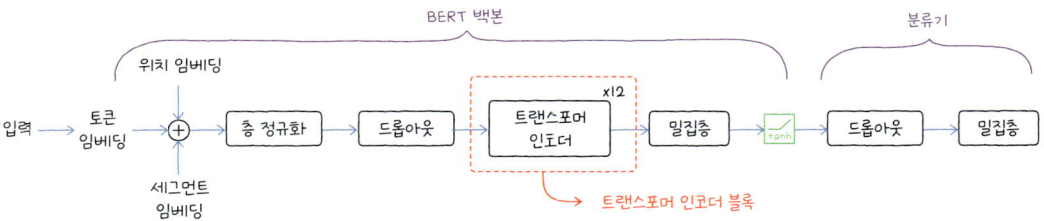

- **입력 구성:** 가장 왼쪽의 입력은 세 가지 임베딩을 더해 구성됩니다. 토큰 임베딩과 위치 임베딩 외에 **세그먼트 임베딩** segment embedding 이 추가되어 있습니다. BERT는 다음 문장 예측(NSP) 작업을 위해 두 개의 문장을 구분하여 입력해야 합니다. 세그먼트 임베딩은 0과 1로 각 토큰이 두

---
[3] Jacob Devlin 등. BERT: Pre-training of Deep Bidirectional Transformers for Language Understanding(2018).
[4] https://bit.ly/49GQrNa

개의 문장 중 어디에 속하는지를 표시합니다. 세 개의 임베딩을 모두 더해 층 정규화와 드롭아웃 층을 통과시킨 후 트랜스포머 인코더 입력으로 전달됩니다.
- **트랜스포머 인코더 블록:** BERT 백본의 핵심은 반복적으로 쌓아 올린 트랜스포머 인코더입니다. 멀티 헤드 어텐션과 피드 포워드 네트워크, 층 정규화층, 이렇게 세 부분으로 구성된 여러 개의 트랜스포머 인코더 블록을 거치게 되고, 이렇게 처리된 출력은 tanh 활성화 함수를 가진 밀집층을 통과한 후 분류기로 넘어갑니다.
- **분류기:** 주어진 문제의 클래스 개수만큼 출력을 만들어 분류 작업을 수행합니다.

BERT는 트랜스포머 인코더 블록의 수에 따라 여러가지 버전이 있는데요.[5] 앞선 BERT 그림에서 12개의 트랜스포머 인코더를 사용하는 모델은 bert_base이고, 24개의 트랜스포머 인코더를 사용하는 모델은 bert_large입니다. 그외에도 다음과 같이 모델 파라미터의 크기에 따라 bert_tiny, bert_small, bert_medium 등 다양한 버전이 있습니다. 책에서는 BERT_base 모델을 구현해 보면서 BERT 모델의 구조를 구체적으로 이해해 보겠습니다.

모델 파라미터	bert_tiny	bert_small	bert_medium	bert_base	bert_large
인코더 블록 개수	2	4	8	12	24
어텐션 헤드 개수	2	8	8	12	16
임베딩 크기	128	512	512	768	1,024

우리는 이미 1절에서 `transformer_encoder()` 함수를 구현했기 때문에 손쉽게 BERT 백본 모델을 만들 수 있습니다. 여기서는 위치 임베딩을 구하기 위해 KerasNLP 라이브러리에서 제공하는 `PositionEmbedding` 클래스를 사용해 볼 텐데요. **KerasNLP**[6]는 최신 자연어 처리(NLP) 모델은 물론, 이를 구현하기 위한 다양한 구성 요소를 제공하는 케라스 버전3 기반의 자연어 처리 라이브러리입니다. 구글 코랩에서 새 노트 [04-2.ipynb]를 추가하고, 다음과 같이 작성합니다.

> note KerasNLP는 2024년 10월 KerasHub로 이름이 바뀌었습니다. 하지만 패키지 이름은 이전과 동일하게 사용할 수 있으므로 책에서는 그대로 KerasNLP라고 부르겠습니다.

---

5 https://www.kaggle.com/models/keras/bert/
6 https://keras.io/keras_nlp/

01 KerasNLP 패키지를 임포트하고 bert_base 모델을 위한 모델 파라미터(어휘사전 크기, 드롭아웃 비율, 활성화 함수, 위치 임베딩을 위한 시퀀스 최대 길이)를 정의합니다.

```
01  import keras_nlp
02
03  # BERT 베이스
04  vocab_size = 30522
05  num_layers = 12
06  num_heads = 12
07  hidden_dim = 768
08  dropout = 0.1
09  activation = 'gelu'    ← 위치별 피드 포워드 네트워크에
10  max_seq_len = 512         렐루 대신 사용하는 활성화 함수
```

04 BERT base 모델의 규격에 따라 어휘사전 크기를 30,522로 지정합니다.
10 BERT 모델이 처리할 수 있는 최대 시퀀스 길이인 512로 지정합니다.

> **note** 어휘사전(Vocabulary)이란 자연어 처리에서 모델이 이해할 수 있는 토큰의 집합을 말합니다. 모델은 토큰을 숫자로 변환하여 문장을 처리하는데, 이 숫자는 어휘사전에서 단어의 위치에 해당합니다. 따라서 어휘사전이 크면 더 많은 토큰을 처리할 수 있지만, 그만큼 계산량도 늘어납니다.

여기서 잠깐 GELU 함수

BERT는 OpenAI의 GPT를 따라서 위치별 피드 포워드 네트워크에 GELU 활성화 함수를 사용합니다. **GELU**(Gaussian Error Linear Unit)[7]는 스위시 함수와 비슷한 형태를 띠는 활성화 함수인데요. OpenAI GPT 모델에서 처음 사용된 이후로 많은 트랜스포머 모델에서 GELU를 밀집층의 활성화 함수로 사용하게 되었죠. GELU 함수는 다음과 같이 입력값 x에 표준 정규 분포의 **누적 분포 함수**(cumulative distribution function)[8] $\Phi(x)$를 곱합니다. x가 음수인 경우에도 GELU의 출력은 0이 되지 않습니다.

$$GELU(x) = x\Phi(x)$$

여기서 누적 분포 함수 $\Phi(x)$는 다음과 같이 **오차 함수**(error function)[9] erf로 바꿔 쓸 수 있습니다.

$$GELU(x) = x\Phi(x) = x \cdot \frac{1}{2}\left[1 + erf\left(\frac{x}{\sqrt{2}}\right)\right]$$

[7] https://arxiv.org/abs/1606.08415
[8] https://bit.ly/43ZoIX1
[9] https://bit.ly/49K24TA

또한 다음과 같이 사이파이(scipy)의 오차 함수(erf)를 사용하면 간단하게 GELU 함수의 그래프를 그릴 수 있습니다.

```python
import numpy as np
import matplotlib.pyplot as plt

from scipy.special import erf

def gelu(x):
    cdf = 0.5 * (1.0 + erf(x / np.sqrt(2.0)))
    return x * cdf

x = np.arange(-5, 5, 0.2)

plt.plot(x, x.clip(0), label='relu')
plt.plot(x, gelu(x), label='gelu')
plt.xlabel('x')
plt.ylabel('f(x)')
plt.legend()
plt.show()
```

실행결과

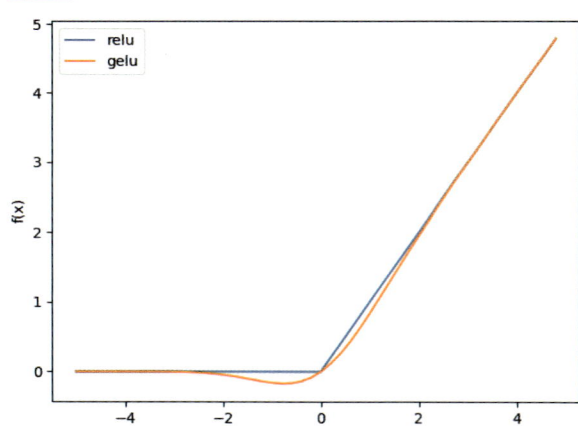

오차 함수 대신 tanh를 사용하는 근사식으로도 나타낼 수 있는데요. 사실 원본 BERT 모델은 계산의 효율성을 위해 근사식을 사용합니다. keras.activations.gelu() 함수의 approximate 매개변수를 True로 지정하면, 이 근사식을 사용하여 GELU를 계산합니다(approximate 매개변수의 기본값은 False입니다).

$$GELU(x) = x \cdot \frac{1}{2}\left[1 + \tanh\left(\sqrt{\frac{2}{\pi}}(x + 0.044715x^3)\right)\right]$$

02 본격적으로 bert_base 모델을 구현하기 위해 케라스 패키지를 임포트하고 세 개의 임베딩을 만듭니다.

```
01  import keras
02  from keras import layers
03
04  token_ids = keras.Input(shape=(None,))
05  segment_ids = keras.Input(shape=(None,))
06  padding_mask = keras.Input(shape=(None,))
07
08  token_embedding = layers.Embedding(vocab_size, hidden_dim)(token_ids)
09  pos_embedding = keras_nlp.layers.PositionEmbedding(max_seq_len)(
10      token_embedding)
11  seg_embedding = layers.Embedding(2, hidden_dim)(segment_ids)
```

04~06 토큰, 세그먼트, 패딩 마스크를 위한 세 개의 입력을 정의합니다.

08~10 토큰 입력을 사용해 토큰 임베딩과 위치 임베딩을 만듭니다. KerasNLP에서 제공하는 Position Embedding 클래스를 사용할 때는 시퀀스의 최대 길이를 지정해야 합니다. 이 클래스에 임베딩 크기를 지정하지 않으면 호출할 때 전달된 token_embedding의 크기에 자동으로 맞춥니다.

11 세그먼트 입력을 사용해 세그먼트 임베딩을 만듭니다. 다음 문장 예측을 위해 입력되는 문장의 개수가 두 개이므로 세그먼트 임베딩의 크기는 2입니다.

03 세 개의 임베딩을 모두 더한 다음 층 정규화와 드롭아웃을 적용합니다.

```
01  x = layers.Add()((token_embedding, pos_embedding, seg_embedding))
02  x = layers.LayerNormalization()(x)
03  x = layers.Dropout(dropout)(x)
```

04 그리고 1절에서 만들었던 트랜스포머 인코더 블록을 반복합니다. bert_base의 경우에는 12번을 반복하며, 입력으로 받은 패딩 마스크와 드롭아웃 비율, 활성화 함수를 x와 함께 전달합니다.

```
01  for _ in range(num_layers):
02      x = transformer_encoder(x, padding_mask, dropout, activation)
```

note 트랜스포머 인코더 모듈(transformer_encoder)은 1절 222쪽 [따라 하며 배우는 코딩] '트랜스포머 인코더 모델 만들기' 코드를 복사해서 사용하세요.

05 `hidden_dim` 크기의 밀집층까지 추가해 백본 모델을 완성합니다.

```
01  outputs = layers.Dense(hidden_dim, activation='tanh')(x[:,0,:])
02  model = keras.Model(inputs=(token_ids, segment_ids, padding_mask),
03                      outputs=(outputs))
```

01 트랜스포머 인코더 출력의 첫 번째 토큰에 분류 작업에 대한 결과가 저장되어 있으므로 밀집층을 호출할 때 x[:,0,:]으로 지정해 첫 번째 토큰의 결과만 입력으로 사용합니다. 또한 BERT는 마지막 밀집층에 tanh 활성화 함수를 사용합니다.

02~03 이 백본 모델의 입력은 token_ids, segment_ids, padding_mask가 되고, 출력은 outputs가 됩니다.

06 마지막으로 `summary()` 메서드를 호출하여 이 모델의 모델 파라미터 수를 확인해 보겠습니다.

```
01  model.summary()
```

> 실행결과

Model: "functional"

Layer (type)	Output Shape	Param #	Connected to
input_layer_2 (InputLayer)	(None, None)	0	-
embedding_2 (Embedding)	(None, None, 768)	23,440,896	input_layer_2[0][0]
input_layer_3 (InputLayer)	(None, None)	0	-
position_embedding (PositionEmbedding)	(None, None, 768)	393,216	embedding_2[0][0]
embedding_3 (Embedding)	(None, None, 768)	1,536	input_layer_3[0][0]
add_1 (Add)	(None, None, 768)	0	embedding_2[0][0], position_embedding[0]… embedding_3[0][0]
⋯ (중략) ⋯			
add_25 (Add)	(None, None, 768)	0	dropout_37[0][0], layer_normalization_2…
layer_normalization_25 (LayerNormalization)	(None, None, 768)	1,536	add_25[0][0]
get_item (GetItem)	(None, 768)	0	layer_normalization_2…
dense_24 (Dense)	(None, 768)	590,592	get_item[0][0]

```
Total params: 109,482,240 (417.64 MB)
Trainable params: 109,482,240 (417.64 MB)
Non-trainable params: 0 (0.00 B)
```

다 살펴보기는 어렵지만 긴 출력의 하단을 보면 bert_base 모델의 파라미터 개수는 1억 개 (417MB)가 넘습니다! 이런 모델을 훈련시키려면 매우 많은 데이터와 시간이 필요하겠군요. 다행히 KerasNLP는 사전 훈련된 백본 모델을 제공하고 있어 주어진 문제에 맞는 밀집층을 추가해 전이 학습을 수행할 수 있습니다.

KerasNLP로 영화 리뷰 텍스트의 감성 분류하기

딥러닝 모델을 처음 다룰 때 많이 사용하는 데이터셋이 패션 MNIST라면 자연어 처리를 배울 때 자주 사용하는 데이터셋은 IMDB^{Internet Movie Database} 영화 리뷰 데이터셋입니다. 이 데이터는 IMDB 사이트의 영화 리뷰를 긍정과 부정의 감정 레이블로 분류해 놓은 표준 데이터셋으로, **감성 분석** sentiment analysis 작업에 널리 사용되고 있습니다.

KerasNLP로 BERT 모델 로드하기

KerasNLP에서 제공하는 BERT 모델을 사용하여 IMDB 영화 리뷰 텍스트의 감성을 분류하는 전이 학습 모델을 만들 수 있습니다. 먼저 케라스로 IMDB 데이터셋을 로드해 보죠.

01 구글 드라이브에 IMDB 데이터셋을 다운로드하고 압축을 해제합니다. 데이터셋에 있는 train과 test 폴더 안에는 각각 neg 폴더와 pos 폴더가 있습니다. neg 폴더에는 부정적인 감성의 텍스트가 포함되어 있고, pos 폴더에는 긍정적인 감성의 텍스트가 포함되어 있는데요.

```
01  !gdown 15ZSv_07b3HCKKn08jSDLl4JO4EFy8t-t
02  !tar -xzf aclImdb_v1.tar.gz
03  # 비지도 학습에 사용하는 데이터는 삭제합니다.
04  !rm -r aclImdb/train/unsup
```

01~02 IMDB 데이터셋의 압축을 해제하면 aclImdb 폴더 안에 train과 test 폴더가 생성됩니다.
04 이 예제에서는 비지도 학습을 위한 훈련 데이터인 train/unsup 폴더는 사용하지 않으므로 삭제합니다.

> **실행결과** Downloading...
> From (original): https://drive.google.com/uc?id=15ZSv_07b3HCKKn08jSDLl4JO4EFy8t-t
> From (redirected): https://drive.google.com/uc?id=15ZSv_07b3HCKKn08jSDLl4JO4EFy8t-t&confirm=t&uuid=4e59dc23-d1d0-4b24-be17-82f17b33d60b
> To: /content/aclImdb_v1.tar.gz
> 100% 84.1M/84.1M [00:02<00:00, 37.5MB/s]

> **note** **지도 학습**이란 정답(레이블)이 있는 데이터로 학습하는 방법이고, **비지도 학습**이란 정답이 없는 데이터로 학습하는 방법입니다. 예를 들어 강아지와 고양이 사진을 학습시키면서 어떤 사진이 강아지이고 고양이인지에 대한 정답(레이블)을 알려준다면 지도 학습이고, 여러 종류의 동물 사진에서 비슷한 사진끼리 그룹을 나누거나 규칙을 찾는다면 비지도 학습입니다.

02 텍스트 데이터는 191쪽 3장에서 전이 학습을 통해 피스타치오 이미지를 `image_dataset_from_directory()` 함수로 읽어 들인 것처럼 `text_dataset_from_directory()` 함수를 사용해 읽어 들일 수 있습니다. `'aclImdb/train'` 폴더에 있는 데이터를 훈련 데이터와 검증 데이터, `'aclImdb/test'` 폴더에 있는 데이터를 테스트 데이터로 읽어 들입니다.

```
01  train_ds, val_ds = keras.utils.text_dataset_from_directory(
02      'aclImdb/train', subset='both', validation_split=0.2, seed=42)
03  test_ds = keras.utils.text_dataset_from_directory('aclImdb/test')
```

01~02 검증 데이터의 비율을 20%로 지정합니다.

> **실행결과** Found 25000 files belonging to 2 classes.
> Using 20000 files for training.
> Using 5000 files for validation.
> Found 25000 files belonging to 2 classes.

03 텐서플로 데이터셋 객체인 `train_ds`에서 샘플 하나를 추출하면 IMDB 영화 리뷰 데이터셋에서 부정적인 감성의 텍스트 예시를 볼 수 있습니다.

```
01  feature, target = train_ds.unbatch().take(1).get_single_element()
02  print(feature.numpy()[:100])
03  print(target.numpy())
```

01 기본적으로 text_dataset_from_directory() 함수는 크기가 32인 배치 데이터셋을 만들기 때문에 unbatch() 함수로 배치를 해제한 다음 take(1)을 호출하여 첫 번째 원소를 가져옵니다. 이어서 get_single_element() 메서드를 호출하여 특성과 타깃 값으로 구성된 튜플을 얻습니다. 이 메서드를 사용하면 for 반복문을 사용하지 않고 텐서로 데이터셋에서 하나의 샘플을 가져올 수 있습니다.

> 바이트 문자열(byte string)로 저장되어 있음을 나타냄

실행결과 b'"Pandemonium" is a horror movie spoof that comes off more stupid than funny. Believe me when I tell '

0 ← 리뷰가 부정적인 평가임을 나타내는 레이블
(긍정적일 때는 1)

[번역] "Pandemonium"은 공포 영화의 패러디로, 웃기기보다는 멍청하게 느껴집니다. 제가 말하는 걸 믿으세요.

note 만약 unbatch() 메서드를 사용하지 않고 take(1)을 호출하면 첫 번째 배치가 반환됩니다.

04 데이터셋을 준비했으니 사전 훈련된 BERT 모델을 로드해 보죠. KerasNLP 패키지에서 제공하는 사전 훈련된 언어 모델은 keras_nlp.models 아래에 위치해 있습니다. BERT 백본 모델은 BertBackbone 클래스에 정의되어 있지만, 여기서는 백본 모델과 토크나이저, 분류기를 합친 BertClassifier 클래스를 사용해 BERT 모델을 로드하겠습니다.

```
01  classifier = keras_nlp.models.BertClassifier.from_preset(
02      "bert_tiny_en_uncased", num_classes=2)
```

01 BertClassifier 클래스의 from_preset() 메서드를 사용하면 사전 훈련된 가중치를 포함하여 BERT 모델을 손쉽게 구성할 수 있습니다. 여기서는 코랩의 실행 메모리를 감안해 가장 작은 bert_tiny_en_uncased 모델을 사용하겠습니다. BertClassifier의 드롭아웃 비율은 기본적으로 0.1이지만, 필요한 경우에는 dropout 매개변수에서 바꿀 수 있습니다.

02 영화 리뷰 텍스트를 긍정과 부정으로 분류하기 위해 분류할 클래스의 개수 num_classes를 2로 지정합니다.

note 토크나이저란 텍스트를 모델에 입력할 때 먼저 모델이 이해할 수 있는 형식으로 텍스트를 변환하는 작업을 말합니다. 보다 자세한 내용은 241쪽에서 알아보겠습니다.

실행결과 Downloading from https://www.kaggle.com/api/v1/models/keras/bert/keras/bert_tiny_en_uncased/2/download/assets/tokenizer/vocabulary.txt...
100%|██████████| 226k/226k [00:00<00:00, 80.5MB/s]

note KerasNLP에서 제공하는 사전 훈련된 모델의 전체 목록은 다음 링크에서 확인할 수 있습니다.
• https://keras.io/api/keras_hub/models/

> **여기서 잠깐** **bert_tiny_en과 bert_tiny_en_uncased의 차이**
>
> _en은 영어 텍스트 말뭉치에서 훈련된 모델을 말합니다. 마찬가지로 중국어 말뭉치에서 훈련된 모델은 _zh가 표시되죠. 또 _uncased는 영어의 대문자를 모두 소문자로 전처리한 후에 모델을 훈련했다는 의미입니다. 따라서 앞서 실습에서 구현한 bert_tiny_en_uncased 모델은 소문자로 전처리된 영어 텍스트 말뭉치에서 훈련된 BERT 모델을 의미합니다. _uncased 모델은 대소문자를 구분하지는 못하지만 고유명사를 고려해야 하는 경우 등을 제외하면 대부분의 일반적인 작업에 적합합니다. 반면 bert_base_en 모델은 대소문자를 구분할 수 있지만, uncased 모델과 달리 어휘사전의 크기가 28,996입니다.

05 여기까지 코드를 실행하면 사전 훈련된 BERT 모델의 가중치가 자동으로 다운로드되므로 classifier 모델에서 summary() 메서드를 출력해 모델의 구조를 확인해 보겠습니다.

```
01  classifier.summary()
```

실행결과

Preprocessor: "bert_text_classifier_preprocessor"

Layer (type)	Config
bert_tokenizer (BertTokenizer)	어휘사전의 크기 → Vocab size: 30,522

Model: "bert_text_classifier"

Layer (type)	Output Shape	Param #	Connected to
padding_mask (InputLayer)	(None, None)	0	-
segment_ids (InputLayer)	(None, None)	0	-
token_ids (InputLayer)	(None, None)	0	-
bert_backbone (BertBackbone)	[(None, 128), (None, None, 128)]	4,385,920	padding_mask[0][0], segment_ids[0][0], token_ids[0][0]
classifier_dropout (Dropout)	(None, 128)	0	bert_backbone[0][0]
logits (Dense)	(None, 2)	258	classifier_dropout[0][0]

Total params: 4,386,178 (16.73 MB)
Trainable params: 4,386,178 (16.73 MB)
Non-trainable params: 0 (0.00 B)

[실행결과]를 살펴보면 Preprocessor 아래에 있는 BertTokenizer는 원본 텍스트에서 BERT 모델의 입력(token_ids, segment_ids, padding_mask)을 만들어 주는 역할을 합니다. Vocab 항목에는 어휘사전의 크기가 나타나 있습니다. bert_tiny는 BERT 모델 중 가장 작은 모델이지만 파라

미터의 개수는 4백만 개가 넘는다는 것을 볼 수 있군요. 백본 모델 다음으로 드롭아웃층이 등장하고, 마지막에 2개의 유닛을 가진 Dense층이 놓이는 것도 확인할 수 있습니다. 앞선 코드에서 num_classes를 2로 지정했기 때문에 마지막 Dense층의 유닛이 2개가 되었습니다.

BERT 모델 미세 튜닝하기

이번에는 KerasNLP를 사용하여 모델을 훈련시키는 방법을 알아보겠습니다. 앞에서 준비해 둔 IMDB 데이터셋으로 훈련해 볼 텐데요. 기본적으로 BertClassifier에 포함된 백본 모델은 훈련이 가능합니다. 즉, IMDB 데이터셋으로 classifier 객체를 훈련할 때 백본 모델도 미세 튜닝됩니다. 만약 백본 모델의 가중치를 훈련하고 싶지 않다면 classifier.backbone.trainable = False로 지정하세요.

01 fit() 메서드에 훈련 입력을 전달하고 5번의 에포크 동안 모델을 훈련해 보겠습니다. 훈련 세트와 함께 검증 세트 데이터를 함께 전달합니다. 이렇게 사전 훈련된 대규모 언어 모델을 사용하면 약간의 훈련만으로도 높은 성능을 달성할 수 있습니다.

```
01 classifier.fit(train_ds, validation_data=val_ds, epochs=5)
```

> 실행결과
> ```
> Epoch 1/5
> 625/625 ──────────── 2268s 4s/step - loss: 0.5683 - sparse_categorical_accuracy: 0.6900 - val_loss: 0.3894 - val_sparse_categorical_accuracy: 0.8244
> Epoch 2/5
> 625/625 ──────────── 2323s 4s/step - loss: 0.3153 - sparse_categorical_accuracy: 0.8675 - val_loss: 0.3139 - val_sparse_categorical_accuracy: 0.8680
> Epoch 3/5
> 625/625 ──────────── 2275s 4s/step - loss: 0.2491 - sparse_categorical_accuracy: 0.9047 - val_loss: 0.3035 - val_sparse_categorical_accuracy: 0.8730
> Epoch 4/5
> 625/625 ──────────── 2276s 4s/step - loss: 0.1902 - sparse_categorical_accuracy: 0.9309 - val_loss: 0.3420 - val_sparse_categorical_accuracy: 0.8684
> Epoch 5/5
> 625/625 ──────────── 2257s 4s/step - loss: 0.1524 - sparse_categorical_accuracy: 0.9436 - val_loss: 0.3484 - val_sparse_categorical_accuracy: 0.8764
> <keras.src.callbacks.history.History at 0x7a0fd9f79de0>
> ```

훈련 결과를 보니 에포크 다섯 번 만에 훈련 세트의 정확도가 90%를 넘었습니다. 검증 세트에 대한 정확도도 88%에 달하는군요.

> **여기서 잠깐** sparse_categorical_accuracy가 뭐죠?
>
> 케라스는 정확도 계산을 위해 이진 분류일 때는 binary_accuracy(), 다중 분류일 때는 categorical_accuracy() 함수를 사용합니다. 다중 분류일 때 타깃 값이 원-핫 인코딩 벡터가 아니라 정수 레이블인 경우라면 sparse_categorical_accuracy() 함수를 사용합니다. 조금 복잡해 보이지만 모델을 훈련하기 전에 compile() 메서드에서 'accuracy'를 지정하면 자동으로 적절한 지표를 선택하므로 걱정할 필요는 없습니다.
>
> ```
> classifier.compile(loss='sparse_categorical_crossentropy', metrics=['accuracy'])
> ```
>
> note compile() 메서드를 사용했던 실습이 잘 기억나지 않는다면 1장 70쪽에서 LeNet 모델을 훈련했던 예시를 떠올려 보세요!

02 사실 IMDB 데이터셋은 이진 분류 문제이므로 마지막 Dense층의 유닛이 하나만 있어도 됩니다. 다음과 같이 num_classes를 1로 지정하고, 대신 activation 매개변수에 시그모이드 활성화 함수를 지정해야 합니다.

```
01  classifier = keras_nlp.models.BertClassifier.from_preset(
02      "bert_tiny_en_uncased", num_classes=1, activation='sigmoid'
03  )
```

앞에서는 classifier 객체에 BERT 모델을 로드한 다음, 바로 fit() 메서드로 훈련했지만 compile() 메서드에서 필요한 설정을 바꿀 수 있습니다. 예를 들어 이와 같은 이진 분류 설정에서는 손실 함수는 'binary_crossentropy'로 지정하고, 옵티마이저는 RMSProp을 사용해 보겠습니다. 또 과대적합을 막기 위해 조기 종료 콜백을 사용해 검증 세트 점수가 상승하기 전에 모델 훈련을 중지합니다.

note BertClassifier는 학습률이 5e-5인 Adam 옵티마이저를 기본으로 사용합니다.

따라 하며 배우는 코딩

BERT 모델 훈련하기 소스 코드 04-2.ipynb

```
01  rmsprop = keras.optimizers.RMSprop(learning_rate=0.001)
02  classifier.compile(loss='binary_crossentropy', optimizer=rmsprop,
03                     metrics=["accuracy"])
```

```
04
05  early_stopping_cb = keras.callbacks.EarlyStopping(patience=3,
06                                                    restore_best_weights=True)
07  hist = classifier.fit(train_ds, validation_data=val_ds, epochs=20,
08                        callbacks=[early_stopping_cb])
```

01 RMSprop 클래스에 학습률을 0.001로 지정하여 옵티마이저를 준비합니다.
02 이진 분류이므로 손실 함수를 'binary_crossentropy'로 지정하고, 앞서 생성한 옵티마이저 객체를 전달합니다.
05~06 조기 종료를 위한 콜백을 구성합니다. 여기에서는 에포크 3회 동안 검증 세트에 대한 점수가 향상되지 않으면 훈련을 종료합니다.
07~08 훈련 세트, 검증 세트, 콜백과 함께 20번의 에포크 동안 모델을 훈련합니다.

> 실행결과
```
Epoch 1/20
625/625 ─────────── 76s 99ms/step - accuracy: 0.6378 - loss: 0.6028 - val_accuracy: 0.8026 - val_loss: 0.4489
Epoch 2/20
625/625 ─────────── 53s 84ms/step - accuracy: 0.8162 - loss: 0.4284 - val_accuracy: 0.8320 - val_loss: 0.4057
Epoch 3/20
625/625 ─────────── 51s 80ms/step - accuracy: 0.8481 - loss: 0.3660 - val_accuracy: 0.8654 - val_loss: 0.3372
Epoch 4/20
625/625 ─────────── 43s 69ms/step - accuracy: 0.8729 - loss: 0.3137 - val_accuracy: 0.8694 - val_loss: 0.3926
Epoch 5/20
625/625 ─────────── 44s 69ms/step - accuracy: 0.8841 - loss: 0.2935 - val_accuracy: 0.8754 - val_loss: 0.3334
Epoch 6/20
625/625 ─────────── 42s 66ms/step - accuracy: 0.8956 - loss: 0.2690 - val_accuracy: 0.8800 - val_loss: 0.3197
Epoch 7/20
625/625 ─────────── 41s 65ms/step - accuracy: 0.9189 - loss: 0.2251 - val_accuracy: 0.8762 - val_loss: 0.3761
Epoch 8/20
625/625 ─────────── 37s 59ms/step - accuracy: 0.9345 - loss: 0.1871 - val_accuracy: 0.8760 - val_loss: 0.3639
Epoch 9/20
625/625 ─────────── 33s 53ms/step - accuracy: 0.9446 - loss: 0.1600 - val_accuracy: 0.8746 - val_loss: 0.3255
```

검증 세트에 대한 점수가 87% 이상입니다. 이번에는 `fit()` 메서드에서 반환된 `History` 객체에 저장된 손실과 정확도를 그래프로 그려서 모델의 성능을 확인해 보겠습니다. 조기 종료 콜백을 사용했기 때문에 에포크 횟수가 저장된 `hist.epoch` 리스트를 사용해 그래프를 그립니다. 이 리스트의 에포크는 0부터 시작하기 때문에 넘파이 배열로 바꾼 후 모든 원소에 1을 더합니다.

따라 하며 배우는 코딩
BERT 모델의 성능 확인하기 소스 코드 `04-2.ipynb`

```
01  epochs = np.array(hist.epoch) + 1
02  fig, axs = plt.subplots(1, 2, figsize=(12, 4))
03  axs[0].plot(epochs, hist.history['loss'], label='loss')
04  axs[0].plot(epochs, hist.history['val_loss'], label='val_loss')
05  axs[0].set_xticks(epochs)
06  axs[0].set_xlabel('epoch')
07  axs[0].set_ylabel('loss')
08  axs[0].legend()
09  axs[1].plot(epochs, hist.history['accuracy'], label='accuracy')
10  axs[1].plot(epochs, hist.history['val_accuracy'], label='val_accuracy')
11  axs[1].set_xticks(epochs)
12  axs[1].set_xlabel('epoch')
13  axs[1].set_ylabel('accuracy')
14  axs[1].legend()
15  plt.show()
```

실행결과

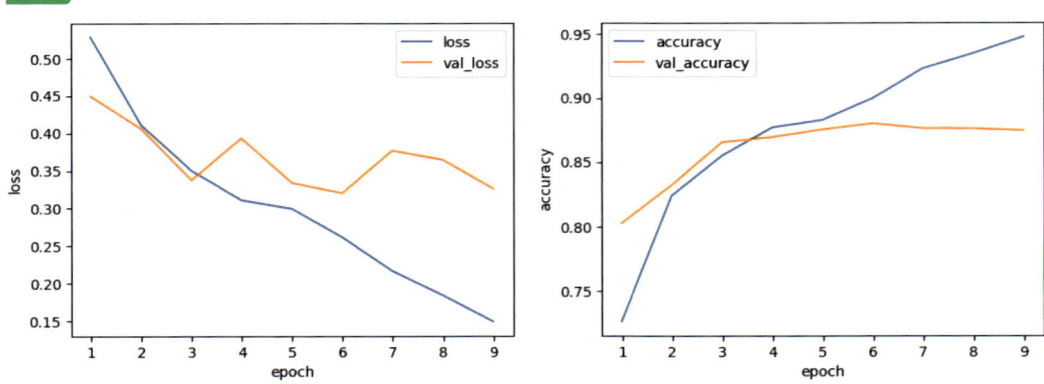

출력된 그래프를 보면 여섯 번째 에포크에서 검증 세트의 손실은 올라가고, 정확도는 감소하기 시작하는 것을 볼 수 있습니다. 그 이후 세 번의 에포크 동안 검증 세트에 대한 점수가 향상되지 못했으므로 아홉 번째 에포크에서 훈련이 조기 종료되었다는 것을 알 수 있습니다.

성능을 높이기 위해 옵티마이저나 조기 종료 매개변수를 바꾸어 다양한 실험을 해볼 수 있으므로 여러 경우를 확인하며 실험해 보길 바랍니다. 이제 전이 학습으로 훈련한 BERT 모델로 feature 텐서에 저장된 샘플의 예측을 만들어 보겠습니다.

```
01  classifier.predict([feature])
```

> 실행결과
> 1/1 ──────────── 7s 7s/step
> array([[0.09243377]], dtype=float32)

모델의 출력 값이 0.1도 채 되지 않는군요. 이 모델은 feature 샘플이 부정적인 리뷰라고 강하게 확신하고 있습니다. 마지막으로 테스트 세트에 대한 정확도를 확인해 보겠습니다. 미세 튜닝한 bert_tiny 모델의 테스트 세트 정확도는 약 87% 정도군요.

```
01  classifier.evaluate(test_ds)
```

> 실행결과
> 782/782 ──────────── 11s 14ms/step - accuracy: 0.8669 - loss: 0.3268
> [0.32469964027404785, 0.8676400184631348]

지금까지 알아본 KerasNLP를 사용한 전이 학습 방법은 KerasNLP에서 제공하는 모든 모델에 동일하게 적용할 수 있습니다. 여기서는 코랩을 통해 BERT 모델의 가장 작은 버전을 사용하여 훈련했지만, 일반적으로 대규모 언어 모델을 훈련할 때는 훨씬 더 많은 시간과 자원이 소모된다는 점을 기억하세요.

텍스트 전처리하기 - BERT 토크나이저

토큰화 tokenization 란 언어 모델이 텍스트 문자열을 모델이 처리할 수 있는 작은 부분(**토큰** token)으로 분리하는 과정입니다. 보통 하나의 단어가 한 개 이상의 토큰에 대응됩니다. 앞서 언급한 것처럼 고유한 토큰의 집합을 **어휘사전** vocabulary 이라고 부르는데요. 바로 이러한 토큰화를 수행하는 방법 혹은 객체를 **토크나이저** tokenizer 라고 합니다. 모델은 어휘사전을 바탕으로 새로운 텍스트를 토큰으로 분할하기 때문에 토크나이저와 어휘사전이 모델의 성능에 큰 영향을 미칩니다.

인공 신경망에서는 토큰을 고정된 길이의 실수 벡터로 표현하는 방법, 즉 임베딩 벡터를 주로 사용합니다. 앞서 우리는 트랜스포머 구조를 살펴보면서 케라스의 `Embedding`층으로 토큰의 임베딩 벡터를 만드는 방법을 배웠습니다. 그렇다면 토크나이저는 어떻게 텍스트를 토큰으로 나누는 것일까요? BERT 모델은 **워드피스 토큰화**^{WordPiece tokenization}라는 방법을 사용합니다. 워드피스 토크나이저는 단어를 더 작은 단위(부분단위)의 단어로 분리하는 **부분단어 토큰화**^{subword tokenization} 방법 중 하나로, 기존에 있던 **바이트 페어 인코딩(BPE)**^{Byte-Pair Encoding}의 변형입니다. BPE는 가장 빈번하게 등장하는 부분단어를 어휘사전의 최대 길이에 도달할 때까지 추가합니다. 워드피스 토큰화는 BPE와 비슷하지만 부분단어의 빈도를 개별 토큰의 빈도로 나눈 점수를 계산하고, 이 점수가 높은 부분단어를 어휘사전에 추가합니다.

예를 들어 말뭉치에 등장하는 빈도가 10인 'ng'와 15인 'de'를 어휘사전에 추가하는 경우를 가정해 보겠습니다. BPE 토큰화에서는 등장 빈도가 높은 'de'가 먼저 어휘사전에 추가되지만, 워드피스 토큰화에서는 다음과 같이 'ng'를 구성하는 'n'과 'g', 'de'를 구성하는 'd'와 'e'의 빈도를 고려해 점수를 계산합니다. 'n, g, d, e' 네 문자의 빈도가 각각 12, 16, 20, 30이라고 할 때, 워드피스 토큰화로 계산한 점수는 다음과 같습니다.

$$점수_{ng} = \frac{10}{12 \times 16} = 0.052$$

$$점수_{de} = \frac{15}{20 \times 30} = 0.025$$

워드피스 토큰화에서는 이 점수를 토대로 'ng' 토큰이 어휘사전에 먼저 추가됩니다. 워드피스 토큰화를 구현하는 작업은 우리 책의 범위를 넘어서므로 사전 훈련된 BERT 모델에 들어 있는 토크나이저를 사용하여 BERT의 토큰화 방식을 이해해 보겠습니다.

앞서 235쪽에서 사전 훈련된 BERT 모델을 로드한 `classifier` 객체의 `summary()` 메서드 출력 결과에서 볼 수 있듯이 `BertClassifier` 클래스는 텍스트 전처리를 위한 객체를 가지고 있으며, `preprocessor` 속성으로 참조할 수 있습니다.

01 전이 학습 예제를 만들 때 추출한 샘플인 `feature`를 `preprocessor` 객체에 전달하여 결과를 출력해 보겠습니다. 샘플 데이터로 `preprocessor` 객체를 호출하면 토큰 아이디, 세그먼트 아이디, 패딩 마스크에 해당하는 `'token_ids'`, `'segment_ids'`, `'padding_mask'`를 키로 갖는 딕셔너리가 반환됩니다.

```
01  prep_data = classifier.preprocessor(feature)
02  print(len(prep_data['token_ids']), prep_data['token_ids'][:10])
```

```
실행결과  512  tf.Tensor([  101  1000  6090  3207 26387  1000  2003  1037  5469
              3185], shape=(10,), dtype=int32)
```
↑ token_ids의 길이

BERT 모델의 최대 입력 시퀀스 길이가 512이기 때문에 token_ids의 길이가 512로 출력되었습니다.

02 이 샘플의 길이는 512보다 작기 때문에 나머지 token_ids는 0으로 채워질 것입니다. 마지막 10개의 토큰으로 확인해 보죠.

```
01  prep_data['token_ids'][-10:]
```

```
실행결과  <tf.Tensor: shape=(10,), dtype=int32, numpy=array([0, 0, 0, 0, 0, 0, 0,
         0, 0, 0], dtype=int32)>
```

예상대로 마지막 10개의 토큰이 모두 0이군요. 이 예제는 분류 문제이므로 입력 텍스트에서 문장을 구분할 필요가 없습니다. 그래서 segment_ids가 모두 0입니다.

03 또한 padding_mask 값을 확인해 보면 이 샘플 텍스트의 전체 길이를 쉽게 알 수 있습니다. 토큰이 있는 자리는 1, 그외 자리는 모두 0이므로 sum() 함수를 사용해 1을 더하면 샘플 시퀀스의 길이가 됩니다.

```
01  sum(prep_data['padding_mask'].numpy())
```

```
실행결과  197
```

이 샘플의 총 토큰 개수는 197개군요. preprocessor 객체는 앞서 소개한 워드피스 토크나이저를 tokenizer 속성으로 가지고 있습니다.

04 이 워드피스 토크나이저의 detokenize()를 사용해 prep_data['token_ids']에 담긴 정수 값을 원본 문자열로 바꿔 보겠습니다.

```
01  bert_tokenizer = classifier.preprocessor.tokenizer
02  bert_tokenizer.detokenize(prep_data['token_ids'][:10])
```

```
실행결과  '[CLS] " pandemonium " is a horror movie'
          1     2  3          4 5  6 7      8
```

[실행결과]를 보고 뭔가 이상한 점을 눈치채셨나요? 분명 `detokenize()` 메서드에 10개의 토큰 아이디를 전달했는데, 반환된 단어는 8개뿐입니다. 이는 일부 단어가 여러 개의 부분단어로 나뉘어져 토큰 아이디가 각각 할당되었다는 것을 의미합니다. 부분단어를 확인하기 위해서는 `bert_tokenizer`의 `id_to_token()` 메서드를 사용합니다.

05 `prep_data['token_ids']`에 있는 10개의 토큰 아이디를 하나씩 꺼내 `id_to_token()` 메서드에 전달하고 반환값을 출력해 보죠.

```
01  tokens = []
02  for id in prep_data['token_ids'][:10]:
03      tokens.append(bert_tokenizer.id_to_token(id))
04  print(tokens)
```

> 실행결과 `['[CLS]', '"', 'pan', '##de', '##monium', '"', 'is', 'a', 'horror', 'movie']`

[실행결과]를 보니 pandemonium가 세 개의 부분단어로 나뉘어져 있군요. ##은 해당 토큰이 단어의 중간이나 끝에 들어가는 부분단어임을 나타냅니다. [CLS]는 텍스트 분류를 위한 특수 토큰으로, 샘플 텍스트의 맨 앞에 위치합니다. 그래서 BERT 백본 모델을 만들 때 `transformer_encoder()`의 출력 중에서 첫 번째 토큰만 `Dense()` 클래스에 전달했습니다.

> **여기서 잠깐** id_to_token()와 반대로 token_to_id() 메서드도 있나요?
>
> id_to_token()와 비슷하게 토큰을 토큰 아이디로 변환해 주는 token_to_id() 메서드도 있습니다. 또 detokenize() 메서드와 반대로 문자열을 토큰으로 변환해 주는 tokenize() 메서드도 있죠.
>
> ```
> for token in tokens:
>     print(bert_tokenizer.token_to_id(token), end=' ')
> ```
>
> 실행결과 `101 1000 6090 3207 26387 1000 2003 1037 5469 3185`
>
> ```
> bert_tokenizer.tokenize('"pandemonium" is a horror movie')
> ```
>
> 실행결과 `<tf.Tensor: shape=(9,), dtype=int32, numpy=`
> `array([ 1000,  6090,  3207, 26387,  1000,  2003,  1037,  5469,  3185],`
> `      dtype=int32)>`

허깅페이스로 영화 리뷰 텍스트의 감성 분류하기

3장 3절에서 우리는 허깅페이스 모델 저장소에서 제공하는 사전 훈련된 모델을 사용하는 방법을 알아봤습니다. 이번에는 허깅페이스에서 제공하는 BERT 모델을 사용하여 전이 학습을 수행하면서 transformers 라이브러리에 대해 조금 더 자세히 알아보려고 합니다. transformers는 허깅페이스에서 제공하는 딥러닝 기반의 자연어 처리 라이브러리로, 트랜스포머 모델을 활용하려면 꼭 익혀두어야 하는 라이브러리입니다. 저수준 딥러닝 라이브러리인 파이토치와 텐서플로를 모두 지원하며, 허깅페이스에서 공유되고 있는 수많은 사전 훈련된 트랜스포머 모델을 쉽게 사용할 수 있는 인터페이스를 제공하고 있습니다.

특별히 한글 데이터에서 훈련한 BERT 모델을 사용해 볼 텐데요. 우리에게 친숙한 네이버 영화 리뷰 데이터셋을 준비해 BERT 모델을 미세 튜닝하는 방법을 알아보겠습니다. 허깅페이스 라이브러리를 사용해 미세 튜닝하는 방식은 케라스와 다른 점이 많기 때문에 각 단계를 자세히 살펴봅시다.

네이버 영화 리뷰 데이터셋 준비하기

감성 분석을 위해 IMDB 영화 리뷰 데이터셋과 비슷하게 네이버 영화 리뷰 댓글을 수집한 한글 데이터셋이 있습니다[10]. 이번에는 허깅페이스에 있는 한글 BERT 모델을 백본으로 사용해 네이버 영화 리뷰 데이터에서 전이 학습을 수행해 보겠습니다. 먼저 실습에 필요한 라이브러리부터 설치해 보죠.

허깅페이스에서 제공하고 있는 유용한 라이브러리들 중 훈련 데이터를 위한 datasets, 모델 훈련을 위한 accelerate, 모델 평가를 위한 evalute 라이브러리를 설치해야 합니다. 코랩에는 transformers와 accelerate 라이브러리만 설치되어 있으므로 다음 명령을 통해 나머지 두 개의 패키지 datasets, evaluate를 설치합니다.

```
!pip install datasets evaluate
```

허깅페이스의 datasets 패키지를 사용하면 사용자들이 [Datasets] 페이지에 올린 데이터를 손쉽게 다운로드할 수 있습니다. 이미 널리 사용하는 데이터셋이라면 누군가 이미 업로드해 놓았을 가능성이 높겠죠. 허깅페이스에서 네이버 영화 리뷰 데이터를 찾아 로드해 보겠습니다.

---

10 https://github.com/e9t/nsmc

01 허깅페이스 사이트(https://huggingface.co/)에 접속해 'naver movie review dataset'을 검색합니다. 허깅페이스의 검색창은 모델이나 데이터셋 이름을 기반으로 찾기 때문에 정확한 이름을 알지 못하면 찾기가 힘듭니다. 따라서 검색창 아래에 있는 [Use Full-text search instead]를 클릭합니다.

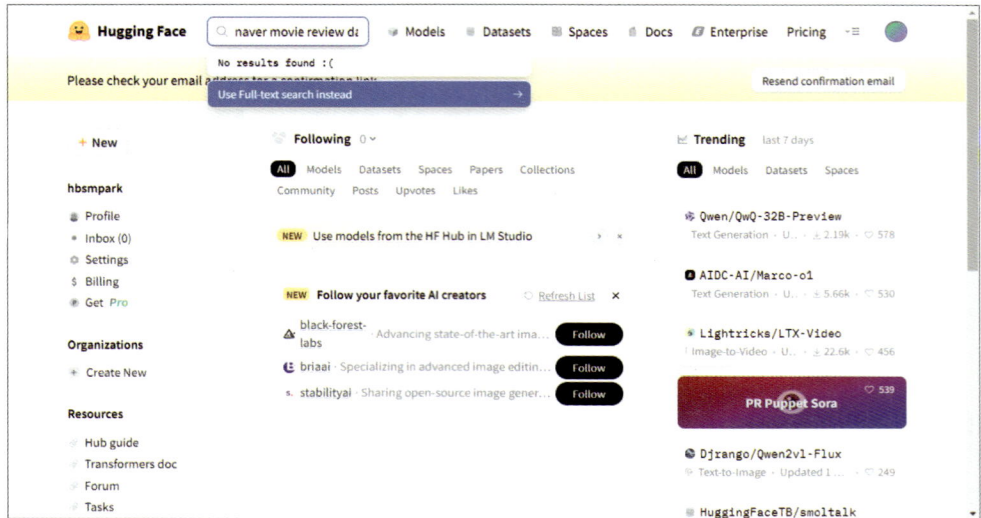

02 모델과 데이터셋의 상세 정보까지 포함해 검색하면 두 번째 결과로 네이버 영화 리뷰 데이터셋이 보입니다. 'nsmc'라는 이름으로 업로드되어 있군요.

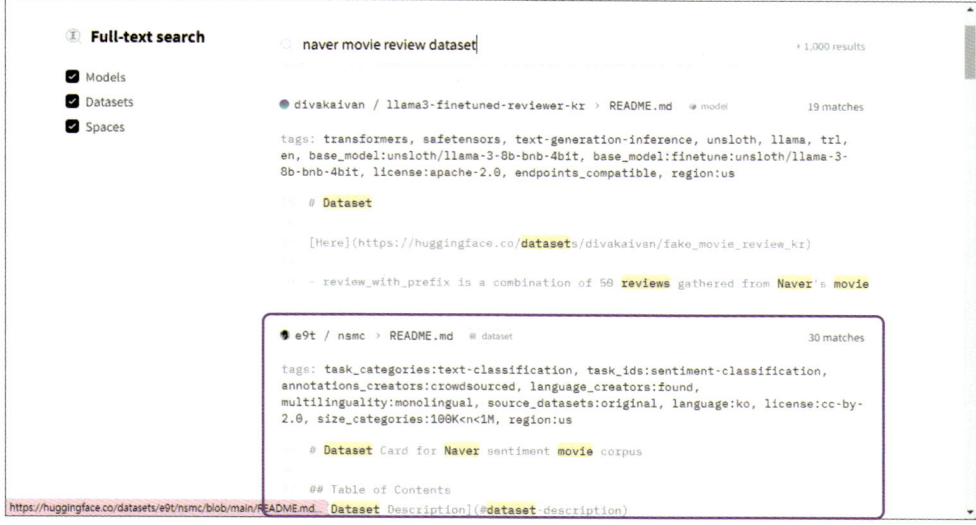

03 'nsmc'를 클릭하면 나타나는 상세 페이지에서 오른쪽 사이드바에 있는 [Use in Datasets library] 버튼을 클릭하면 datasets 라이브러리에서 nsmc 데이터셋을 로드하는 방법을 확인할 수 있습니다.

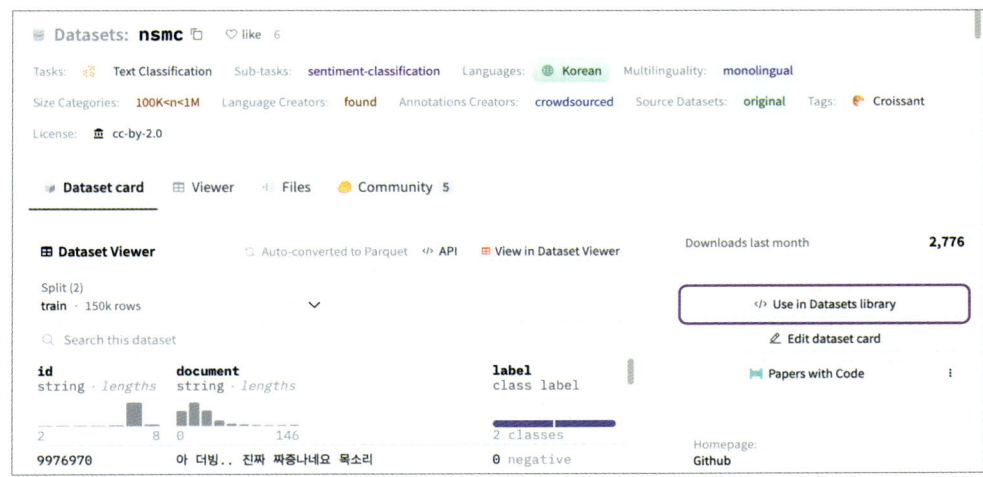

note 허깅페이스 정책에 따라 이 책을 읽는 시점에 [Use in Datasets library] 버튼이 보이지 않을 수 있습니다. 이 데이터셋이 파이썬 코드를 사용해 데이터를 로드하기 때문인데요. 하지만 다른 대부분의 데이터셋에서는 [Use in Datasets library] 버튼을 사용할 수 있습니다.

04 해당 버튼을 클릭하면 datasets 라이브러리에서 nsmc 데이터셋을 로드하는 방법을 볼 수 있습니다. 방법은 아주 간단합니다.

```
from datasets import load_dataset
dataset = load_dataset("nsmc")
```

05 알려준 방법대로 datasets 패키지에서 load_dataset() 함수를 임포트해 nsmc 데이터셋을 로드해 보겠습니다. nsmc 데이터셋 저장소에는 사용자 정의 코드가 있어, 이에 대한 경고와 실행 여부를 묻는 입력창이 나타나므로 경고를 무시하고 사용자 정의 코드를 실행하기 위해서는 trust_remote_code=True 옵션을 지정합니다.

```
01  from datasets import load_dataset
02
03  nsmc = load_dataset("nsmc", trust_remote_code=True)
```

> **실행결과** /usr/local/lib/python3.10/dist-packages/huggingface_hub/utils/_auth.
> py:94: UserWarning:
> The secret `HF_TOKEN` does not exist in your Colab secrets.
> To authenticate with the Hugging Face Hub, create a token in your
> settings tab (https://huggingface.co/settings/tokens), set it as secret
> in your Google Colab and restart your session.
> You will be able to reuse this secret in all of your notebooks.
> Please note that authentication is recommended but still optional to
> access public models or datasets.
> warnings.warn(
> README.md: 100% ████████████ 3.74k/3.74k [00:00<00:00, 103kB/s]
> nsmc.py: 100% ████████████ 3.18k/3.18k [00:00<00:00, 137kB/s]
> Downloading data: 100% ████████████ 14.6M/14.6M [00:00<00:00, 32.2MB/s]
> Downloading data: 100% ████████████ 4.89M/4.89M [00:00<00:00, 104MB/s]
> Generating train split: 100% ████████████ 150000/150000 [00:06<00:00, 19356.23 examples/s]
> Generating test split: 100% ████████████ 50000/50000 [00:03<00:00, 15903.82 examples/s]

06 nsmc 변수는 DatasetDict 클래스의 객체입니다. print() 함수를 사용해 이 객체를 출력해 보면 간단한 구조를 확인할 수 있습니다. 이 데이터셋은 훈련 데이터셋과 테스트 데이터셋으로 나뉘어져 있으며, 샘플 개수가 각각 150,000개, 50,000개입니다.

```
01  print(nsmc)
```

> **실행결과** DatasetDict({
>   train: Dataset({
>   features: ['id', 'document', 'label'],   ← 해당 데이터셋이 가지고 있는 특성
>   num_rows: 150000   ← 샘플 개수
>   })
>   test: Dataset({
>   features: ['id', 'document', 'label'],
>   num_rows: 50000
>   })
> })

07 nsmc 데이터셋의 상세 페이지(https://huggingface.co/datasets/e9t/nsmc)를 보면 알 수 있듯이 두 데이터셋은 모두 'ic', 'document', 'label' 특성을 가지고 있습니다. 'document'는 리뷰 텍스트를 담고 있고, 'label'은 모델이 예측할 타깃 값을 담고 있습니다. 훈련 데이터셋에 있는 첫 번째 샘플을 확인해 보죠.

```
01  nsmc['train'][0]
```

> 실행결과 {'id': '9976970', 'document': '아 더빙.. 진짜 짜증나네요 목소리', 'label': 0}

id '9976970'의 리뷰는 영화의 더빙에 대해 나쁜 평가를 하는군요. 예상할 수 있겠지만 타깃 값(label)은 부정적 감성에 해당하는 0입니다. 이제 데이터셋이 준비되었으므로 전이 학습에서 사용할 모델을 골라 보겠습니다.

백본 모델 선택하기

네이버 영화 리뷰 데이터에 적합한 한글 데이터 훈련 모델을 찾아 준비했습니다. 이제 전이 학습에 사용할 백본 모델을 선택하고, 토크나이저를 사용해 모델에 주입할 수 있는 형태로 데이터를 변환해 보겠습니다.

01 허깅페이스 홈페이지에서 한글 데이터로 훈련한 bert_small 모델을 찾아보겠습니다. 검색창에 'bert kor small'이라고 입력하면 다행히 한글에서 훈련한 bert_small 버전을 찾을 수 있습니다. AI 허브(https://aihub.or.kr/)에서 제공하는 웹데이터 한국어 말뭉치로 훈련된 모델이군요.

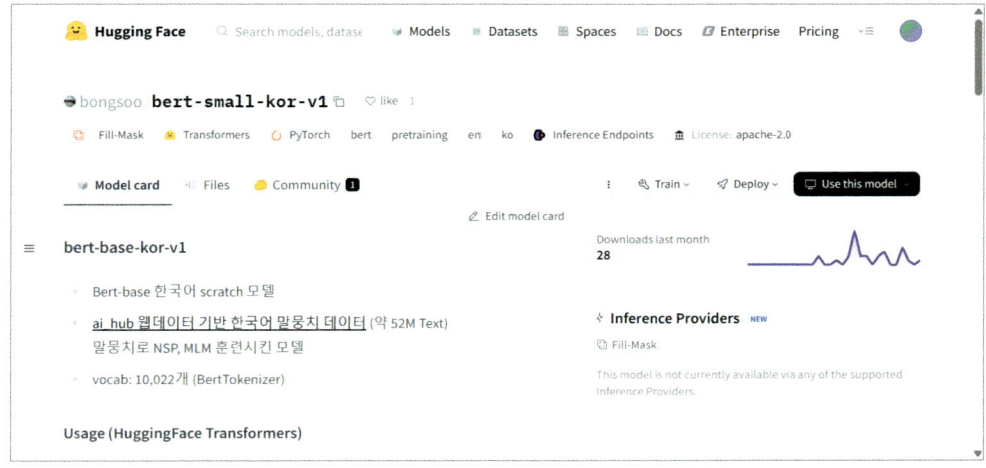

02 허깅페이스에는 매우 많은 모델이 있기 때문에 KerasNLP처럼 모든 모델이 독자적인 클래스로 제공되지 않습니다. 대신 작업task마다 공통으로 사용할 수 있는 클래스인 Auto 클래스를 제공합니다. 텍스트 분류에 해당하는 Auto 클래스인 AutoModelForSequenceClassification 클래스를 사용해 transformers 라이브러리로 사전 훈련된 백본 모델을 로드해 보겠습니다.

```
01  from transformers import AutoModelForSequenceClassification
02
03  bert_kor = AutoModelForSequenceClassification.from_pretrained(
04      'bongsoo/bert-small-kor-v1', num_labels=2)
```

03~04 235쪽에서 KerasNLP로 BERT 모델을 만들 때 사용했던 from_preset( ) 메서드와 비슷하게 from_pretrain( ) 메서드에 모델의 이름 'bongsoo/bert-small-kor-v1'을 전달하고, num_labels 매개변수에 예측할 레이블의 개수를 지정합니다.

> 실행결과
> ```
> The cache for model files in Transformers v4.22.0 has been updated.
> Migrating your old cache. This is a one-time only operation. You
> can interrupt this and resume the migration later on by calling
> `transformers.utils.move_cache()`.
>   0/0 [00:00<?, ?it/s]
> config.json: 100% ████████████ 590/590 [00:00<00:00, 22.9kB/s]
> pytorch_model.bin: 100% ████████████ 74.2M/74.2M [00:01<00:00, 83.5MB/s]
> Some weights of BertForSequenceClassification were not initialized
> from the model checkpoint at bongsoo/bert-small-kor-v1 and are newly
> initialized: ['classifier.bias', 'classifier.weight']
> You should probably TRAIN this model on a down-stream task to be able to
> use it for predictions and inference.
> ```

> note 허깅페이스에서 제공하는 모든 작업(task) 목록과 Auto 클래스 목록은 각각 다음 링크에서 참고할 수 있습니다.
> • 머신러닝 작업 페이지: https://huggingface.co/tasks
> • Auto 클래스 온라인 문서: https://huggingface.co/docs/transformers/model_doc/auto

03 bert_kor는 파이토치 모델이므로 print( )로 출력해 보면 모델의 전체 구조를 한눈에 파악할 수 있습니다.

```
01  print(bert_kor)
```

실행결과
```
BertForSequenceClassification(
  (bert): BertModel(
    (embeddings): BertEmbeddings(
      (word_embeddings): Embedding(10022, 512, padding_idx=0)
      (position_embeddings): Embedding(512, 512)
      (token_type_embeddings): Embedding(2, 512)
      (LayerNorm): LayerNorm((512,), eps=1e-12, elementwise_affine=True)
      (dropout): Dropout(p=0.1, inplace=False)
    )
    (encoder): BertEncoder(
      (layer): ModuleList(
        (0-3): 4 x BertLayer(
                    ... (중략) ...
      (pooler): BertPooler(
        (dense): Linear(in_features=512, out_features=512, bias=True)
        (activation): Tanh()
      )
    )
  )
  (dropout): Dropout(p=0.1, inplace=False)
  (classifier): Linear(in_features=512, out_features=2, bias=True)
)
```

- 10022 → 단어 임베딩층의 크기
- elementwise_affine=True → 층 정규화에서 감마와 베타 파라미터의 사용 여부를 지정하는 매개변수 (기본값 True)

한국어 말뭉치를 사용했기 때문에 어휘사전의 크기가 다릅니다(단어 임베딩층의 크기 10,022). 그 외에는 앞에서 살펴봤던 bert_small 모델의 구조와 같습니다. 이 모델의 토크나이저를 사용해 입력 데이터를 모델에 주입할 수 있는 형태로 바꿔 보겠습니다.

입력 데이터 토큰화하기

BERT 모델의 경우 토큰화를 위해 토큰 아이디와 세그먼트 아이디, 패딩 마스크가 필요합니다. transformers 라이브러리에서는 다음과 같이 토크나이저의 경우도 모델과 매우 비슷한 방식으로 로드합니다.

01 허깅페이스에서 제공하는 자동 토크나이저 클래스인 AutoTokenizer를 사용해 transformers 라이브러리로 모델에서 사용된 토크나이저를 로드합니다.

```
01  from transformers import AutoTokenizer
02
03  bert_kor_tokenizer = AutoTokenizer.from_pretrained(
04      'bongsoo/bert-small-kor-v1')
```

> 실행결과
> tokenizer_config.json: 100% ████████ 518/518 [00:00<00:00, 5.13kB/s]
> vocab.txt: 100% ████████ 70.8k/70.8k [00:00<00:00, 986kB/s]
> tokenizer.json: 100% ████████ 226k/226k [00:00<00:00, 3.03MB/s]
> added_tokens.json: 100% ████████ 449/449 [00:00<00:00, 3.82kB/s]
> special_tokens_map.json: 100% ████████ 498/498 [00:00<00:00, 6.70kB/s]

02 bert_kor_tokenizer 토크나이저에 훈련 세트에 있는 첫 번째 샘플을 전달하여 어떻게 텍스트를 변환하는지 확인해 봅시다.

```
01  from transformers import AutoTokenizer
02
03  bert_kor_tokenizer = AutoTokenizer.from_pretrained(
04      'bongsoo/bert-small-kor-v1')
05
06  prep_data = bert_kor_tokenizer(nsmc['train'][0]['document'])
07  prep_data.keys()
```

> 실행결과 dict_keys([**'input_ids'**, **'token_type_ids'**, **'attention_mask'**])
>   ↑ 토큰 아이디   ↑ 세그먼트 아이디   ↑ 패딩 마스크

03 'input_ids' 값을 출력해 보면 토큰 아이디를 확인할 수 있습니다.

```
01  prep_data['input_ids']
```

> 실행결과 [2, 606, 261, 1519, 17, 17, 4668, 766, 1400, 1132, 1464, 1130, 2889, 3]

04 허깅페이스 토크나이저에 있는 `convert_ids_to_tokens()` 메서드를 사용하면 토큰 아이디를 토큰으로 바꿀 수 있습니다.

```
01  tokens = bert_kor_tokenizer.convert_ids_to_tokens(prep_data['input_ids'])
02  print(tokens)
```

> 실행결과
> ['[CLS]', '아', '더', '##빙', '.', '.', '진짜', '짜', '##증', '##나', '##네',
> '##요', '목소리', '[SEP]']
> 　　　　↑분류에 사용하는 특수 토큰　　↑다음 문장 예측에서 두 문장을 구분하는 특수 토큰

> note 이런 토큰은 허깅페이스 토크나이저에서 제공하는 `convert_tokens_to_string()` 메서드를 사용해 원본 문자열로 변환할 수도 있습니다.

```
01  bert_kor_tokenizer.convert_tokens_to_string(tokens)
```

> 실행결과
> [CLS] 아 더빙.. 진짜 짜증나네요 목소리 [SEP]

05 이제 배치 데이터가 전달되면 `bert_kor_tokenizer`를 호출하여 `'document'` 속성에 있는 문자열을 전처리하는 간단한 함수를 정의해 보겠습니다.

```
01  def tokenize(batch):
02      return bert_kor_tokenizer(batch['document'], padding=True,
03                                truncation=True)
```

02 배치에 있는 샘플의 길이가 서로 다를 수 있으므로 padding=True로 설정하여 배치에서 가장 길이가 긴 샘플에 맞춰 짧은 샘플에 패딩을 추가합니다.

03 truncation=True로 설정해 모델이 입력받을 수 있는 최대 길이보다 긴 샘플을 자릅니다.

06 nsmc 데이터셋의 `map()` 메서드에 `tokenize()` 함수를 전달하여 전체 데이터셋을 토큰화하겠습니다. `batched=True`, `batch_size=None`으로 지정하여 배치 하나에 모든 샘플을 담습니다.

```
01  nsmc_tokenized = nsmc.map(tokenize, batched=True, batch_size=None)
```

> 실행결과
> Map: 100% ▬▬▬▬▬▬▬ 150000/150000 [00:43<00:00, 3495.75 examples/s]
> Map: 100% ▬▬▬▬▬▬▬ 50000/50000 [00:11<00:00, 4437.12 examples/s]

07 nsmc_tokenized도 print()로 출력해 전체 구조를 확인해 보겠습니다. 앞서 nsmc 데이터셋에는 없던 'input_ids', 'token_type_ids', 'attention_mask'가 추가된 것을 볼 수 있습니다. 모델 훈련에 사용할 데이터셋이 준비된 것 같습니다.

```
01  print(nsmc_tokenized)
```

> 실행결과
> ```
> DatasetDict({
>     train: Dataset({
>         features: ['id', 'document', 'label', 'input_ids', 'token_type_ids', 'attention_mask'],
>         num_rows: 150000
>     })
>     test: Dataset({
>         features: ['id', 'document', 'label', 'input_ids', 'token_type_ids', 'attention_mask'],
>         num_rows: 50000
>     })
> })
> ```

08 하지만 **07**의 데이터를 모두 사용하면 코랩에서 훈련하는 데 매우 오랜 시간이 걸립니다. 여기서는 사전 훈련된 모델을 사용하는 방법을 알아보는 것이 목적이므로 훈련 샘플의 일부만 사용하여 모델을 훈련해 보겠습니다.

```
01  nsmc_train = nsmc_tokenized["train"].shuffle(seed=42).select(range(1000))
02  nsmc_test = nsmc_tokenized["test"].shuffle(seed=42).select(range(100))
```

01 shuffle() 메서드를 사용해 순서를 뒤섞은 다음, select() 메서드를 사용해 0~999 인덱스의 1,000개의 샘플만 선택해 nsmc_train에 저장합니다.
02 마찬가지로 테스트 데이터셋에서도 100개의 샘플을 선택해 nsmc_test에 저장합니다.

BERT 모델 미세 튜닝하기

transformers 라이브러리로 모델을 훈련하려면 모델의 성능을 평가하는 함수를 정의해서 전달해야 합니다. 허깅페이스는 편리하게도 평가 지표를 위한 evaluate 라이브러리도 제공합니다. evaluate 패키지를 임포트해 모델의 성능 평가를 위한 정확도 지표를 로드해 보겠습니다.

metric 객체의 compute() 메서드를 호출하면 모델의 정확도를 계산할 수 있습니다. 이 메서드에는 두 개의 매개변수 값이 필요합니다. 하나는 모델 예측 값이고, 다른 하나는 정답 레이블입니다. 앞서 정의한 bert_kor 모델은 각 클래스에 대한 로짓logit을 출력하기 때문에, 이를 정답 레이블과 비교하려면 약간의 작업이 필요합니다. 그래서 compute_metrics() 함수를 정의합니다.

> **따라 하며 배우는 코딩**
>
> **성능 지표 만들기**　소스 코드　04-2.ipynb

```
01  import evaluate
02
03  metric = evaluate.load("accuracy")
04
05  import numpy as np
06
07  def compute_metrics(eval_pred):
08      logits, labels = eval_pred
09      predictions = np.argmax(logits, axis=-1)
10      return metric.compute(predictions=predictions, references=labels)
```

07　compute_metrics() 함수는 모델의 훈련 과정에서 에포크가 끝날 때마다 검증 데이터셋의 정확도를 계산하기 위해 호출됩니다.

08~09　eval_pred에는 모델이 출력한 로짓과 정답 레이블이 담겨 있습니다. 검증 데이터로 100개의 샘플을 골랐으므로 logits의 크기는 (100, 2)이고, labels의 크기는 (100,)입니다. logits에는 샘플마다 (부정과 긍정에 해당하는)두 개의 로짓값이 들어 있으므로, 두 로짓 중 큰 값의 인덱스가 예측 레이블이 됩니다. 이 인덱스를 찾기 위해 넘파이 argmax() 함수를 사용합니다.

10　예측 레이블과 정답 레이블을 사용해 metric 객체의 compute() 메서드를 호출합니다.

이제 모델 훈련을 위한 모든 준비를 마쳤습니다. 사전 훈련된 bert_kor 모델을 네이버 영화 리뷰 데이터로 미세 튜닝해 보겠습니다.

> **따라 하며 배우는 코딩**
>
> **훈련 매개변수 준비하기**　소스 코드　04-2.ipynb

```
01  from transformers import TrainingArguments, Trainer
02
```

```
03    training_args = TrainingArguments(output_dir='bert_kor_nsmc',
04                                      num_train_epochs=5,
05                                      eval_strategy='epoch',
06                                      save_strategy='epoch',
07                                      logging_steps=len(nsmc_train)//8,
08                                      load_best_model_at_end=True,
09                                      report_to="none")
```

01 transformers 패키지로 모델을 훈련하기 위해 TrainingArguments와 Trainer 클래스를 임포트합니다. TrainingArguments에 모델 훈련에 필요한 여러 옵션을 지정할 수 있습니다.

03 Trainer 클래스로 모델을 훈련할 때는 여러 종류의 파일들이 생성됩니다. 이를 저장할 디렉토리를 output_dir에 지정합니다.

04 훈련 에포크는 num_train_epochs 매개변수를 통해 5로 지정합니다.

05 evaluation_strategy 매개변수로 검증 세트를 사용해 모델을 평가할 시점을 지정합니다.
- **no**: 기본값인 'no'로 지정하면 훈련 중에 모델을 평가하지 않습니다.
- **steps**: eval_steps 매개변수에 지정한 횟수만큼 훈련 스텝을 진행한 후 모델을 평가합니다.
- **epoch**: 에포크가 끝날 때마다 모델을 평가하도록 설정합니다.

06, 08 load_best_model_at_end=True로 지정해 훈련이 끝난 후 가장 좋은 성능을 내는 모델을 자동으로 복원합니다. 이 옵션을 사용하려면 모델의 저장 간격을 지정하는 save_strategy가 evaluation_strategy와 같아야 하므로 save_strategy='epoch'로 지정합니다.

07 기본적인 배치 크기가 8이므로 매 배치마다 손실 값을 계산하기 위해 logging_steps 매개변수를 훈련 세트의 배치 개수로 지정했습니다. 즉, 에포크가 끝날 때마다 손실을 계산하여 출력합니다(logging_steps의 기본값은 500입니다).

09 결과와 로그를 전송할 외부 도구를 지정할 수도 있지만, 여기서는 예제를 간단하게 구성하기 위해 "none"으로 지정합니다.

이제 Trainer 클래스에 모델, 훈련 데이터셋, 검증 데이터셋, TrainingArguments의 객체, 성능을 계산하기 위한 compute_metrics() 함수를 전달하여 훈련 객체 trainer를 만듭니다. trainer 객체의 train() 메서드를 호출하면 훈련이 시작됩니다.

따라 하며 배우는 코딩

사전 훈련된 BERT 모델 미세 튜닝하기   소스 코드 04-2.ipynb

```
01    trainer = Trainer(model=bert_kor,
02                      train_dataset=nsmc_train,
```

```
03                    eval_dataset=nsmc_test,
04                    args=training_args,
05                    compute_metrics=compute_metrics)
06  trainer.train()
```

실행결과
```
                                              [625/625 25:36, Epoch 5/5]
Epoch    Training Loss    Validation Loss    Accuracy
  1         0.611000          0.559526        0.740000
  2         0.406300          0.495583        0.770000
  3         0.265200          0.565902        0.800000
  4         0.168700          0.658877        0.810000
  5         0.096400          0.691403        0.800000

TrainOutput(global_step=625, training_loss=0.3095103591918945,
metrics={'train_runtime': 15.3883, 'train_samples_per_second': 324.922,
'train_steps_per_second': 40.615, 'total_flos': 54844270920000.0, 'train_
loss': 0.3095103591918945, 'epoch': 5.0})
```

사전 훈련된 모델을 사용하기 때문에 몇 번의 에포크만에 정확도 80%에 다다른 것을 볼 수 있습니다. trainer 객체에는 이전 코드에서 load_best_model_at_end=True로 지정했기 때문에 검증 정확도가 가장 좋았던 세 번째 에포크 직후의 모델이 로드됩니다. 그럼 이 모델을 사용해 간단한 예측을 수행해 보겠습니다.

따라 하며 배우는 코딩

사전 훈련된 BERT 모델로 예측하기   소스 코드 04-2.ipynb

```
01  preds_output = trainer.predict(nsmc_test)
02
03  print(preds_output.predictions[:7])
04  print(preds_output.label_ids[:7])
```

01 앞서 만든 테스트 데이터셋 nsmc_test를 predict() 머서드에 전달하여 예측 결과를 확인합니다. predictions 속성에는 모델이 예측한 로짓 값, label_ids에는 정답 레이블이 포함되어 있습니다.

03~04 처음 7개의 샘플에 대한 predictions와 label_ids의 예측 결과를 출력합니다.

실행결과
```
[[ 1.0535047  -0.35585168]
 [-2.0986133   2.5640438 ]
 [-2.1423147   2.4325607 ]
 [-1.2286369   1.2463318 ]
 [ 1.4086272  -1.1966751 ]
 [ 1.0655708  -0.74992204]
 [-1.0933844   1.3793325 ]]
```
← 모델이 예측한 로짓 값

`[0 1 1 1 0 1 0]` ← 실제 정답 레이블

BERT 모델 출력에서 로짓 값의 순서는 일반적으로 [부정(0), 긍정(1)]로 정의되며, [실행결과]에서 모델이 예측한 로짓 값에서 더 큰 로짓 값을 가진 클래스가 모델의 예측에 해당합니다. 따라서 우리가 구현한 모델의 예측 결과는 다음과 같이 정리할 수 있습니다.

샘플	더 큰 로짓 값	예측	실제 레이블	예측 결과
첫 번째	1.0535047	부정	0(부정)	맞음
두 번째	2.5640438	긍정	1(긍정)	맞음
세 번째	2.4325607	긍정	1(긍정)	맞음
네 번째	1.2463318	긍정	1(긍정)	맞음
다섯 번째	1.4086272	부정	0(부정)	맞음
여섯 번째	1.0655708	부정	1(긍정)	틀림
일곱 번째	1.3793325	긍정	0(부정)	틀림

처음 7개의 샘플에 대한 예측 결과를 비교해 보면 모델이 다섯 개 샘플까지는 정확히 예측했지만, 여섯 번째와 일곱 번째 샘플에서는 정답 레이블에 해당하는 로짓 값이 더 작으므로 틀린 결과를 예측하는군요.

> **좀 더 알아보기** 미세 튜닝된 모델로 감성 분석하기

지금까지는 허깅페이스에 있는 사전 훈련된 언어 모델을 사용하여 미세 튜닝하는 방법을 알아봤습니다. 이렇게 애써 구현한 모델을 나중에 다시 사용하고 싶다면 어떻게 해야 할까요?

trainer 객체의 push_to_hub() 메서드를 사용하면 미세 튜닝한 모델을 허깅페이스에 다시 업로드할 수 있습니다. 그런데 다시 업로드할 방법이 있다면 누군가 이미 BERT 모델을 미세 튜닝하여 업로드했을 수도 있겠네요! 허깅페이스 홈페이지 검색창에서 'bert kor'를 검색하면 다음과 같이 감성 분석에 미세 튜닝된 BERT 모델 'WhitePeak/bert-base-cased-Korean-sentiment'를 찾을 수 있습니다.

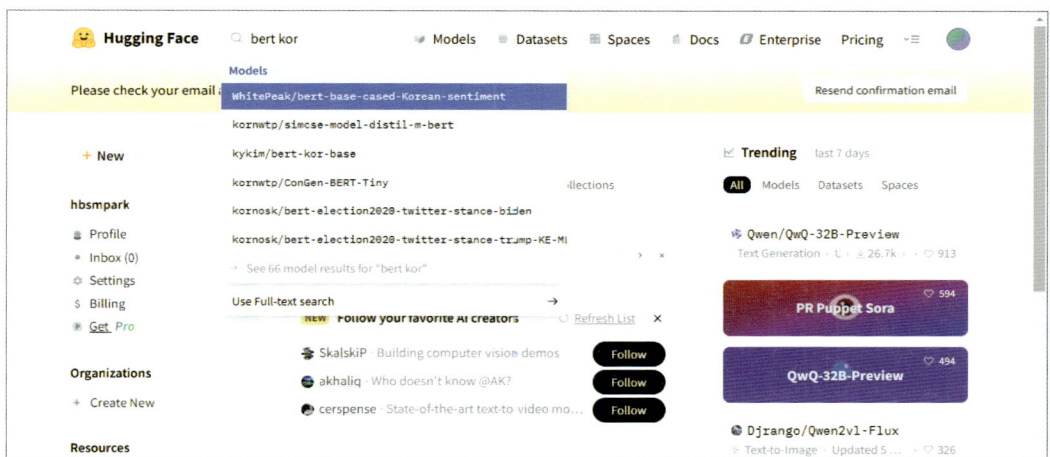

note 허깅페이스 업로드 및 transformers 라이브러리에 대한 자세한 내용은 다음의 온라인 문서 링크를 확인해 보세요. transformers 라이브러리에 대해서는 『트랜스포머스를 활용한 자연어 처리』(한빛미디어, 2022)에서도 참고할 수 있습니다.
- 허깅페이스 업로드: https://bit.ly/3xMqjmJ
- 허깅페이스 transformers 라이브러리: https://bit.ly/4aNWGjo

'bert-base-cased-Korean-sentiment' 모델의 상세 페이지에 들어가면 해당 모델에 대한 간략한 소개와 모델 훈련에 사용한 하이퍼파라미터를 확인할 수 있습니다. 또한 오른쪽 사이드바에 있는 [Use this model] 버튼을 클릭하면 간단한 사용법도 볼 수 있는데요.

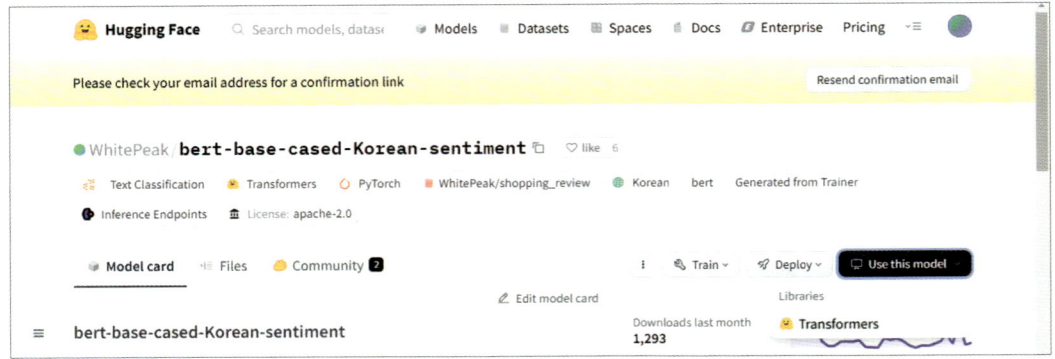

허깅페이스 transformers에서 모델을 사용하는 가장 간단한 방법은 185쪽 3장 3절에서 보았던 pipeline() 함수입니다. [Use this model] 버튼을 클릭해 나타나는 사용법에서도 pipeline() 함수의 예시를 확인할 수 있습니다.

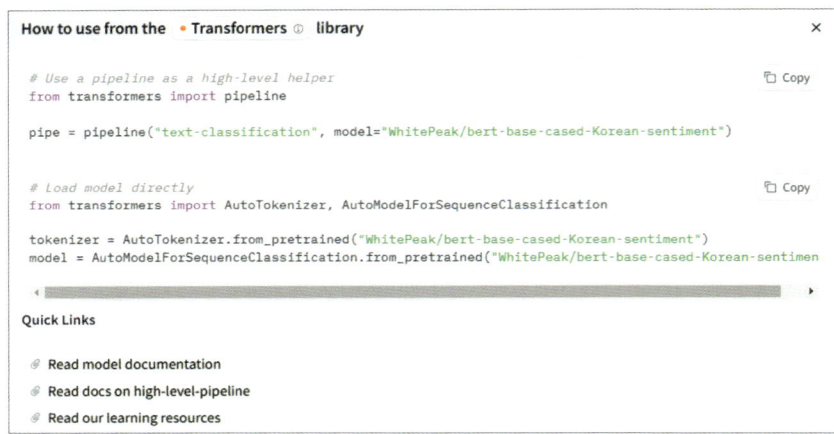

pipeline() 함수의 task 매개변수에는 텍스트 분류에 해당하는 'text-classification'을 지정하므로 코랩 [04-2.ipynb] 노트에 다음 코드를 이어서 작성해 보겠습니다.

```
01  from transformers import pipeline
02
03  pipe = pipeline(task='text-classification', device=0,
04                  model='WhitePeak/bert-base-cased-Korean-sentiment')
```

03 pipeline() 함수로 로드한 모델은 기본적으로 CPU에서 실행되기 때문에 GPU에서 실행하기 위해 device=0 으로 지정합니다.

04 model 매개변수에 찾은 모델의 이름을 그대로 적습니다.

앞서 확인했던 네이버 영화 리뷰에 대한 샘플 텍스트로 pipe 객체를 호출하면 입력 데이터에 대한 예측 레이블과 점수가 출력됩니다.

```
01  pipe('아 더빙.. 진짜 짜증나네요 목소리')
```

실행결과 `[{'label': 'LABEL_0', 'score': 0.9971013665199928}]`

모델이 예측한 감성 클래스(LABEL)이 `'LABEL_0'`으로 출력되었으므로 모델은 이 텍스트를 부정적 감성으로 분류했고, 이에 대한 점수(99.7%)도 매우 높은 것을 볼 수 있습니다.

허깅페이스는 최근 빠르게 발전하고 있는 라이브러리이자 개발 플랫폼입니다. 내가 필요한 모델을 이미 누군가가 작업해서 허깅페이스에 업로드해 놓았을지 모르죠. 허깅페이스 모델 저장소를 통해 사전에 모델을 검토하면 앞으로 내가 수행하려는 미세 튜닝 작업의 효용성을 가늠하는 데 좋은 척도가 될 수 있습니다.

마무리

2절에서는 트랜스포머 인코더 기반의 BERT 모델에 대해 살펴보고 케라스로 구현했습니다. 위치 임베딩과 토큰 임베딩을 더한 다음, 1절에서 만든 트랜스포머 인코더 함수를 반복 적용합니다. 인코더에 사용할 활성화 함수로는 GELU 함수를 사용합니다. 그리고 분류를 위한 밀집층을 추가해 bert_base 모델을 만들었습니다. 이 모델의 파라미터 개수는 1억 개가 넘습니다.

다음으로는 KerasNLP를 사용하여 전이 학습을 수행했습니다. `KerasNLP` 라이브러리에서 제공하는 사전 훈련된 BERT 모델을 IMDB 영화 리뷰 데이터셋에 적용했는데요. `BertClassifier` 클래스를 사용하면 현재 작업의 클래스 개수에 맞게 마지막 밀집층을 구성하여 간단하게 BERT 모델을 만들 수 있습니다.

이어서 구체적인 예시를 통해 BERT의 워드피스 토큰화 알고리즘이 작동하는 방식을 알아보기도 했습니다. 토크나이저는 언어 모델에서 모델의 전체 성능에 큰 영향을 미칠 수 있는 매우 중요한 역할을 합니다. `BertClassifier`에 있는 토크나이저를 직접 사용해 보면서 BERT 모델이 토큰화하는 방식과 나아가 대규모 언어 모델에서 토큰화가 어떻게 수행되는지 알 수 있었습니다.

마지막으로 자연어 처리 분야에서 매우 유용하게 사용되고 있는 허깅페이스의 `transformers` 라이브러리를 사용하여 사전 훈련된 BERT 모델을 네이버 영화 리뷰 데이터셋에 대해 미세 튜닝해 봤습니다. 이 과정에서 `datasets`, `evaluate` 등 허깅페이스 생태계의 다른 라이브러리도 사용해 봤는데요. 특히 허깅페이스 라이브러리를 사용하여 미세 튜닝하는 방법은 케라스와 다른 점이 많기 때문에 각 단계를 자세히 설명했습니다.

▶ 키워드로 정리하는 핵심 포인트

- **BERT**는 대표적인 트랜스포머 인코더 모델로, 영문 위키피디아와 북코퍼스 데이터셋에서 훈련되었습니다. 여러 개의 트랜스포머 인코더 블록을 쌓고, 분류 작업이나 마스크드 언어 모델링 작업을 위한 헤드를 그 위에 놓는 것이 기본 구조입니다. BERT는 워드피스 토크나이저를 사용하여 입력 텍스트를 토큰으로 변환합니다.

- **토크나이저**는 모델에 입력되는 텍스트를 토큰으로 분할하는 일종의 전처리 알고리즘입니다. 그래서 훈련되는 가중치가 없습니다. 일반적으로 한 단어는 하나 이상의 토큰으로 분할되며, 토크나이저에 따라 토큰을 구성하는 방식이 다릅니다. 사전 훈련된 모델을 사용할 때는 그 모델이 훈련에 사용한 토큰화와 동일한 방식으로 입력 텍스트를 분할해야 한다는 점을 기억하세요.

- **KerasNLP**는 케라스 기반의 자연어 처리 라이브러리입니다. 사전 훈련된 모델은 물론, 밑바닥부터 모델을 구성하기 위해 필요한 구성 요소를 제공합니다. KerasNLP는 케라스 버전3을 사용하며, 대규모 언어 모델의 성장 속도에 발맞춰 빠르게 발전하고 있습니다.

- **transformers**는 허깅페이스에서 제공하는 딥러닝 기반의 자연어 처리 라이브러리입니다. 저수준 딥러닝 라이브러리인 파이토치와 텐서플로를 모두 지원하며, 허깅페이스에서 공유되는 수많은 사전 훈련된 트랜스포머 모델을 쉽게 사용할 수 있는 인터페이스를 제공합니다. 트랜스포머 모델을 활용하려면 꼭 익혀 두어야 할 라이브러리입니다.

04-3 BERT 후속 모델로 영화 리뷰 텍스트의 감성 분류하기

BERT 이후, 훈련 방식과 데이터셋을 개선하여 성능을 높인 대규모 언어 모델들이 등장했습니다. BERT를 기반으로 한 트랜스포머 인코더 모델인 RoBERTa와 DistilBERT를 소개합니다.

❶ 트랜스포머 인코더

❷ 텍스트 분류 모델

❸ 모델의 성능 개선

시작하기 전에

한빛 마켓에서 BERT 모델을 사용해 성공적으로 텍스트를 분류할 수 있게 되었다는 소식입니다. BERT 모델에 고무된 개발팀은 더 정확한 모델이 없는지 찾기 시작했습니다. 모델이 작고 빠르면 시스템의 비용을 낮출 수 있기 때문에 RoBERTa와 DistilBERT 모델을 도입해 보려고 합니다.

두 모델은 BERT 구조를 기반으로 하지만 각기 다른 접근 방법을 사용해 모델의 성능과 효율성을 높이는 데 초점을 맞추고 있습니다. 3절에서는 두 후속 모델의 구조와 활용 방법에 대해 알아보겠습니다.

> note 최근에 개발된 모델 중에는 2021년 마이크로소프트 연구원들이 만든 DeBERTa도 있습니다.

BERT의 성능 개선 모델 – RoBERTa

BERT는 자연어 처리 분야의 전환점이 된 혁신적인 모델입니다. 이후 BERT를 기반으로 한 여러 개의 후속 모델이 등장했지만, 최근에는 트랜스포머 디코더 기반 언어 모델이 크게 각광받으면서 상대적으로 인코더 기반 언어 모델의 인기가 줄어든 것이 사실입니다. 하지만 2019년 발표된 RoBERTa와 DistilBERT는 BERT의 한계를 보완하며 딥러닝의 매우 중요한 발전을 이룬 모델로 평가받고 있습니다.

RoBERTa^{A Robustly Optimized BERT Pretraining Approach}[11]는 2019년 워싱턴 대학과 페이스북 AI 연구원들이 주도하여 만든 BERT 기반의 대규모 언어 모델입니다. BERT의 사전 훈련 방식을 재구성해 더 많은 데이터를 활용하고, 훈련 설정을 최적화함으로써 성능을 크게 개선했습니다. RoBERTa는 BERT에서 사용했던 위키피디아와 북코퍼스 데이터 외에도 뉴스(CC-NEWS[12]), 웹 크롤링(OpenWebText[13]), 상식 추론과 언어 모델링을 위한 텍스트 코퍼스(CC-Stories[14]) 데이터를 활용합니다. 또한 모델의 구조적인 면을 제외하고 다음과 같은 BERT와의 차이점을 가지고 있습니다.

> 영문 철자 그대로 로버타고 부릅니다.

차이점	BERT	RoBERTa
데이터 출처	위키피디아, 북코퍼스	위키피디아, 북코퍼스, 뉴스 기사, 웹 크롤링 등
데이터 규모	16GB	160GB
사전 훈련 방식	다음 문장 예측(NSP) 마스크드 언어 모델링(MLM)	~~다음 문장 예측(NSP)~~ ← 제거 마스크드 언어 모델링(MLM)
MLM 작업 방식	정적 마스킹	동적 마스킹
토크나이저	워드피스 토크나이저	바이트 수준의 BPE 토크나이저

RoBERTa는 사전 훈련 방식에서 다음 문장 예측(NSP) 작업을 제거했을 때 더 높은 성능을 달성한다는 것을 발견하고, 마스크드 언어 모델링만 사용하여 모델을 훈련했습니다. 그래서 문장을 구분하기 위한 세그먼트 아이디가 필요하지 않습니다. 마스크드 언어 모델링(MLM) 작업의 경우, RoBERTa는 한 문장 안에서 에포크마다 다른 단어를 마스킹하는 **동적 마스킹**^{dynamic masking}을 사용하는 반면, BERT는 모든 에포크에서 마스킹하는 단어가 동일한 **정적 마스킹**^{static masking}을 사용합니다.

---

[11] Yinhan Liu 등. RoBERTa: A Robustly Optimized BERT Pretraining Approach(2019).
[12] https://bit.ly/3U0mrGk
[13] https://bit.ly/3UmhpFm
[14] https://bit.ly/4aCd9aG

또한 RoBERTa는 BERT의 워드피스 토크나이저 대신, OpenAI의 GPT-2처럼 바이트 수준byte-level의 **바이트 페어 인코딩(BPE)** Byte-Pair Encoding 토크나이저를 사용합니다. BPE에 관해서는 이미 242쪽 KerasNLP를 사용한 전이 학습에 대해 설명할 때 다뤘는데요. BPE는 어휘사전의 최대 크기에 도달할 때까지 말뭉치에서 가장 빈번하게 등장하는 부분단어를 새로운 토큰으로 추가합니다. BPE에서 부분단어를 구성하는 기준은 기본적으로 문자이기 때문에, 만약 유니코드 문자를 모두 고려한다면 어휘사전의 크기가 매우 커질 수밖에 없습니다. 이런 문제를 해결하기 위해 RoBERTa는 바이트를 기준으로 어휘사전을 만듭니다.

다음 그림을 통해 RoBERTa 모델의 구조를 BERT와 비교해 보세요. 입력에서 세그먼트 임베딩이 삭제되었고, tanh 활성화 함수를 가진 밀집층이 백본 모델에서 삭제되었습니다. 분류층은 드롭아웃, 밀집층, 드롭아웃, 밀집층으로 구성됩니다.

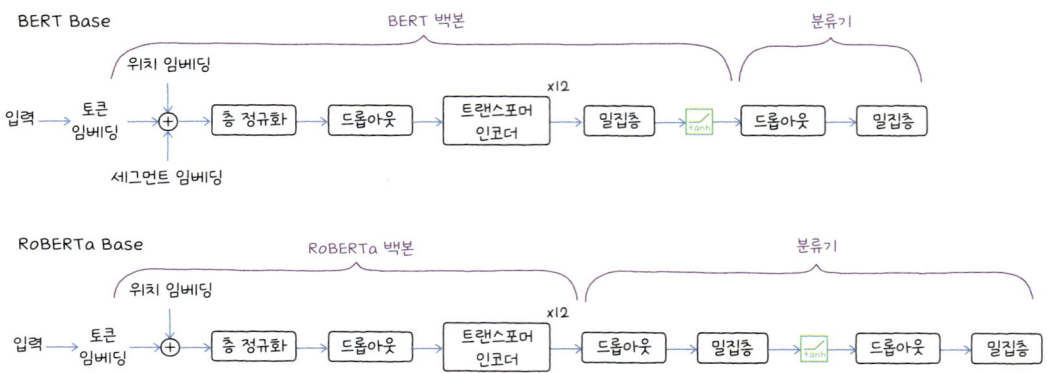

RoBERTa는 크게 Base와 Large 버전이 있습니다. 하이퍼파라미터는 bert_base, bert_large와 동일합니다. RoBERTa의 입력 최대 길이도 BERT와 동일하게 512이지만, 어휘사전 크기는 50,265로 30,522인 BERT보다 훨씬 큽니다.

모델 파라미터	roberta_base	roberta_large
인코더 블록 개수	12	24
어텐션 헤드 개수	12	16
임베딩 크기	768	1024

BERT와 비슷한 구조이기 때문에 2절에서 만들었던 BERT 백본 모델의 구현 코드를 거의 그대로 활용하여 RoBERTa 모델을 만들 수 있습니다. 먼저 KerasNLP를 사용해 보겠습니다.

KerasNLP로 RoBERTa 모델 만들기

구글 코랩에서 새 노트 [04-3.ipynb]을 생성하고, 1절에서 만들었던 [04-1.ipynb] 노트에서 `transformer_encoder()` 함수 코드를 복사해 붙여 넣습니다.

> note `transformer_encoder()` 함수에 해당하는 코드는 222쪽을 참고하세요.

01 KerasNLP 패키지를 임포트하고 bert_base 모델을 위한 모델 파라미터(어휘사전 크기, 드롭아웃 비율, 활성화 함수, 위치 임베딩을 위한 시퀀스 최대 길이)를 정의합니다.

```
01  import keras
02  from keras import layers
03  import keras_nlp
04
05  # RoBERTa 백본
06  vocab_size = 50265          ← 어휘사전의 크기
07  num_layers = 12
08  num_heads = 12
09  hidden_dim = 768
10  dropout = 0.1
11  activation = 'gelu'
12  max_seq_len = 512
13
14  token_ids = keras.Input(shape=(None,))   ← 세그먼트 아이디 삭제
15  padding_mask = keras.Input(shape=(None,))
16
17  token_embedding = layers.Embedding(vocab_size, hidden_dim)(token_ids)
18  pos_embedding = keras_nlp.layers.PositionEmbedding(max_seq_len)(
19      token_embedding)
20                                            ← 세그먼트 임베딩 삭제
21  x = layers.Add()((token_embedding, pos_embedding))
22  x = layers.LayerNormalization()(x)
23  x = layers.Dropout(dropout)(x)
24
```

```
25  for _ in range(num_layers):
26      x = transformer_encoder(x, padding_mask, dropout, activation)
27
28  outputs = x          ← 마지막 인코더의 출력 다음에 등장하는
                            밀집층 삭제
29  roberta_model = keras.Model(inputs=(token_ids, padding_mask),
30                              outputs=(outputs))
```

02 summary() 메서드를 통해 이 모델의 구조를 출력해 보면 약 1억 2천만 개의 파라미터가 있음을 확인할 수 있습니다. bert_base에 비해 약 20% 정도의 모델 파라미터가 늘어난 것인데, 이는 모델의 어휘사전이 커졌기 때문입니다.

```
01  roberta_model.summary()
```

실행결과

Model: "functional"

Layer (type)	Output Shape	Param #	Connected to
input_layer_5 (InputLayer)	(None, None)	0	-
embedding_4 (Embedding)	(None, None, 768)	38,603,520	input_layer_5[0][0]
position_embedding_1 (PositionEmbedding)	(None, None, 768)	393,216	embedding_4[0][0]
··· (중략) ···			
dropout_78 (Dropout)	(None, None, 768)	0	dense_48[0][0]
add_50 (Add)	(None, None, 768)	0	dropout_78[0][0], layer_normalization_4…
layer_normalization_50 (LayerNormalization)	(None, None, 768)	1,536	add_50[0][0]

Total params: 124,052,736 (473.22 MB)
Trainable params: 124,052,736 (473.22 MB)
Non-trainable params: 0 (0.00 B)

03 물론 KerasNLP에는 사전 훈련된 RoBERTa 모델이 준비되어 있습니다. 베이스 모델인 roberta_base_en과 라지 모델인 roberta_large_en을 사용할 수 있는데요. 예를 들어 다음 코드는 두 개의 클래스를 분류하는 문제를 위한 사전 훈련된 roberta_base_en 모델을 로드하는 방법입니다.

```
01  roberta_classifier = keras_nlp.models.RobertaClassifier.from_preset(
02      "roberta_base_en",
03      num_classes=2
04  )
```

> 실행결과
> ```
> Downloading from https://www.kaggle.com/api/v1/models/keras/roberta/
> keras/roberta_base_en/2/download/config.json...
> 100%|██████████| 498/498 [00:00<00:00, 725kB/s]
> Downloading from https://www.kaggle.com/api/v1/models/keras/roberta/
> keras/roberta_base_en/2/download/model.weights.h5...
> 100%|██████████| 474M/474M [00:25<00:00, 19.5MB/s]
> Downloading from https://www.kaggle.com/api/v1/models/keras/roberta/
> keras/roberta_base_en/2/download/tokenizer.json...
> 100%|██████████| 463/463 [00:00<00:00, 346kB/s]
> Downloading from https://www.kaggle.com/api/v1/models/keras/roberta/
> keras/roberta_base_en/2/download/assets/tokenizer/vocabulary.json...
> 100%|██████████| 0.99M/0.99M [00:01<00:00, 910kB/s]
> Downloading from https://www.kaggle.com/api/v1/models/keras/roberta/
> keras/roberta_base_en/2/download/assets/tokenizer/merges.txt...
> 100%|██████████| 446k/446k [00:00<00:00, 522kB/s]
> ```

04 이어서 summary() 메서드를 호출해 보면 출력된 모델 파라미터 수가 약 1억 2천만 개 (475MB)로, 2절에서 구현했던 bert_tiny 모델(4백만 개)보다 훨씬 크다는 것을 확인할 수 있습니다.

```
01  roberta_classifier.summary()
```

> 실행결과

Preprocessor: "roberta_text_classifier_preprocessor"

Layer (type)	Config
roberta_tokenizer (RobertaTokenizer)	Vocab size: 50,265

```
Model: "roberta_text_classifier"
```

Layer (type)	Output Shape	Param #	Connected to
padding_mask (InputLayer)	(None, None)	0	-
token_ids (InputLayer)	(None, None)	0	-
roberta_backbone (RobertaBackbone)	(None, None, 768)	124,052,736	padding_mask[0][0], token_ids[0][0]
get_item_3 (GetItem)	(None, 768)	0	roberta_backbone[0][0]
pooled_dropout (Dropout)	(None, 768)	0	get_item_3[0][0]
pooled_dense (Dense)	(None, 768)	590,592	pooled_dropout[0][0]
output_dropout (Dropout)	(None, 768)	0	pooled_dense[0][0]
logits (Dense)	(None, 2)	1,538	output_dropout[0][0]

```
Total params: 124,644,866 (475.48 MB)
Trainable params: 124,644,866 (475.48 MB)
Non-trainable params: 0 (0.00 B)
```

05 마지막으로 RoBERTa 모델의 토크나이저를 로드하여 샘플 텍스트를 변환해 보겠습니다. BERT와 마찬가지로 preprocessor 속성 아래 tokenizer 이름으로 토크나이저가 저장되어 있습니다.

```
01  roberta_tokenizer = roberta_classifier.preprocessor.tokenizer
```

06 tokenize() 메서드에 샘플 텍스트 '"pandemonium" is a horror movie'를 넣어 토큰 아이디로 변환하고, id_to_token() 메서드를 사용해 각 토큰에 대응하는 문자열로 변환해 보겠습니다.

```
01  token_ids = roberta_tokenizer.tokenize('"pandemonium" is a horror movie')
02  for id in token_ids:
03      print(roberta_tokenizer.id_to_token(id), end=' ')
```

> 실행결과 " p and emonium " Ġis Ġa Ġhorror Ġmovie

[실행결과]에서 BPE 토큰화 결과와 BERT의 워드피스 토큰화 결과를 비교해 보면 둘은 거의 비슷하지만, pandemonium이라는 단어를 다르게 나눈 것을 볼 수 있습니다. BERT는 pandemonium을 pan, de, monium으로 나누었고, RoBERTa는 p, and, emonium으로 나누었죠.

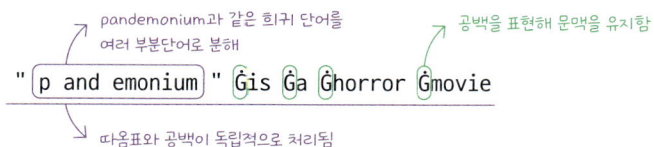

RoBERTa 모델 미세 튜닝하기

그럼 BERT 모델을 만들었던 것처럼 사전 훈련된 RoBERTa 모델을 사용해 IMDB 데이터셋으로 미세 튜닝해 보겠습니다. 같은 방식으로 IMDB 데이터셋부터 로드합니다.

> 아쉽게도 RoBERTa 모델을 미세 튜닝하려면 램 메모리 부족의 문제로 유료 버전 코랩을 사용해야 합니다.

01 구글 드라이브에서 IMDB 데이터셋을 다운로드하고, 비지도 학습을 위한 훈련 데이터는 사용하지 않으므로 삭제합니다.

```
01  !gdown 15ZSv_07b3HCKKn08jSDLl4JO4EFy8t-t
02  !tar -xzf aclImdb_v1.tar.gz
03  # 비지도 학습에 사용하는 데이터는 삭제합니다.
04  !rm -r aclImdb/train/unsup
```

실행결과
```
Downloading...
From (original): https://drive.google.com/uc?id=15ZSv_07b3HCKKn08jSDLl4JO4EFy8t-t
From (redirected): https://drive.google.com/uc?id=15ZSv_07b3HCKKn08jSDLl4JO4EFy8t-t&confirm=t&uuid=41a7e623-e5a6-4bd3-b391-1a57618f9bd4
To: /content/aclImdb_v1.tar.gz
100% 84.1M/84.1M [00:02<00:00, 29.2MB/s]
```

02 케라스의 `text_dataset_from_directory()` 함수를 사용해 훈련 데이터와 검증 데이터, 테스트 데이터를 텐서플로 데이터셋으로 읽어 들입니다.

```
01  train_ds, val_ds = keras.utils.text_dataset_from_directory(
02      'aclImdb/train', subset='both', validation_split=0.2, seed=42)
03  test_ds = keras.utils.text_dataset_from_directory('aclImdb/test')
```

실행결과
```
Found 25000 files belonging to 2 classes.
Using 20000 files for training.
Using 5000 files for validation.
Found 25000 files belonging to 2 classes.
```

← 검증 데이터 비율을 20%로 지정

← 훈련 세트의 샘플 20,000개,
검증 세트의 샘플 5,000개,
테스트 세트의 샘플 25,000개

03 사전 훈련된 케라스 모델은 `optimizer` 속성에서 훈련에 사용한 옵티마이저 객체를 저장하고 있습니다. 앞에서 살펴봤던 `BertClassifier`처럼 `RobertaClassifier`도 학습률이 5e-5인 Adam 옵티마이저를 사용하고 있는데요. roberta_base 모델은 1억 개가 넘는 파라미터를 가지고 있어 상대적으로 작은 크기의 IMDB 데이터셋으로 미세 튜닝할 경우, 모델이 금방 과대적합될 가능성이 있습니다. 이러한 과대적합을 조금 완화하기 위해 학습률을 5e-06으로 설정해 보죠.

```
01  roberta_classifier.optimizer.learning_rate.assign(5e-6)
```

← 텐서플로 변수에 값을 할당하는 함수

04 `roberta_classifier`을 사용해 IMDB 데이터셋으로 미세 튜닝합니다. 여기서는 추가적으로 조기 종료에 대한 설정만 지정하여 모델을 훈련해 보겠습니다.

```
01  early_stopping_cb = keras.callbacks.EarlyStopping(
02      patience=5, restore_best_weights=True)
03  hist = roberta_classifier.fit(train_ds, validation_data=val_ds, epochs=20,
04                                callbacks=[early_stopping_cb])
```

실행결과
```
Epoch 1/20
625/625 ──────────── 238s 259ms/step - loss: 0.3694 - sparse_
categorical_accuracy: 0.7980 - val_loss: 0.1616 - val_sparse_categorical_
accuracy: 0.9376
Epoch 2/20
625/625 ──────────── 144s 228ms/step - loss: 0.1507 - sparse_
```

```
                               categorical_accuracy: 0.9474 - val_loss: 0.1595 - val_sparse_categorical_
                               accuracy: 0.9422
                               Epoch 3/20
                               625/625 ━━━━━━━━━━━━━━━━ 144s 227ms/step - loss: 0.1133 - sparse_
                               categorical_accuracy: 0.9610 - val_loss: 0.1636 - val_sparse_categorical_
                               accuracy: 0.9444
                               Epoch 4/20
                               625/625 ━━━━━━━━━━━━━━━━ 144s 228ms/step - loss: 0.0822 - sparse_
                               categorical_accuracy: 0.9732 - val_loss: 0.1803 - val_sparse_categorical_
                               accuracy: 0.9418
                               Epoch 5/20
                               625/625 ━━━━━━━━━━━━━━━━ 144s 228ms/step - loss: 0.0610 - sparse_
                               categorical_accuracy: 0.9810 - val_loss: 0.1810 - val_sparse_categorical_
                               accuracy: 0.9450
                               Epoch 6/20
                               625/625 ━━━━━━━━━━━━━━━━ 145s 229ms/step - loss: 0.0435 - sparse_
                               categorical_accuracy: 0.9868 - val_loss: 0.2185 - val_sparse_categorical_
                               accuracy: 0.9440
                               Epoch 7/20
                               625/625 ━━━━━━━━━━━━━━━━ 145s 229ms/step - loss: 0.0282 - sparse_
                               categorical_accuracy: 0.9915 - val_loss: 0.2182 - val_sparse_categorical_
                               accuracy: 0.9460
```

모델이 일곱 번의 에포크만에 높은 성능에 도달하고 과대적합되어 조기 종료^{early stopping}되는 것을 볼 수 있습니다. 검증 세트에 대한 정확도도 94%가 넘습니다. 이 훈련 결과를 그래프로 시각화해 보겠습니다.

> **따라 하며 배우는 코딩**
>
> **RoBERTa 모델의 성능 확인하기**　　소스 코드 `04-1.ipynb`

```python
01  import numpy as np
02  import matplotlib.pyplot as plt
03
04  epochs = np.array(hist.epoch) + 1
05  fig, axs = plt.subplots(1, 2, figsize=(12, 4))
06  axs[0].plot(epochs, hist.history['loss'], label='loss')
07  axs[0].plot(epochs, hist.history['val_loss'], label='val_loss')
08  axs[0].set_xticks(epochs)
```

```
09  axs[0].set_xlabel('epoch')
10  axs[0].set_ylabel('loss')
11  axs[0].legend()
12  axs[1].plot(epochs, hist.history['sparse_categorical_accuracy'],
13              label='accuracy')
14  axs[1].plot(epochs, hist.history['val_sparse_categorical_accuracy'],
15              label='val_accuracy')
16  axs[1].set_xticks(epochs)
17  axs[1].set_xlabel('epoch')
18  axs[1].set_ylabel('accuracy')
19  axs[1].legend()
20  plt.show()
```

실행결과

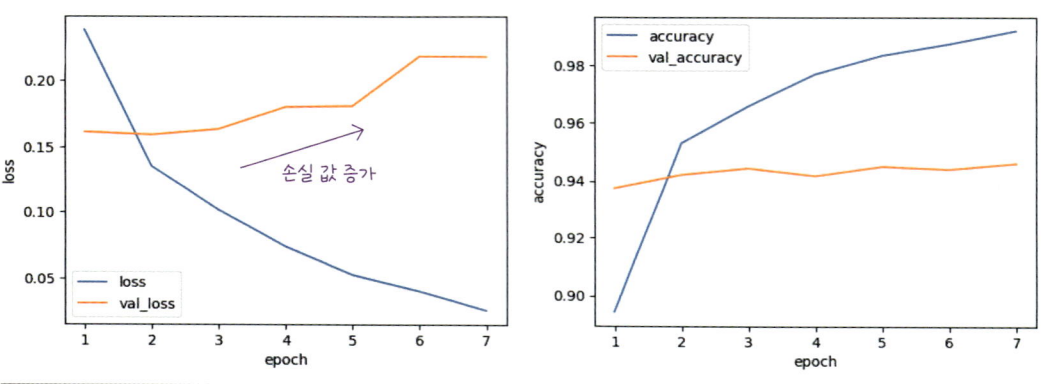

에포크가 계속될수록 검증 세트의 성능은 조금씩 향상되는 것 같지만, 손실 값이 줄어들지 못해 훈련이 조기 종료되었습니다. 이때 학습률을 낮추거나 EarlyStopping 클래스의 patience 매개변수 값을 늘려서 실행해 보세요. 학습률을 낮추면 모델의 훈련 속도를 늦출 수 있고, patience 매개변수 값을 늘리면 더 많은 에포크 동안 모델의 성능이 개선되기를 기다려 줍니다. 그러면 조기 종료로 인해 모델의 학습이 너무 일찍 끝나는 것을 방지할 수 있죠.

또한 EarlyStopping 클래스의 restore_best_weights 매개변수 덕분에 모델이 조기 종료되면서 가장 손실이 낮은 에포크의 가중치로 자동 복원되고, 훈련이 멈춘 후에도 가장 성능이 좋았던 상태로 유지됩니다. 그럼 이렇게 미세 튜닝된 모델로 테스트 세트의 성능을 평가해 보겠습니다.

```
01  roberta_classifier.evaluate(test_ds)
```

실행결과 782/782 ━━━━━━━━━━━━━━ 54s 67ms/step - loss: 0.1273 - sparse_
categorical_accuracy: 0.9550
[0.13415972888469696, 0.9524400234222412]

[실행결과]를 보니 bert_tiny 모델을 미세 튜닝한 것(87%)보다 확실히 더 높은 성능을 내는군요.

지금까지 BERT와 RoBERTa 모델의 구조와 사용 방법을 살펴봤습니다. 두 모델의 파라미터 수는 1억 개가 넘습니다. 그럼 2장에서 배웠던 MobileNet 모델처럼 경량이면서 성능에도 뒤쳐지지 않는 모델은 없을까요?

네, 있습니다. 이번에는 더 작고 빠른 모델인 DistilBERT에 대해 알아보겠습니다.

BERT의 경량화 모델 - DistilBERT

DistilBERT A Distilled Version of BERT[15]는 허깅페이스 연구원들이 발표한 BERT의 경량화 모델로, 지식 정제 방법으로 훈련해 BERT의 구조를 간소화하여 더 작은 크기로 압축한 모델입니다. BERT보다 40% 작고, 60% 빠르지만 정확도는 97% 이상을 유지합니다. 놀랍군요!

DistilBERT에서 사용하는 **지식 정제** knowledge distillation란 더 큰 모델인 **티처** teacher 모델(예를 들면 BERT)이 학습한 지식을 더 작은 모델인 **스튜던트** student 모델(예를 들면 DistilBERT)에 전달하는 방법을 말합니다. 마스크드 언어 모델링 작업에서 스튜던트의 출력이 티처의 출력에 가까워지도록 스튜던트를 훈련하는 것이 지식 정제의 핵심입니다. 두 모델의 출력 차이로 인한 손실을 **정제 손실**이라고 하죠.

앞서 만든 BERT 백본 모델은 분류 작업에 사용하는 경우를 가정한 것입니다. 분류 작업에서는 트랜스포머 인코더에서 첫 번째로 출력되는 토큰만 사용하지만, 마스크드 언어 모델링에서는 트랜스포머 인코더에서 마지막에 출력되는 모든 토큰을 사용합니다. DistilBERT는 지식 정제를 사용해 BERT의 지식을 전달받는 과정에서 마스크드 언어 모델링을 활용합니다. 그럼 마스크드 언어 모델링을 위한 BERT를 구현해 보면서 모델이 마스킹된 토큰을 어떻게 예측하는지 알아보겠습니다.

---

15 Victor Sanh 등. DistilBERT, a distilled version of BERT: smaller, faster, cheaper and lighter(2019).

티처 모델 이해하기 - MLM을 위한 BERT

마스크드 언어 모델링(MLM)을 위한 BERT 베이스 모델을 만들기 위해 하이퍼파라미터부터 설정해 보겠습니다.

> **따라 하며 배우는 코딩**
>
> **티처 모델 만들기**　소스 코드 04-3.ipynb

```python
# BERT 베이스 MLM
vocab_size = 30522
num_layers = 12
num_heads = 12
hidden_dim = 768
dropout = 0.1
activation = 'gelu'
max_seq_len = 512

token_ids = keras.Input(shape=(None,))            ❶
segment_ids = keras.Input(shape=(None,))
padding_mask = keras.Input(shape=(None,))
mlm_position = keras.Input(shape=(None,))

token_embedding_layer = keras_nlp.layers.ReversibleEmbedding(vocab_size,   ❷
                                                              hidden_dim)
token_embedding = token_embedding_layer(token_ids)
pos_embedding = keras_nlp.layers.PositionEmbedding(max_seq_len)(
    token_embedding)
seg_embedding = layers.Embedding(2, hidden_dim)(segment_ids)

x = layers.Add()((token_embedding, pos_embedding, seg_embedding))
x = layers.LayerNormalization()(x)
x = layers.Dropout(dropout)(x)

for _ in range(num_layers):
    x = transformer_encoder(x, padding_mask, dropout, activation)

```

```
29  mlm_position = keras.ops.expand_dims(mlm_position, axis=-1)
30  x = keras.ops.take_along_axis(x, mlm_position, axis=1)
31
32  x = layers.Dense(hidden_dim, activation='gelu')(x)
33  x = layers.LayerNormalization()(x)
34  outputs = token_embedding_layer(x, reverse=True)
35
36  model = keras.Model(inputs=(token_ids, segment_ids, padding_mask,
37                              mlm_pcsition),
38                      outputs=(outputs))
```

MLM을 위한 BERT 모델과 기존의 BERT 모델의 차이점을 위주로 살펴보면 이해가 더 쉽습니다.

❶ **입력 구성**: 먼저 모델의 파라미터를 정의하는 부분을 보면 어휘사전의 크기를 포함해 동일한 하이퍼파라미터를 사용합니다. 입력에 토큰 아이디, 세그먼트 아이디, 패딩 마스크 외에 또 다른 마스크 mlm_position이 하나 더 추가됩니다. 이 마스크는 마스크드 언어 모델링 작업을 위한 것으로, 입력 토큰 중 마스킹된 토큰의 인덱스를 저장하고 있습니다.

❷ **임베딩 처리**: 그리고 토큰, 위치, 세그먼트 임베딩을 만듭니다. 이전과 다른 점은 토큰 임베딩에 ReversibleEmbedding층을 사용하는 것입니다. 이 층은 입력을 은닉 차원으로 바꾸는 보통의 임베딩 기능 외에 은닉 차원을 거꾸로 입력 차원으로 변환할 수 있습니다. 나중에 이 층을 사용하여 어휘사전 크기의 출력을 만듭니다. 이어지는 층 정규화, 드롭아웃, 트랜스포머 인코더는 동일합니다.

❸ **마스크 위치 출력**: mlm_position의 크기는 (None,)입니다. mlm_position의 크기를 입력 x의 차원과 맞추기 위해 expand_dims() 함수를 사용하여 마지막에 차원을 추가해 (None, 1)로 만듭니다. 이렇게 변환해야 take_along_axis() 함수에 사용할 수 있기 때문입니다. take_along_axis()는 입력 x에서 mlm_position에 있는 원소를 선택해 반환하는 함수로, 이 함수를 사용해 지정된 위치(마스킹된 단어의 위치)의 출력만 추출하게 됩니다.

❹ **마스크 토큰 예측**: 그 다음 밀집층과 층 정규화를 거칩니다. 마지막으로 토큰 임베딩층인 ReversibleEmbedding의 객체를 reverse=True로 호출하여 은닉 차원을 다시 어휘사전 크기로 변환합니다. 이 출력 값은 마스킹된 위치(mlm_position)에 들어갈 수 있는 단어(어휘사전에 속한 모든 토큰)에 대한 확률로 해석할 수 있습니다.

note ReversibleEmbedding층을 재사용하는 과정은 398쪽 [여기서 잠깐!]을 참고하세요.

ReversibleEmbedding층을 재사용하여 마지막 출력을 만들었기 때문에 summary() 메서드를 호출해 보면 마지막 층 정규화까지만 출력됩니다.

```
01  model.summary()
```

실행결과

Model: "functional_1"

Layer (type)	Output Shape	Param #	Connected to
input_layer_7 (InputLayer)	(None, None)	0	-
reversible_embedding (ReversibleEmbedding)	(None, None, 30522)	23,440,896	input_layer_7[1][0], layer_normalization_7…
input_layer_8 (InputLayer)	(None, None)	0	-
position_embedding_2 (PositionEmbedding)	(None, None, 768)	393,216	reversible_embedding[…
embedding_5 (Embedding)	(None, None, 768)	1,536	input_layer_8[1][0]
dd_51 (Add)	(None, None, 768)	0	reversible_embedding[… position_embedding_2[… embedding_5[1][0]
layer_normalization_51 (LayerNormalization)	(None, None, 768)	1,536	add_51[1][0]
input_layer_9 (InputLayer)	(None, None)	0	-
dropout_75 (Dropout)	(None, None, 768)	0	layer_normalization_5…
multi_head_attention_25 (MultiHeadAttention)	(None, None, 768)	2,362,368	input_layer_9[1][0], dropout_75[1][0], dropout_75[1][0]
dropout_77 (Dropout)	(None, None, 768)	0	multi_head_attention_…
add_52 (Add)	(None, None, 768)	0	dropout_77[1][0], dropout_75[1][0]
⋯ (중략) ⋯			

Total params: 109,483,776 (417.65 MB)
Trainable params: 109,483,776 (417.65 MB)
Non-trainable params: 0 (0.00 B)

다음과 같이 outputs 텐서의 크기를 출력해 보면 토큰 임베딩이 어휘사전 크기로 늘어난 것을 확인할 수 있습니다.

```
01 print(outputs.shape)
```

실행결과 (None, None, 30522)

즉, 티처 모델 BERT는 문장에서 빈칸(마스크)을 예측하는 문제를 통해 훈련되며, 스튜던트 모델 DistilBERT은 이 예측 결과를 모방하여 BERT의 지식을 압축하게 됩니다. 이때 스튜던트 모델의 출력이 티처 모델의 출력에 가까워지도록 훈련하는 과정에서 사용되는 것이 바로 정제 손실입니다. 두 모델의 출력 차이로 인한 손실(정제 손실)을 계산하기 위해서는 티처 모델과 스튜던트 모델의 출력을 비교해야 합니다.

정제 손실 이해하기

정제 손실은 티처와 스튜던트 모델의 출력을 단순히 비교하지 않습니다. 두 모델의 출력 값을 소프트맥스 함수에 통과시켜 확률분포로 변환한 뒤에 비교합니다. 이때 사용되는 것이 **쿨백–라이블러 발산(KLD)** Kullback–Leibler Divergence 손실입니다. 두 확률분포 간의 차이를 측정하는 방법인 쿨백–라이블러 발산은 다음과 같이 계산할 수 있습니다.

```
teacher_pred = softmax(teacher_output)      ← 출력 값을 softmax() 함수에 통과시켜
student_pred = softmax(student_output)         확률로 변환
KLD_loss = teacher_pred * log(teacher_pred / student_pred)   ← 확률분포 간의 차이 계산
```

note 이해를 돕기 위한 코드로, 실제 실행이 되는 코드는 아닙니다.

만약 티처와 스튜던트의 출력 값인 teacher_pred와 student_pred가 같다면 쿨백–라이블러 발산(KLD_loss) 손실은 0이 되고, 스튜던트 모델이 티처 모델을 완벽하게 모방한 상태를 의미하게 됩니다. 여기서 한 가지 추가할 내용이 있습니다. 티처와 스튜던트 모델의 출력 값을 소프트맥스 함수에 통과시키기 전에 **온도**temperature 파라미터를 적용한다는 것입니다.

소프트맥스 출력 값은 대개 특정 클래스에서 매우 높은 확률(예 0.99)을 나타내고, 나머지 클래스에서 매우 낮은 확률(예 0.01)을 나타냅니다. 그러나 확률이 이렇게 극단적으로 차이가 날 경우, 큰 확률에만 맞추면 되므로 소프트맥스 계산에서 다음과 같이 온도 파라미터를 적용하여 확률분포를 부드럽게 만듭니다. 부드러워진 확률분포를 사용하면 스튜던트 모델이 티처 모델의 미세한 확률 차이까지 학습할 수 있습니다.

```
teacher_pred = softmax(teacher_output / temperature)
student_pred = softmax(student_output / temperature)
```

온도로 모델의 출력을 나누어 소프트맥스 함수에 통과시키면 어떤 효과가 있을까요? 간단한 예제를 만들어 확인해 보죠.

01 1~7 사이의 값을 가진 넘파이 배열을 사이파이 softmax() 함수에 통과시킨 후, 그 결괏값을 그래프로 그리면 일곱 개의 소프트맥스 출력 값의 합이 1인 실행 결과를 확인할 수 있습니다. 이를 확률처럼 생각하면 6과 7의 확률 차이는 0.3 이상입니다. 이런 출력에서 랜덤하게 하나의 결과를 선택한다면 7이 선택될 가능성이 높습니다.

```
01  from scipy.special import softmax
02
03  x = np.array([1, 2, 3, 4, 5, 6, 7])
04  pred = softmax(x)
05
06  plt.bar(x, pred)
07  plt.xlabel('x')
08  plt.ylabel('pred')
09  plt.show()
```

실행결과

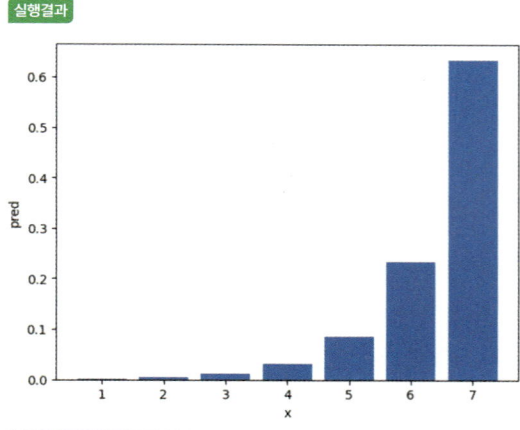

02 x를 5로 나누어 소프트맥스 함수를 적용하면 1~7의 확률 값 차이가 줄어 듭니다. 랜덤하게 하나를 선택했을 때 7 외에 다른 숫자가 선택될 가능성도 충분하죠. 즉, 다양성이 증가한 것입니다.

```
01  pred = softmax(x/5)
02
03  plt.bar(x, pred)
04  plt.xlabel('x')
05  plt.ylabel('pred')
06  plt.show()
```

> 열역학에서는 온도가 올라가면 엔트로피가 증가한다고 말하기 때문에 x에 나눈 값을 **온도 파라미터**라고 부릅니다.

실행결과

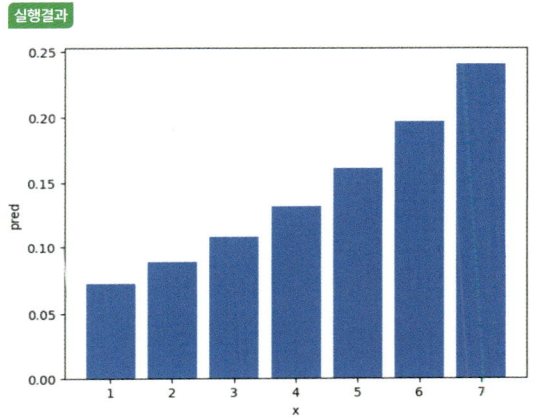

03 원래 온도 값이 1이면 소프트맥스 출력과 같고, 온도 값을 1보다 증가시키면 출력된 확률의 차이가 줄어들어 선택의 다양성이 올라갑니다. 또 온도 값이 1보다 작으면 예상대로 확률의 차이가 훨씬 커지는 것을 볼 수 있습니다. 이런 결과라면 랜덤하게 하나를 선택했을 때, 7이 뽑힐 가능성이 매우 높습니다.

```
01  pred = softmax(x/0.5)
02
03  plt.bar(x, pred)
04  plt.xlabel('x')
05  plt.ylabel('pred')
06  plt.show()
```

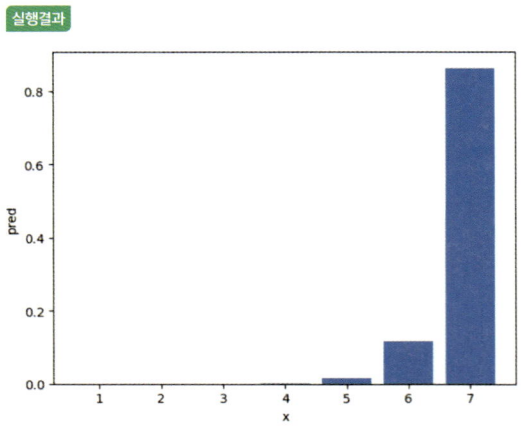

> **note** 온도 파라미터에 대한 내용은 5장에서 텍스트 생성을 다룰 때도 등장하니 지금 눈여겨봐 두길 바랍니다.

정제 손실의 목적은 스튜던트 모델의 출력이 티처 모델의 출력과 같아지도록 만드는 것입니다. 정제 손실을 측정하는 쿨백-라이블러 발산을 줄이려면 두 모델의 출력 중 값이 큰 확률에 우선 맞추는 것이 유리합니다. 하지만 티처 모델의 다른 예측에도 유용한 정보가 담겨 있을 수 있기 때문에 이런 정보를 놓치지 않기 위해 온도 파라미터로 확률의 차이를 줄인 후 정제 손실을 계산합니다.

스튜던트 모델인 DistillBERT는 다른 손실과의 차원을 맞추기 위해 정제 손실을 계산한 후, 다시 온도 파라미터의 제곱을 곱해 줍니다. 이외에도 스튜던트 모델은 다음과 같은 손실 함수를 추가로 사용합니다.

- **크로스 엔트로피:** 훈련 데이터의 타깃 값을 사용해 스튜던트 모델을 훈련하기 위한 손실 함수로, 크로스 엔트로피를 스튜던트의 MLM 손실 함수라고도 부릅니다.
- **코사인 유사도:** 티처 모델과 스튜던트 모델의 트랜스포머 블록의 마지막 출력이 같아지도록 도와주는 손실 함수로, 코사인 유사도를 스튜던트의 코사인 임베딩 손실 함수라고도 부릅니다.

DistillBERT은 티처 모델로는 BERT를 사용하고, 스튜던트 모델로는 인코더 개수를 줄인 트랜스포머 기반 모델입니다. 지금까지 살펴본 지식 정제 기법을 사용해 티처의 출력과 같아지도록 훈련된 스튜던트 모델이 바로 DistilBERT에 해당합니다.

스튜던트 모델 DistilBERT 사용하기

DistilBERT의 구조는 앞에서 살펴본 다른 모델들과 매우 비슷합니다. 이번에는 DistilBERT 모델의 구조를 RoBERTa와 비교해 보죠. 6개의 트랜스포머 인코더층을 사용하고, 분류기의 시작 부분에 드롭아웃이 없습니다. 또 첫 번째 밀집층의 활성화 함수로 tanh 대신 렐루 함수를 사용합니다. DistilBERT가 RoBERTa보다 작고 가벼운 경량화 모델임을 확인할 수 있습니다.

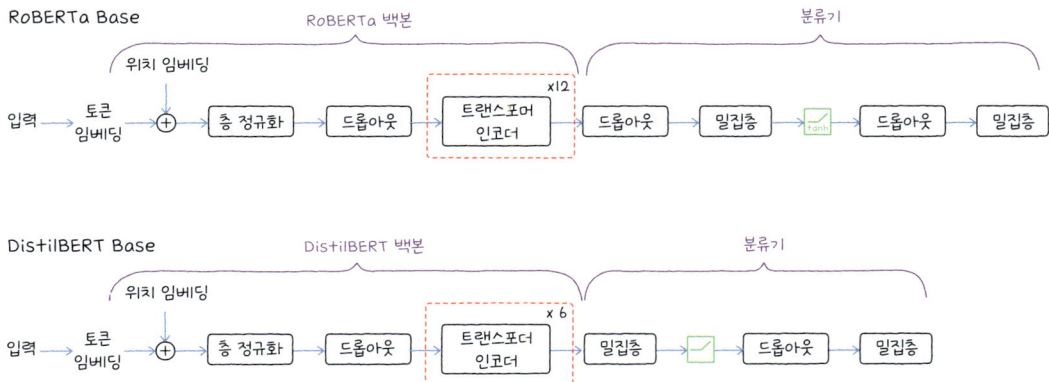

DistilBERT의 하이퍼파라미터는 다음과 같습니다. DistilBERT의 어휘사전 크기와 시퀀스 최대 길이는 BERT와 동일하며, BERT와 같은 워드피스 토크나이저를 사용합니다.

모델 파라미터	distilbert_base	bert_base	roberta_base
인코더 블록 개수	6	12	12
어텐션 헤드 개수	12	12	12
임베딩 크기	768	768	768

BERT 모델을 구현했을 때와 마찬가지로 KerasNLP과 허깅페이스에서 제공하는 DistilBERT 모델을 로드해 영화 리뷰 텍스트에 대한 감성을 분류해 보겠습니다.

01 먼저 KerasNLP에서 텍스트 분류 작업으로 미세 튜닝하기 위해 DistilBERT 모델을 로드합니다.

```
01 distilbert_classifier = keras_nlp.models.DistilBertClassifier.from_preset(
02     'distil_bert_base_en_uncased', num_classes=2)
```

실행결과
```
Downloading from https://www.kaggle.com/api/v1/models/keras/distil_bert/
keras/distil_bert_base_en_uncased/2/download/assets/tokenizer/vocabulary.
txt...
100%|████████████| 226k/226k [00:00<00:00, 1.23MB/s]
```

02 summary() 메서드를 호출하여 이 모델의 파라미터 크기를 확인해 보면 BERT 모델과 비교해 약 절반 가량이 적은 것(1억 2천만 개 → 6천 6 백만 개)을 알 수 있습니다.

```
01  distilbert_classifier.summary()
```

실행결과

Preprocessor: "distil_bert_text_classifier_preprocessor"

Layer (type)	Config
distil_bert_tokenizer (DistilBertTokenizer)	Vocab size: 30,522

Model: "distil_bert_text_classifier"

Layer (type)	Output Shape	Param #	Connected to
padding_mask (InputLayer)	(None, None)	0	-
token_ids (InputLayer)	(None, None)	0	-
distil_bert_backbone (DistilBertBackbone)	(None, None, 768)	66,362,880	padding_mask[0][0], oken_ids[0][0]
get_item (GetItem)	(None, 768)	0	distil_bert_backbone[0][0]
pooled_dense (Dense)	(None, 768)	590,592	get_item[0][0]
output_dropout (Dropout)	(None, 768)	0	pooled_dense[0][0]
logits (Dense)	(None, 2)	1,538	output_dropout[0][0]

Total params: 66,955,010 (255.41 MB)
Trainable params: 66,955,010 (255.41 MB)
Non-trainable params: 0 (0.00 B)

03 허깅페이스 transformers의 pipeline 함수로도 로드할 수 있습니다. 다음은 마스킹된 토큰을 예측하는 fill-mask 작업을 보여주는데요. DistilBERT 모델은 [MASK]로 표시된 부분에 채워질 단어를 예측합니다.

```
01  from transformers import pipeline
02
03  pipe = pipeline("fill-mask", device=0,
04                  model="distilbert/distilbert-base-uncased")
05  pipe('The goal of life is [MASK].')
```

실행결과 /usr/local/lib/python3.10/dist-packages/huggingface_hub/utils/_auth.py:94: UserWarning:
The secret `HF_TOKEN` does not exist in your Colab secrets.
To authenticate with the Hugging Face Hub, create a token in your settings tab (https://huggingface.co/settings/tokens), set it as secret in your Google Colab and restart your session.
You will be able to reuse this secret in all of your notebooks.
Please note that authentication is recommended but still optional to access public models or datasets.
  warnings.warn(
config.json: 100% ██████████ 483/483 [00:00<00:00, 30.9kB/s]
model.safetensors: 100% ██████████ 268M/268M [00:01<00:00, 217MB/s]
tokenizer_config.json: 100% ██████████ 48.0/48.0 [00:00<00:00, 3.31kB/s]
vocab.txt: 100% ██████████ 232k/232k [00:00<00:00, 7.14MB/s]
tokenizer.json: 100% ██████████ 466k/466k [00:00<00:00, 3.50MB/s]
[{'score': 0.036191701889038086,
  'token': 8404,
  'token_str': 'happiness',
  'sequence': 'the goal of life is happiness.'},
 {'score': 0.030553586781024933,
  'token': 7691,
  'token_str': 'survival',
  'sequence': 'the goal of life is survival.'},
 {'score': 0.016977161169052124,
  'token': 12611,
  'token_str': 'salvation',
  'sequence': 'the goal of life is salvation.'},
 {'score': 0.01669844426214695,
  'token': 4071,
  'token_str': 'freedom',
  'sequence': 'the goal of life is freedom.'},
 {'score': 0.015267282724380493,
  'token': 8499,
  'token_str': 'unity',
  'sequence': 'the goal of life is unity.'}]

[실행결과]를 보면 'happiness'가 가장 높은 확률(3.6%)로 예측되었습니다.

04 허깅페이스 페이지에서 검색해 보면 **로튼 토마토**^{Rotten Tomatoes} 리뷰로 구성된 감성 분석 데이터셋인 SST-2에서 미세 튜닝된 'distilbert/distilbert-base-uncased-finetuned-sst-2-english'도 있습니다. 이 모델을 로드해 간단한 샘플 텍스트로 감성 분석을 수행해 볼 수도 있습니다.

> 로튼 토마토는 영화 관련 정보를 모아 놓은 IMDB와 비슷한 영화 평론 리뷰 사이트입니다.

```
01  pipe = pipeline(
02      'text-classification', device=0,
03      model='distilbert/distilbert-base-uncased-finetuned-sst-2-english')
04  pipe('The movie is a bit boring and easy to guess')
```

[실행결과]
```
config.json: 100% ▇▇▇▇▇▇▇ 629/629 [00:00<00:00, 11.4kB/s]
model.safetensors: 100% ▇▇▇▇▇▇▇ 268M/268M [00:03<00:00, 88.1MB/s]
tokenizer_config.json: 100% ▇▇▇▇▇▇▇ 48.0/48.0 [00:00<00:00, 843B/s]
vocab.txt: 100% ▇▇▇▇▇▇▇ 232k/232k [00:00<00:00, 2.33MB/s]
[{'label': 'NEGATIVE', 'score': 0.9997172951698303}]
```

이진 분류의 경우 양성일 때는 'POSITIVE', 음성일 때는 'NEGATIVE'

[실행결과]를 보면 이 문장이 확실히 부정적으로 쓰인 것을 볼 수 있습니다.

DistilBERT로 IMDB 영화 리뷰 텍스트의 감성 분류하기

이번에는 IMDB 테스트 데이터를 통해 모델의 성능을 확인해 보죠. 이를 위해서는 2절 245쪽에서 네이버 영화 리뷰 텍스트의 감성을 분류했을 때처럼 **datasets**와 **evaluate** 패키지를 설치해야 합니다.

```
!pip install datasets evaluate
```

01 4장 2절에서 사용했던 허깅페이스의 **load_dataset** 함수를 사용해 IMDB 데이터셋을 읽어 들입니다. **load_dataset()** 함수의 첫 번째 매개변수를 간단하게 **"imdb"**로 지정하면 됩니다.

```
01  from datasets import load_dataset
02
03  ds = load_dataset("imdb")
```

02 ds 객체를 출력해서 데이터셋의 구조를 확인해 보면 직접 다운로드한 IMDB 데이터셋과 비슷하게 train, test, unsupervised로 구분되어 있는 것을 확인할 수 있습니다.

```
01  print(ds)
```

실행결과
```
DatasetDict({
    train: Dataset({
        features: ['text', 'label'],
        num_rows: 25000
    })
    test: Dataset({
        features: ['text', 'label'],
        num_rows: 25000
    })
    unsupervised: Dataset({
        features: ['text', 'label'],
        num_rows: 50000
    })
})
```

03 여기서는 테스트 데이터셋을 사용해 미세 튜닝된 DistilBERT 모델에 바로 적용해 보겠습니다. 이전 절에서 작성했던 것처럼 shuffle() 메서드와 select() 메서드를 사용해 테스트 세트에서 1,000개의 샘플만 랜덤하게 추출해 사용합니다.

```
01  test_slice = ds['test'].shuffle(seed=42).select(range(1000))
```

04 허깅페이스의 evaluate 패키지는 간편하게 모델을 평가할 수 있는 evaluator() 함수를 제공합니다. pipeline() 함수를 사용하듯이 evaluator() 함수에 작업을 지정하면 해당 작업에 맞는 Evaluator 클래스 객체를 반환해 줍니다. 이 클래스 객체의 compute() 메서드를 호출해서 원하는 작업에 대한 평가를 수행합니다.

```
01  from evaluate import evaluator
02
03  task_evaluator = evaluator("text-classification")
04  task_evaluator.compute(
05      model_or_pipeline=pipe,
06      data=test_slice,
07      metric="accuracy",
08      input_column="text",
09      label_column="label",
10      label_mapping={"NEGATIVE": 0, "POSITIVE": 1}
11  )
```

03 IMDB 데이터셋으로 모델의 텍스트 분류 성능을 평가할 예정이므로 "text-classification"으로 지정하여 Evaluator 클래스 객체를 만듭니다.

04~06 compuate() 메서드의 model_or_pipeline 매개변수에 파이프라인 객체를 전달하고, data 매개변수에 평가할 데이터에 해당하는 test_slice를 지정합니다.

07~09 평가 지표를 지정하는 metric 매개변수에는 "accuracy"를 지정하고, 입력 데이터에 해당하는 input_column과 레이블 데이터를 지정해야 하는 label_column 매개변수에는 각각 "text"와 "label"을 입력합니다.

10 마지막으로 label_mapping 매개변수에 파이프라인의 출력과 데이터셋에 있는 레이블 값을 서로 연결해 주는 딕셔너리를 지정합니다.

> **실행결과** Downloading builder script: 100% ■■■■■■■■■■ 4.20k/4.20k [00:00<00:00, 83.9kB/s]
> {'accuracy': 0.881,
> 'total_time_in_seconds': 7.593545613999822,
> 'samples_per_second': 131.69078725968964,
> 'latency_in_seconds': 0.0075935456139998225}

이렇게 파이프라인 객체가 이진 분류일 경우에는 POSITIVE와 NEGATIVE, 또는 LABEL_0, LABEL_1과 같은 레이블을 반환합니다. 그런데 데이터셋에 있는 레이블은 보통 정수 0, 1로 되어 있죠. 따라서 두 레이블의 값을 서로 매핑할 수 있어야 파이프라인 객체의 출력과 정답 레이블을 비교해서 정확도를 계산할 수 있습니다. `label_mapping` 매개변수가 하는 일이 바로 이것입니다. `label_mapping` 매개변수는 코드에서 `{"NEGATIVE": 0, "POSITIVE": 1}`로 지정하여 `pipe` 객체의 출력과 `test_slice`에 있는 `label` 값을 매핑하도록 돕습니다.

05 또한 `model_or_pipeline` 매개변수에는 모델이나 파이프라인 객체뿐만 아니라 허깅페이스의 모델 경로로도 지정할 수 있습니다. 다음과 같이 직접 로튼 토마토 데이터셋에 미세 튜닝된 DistilBERT 모델의 경로를 지정해서 사용할 수 있죠. 또한 `input_column`과 `label_column` 매개변수의 기본값이 각각 `"text"`와 `"label"`이므로 간단하게 두 매개변수를 생략하여 쓸 수 있습니다.

```
01  task_evaluator.compute(model_or_pipeline=
02                          'distilbert/distilbert-base-uncased-finetuned-sst-2-english',
03                          data=test_slice,
04                          device=0,
05                          label_mapping={"NEGATIVE": 0, "POSITIVE": 1}
06  )
```

> input_column, label_column 매개변수 생략

05 모델을 GPU로 로드하고 싶다면 `device=0`을 지정합니다.

> 실행결과
> ```
> {'accuracy': 0.881,
>  'total_time_in_seconds': 6.88391943900001,
>  'samples_per_second': 145.26608117094185,
>  'latency_in_seconds': 0.0068839194390000105}
> ```

테스트 데이터셋과 로튼 토마토 데이터셋에서 미세 튜닝된 DistilBERT 모델을 IMDB 데이터셋에 적용해 봤습니다. 두 데이터셋 모두 영화 리뷰 텍스트라는 점이 매우 유사하기 때문에 추가 훈련을 하지 않고도 88%에 달하는 높은 성능을 얻었습니다.

'https://huggingface.co/distilbert'에 접속하면 허깅페이스에서 제공하는 공식 DistilBERT 모델을 찾을 수 있는데요. 이외에도 다양한 데이터셋에서 미세 튜닝된 DistilBERT 모델을 허깅페이스에서 검색할 수 있습니다.

미니 프로젝트 — KerasNLP로 DistilBERT 모델 만들기

본문에서 살펴본 DistilBERT 모델의 구조를 참고해 KerasNLP로 백본 모델을 구현해 보세요. 모델을 구현한 다음, 모델 파라미터 개수를 KerasNLP의 'distil_bert_base_en_uncased' 백본 모델과 비교해 보세요.

DistilBERT 모델은 인코더층이 6개인 것을 제외하면 bert_base와 하이퍼파라미터가 같으므로 다음과 같이 설정할 수 있습니다.

```python
# DistilBERT 백본
vocab_size = 30522
num_layers = 6
num_heads = 12
hidden_dim = 768
dropout = 0.1
activation = 'gelu'
max_seq_len = 512

token_ids = keras.Input(shape=(None,))
padding_mask = keras.Input(shape=(None,))

token_embedding = layers.Embedding(vocab_size, hidden_dim)(token_ids)
pos_embedding = keras_nlp.layers.PositionEmbedding(max_seq_len)(
    token_embedding)

x = layers.Add()((token_embedding, pos_embedding))
x = layers.LayerNormalization()(x)
x = layers.Dropout(dropout)(x)
```

```
20
21  for _ in range(num_layers):
22      x = transformer_encoder(x, padding_mask, dropout, activation)
23
24  outputs = x
25  distilbert_model = keras.Model(inputs=(token_ids, padding_mask),
26                                 outputs=(outputs))
27
28  distilbert_model.summary()
```

10~11 RoBERTa처럼 세그먼트 아이디를 사용하지 않으므로 토큰 임베딩과 위치 임베딩만 사용합니다.

21~26 트랜스포머 인코더 블록을 반복하고 입력과 마지막 출력을 사용해 모델을 만듭니다.

28 summary() 메서드를 호출하여 파라미터 개수를 확인합니다.

> 실행결과

Model: "functional_2"

Layer (type)	Output Shape	Param #	Connected to
input_layer_6 (InputLayer)	(None, None)	0	-
embedding_2 (Embedding)	(None, None, 768)	23,440,896	input_layer_6[0]…
··· (중략) ···			
dropout_110 (Dropout)	(None, None, 768)	0	dense_60[0][0]
add_62 (Add)	(None, None, 768)	0	dropout_110[0][0… layer_normalizat…
layer_normalizatio… (LayerNormalizatio…	(None, None, 768)	1,536	add_62[0][0]

Total params: 66,362,880 (253.15 MB)
Trainable params: 66,362,880 (253.15 MB)
Non-trainable params: 0 (0.00 B)

이 모델의 파라미터 개수(66,362,880개)가 올바르게 구현됐는지 확인해 보기 위해 'distil_bert_base_en_uncased' 백본 모델을 로드하고, summary() 메서드를 사용해 모델의 구조를 출력해 보겠습니다.

```
01  distilbert_backbone = keras_nlp.models.DistilBertBackbone.from_preset(
02      'distil_bert_base_en_uncased')
03
04  distilbert_backbone.summary()
```

실행결과

Model: "distil_bert_backbone"

Layer (type)	Output Shape	Param #	Connected to
token_ids (InputLayer)	(None, None)	0	-
token_and_position_embed… (TokenAndPositionEmbeddi…)	(None, None, 768)	23,834,112	token_ids[0][0]
embeddings_layer_norm (LayerNormalization)	(None, None, 768)	1,536	token_and_position_em…
embeddings_dropout (Dropout)	(None, None, 768)	0	embeddings_layer_norm…
padding_mask (InputLayer)	(None, None)	0	-
transformer_layer_0 (TransformerEncoder)	(None, None, 768)	7,087,872	embeddings_dropout[0]… padding_mask[0][0]
transformer_layer_1 (TransformerEncoder)	(None, None, 768)	7,087,872	transformer_layer_0[0… padding_mask[0][0]
transformer_layer_2 (TransformerEncoder)	(None, None, 768)	7,087,872	transformer_layer_1[0… padding_mask[0][0]
transformer_layer_3 (TransformerEncoder)	(None, None, 768)	7,087,872	transformer_layer_2[0… padding_mask[0][0]

Total params: 66,362,880 (253.15 MB)
Trainable params: 66,362,880 (253.15 MB)
Non-trainable params: 0 (0.00 B)

[실행결과]를 보면 모델 파라미터의 개수가 일치함을 볼 수 있습니다. KerasNLP의 DistilBERT 모델은 토큰 임베딩과 위치 임베딩을 하나의 층으로 구현했고, 트랜스포머 인코더도 하나의 케라스층으로 표현됩니다.

마무리

3절에서는 BERT의 후속 모델인 RoBERTa와 DistilBERT에 대해 소개하고, 마찬가지로 KerasNLP와 허깅페이스 transformers 라이브러리를 사용하는 방법에 대해 알아봤습니다. RoBERTa는 훈련 데이터와 어휘사전의 크기를 늘리고, 다음 문장 예측 작업을 제외, 워드피스 토큰화 대신 BPE 토큰화를 사용합니다. 또한 DistilBERT는 티처 모델의 출력 결과를 배우도록 스튜던트 모델을 훈련하는 지식 정제 기법을 사용한 것이 특징입니다. DistilBERT는 이러한 지식 정제를 통해 절반 크기의 모델 파라미터로 BERT 모델에 근접하는 성능을 달성합니다.

대표적인 트랜스포머 인코더 모델에 대해 알아보고, 텍스트 분류 작업에 적용해 봤습니다. 다음 5장에서는 트랜스포머 디코더 모델과 텍스트 생성 작업에 대해 알아보겠습니다.

▶ 키워드로 정리하는 핵심 포인트

- **RoBERTa**는 BERT를 기반으로 훈련 데이터와 어휘사전을 증가시키고, BPE 토크나이저를 사용한 트랜스포머 인코더 모델입니다. RoBERTa는 훈련을 위해 BERT의 다음 문장 예측 작업을 사용하지 않고, 마스크드 언어 모델링만 사용합니다.

- **DistilBERT**는 티처와 스튜던트 모델로 구성된 지식 정제 기법을 사용하여 훈련한 모델입니다. 티처 모델로는 BERT를 사용하고, 스튜던트 모델은 인코더 블록의 개수를 줄인 트랜스포머 기반 모델입니다. 티처 모델의 출력과 같아지도록 훈련된 스튜던트 모델이 DistilBERT에 해당합니다.

Chapter 05

트랜스포머 디코더 모델로 텍스트 생성하기

학습목표

- 텍스트 생성 및 채팅, 요약, 번역 작업에도 뛰어난 성능을 발휘하고 있는 트랜스포머 디코더 기반 생성 모델의 핵심 구조를 알아봅니다.
- 트랜스포머 디코더 기반 생성 모델의 전성기를 촉발시킨 OpenAI의 GPT-2 모델에 대해 알아보고, 다양한 토큰 샘플링 기법을 배웁니다.
- 메타의 Llama, 구글의 Gemma 등 오픈 소스로 공개된 최신 모델을 통해 대규모 언어 모델에 접목된 고급 기술을 배웁니다.

챕터 미리보기

▲ 트랜스포머 기반 대규모 언어 모델로 다양한 텍스트 생성하기

❶ 트랜스포머 디코더

마스크드 멀티 헤드 어텐션, 토큰 샘플링 등 트랜스포머 디코더 구조에 대해 이해해 본다.

❷ Llama

메타에서 개발한 트랜스포머 기반 오픈 소스 LLM인 Llama의 효율적인 훈련 방식과 뛰어난 성능에 대해 알아본다.

❸ Gemma

이미지 및 오디오까지 처리할 수 있는 트랜스포머 모델인 Gemma를 통해 최신 LLM 기술에 대한 시야를 확장한다.

05-1 GPT-2 모델로 텍스트 생성하기

대표적인 초기 트랜스포머 디코더 기반 언어 모델인 GPT-2에 대해 알아보고, KerasNLP와 허깅페이스 라이브러리를 사용해 사전 훈련된 GPT-2 모델까지 구현해 봅시다.

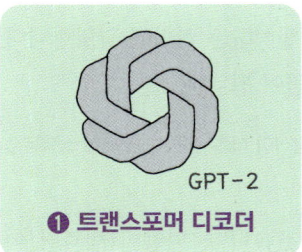
❶ 트랜스포머 디코더

❷ Llama

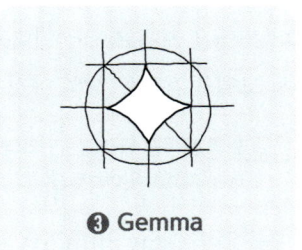
❸ Gemma

시작하기 전에

한빛 마켓은 트랜스포머 인코더 모델을 사용해 다양한 언어로 작성된 구매 후기와 문의를 잘 분류하게 되었습니다. 하지만 최근 새벽 배송 서비스를 론칭한 이후로 리뷰와 문의 사항이 크게 늘어나다 보니 상담 직원이 모든 글마다 답변을 다는 것이 쉽지 않아 보입니다. 그런데 고객들의 게시글을 자세히 살펴보니 대부분은 자동으로 응답할 수 있을 것 같은데요?

한빛 마켓의 개발팀은 텍스트 생성에 뛰어난 트랜스포머 디코더 모델을 떠올렸습니다. 사람이 쓴 것처럼 높은 품질의 텍스트를 생성하는 디코더 모델을 잘 활용하면 한빛 마켓의 문제를 손쉽게 해결할 수 있을 것 같습니다. 비교적 초기 모델에 해당하는 GPT-2를 통해 트랜스포머 디코더 모델에 대해 이해해 보겠습니다.

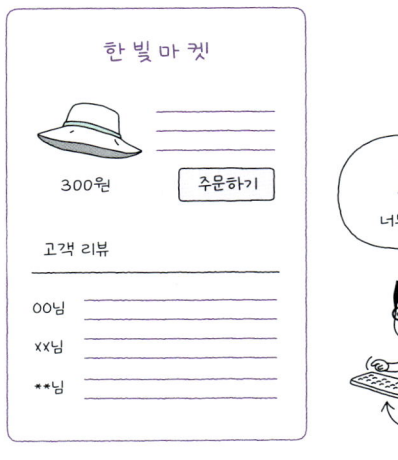

마스크드 멀티 헤드 어텐션

트랜스포머 디코더transformer decoder는 원본 트랜스포머 모델에서 인코더가 이해한 내용을 바탕으로 결과를 생성하는 구조입니다. 예를 들어 입력 데이터인 영어 문장을 한글로 번역한다면 디코더는 인코더가 이해한 문장의 의미를 바탕으로 새로운 문장을 생성하거나 번역해 내죠. 각 단어를 예측할 때 지속적으로 이전 단어들과의 관계를 반영하기 때문에 사람이 쓴 것처럼 높은 품질의 텍스트를 생성할 수 있습니다.

마스크드 멀티 헤드 어텐션에 대해 언급하기 전에 먼저 트랜스포머 디코더를 훈련하는 방법을 잠시 생각해 보죠. 인코더-디코더 구조에서 디코더만 따로 분리해 훈련할 수 있습니다. 트랜스포머 디코더 모델은 프롬프트가 입력되면 프롬프트 다음에 등장할 토큰을 생성하는 역할을 담당합니다. 따라서 모델을 훈련할 때의 타깃은 입력되는 텍스트 데이터의 다음 토큰이 됩니다.

> note 번역 문제를 해결하는 인코더-디코더 구조에서는 트랜스포머 모델의 훈련 방식이 다릅니다. 이에 대한 설명은 다음 6장에서 자세히 알아보겠습니다.

예를 들어 'stay hungry, stay foolish'라는 문장을 가정해 보겠습니다. 다음 그림과 같이 'stay hungry, stay'라는 입력이 주어지면 트랜스포머 디코더 모델은 다음 단어로 'foolish'를 예측하도록 훈련할 수 있습니다.

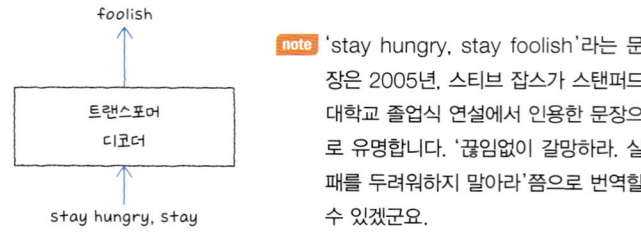

> note 'stay hungry, stay foolish'라는 문장은 2005년, 스티브 잡스가 스탠퍼드 대학교 졸업식 연설에서 인용한 문장으로 유명합니다. '끊임없이 갈망하라. 실패를 두려워하지 말아라'쯤으로 번역할 수 있겠군요.

이를 첫 번째 단어부터 토큰을 하나씩 이동하면서 다음 토큰을 예측하는 과정으로 쉽게 확장할 수 있습니다. 다음은 트랜스포머 디코더 모델의 훈련 방식을 이해하기 쉽도록 예측 과정을 간략화한 그림입니다.

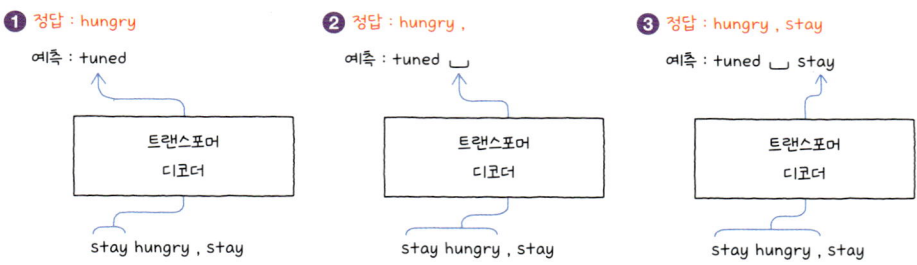

❶ 트랜스포머 디코더 모델이 'stay' 토큰을 사용해 'tuned'를 예측했습니다. 하지만 정답은 문장의 다음 토큰인 'hungry'입니다. 두 단어의 차이가 손실이 되고, 이 손실을 통해 모델의 가중치를 훈련합니다. 만약 모델이 'stay' 다음에 등장할 토큰을 예측하기 위해 입력에 있는 'hungry' 토큰을 사용한다면 속임수를 쓰는 것과 같습니다. 따라서 모델은 'stay' 토큰만 바라봐야 합니다.

❷ 입력 문장에서 하나의 토큰을 더 사용해 'stay hungry'가 입력되면 트랜스포머 디코더 모델이 공백 토큰인 ' '을 예측합니다. 역시 정답 토큰인 ','와 다릅니다. 여기서 눈여겨볼 점은 모델이 이전 단계에서 'tuned'를 예측했지만 모델의 입력으로는 사용하지 않았다는 점입니다. 모델은 원본 텍스트에 있는 'stay hungry'를 입력으로 사용했습니다.

❸ 마지막으로 하나의 토큰을 더 사용해 'stay hungry ,'를 입력으로 받습니다. 이번에는 정답과 동일한 'stay' 토큰을 예측했습니다.

그림에서 볼 수 있듯이 텍스트 생성 모델인 트랜스포머 디코더 모델은 입력 텍스트의 다음 토큰을 타깃으로 사용할 수 있기 때문에, 이러한 훈련 방식을 **자기지도 학습**self-supervised learning 또는 **코잘 언어 모델링**causal langauge modeling 이라고 부릅니다. 자기지도 학습 방식을 사용하면 훈련 데이터를 레이블링하는 수고를 들이지 않고도 많은 양의 텍스트 데이터로부터 대규모 언어 모델을 훈련할 수 있습니다. 여기서 핵심은 모델이 훈련 과정 중에 입력에 있는 다음 토큰을 훔쳐봐서는 안 된다는 점입니다. 이때 마스크드 멀티 헤드 어텐션이 필요합니다.

어텐션 메커니즘은 문장에서 중요한 단어를 찾는 역할을 하지만, **마스크드 멀티 헤드 어텐션**masked multi-head attention 은 어텐션 점수를 계산할 때 현재 토큰에서 미래의 토큰을 바라보지 못하도록 마스킹해 학습을 제한합니다. 예를 들어, 다음 그림처럼 5×5 크기의 어텐션 행렬에서 주 대각선 윗부분의 점수를 가리면 'hungry' 토큰을 처리할 때 그 다음에 나오는 ',' 와 'stay', 'foolish' 토큰에 대한 점수를 사용할 수 없습니다.

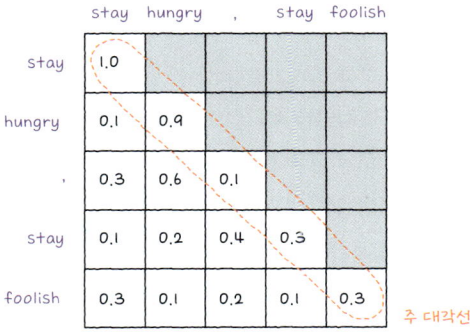

note 이 어텐션 행렬에 표시된 값은 이해를 돕기 위해 임의로 선택한 값입니다.

이 어텐션 행렬은 4장 1절에서 살펴봤던 셀프 어텐션 계산식의 쿼리와 키를 곱한 결과로, (n_token, n_token) 크기의 행렬입니다. 또한 주 대각선은 왼쪽 위부터 오른쪽 아래까지 역슬래시(\) 모양으로 행렬을 가르는 대각선을 말합니다. 편리하게도 케라스 `MultiHeadAttention` 클래스의 `attention_mask` 매개변수에 이러한 마스킹 정보를 전달하기만 하면 자동으로 마스크드 멀티 헤드 어텐션이 수행됩니다. 이 마스킹을 종종 **코잘 마스킹**causal masking이라고 부릅니다. 앞서 4장 1절에서는 `attention_mask` 매개변수에 패딩 마스크만 전달했었는데요. 5장에서는 `attention_mask` 매개변수에 패딩 마스크와 코잘 마스킹을 함께 전달하는 방법을 알아보겠습니다.

01 구글 코랩에서 새 노트 [05-1.ipynb]를 추가하고, 예제에 필요한 패키지를 임포트합니다.

```
01  import keras
02  from keras import layers
03  import keras_nlp
```

02 코잘 마스킹은 입력되는 토큰의 값과 무관하며, 토큰의 길이에 따라 달라집니다. 입력되는 토큰의 개수가 10개이면 (10, 10) 크기의 마스크 행렬을 만들어야 합니다. 먼저 마스크 행렬을 하나 만들어 행렬의 주 대각선 위쪽에 있는 모든 값을 0으로 만들어 보겠습니다.

```
01  def make_causal_mask(seq_len):
02      n_hori = keras.ops.arange(seq_len)
03      n_vert = keras.ops.expand_dims(n_hori, axis=-1)
04      mask = n_vert >= n_hori
05      return mask
```

01~02 `make_causal_mask()` 함수는 keras.ops.arange() 함수를 사용해 0부터 시퀀스 길이까지 채워진 텐서를 만듭니다. 예를 들어 keras.ops.arange(5)는 [0, 1, 2, 3, 4]가 됩니다.

03 expand_dims() 함수로 마지막 차원을 추가합니다. 이렇게 하면 (seq_len,) 크기의 1차원 텐서가 (seq_len, 1) 크기의 2차원 텐서로 바뀝니다.

04 n_vert와 n_hori 텐서에 비교 연산자를 적용합니다. 이 비교 연산에서는 브로드캐스팅이 적용되어 n_hori가 n_vert의 각 원소와 비교 연산이 수행됩니다.

`expand_dims()` 함수를 통해 2차원 텐서로 바뀐 텐서는 다음과 같은 그림으로 나타낼 수 있습니다.

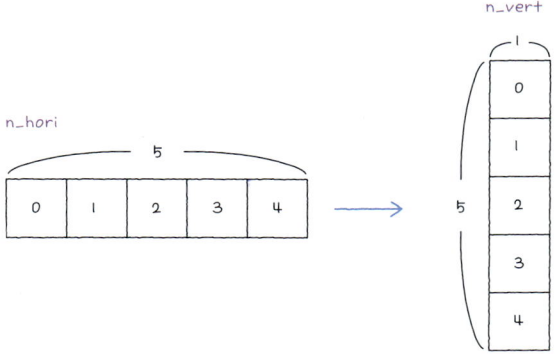

이 텐서는 다시 비교 연산을 통해 다음 그림과 같은 결과를 얻게 됩니다.

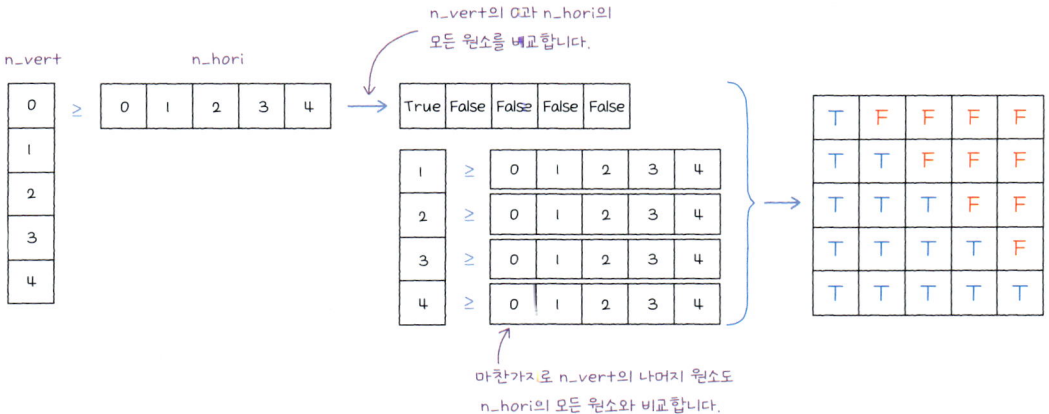

03 간단하게 make_causal_mask( ) 함수를 테스트해 보죠. 길이가 5인 토큰 시퀀스를 위한 코잘 마스크 행렬을 만듭니다.

```
01  causal_mask = make_causal_mask(5)
02  causal_mask
```

실행결과
```
<tf.Tensor: shape=(5, 5), dtype=bool, numpy=
array([[ True, False, False, False, False],
       [ True,  True, False, False, False],
       [ True,  True,  True, False, False],
       [ True,  True,  True,  True, False],
       [ True,  True,  True,  True,  True]])>
```

그런데 이 샘플의 토큰 개수가 만약 3개라면 패딩 마스크는 [1, 1, 1, 0, 0]입니다. 그럼 이 행렬의 네 번째 행과 다섯 번째 행의 코잘 마스크는 3개에서 끝나야 합니다. 즉, 네 번째 행의 네 번째 원소와 다섯 번째 행의 네 번째와 다섯 번째 원소는 False가 되어야 합니다. 이렇게 코잘 마스크와 패딩 마스크를 합치는 간단한 방법은 keras.ops.minimum() 함수를 사용하는 것입니다.

04 keras.ops.minimum() 함수를 사용해 두 개의 텐서를 받아 각 원소별로 작은 값을 선택합니다.

```
01  padding_mask = [1, 1, 1, 0, 0]
02  keras.ops.minimum(causal_mask, padding_mask)
```

실행결과
```
<tf.Tensor: shape=(5, 5), dtype=int32, numpy=
array([[1, 0, 0, 0, 0],
       [1, 1, 0, 0, 0],
       [1, 1, 1, 0, 0],
       [1, 1, 1, 0, 0],
       [1, 1, 1, 0, 0]], dtype=int32)>
```

편리하게도 keras.ops.minimum() 함수는 causal_mask의 불리언 값을 정수 1과 0으로 변환하여 각 행마다 padding_mask와 비교합니다. 이 과정은 다음과 같은 그림으로 나타낼 수 있습니다.

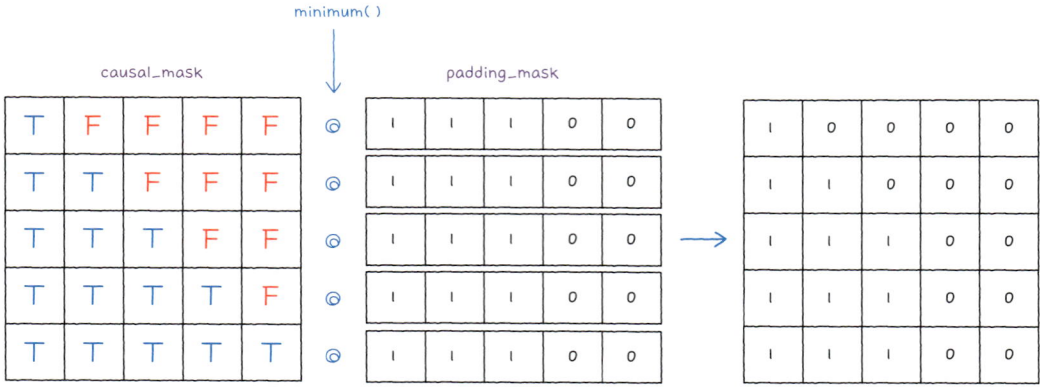

마스크에 대한 이야기가 길었군요. 이제 거의 다 왔습니다.

05 마지막으로 배치 차원을 고려하여 최종 어텐션 마스크를 만드는 함수 make_attention_mask()를 만듭니다.

```
01  def make_attention_mask(padding_mask):
02      # padding_mask의 크기가 (2, 5)라고 가정해 보죠.
03      batch_size, seq_len = keras.ops.shape(padding_mask)
04      # causal_mask의 크기는 (5, 5)가 됩니다.
05      causal_mask = make_causal_mask(seq_len)
06      # 배치 차원을 추가해 (2, 5, 5)로 만듭니다.
07      causal_mask = keras.ops.broadcast_to(
08          causal_mask, (batch_size, seq_len, seq_len))
09      # 브로드캐스팅을 위해 padding_mask의 크기를 (2, 1, 5)로 만듭니다.
10      padding_mask = keras.ops.expand_dims(padding_mask, axis=1)
11      return keras.ops.minimum(causal_mask, padding_mask)
```

01~08 패딩 마스크의 첫 번째 차원이 배치 차원이라고 생각하면 입력되는 텍스트의 길이는 패딩 마스크의 두 번째 차원으로부터 구할 수 있습니다. 이 길이를 사용해 코잘 마스크를 만들고, 이 행렬에 배치 차원을 추가합니다.

09~11 코잘 마스크와 패딩 마스크의 브로드캐스팅 연산을 위해 패딩 마스크에 두 번째 차원을 추가한 다음 keras.ops.minimum() 함수를 적용합니다.

padding_mask의 크기가 (2, 5)라고 가정하고 make_attention_mask() 함수에 주석을 넣었습니다. 주석을 참고하여 마스크 행렬의 크기 변화를 따라가면 어텐션 행렬을 만드는 전체 과정을 조금 더 쉽게 이해할 수 있을 것입니다.

06 그럼 간단한 마스킹 행렬로 make_attention_mask() 함수를 테스트해 보죠. 길이가 각각 2, 4인 토큰 시퀀스의 길이를 맞추기 위한 패딩 마스크 [[1, 1, 0, 0, 0], [1, 1, 1, 1, 0]]를 입력으로 사용하여 make_attention_mask() 함수를 호출합니다.

```
01  make_attention_mask([[1, 1, 0, 0, 0], [1, 1, 1, 1, 0]])
```

> **실행결과**
> ```
> <tf.Tensor: shape=(2, 5, 5), dtype=int32, numpy=
> array([[[1, 0, 0, 0, 0],
>         [1, 1, 0, 0, 0],
>         [1, 1, 0, 0, 0],
>         [1, 1, 0, 0, 0],
>         [1, 1, 0, 0, 0]],
> 
>        [[1, 0, 0, 0, 0],
>         [1, 1, 0, 0, 0],
>         [1, 1, 1, 0, 0],
>         [1, 1, 1, 1, 0],
>         [1, 1, 1, 1, 0]]], dtype=int32)>
> ```

첫 번째 코잘 마스킹 행렬은 첫 번째 패딩 마스크를 따라서 두 번째 열 이후가 모두 마스킹되었습니다. 마찬가지로 두 번째 코잘 마스킹 행렬은 두 번째 패딩 마스크를 따라서 네 번째 열 이후가 모두 마스킹되었군요. 원하는 대로 마스킹 행렬이 잘 만들어진 것 같습니다. 드디어 마스킹 작업을 모두 완료했습니다. 놀랍게도 나머지 디코더를 구성하는 일은 비교적 간단합니다.

트랜스포머 디코더 모듈 만들기

본격적으로 트랜스포머 디코더 모델을 만들어 볼 차례입니다. 트랜스포머 디코더 구조는 트랜스포머 인코더와 비슷하지만 몇 가지 다른 점이 있습니다. 먼저 원본 트랜스포머 모델처럼 인코더-디코더 구조에서 사용될 때와 디코더 전용 모델에서 사용될 때의 구조가 다르다는 것입니다. 전자의 경우에는 디코더에 인코더의 출력을 입력받기 위한 장치가 있지만, 후자의 경우에는 없습니다. 5장에서는 디코더 전용 모델을 다루기 때문에 디코더에 인코더의 입력을 받아 처리하는 곳이 없습니다. 하지만 6장에서 알아볼 트랜스포머 인코더-디코더 구조에서는 디코더가 인코더의 입력을 어떻게 처리하는지 알 수 있을 것입니다.

그럼 트랜스포머 디코더 구조부터 살펴보죠. 4장에서 설명했던 트랜스포머 인코더 모델의 그림과 비교해 보세요. 어떤 점이 달라졌는지 구분이 되나요?

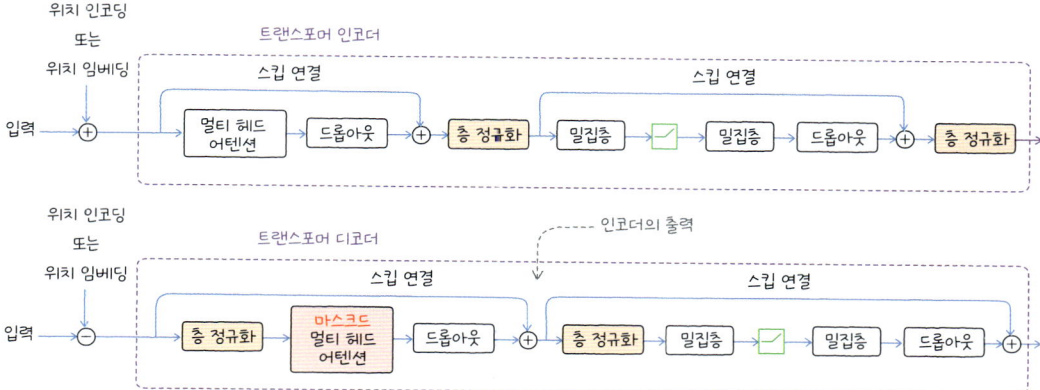

전체적인 구조는 인코더와 비슷합니다. 다만, 드롭아웃 다음에 있던 층 정규화가 스킵 연결 시작 부분으로 옮겨왔고, 멀티 헤드 어텐션이 아니라 마스크드 멀티 헤드 어텐션이 구성되는군요. 앞서 언급했지만 인코더-디코더 구조에서는 디코더가 인코더의 출력을 받습니다. 이해를 돕기 위해 디코더의 어디쯤에서 인코더의 출력이 연결되는지는 회색으로 표기해 뒀습니다. 사실 트랜스포머 인코더에서도 층 정규화를 스킵 연결 시작 부분에 둘 수 있고, 반대로 트랜스포머 디코더에서도 층 정규화를 드롭아웃 다음에 둘 수 있습니다. 5장에서는 층 정규화를 어텐션층 앞에 놓을지의 여부를 `transformer_decoder()` 함수의 매개변수로 조정해 보겠습니다.

한 가지 아쉬운 점은 현재 케라스에서 입력 텐서에 대해 `keras.ops` 연산자를 사용하는 경우 사용자 정의층을 만들어야 합니다.[1] 향후에는 개선되겠지만, 이 책을 집필하는 시점에 `make_attention_mask()` 함수를 사용해 케라스 모델을 만들려면 먼저 다음과 같이 간단한 사용자 정의층을 만들어야 합니다. `AttentionMask` 클래스는 `keras.Layer` 클래스를 상속하는 간단한 케라스 층으로 `call()` 메서드에서 `make_attention_mask()` 함수를 호출하는 것이 전부입니다.

```
class AttentionMask(keras.Layer):
    def call(self, padding_mask):
        return make_attention_mask(padding_mask)
```

note 이렇게 사용자 정의층을 만드는 방법 이외에도 케라스의 Lambda 클래스를 사용해 임의의 함수를 층으로 변환하는 방법도 있습니다. Lambda 클래스를 사용하는 방법은 372쪽 3절 'KerasNLP로 Gemma 모델 만들기'를 참고하세요.

---

1 https://github.com/keras-team/keras/issues/19314

네. 이제 모두 준비된 것 같네요. 앞서 살펴본 트랜스포머 디코더 구조의 그림을 따라서 transformer_decoder() 함수를 구현해 보겠습니다.

> **따라 하며 배우는 코딩**
> **트랜스포머 디코더 모듈 만들기**　소스 코드　05-1.ipynb

```python
def transformer_decoder(x, padding_mask, dropout,
                        activation='relu', norm_first=True):
    # 어텐션 마스크를 계산합니다.
    attention_mask = AttentionMask()(padding_mask)
    # 스킵 연결을 준비합니다.
    residual = x
    key_dim = hidden_dim // num_heads
    if norm_first:
        x = layers.LayerNormalization()(x)
    # 멀티 헤드 어텐션을 통과합니다.
    x = layers.MultiHeadAttention(num_heads, key_dim, dropout=dropout)(
        query=x, value=x, attention_mask=attention_mask)
    x = layers.Dropout(dropout)(x)
    # 스킵 연결
    x = x + residual
    if not norm_first:
        x = layers.LayerNormalization()(x)
    # 스킵 연결을 준비합니다.
    residual = x
    # 위치별 피드 포워드 네트워크
    if norm_first:
        x = layers.LayerNormalization()(x)
    x = layers.Dense(hidden_dim * 4, activation=activation)(x)
    x = layers.Dense(hidden_dim)(x)
    x = layers.Dropout(dropout)(x)
    # 스킵 연결
    x = x + residual
    if not norm_first:
```

```
29        x = layers.LayerNormalization()(x)
30    return x
```

01~02 transformer_decoder() 함수는 norm_first 매개변수가 True일 경우, LayerNormalization층을 잔차 연결 시작 부분에 놓습니다. norm_first 매개변수가 False일 경우에는 인코더와 동일하게 잔차 연결이 끝난 후 배치합니다.

11~12 인코더와 달리 MultiHeadAttention 클래스의 attention_mask 매개변수에 패딩 마스크와 코잘 마스킹을 합친 attention_mask를 입력하는 것을 눈여겨보세요. 그외 다른 매개변수는 인코더에서 구현했던 것과 동일합니다.

23~24 인코더와 마찬가지로 피드 포워드 네트워크도 두 개의 밀집층으로 구성됩니다. 첫 번째 밀집층의 유닛 개수는 은닉 차원의 4배이고, 활성화 함수로는 렐루 함수를 기본으로 사용합니다. 여기서는 렐루 함수를 사용했지만, 트랜스포머 디코더 모델도 인코더 모델과 유사하게 렐루 함수의 변종인 GELU 함수를 많이 사용합니다.

트랜스포머 디코더 구조도 인코더 구조를 참고해 어렵지 않게 구현해 봤습니다. 이번에는 대표적인 트랜스포머 디코더 모델을 직접 만들어 보고, 케라스와 허깅페이스 라이브러리에서 사용하는 방법을 알아보겠습니다. 가장 먼저 살펴볼 모델은 OpenAI의 GPT-2입니다.

GPT-2 모델로 다양한 텍스트 생성하기

OpenAI GPT 시리즈의 첫 번째 모델은 2018년 발표된 **GPT-1**[2]입니다. 이 모델은 트랜스포머 디코더로만 구성되어 있으며, BERT에서도 사용했던 북코퍼스 데이터셋을 사용해 훈련되었습니다. GPT-1은 12개의 헤드를 가진 멀티 헤드 어텐션층으로 구성된 트랜스포머 디코더 12개를 쌓았습니다. 은닉 차원은 768이며, 어휘사전의 크기는 40,478입니다. 최대 입력 토큰의 길이는 512개로, BERT의 베이스 모델과 하이퍼파라미터가 비슷합니다.

note 최대 입력 토큰의 길이는 문맥 길이(context length) 또는 문맥 윈도우(context window)라고도 부릅니다.

GPT-2[3]는 2019년에 나온 두 번째 GPT 모델로, GPT-1에 비해 모델 크기와 데이터셋을 크게 확장했습니다. OpenAI는 훈련 데이터를 만들기 위해 직접 인터넷 문서를 스크래핑했는데요. 2017년 12월 이전에 레딧reddit 사이트에서 적어도 세 번의 추천upvote을 받은 링크를 대상으로 데이터를 수집했습니다. 이 과정을 통해 약 40GB의 데이터를 모았고, 이를 WebText라고 부르고 있습니다. GPT-1과 또 다른 점은 앞서 언급했듯이 층 정규화를 스킵 연결 시작 부분으로 옮긴 것입니다.

---

2 Alec Radford 등. Improving Language Understanding by Generative Pre-Training(2018).
3 Alec Radford 등. Language Models are Unsupervised Multitask Learners(2019).

GPT-2의 어휘사전 크기는 50,257이며, 최대 입력 토큰의 길이는 1,024개입니다. GPT-2는 모델 파라미터의 크기에 따라 네 가지 버전이 있습니다. KerasNLP에서 제공하는 각 버전의 이름과 차이점은 다음과 같습니다.

모델 이름	gpt2_base_en	gpt2_medium_en	gpt2_large_en	gpt2_extra_large_en
디코더 층 개수	12	24	36	48
어텐션 헤드 개수	12	16	20	25
은닉 차원	768	1,024	1,280	1,600
모델 파라미터 개수	약 1억 2천만	약 3억 5천만	약 7억 7천	약 15억

디코더 개수가 12개인 gpt2_base 모델의 전체 구조를 살펴보면 RoBERTa와 같은 인코더 기반 모델의 구조와 비교해 임베딩 직후에 놓여 있던 층 정규화가 디코더 뒤쪽으로 이동한 것을 볼 수 있습니다.

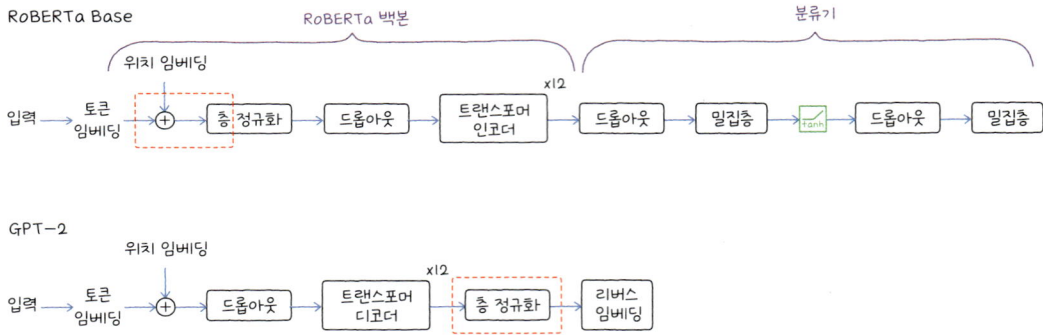

텍스트 생성 모델인 GPT는 분류기 대신 토큰 임베딩층을 뒤집어 어휘사전 크기에 해당하는 출력을 만듭니다. 그림에는 이를 리버스 임베딩이라고 표현했습니다. 리버스 임베딩에 대해서는 모델을 만들면서 조금 더 자세히 알아보죠.

GPT-2 모델 만들기

트랜스포머 디코더 모델을 만드는 과정은 인코더 모델을 만드는 과정과 비슷합니다. 앞서 살펴본 gpt2_base 모델의 그림을 참고하면서 코드를 작성해 보겠습니다. 앞에서 만든 `transformer_decoder()` 함수를 사용하기 위해 노트 [05-1.ipynb]에 코드를 추가합니다.

01 먼저 중요한 하이퍼파라미터와 모델의 입력을 정의합니다.

```
01  vocab_size = 50257
02  num_layers = 12
03  num_heads = 12
04  hidden_dim = 768
05  dropout = 0.1
06  activation = 'gelu'
07  max_seq_len = 1024
08
09  token_ids = keras.Input(shape=(None,))
10  padding_mask = keras.Input(shape=(None,))
```

02 그리고 토큰 임베딩과 위치 임베딩을 만듭니다. 이때 DistilBERT에서 사용했던 Reversible Embedding층을 사용하는데요. 이는 모델의 마지막 부분에서 768 차원의 출력을 어휘사전 크기에 해당하는 50,257 차원으로 바꿔야 하기 때문입니다. 이 차원을 따라 가장 큰 값을 갖는 위치가 다음 토큰의 인덱스가 됩니다.

```
01  from keras_nlp.layers import ReversibleEmbedding
02
03  token_embedding_layer = ReversibleEmbedding(vocab_size, hidden_dim)
04  token_embedding = token_embedding_layer(token_ids)
05  pos_embedding = keras_nlp.layers.PositionEmbedding(max_seq_len)(
06      token_embedding)
```

03 이제 두 임베딩을 더해 드롭아웃을 적용한 다음, `transformer_decoder()` 함수를 num_layers 만큼 반복합니다.

```
01  x = token_embedding + pos_embedding
02  x = layers.Dropout(dropout)(x)
03  for _ in range(num_layers):
04      x = transformer_decoder(x, padding_mask, dropout, activation)
```

04 마지막으로 층 정규화를 적용하고, 토큰 임베딩층까지 뒤집어 적용한 다음, 입력과 출력을 연결하여 모델을 만듭니다.

```
01  x = layers.LayerNormalization()(x)
02  outputs = token_embedding_layer(x, reverse=True)
03  model = keras.Model(inputs=(token_ids, padding_mask),
04                      outputs=(outputs))
05  model.summary()
```

실행결과

Model: "functional"

Layer (type)	Output Shape	Param #	Connected to
input_layer (InputLayer)	(None, None)	0	-
reversible_embedding (ReversibleEmbedding)	(None, None, 50257)	38,597,376	input_layer[0][0], layer_normalization_2…
position_embedding (PositionEmbedding)	(None, None, 768)	786,432	reversible_embedding[…
add (Add)	(None, None, 768)	0	reversible_embedding[… position_embedding[0]…
input_layer_1 (InputLayer)	(None, None)	0	-
dropout (Dropout)	(None, None, 768)	0	add[0][0]
attention_mask (AttentionMask)	(None, None, None)	0	input_layer_1[0][0]
… (중략) …			
dropout_36 (Dropout)	(None, None, 768)	0	dense_23[0][0]
add_24 (Add)	(None, None, 768)	0	dropout_36[0][0], add_23[0][0]
layer_normalization_24 (LayerNormalization)	(None, None, 768)	1,536	add_24[0][0]

Total params: 124,439,808 (474.70 MB)
Trainable params: 124,439,808 (474.70 MB)
Non-trainable params: 0 (0.00 B)

4장에서 인코더 모델을 만들어 본 덕분에 어렵지 않게 디코더 모델을 구현할 수 있었습니다. 이 모델의 파라미터 개수는 약 1억 2천만 개에 달합니다.

GPT-2 모델로 텍스트 생성하기

이번에는 KerasNLP에 있는 사전 훈련된 GPT-2 모델을 로드하여 새로운 텍스트를 생성해 보죠. 케라스는 keras_nlp.models 아래 GPT2CausalLM 클래스로 GPT-2 모델을 제공하고 있습니다. 앞서 구현했던 것처럼 from_preset() 메서드에 'gpt2_base_en'을 전달하여 베이스 모델을 로드하고, summary() 메서드를 출력합니다.

> 마지막에 토큰 임베딩층이 없는 백본 모델은 GPT2Backbone 클래스로 제공합니다.

```
01  gpt2 = keras_nlp.models.GPT2CausalLM.from_preset('gpt2_base_en')
02  gpt2.summary()
```

> note 사전 훈련된 GPT-2 모델에 대한 자세한 정보는 캐글(https://www.kaggle.com/models/keras/gpt2)에서 확인할 수 있습니다.

실행결과

Preprocessor: "gpt2_causal_lm_preprocessor"

Layer (type)	Config
gpt2_tokenizer (GPT2Tokenizer)	Vocab size: 50,257

Model: "gpt2_causal_lm"

Layer (type)	Output Shape	Param #	Connected to
padding_mask (InputLayer)	(None, None)	0	-
token_ids (InputLayer)	(None, None)	0	-
gpt2_backbone (GPT2Backbone)	(None, None, 768)	124,439,808	dding_mask[0][0], token_ids[0][0]
token_embedding (ReversibleEmbedding)	(None, None, 50257)	38,597,376	gpt2_backbone[0][0]

Total params: 124,439,808 (474.70 MB)
Trainable params: 124,439,808 (474.70 MB)
Non-trainable params: 0 (0.00 B)

> note summary() 메서드의 expand_nested 매개변수를 True로 지정하면 gpt2_backbone 안에서 정의된 층까지 상세하게 출력할 수 있습니다.

> **여기서 잠깐** 총 파라미터 개수에 token_embedding층의 파라미터 개수가 더해지지 않은 것 같은데요?
>
> gpt2.summary() 출력 결과를 보면 모델의 총 파라미터 개수가 약 1억 2천만 개인 것을 볼 수 있습니다. token_embedding층은 gpt2_backbone 모델 안에 정의된 ReversibleEmbedding층을 재사용하는 것뿐이므로 전체 모델 파라미터 개수에는 더해지지 않습니다.

사전 훈련된 GPT-2 모델을 로드했으니 'stay hungry, stay'로 시작하는 문장을 만들어 보겠습니다. GPT-2와 같은 트랜스포머 디코더 모델은 입력 텍스트의 다음 단어를 예측하도록 훈련된다고 소개했습니다. 훈련된 모델을 사용할 때 다음 단어를 예측하려면 최초의 입력 텍스트가 필요한데요. 이를 종종 **프롬프트** prompt 라고 부릅니다.

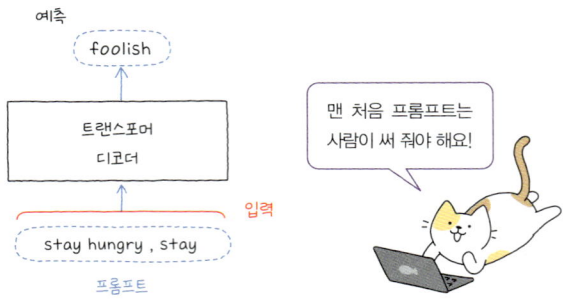

GPT-2와 같은 트랜스포머 디코더 기반의 모델을 훈련할 때는 정답 텍스트가 있었기 때문에 예측된 토큰 대신 정답 토큰을 입력으로 사용해 다음 토큰을 예측했습니다. 하지만 훈련된 모델로 새로운 텍스트를 생성할 때는 정답 텍스트가 없기 때문에 초기 프롬프트에서 다음 토큰을 예측하고, 이를 다시 프롬프트에 이어 붙인 후, 그 다음 단어를 예측하는 식으로 반복합니다. 이런 방식을 종종 **자기회귀 모델** auto-regressive model 이라고 부릅니다. 다음 그림에 이러한 과정이 잘 나타나 있습니다.

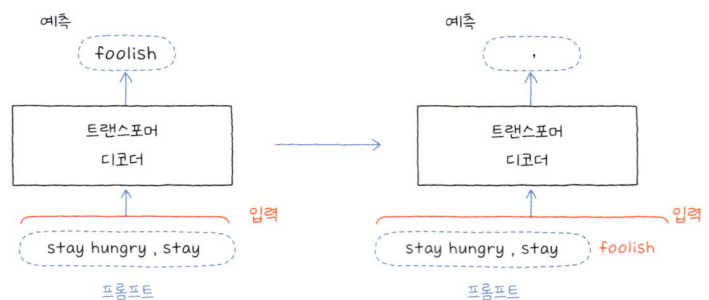

GPT-2는 최대 1,024개의 토큰을 입력으로 받을 수 있기 때문에 생성되는 텍스트도 최대 1,024개 토큰이 됩니다. KerasNLP는 텍스트 생성을 위해 generate() 메서드를 제공합니다. 그럼 GPT-2의 텍스트 생성 과정을 차근차근 따라가 보죠.

01 입력한 텍스트 'stay hungry, stay' 다음으로 등장하는 단어를 예측하기 위해 max_length를 6으로 지정합니다.

```
01  gpt2.generate('stay hungry, stay', max_length=6)
```

> 실행결과   'stay hungry, stay thirsty'

> note   생성되는 텍스트는 무작위성이 있으므로 책에 있는 실행 결과와 조금 다른 결과가 출력될 수도 있습니다.

02 아쉽지만 기대했던 'foolish'가 아니군요. 조금 더 긴 텍스트를 생성해 보겠습니다.

```
01  gpt2.generate('stay hungry, stay', max_length=20)
```

> 실행결과   'stay hungry, stay healthy and stay healthy\n\nStay healthy is a good idea. It helps'

모델 파라미터 개수가 가장 적은 GPT-2 모델이라서 생성되는 텍스트가 단조로울 수 있습니다. 모델 파라미터가 더 큰 모델을 사용하면 조금 더 그럴싸한 텍스트를 생성할 수 있습니다.

4장 1절에서 RoBERTa가 GPT-2와 같은 바이트 수준의 BPE 토크나이저를 사용한다고 소개했습니다. gpt2 객체의 preprocessor 속성을 사용해 GPT-2 모델이 입력 프롬프트를 변환하고, 생성된 토큰을 문자열로 바꾸는 과정을 살펴보겠습니다.

03 gpt2의 preprocessor 객체에 'stay hungry, stay' 문자열을 넣고 전처리를 수행합니다. 이때 반환되는 시퀀스의 길이를 제한하기 위해 sequence_length를 10으로 지정합니다. preprocessor 객체가 호출될 때 반환하는 값은 모델 훈련에 사용할 수 있는 입력, 타깃, 패딩 마스크입니다.

```
01  inputs, target, mask = gpt2.preprocessor('stay hungry, stay',
02                                            sequence_length=10)
03  inputs, target, mask
```

> **실행결과**
> ```
> ({'token_ids': <tf.Tensor: shape=(10,), dtype=int32, numpy=
>     array([50256, 31712, 14720,    11,  2652, 50256,     0,     0,     0,
>             0], dtype=int32)>,
>   'padding_mask': <tf.Tensor: shape=(10,), dtype=bool, numpy=
>   array([ True,  True,  True,  True,  True,  True, False, False, False,
>          False])>},
>  <tf.Tensor: shape=(10,), dtype=int32, numpy=
>  array([31712, 14720,    11,  2652, 50256,     0,     0,     0,     0,
>             0], dtype=int32)>,
>  <tf.Tensor: shape=(10,), dtype=bool, numpy=
>  array([ True,  True,  True,  True,  True, False, False, False, False,
>          False])>)
> ```

> **여기서 잠깐** 첫 번째 stay와 두 번째 stay의 토큰 아이디가 왜 서로 다른가요?
>
> gpt2 전처리 실행 결과에서 token_ids 값을 보면 첫 번째 stay와 두 번째 stay의 토큰 아이디가 각각 31712과 2652로 다른 것을 볼 수 있습니다. GPT가 사용하는 바이트 수준의 BPE 토크나이저는 토큰 앞의 공백을 토큰에 포함시킵니다. 그래서 첫 번째 공백이 없는 'stay'의 토큰 아이디는 31712이고, 두 번째 공백을 포함한 ' stay'의 토큰 아이디는 2652입니다.

04 4장에서 preprocessor 객체의 tokenizer 속성을 사용했던 것처럼 반환된 토큰 아이디를 토큰 문자열로 바꿔 보겠습니다.

```
01  gpt2_tokenizer = gpt2.preprocessor.tokenizer
02  for ids in target:
03      print(gpt2_tokenizer.id_to_token(ids), end=' ')
```

> **실행결과** stay Ġhungry , Ġstay <|endoftext|> ! ! ! ! !

맨 처음 등장하는 시작 토큰의 다음 토큰부터 타깃으로 사용되기 때문에 target은 아이디가 50256인 첫 번째 토큰을 건너뛰고 31712부터 시작됩니다. 앞서 inputs의 실행 결과를 유심히 봤다면 token_ids의 시작과 끝 토큰이 같다는 것을 눈치챘을지도 모릅니다. 이는 GPT-2가 시작 토큰과 종료 토큰을 <|endoftext|> 토큰 하나로 표시하기 때문입니다.

05 하지만 생성 모델로 사용할 때의 전처리는 조금 다릅니다. preprocessor 객체의 generate_preprocess() 메서드를 호출하여 'stay hungry, stay'를 전처리해 보겠습니다.

```
01  inputs = gpt2.preprocessor.generate_preprocess(['stay hungry, stay'],
02                                                  sequence_length=10)
03  inputs
```

실행결과
```
{'token_ids': <tf.Tensor: shape=(1, 10), dtype=int32, numpy=
   array([[50256, 31712, 14720,    11,  2652,     0,     0,     0,     0,
               0]], dtype=int32)>,
 'padding_mask': <tf.Tensor: shape=(1, 10), dtype=bool, numpy=
   array([[ True,  True,  True,  True,  True, False, False, False, False,
          False]])>}
```

generate_preprocess() 메서드는 배치 입력을 기대하기 때문에 하나의 문자열도 리스트로 감싸서 전달해야 합니다. 반환된 값은 토큰 아이디와 패딩 마스크를 담은 딕셔너리입니다. 토큰 아이디에는 preprocessor 객체를 바로 호출했을 때와 달리 시작 토큰이나 종료 토큰이 들어 있지 않군요. 이는 텍스트 생성을 위해 텍스트를 이어가야 하기 때문입니다.

06 generate_preprocess() 메서드가 반환한 값을 gpt2.generate_function() 메서드에 전달하여 텍스트를 생성할 수 있습니다.

```
01  outputs = gpt2.generate_function(inputs)
02  outputs
```

실행결과
```
{'token_ids': <tf.Tensor: shape=(1, 10), dtype=int32, numpy=
   array([[50256, 31712, 14720,    11,  2652, 47124,    13,   628,   198,
            1212]], dtype=int32)>,
 'padding_mask': <tf.Tensor: shape=(1, 10), dtype=bool, numpy=
   array([[ True,  True,  True,  True,  True,  True,  True,  True,  True,
           True]])>}
```

07 `generate_function()` 메서드가 반환한 `outputs`를 `preprocessor.generate_post process()` 메서드에 전달하면 토큰 아이디를 토큰 문자열로 변환하여 반환해 줍니다.

```
01  gpt2.preprocessor.generate_postprocess(outputs)
```

실행결과 `['stay hungry, stay healthy, and stay in']`

`gpt2` 객체의 `generate()` 메서드의 주요 역할은 이 세 개의 메서드 호출을 차례대로 호출하는 것입니다. 앞서 GPT-2 모델을 직접 만들었을 때 마지막 층의 출력 차원은 어휘사전 크기에 해당하는 50,257개였습니다. 이는 'stay hungry, stay'라는 프롬프트를 입력하면 그 다음의 토큰 후보로 50,257개의 확률이 출력된다는 의미입니다. 50,257개의 확률 값 중에서 어떤 것을 고를지 정하는 방법은 여러 가지인데요. 이와 관련해서는 다음에 이어질 '토큰 샘플링'에서 자세히 알아보겠습니다.

note 정확하게 말하면 KerasNLP의 언어 모델은 로짓(logit)을 출력하고, 샘플러(sampler) 클래스가 소프트맥스 함수를 사용해 로짓을 확률로 바꾼 다음 샘플링을 수행합니다. 이것이 어떤 의미인지 바로 알아보죠.

다양한 텍스트 생성하기 – 토큰 샘플링

`gpt2` 객체는 어떻게 다음 토큰을 결정할까요? 단순히 가장 높은 확률을 가진 토큰을 뽑는다면 너무 밋밋하고 재미없는 텍스트가 만들어집니다. 사람이 쓴 것 같은 창의적인 문장을 생성하고, 생성된 전체 텍스트에 대한 손실을 줄이기 위해 많은 **토큰 샘플링**token sampling 방식이 고안되었습니다. 트랜스포머 디코더 모델이 사용하는 샘플링 방식에 따라 생성되는 텍스트의 품질과 다양성이 크게 달라질 수 있습니다.

- top-k 샘플링과 top-p 샘플링
- 그리디 샘플링과 랜덤 샘플링
- 빔 샘플링과 대조 샘플링

각각의 샘플링 기법들이 어떻게 작동하는지 조금 더 자세히 살펴보겠습니다.

❶ top-k 샘플링

`gpt2` 객체의 기본 샘플링 방식은 **top-k 샘플링**입니다. KerasNLP의 top-k 샘플링은 기본적으로 가장 높은 확률을 가진 5개의 후보를 뽑고, 확률에 비례하여 랜덤하게 하나를 선택합니다. 이때 279쪽 4장 3절에서 정제 손실을 설명하며 소개했던 온도 파라미터로 확률을 조정한 다음 top-k 샘플링을 적용합니다. 샘플링 온도의 기본값은 1.0인데요. 이 값을 낮추거나 높였을 때 어떤 결과가 나오는지 비교해 보겠습니다.

온도 파라미터를 바꾸려면 `keras_nlp.samplers` 아래에 있는 샘플러 클래스를 사용해야 합니다. top-k 샘플링은 TopKSampler 클래스에 구현되어 있는데요. TopKSampler 클래스의 매개변수에는 가장 높은 확률을 가진 토큰 몇 개를 고를지 결정하는 k와 온도 파라미터인 temperature, 실행할 때마다 동일한 결과가 나오도록 난수 발생기를 위한 seed 매개변수가 있습니다. 샘플러 클래스 객체를 만든 후 모델의 `compile()` 메서드에서 sampler 매개변수에 전달하면 됩니다.

01 그럼 k를 10으로 지정하고 temperature를 0.5로 낮춰 보겠습니다. 4장에서 설명했듯 온도를 낮추면 토큰 간의 확률 차이가 더 극명하게 나타나므로 단조롭고 자연스럽지 못한 문장이 생성될 수 있습니다. 출력 결과를 보면 예상했던 대로 stay thirsty가 반복되는군요.

```
01  sampler = keras_nlp.samplers.TopKSampler(k=10, temperature=0.5, seed=42)
02  gpt2.compile(sampler=sampler)
03  gpt2.generate('stay hungry, stay', max_length=20)
```

> 실행결과 stay hungry, stay thirsty, stay thirsty, stay thirsty, stay thirsty, stay thirsty, stay

02 이번에는 반대로 temperature를 5로 높여 보겠습니다.

```
01  sampler = keras_nlp.samplers.TopKSampler(k=10, temperature=5, seed=42)
02  gpt2.compile(sampler=sampler)
03  gpt2.generate('stay hungry, stay', max_length=20)
```

> 실행결과 "stay hungry, stay fit. I know you'll be disappointed at our current state of food choices"

온도 파라미터를 높였더니 훨씬 자연스러운 문장이 생성됩니다. 온도 파라미터에 대한 영향이 확실히 보입니다.

> note `generate()` 메서드를 실행할 때 텐서플로에서 트레이싱(tracing)이 반복된다는 경고가 발생할 수 있습니다. 트레이싱은 텐서플로가 파이썬 코드로부터 계산 그래프를 만드는 과정입니다. 트레이싱 경고를 없애려면 다음과 같이 간단하게 입력 프롬프트를 텐서플로 텐서로 만들어 전달하면 됩니다.
>
> ```
> import tensorflow as tf
> gpt2.generate(tf.constant('stay hungry, stay'), max_length=20)
> ```

❷ top-p 샘플링

top-p 샘플링은 지정한 개수(k)의 토큰을 선택하는 top-k와 달리, 사전에 지정한 확률 p가 될 때까지 확률 순서대로 토큰을 뽑습니다. 그리고 이러한 토큰 중에서 확률을 기반으로 랜덤하게 출력 토큰을 선택합니다. 따라서 새로운 토큰을 생성할 때마다 고려하는 토큰의 개수가 달라집니다. KerasNLP에서 top-p 샘플링은 `keras_nlp.samplers.TopPSampler` 클래스에 구현되어 있습니다. 매개변수 p로 토큰을 선택할 확률의 임곗값을 지정합니다. p 매개변수의 기본값은 0.1입니다. 예를 들어 보죠.

> note top-p 샘플링은 뉴클리어스 샘플링(nucleus sampling)이라고도 부릅니다.

01 다음 코드는 누적 확률 80% 안에 드는 토큰 중에서 랜덤하게 문장의 다음 토큰을 샘플링합니다.

```
01  sampler = keras_nlp.samplers.TopPSampler(p=0.8, seed=42)
02  gpt2.compile(sampler=sampler)
03  gpt2.generate('stay hungry, stay', max_length=20)
```

실행결과 `'stay hungry, stay tired and you can always check your inbox at 8am.\n\n-'`

02 TopPSampler 클래스도 k 매개변수를 제공합니다. 이 매개변수를 지정하면 누적 확률 p 안에 포함되는 토큰을 모두 고를 때 k개 이상은 선택하지 않기 때문에 너무 많은 토큰이 선택되어 속도가 느려지는 것을 막을 수 있습니다. 기본값은 None으로 누적 확률 p에 도달할 때까지 토큰을 선택하며, temperature 매개변수도 지원합니다.

```
01  sampler = keras_nlp.samplers.TopPSampler(p=0.8, k=1000, temperature=5,
02                                           seed=42)
03  gpt2.compile(sampler=sampler)
04  gpt2.generate('stay hungry, stay', max_length=20)
```

실행결과 `'stay hungry, stay exposed hot guys reeeeeie fer cant lay outside whats de eye old ro'`

03 기본 매개변수를 가진 top-p 샘플링을 사용하려면 다음과 같이 `compile()` 메서드의 sampler 매개변수를 `'top_p'`로 지정하면 됩니다.

```
01  gpt2.compile(sampler='top_p')
02  gpt2.generate('stay hungry, stay', max_length=20)
```

실행결과 `'stay hungry, stay thirsty, stay thirsty, stay thirsty, stay thirsty, stay thirsty, stay'`

이 예제에서는 기본 top-p 샘플링이 top-k와 비슷하게 반복적인 토큰을 생성하는군요.

❸ 그리디 샘플링과 랜덤 샘플링

그리디 샘플링 greedy sampling 은 무조건 가장 높은 확률을 가진 토큰을 선택하는 샘플링 방식입니다. 이는 마치 k가 1인 top-k 샘플링을 사용하는 것과 같습니다. GreedySampler라는 클래스가 있지만 별도의 매개변수를 지정할 필요가 없어 compile() 메서드의 sampler 매개변수를 'greedy'로 지정하는 것이 편리합니다.

```
01  gpt2.compile(sampler='greedy')
02  gpt2.generate('stay hungry, stay', max_length=20)
```

실행결과 `'stay hungry, stay thirsty, stay thirsty, stay thirsty, stay thirsty, stay thirsty, stay'`

[실행결과]에서 볼 수 있듯이 그리디 샘플링은 항상 가장 높은 확률의 토큰을 선택하기 때문에 단조로운 문장을 생성하기가 쉽습니다.

랜덤 샘플링 random sampling 은 k가 어휘사전의 크기와 같은 top-k 샘플링과 같습니다. 즉, 최상위 k개의 토큰을 뽑지 않고, 전체 토큰 중에서 확률을 기반으로 랜덤하게 하나의 토큰을 선택합니다. 랜덤 샘플링을 사용하기 위해서는 compile() 메서드의 sampler 매개변수를 'random'으로 지정하거나 RandomSampler 클래스의 객체를 만듭니다. 별도의 샘플러 객체를 만드는 경우 temperature 매개변수를 활용할 수 있습니다.

```
01  sampler = keras_nlp.samplers.RandomSampler(temperature=5, seed=42)
02  gpt2.compile(sampler=sampler)
03  gpt2.generate('stay hungry, stay', max_length=20)
```

실행결과 `'stay hungry, stay "(mob]-lining Often log freight seatedlarg freshwater brass advocate Miracle Lenabound'`

랜덤 샘플링은 토큰을 무작위로 선택해 다양성을 높이지만, 문맥에 적합한 문장을 만드는 데 실패할 가능성이 높습니다.

❹ 빔 샘플링과 대조 샘플링

빔 샘플링 beam sampling 은 **빔 검색** beam search 을 사용한 샘플링 방식으로, 지금까지 매 단계마다 생성한 토큰의 확률과 곱했을 때 가장 높은 확률을 만드는 b개의 토큰을 선택하여 다음 토큰을 만듭니다. 같은 방식으로 토큰 생성이 끝날 때까지 빔 검색 결과를 확장한 다음, 생성된 토큰의 확률 곱이 가장 높은 문장을 최종 출력합니다.

> note 실제로 각 토큰의 확률을 곱하면 매우 작은 소수가 되기 때문에, 로그 확률로 바꾼 다음 모두 더하여 가장 큰 값을 가지는 문장을 선택합니다.

KerasNLP에서는 BeamSampler 클래스로 빔 샘플링 기능을 제공합니다. 빔 개수는 `num_beams` 매개변수로 지정하며, 기본값은 5입니다. `num_beams`가 1이면 가장 높은 확률의 토큰을 선택하는 그리디 샘플링과 같은 결과를 내게 됩니다. 또한 빔 샘플링은 랜덤하게 토큰을 선택하지 않기 때문에 `seed` 매개변수를 지원하지 않습니다. 다음은 10개의 빔과 5의 온도 값을 사용한 텍스트 생성 결과입니다.

```
01  sampler = keras_nlp.samplers.BeamSampler(num_beams=10, temperature=5)
02  gpt2.compile(sampler=sampler)
03  gpt2.generate('stay hungry, stay', max_length=20)
```

실행결과 `'stay hungry, stay hydrated stay hydrated\n\nStay hydrated stay hydrated\n\n'`

`num_beams`를 10으로 지정했더니 다소 단조로운 텍스트가 생성되었습니다. 빔의 개수를 늘리는 것이 텍스트 생성에 도움이 될 수 있지만, 여러 경로를 탐색해야 하기 때문에 실행 속도가 느려집니다. 이 경우, 온도 매개변수를 높이면 토큰의 다양성을 증가시키는 데 도움이 됩니다.

마지막으로 알아볼 샘플링 방식은 **대조 검색** contrastive search 을 사용한 **대조 샘플링** contrastive sampling 입니다. 대조 샘플링은 ContrastiveSampler 클래스로 제공되며, 후보 토큰의 확률과 이전 토큰과의 유사도를 합하여 다음 토큰을 선택합니다. 이때 `alpha` 매개변수로 두 점수에 가중치를 부여합니다. `alpha` 매개변수는 0~1 사이의 값으로, 이 값이 0에 가까우면 토큰의 확률에 초점을 맞추고 1에 가까우면 이전 토큰과의 유사도에 큰 비중을 둡니다. 따라서 `alpha` 매개변의 값이 1에 가까울수록 유사도가 적은 토큰이 유리해지기 때문에 반복적인 텍스트가 생성되는 것을 방지합니다. 예를 들어 다음 두 코드는 `alpha` 매개변수를 0.2와 0.8로 설정했을 때 생성되는 텍스트의 차이를 보여줍니다.

```
01  sampler = keras_nlp.samplers.ContrastiveSampler(k=5, alpha=0.2)
02  gpt2.compile(sampler=sampler)
03  gpt2.generate('stay hungry, stay', max_length=20)
```

실행결과 `'stay hungry, stay thirsty, stay thirsty, stay thirsty, stay thirsty, stay thirsty, stay'`

```
01  sampler = keras_nlp.samplers.ContrastiveSampler(k=5, alpha=0.8)
02  gpt2.compile(sampler=sampler)
03  gpt2.generate('stay hungry, stay', max_length=20)
```

실행결과 `'stay hungry, stay thirsty\n\n\nA lot has changed in the last few years. The number'`

ContrastiveSampler 클래스는 temperature 대개변수도 제공하고 있으므로 alpha 매개변수와 조합하여 다양한 수준의 텍스트를 생성할 수 있습니다.

허깅페이스로 다양한 텍스트 생성하기

이번에는 허깅페이스 transformers 라이브러리를 사용해 GPT-2 모델을 로드하고 사용하는 방법을 알아보겠습니다. GPT 모델을 사용하는 가장 간단한 방법은 파이프라인 객체를 만드는 것입니다. 허깅페이스 openai-community 페이지[4]에는 다양한 사전 훈련된 GPT 모델이 있습니다. 여기서는 먼저 GPT-1 모델을 로드하여 간단한 텍스트를 생성해 보겠습니다.

01 set_seed() 함수를 사용해 함수의 실행을 반복할 때마다 동일한 텍스트를 생성하도록 난수 시드 값을 제공합니다. 그리고 pipeline() 함수의 model 매개변수를 'openai-gpt'로 지정하여 파이프라인 객체를 만듭니다. 모델을 호출하여 앞서 실행했던 동일한 프롬프트로 텍스트를 생성해 보겠습니다.

[4] https://huggingface.co/openai-community

```
01  from transformers import pipeline, set_seed
02
03  set_seed(42)
04  hf_gpt1 = pipeline('text-generation',
05                     model='openai-community/openai-gpt')
06  hf_gpt1('stay hungry, stay', max_length=20, truncation=True)
```

06 hf_gpt1 객체를 'stay hungry, stay' 프롬프트로 호출하면 생성 텍스트가 담긴 딕셔너리로 구성된 리스트가 반환됩니다. 이때 truncation 매개변수를 지정하지 않으면 경고가 발생하므로 True로 지정했습니다.

실행결과 [{'generated_text': 'stay hungry, stay clear of the water. " \n " i am, " she says with a'}]

note truncation 매개변수를 기본값인 False로 지정하면 종료 토큰이 생성될 때까지 텍스트를 자르지 않습니다. 하지만 max_length 매개변수를 지정하는 경우, 일정 길이의 텍스트가 되면 텍스트 생성을 중단하기 때문에 truncation 매개변수를 True로 지정하라는 경고가 발생합니다.

02 num_return_sequences 매개변수를 사용하면 한 번에 여러 개의 문장을 생성할 수 있습니다.

```
01  set_seed(42)
02  hf_gpt1('stay hungry, stay', max_length=20, truncation=True,
03          num_return_sequences=3)
```

실행결과 [{'generated_text': 'stay hungry, stay clear of the water. " \n " i am, " she says with a'},
 {'generated_text': "stay hungry, stay safe, and get back to our homes. it's what they want. \n"},
 {'generated_text': 'stay hungry, stay put, " the woman said. " eat. stay awake. if you have'}]

GPT 모델을 사용하기 위해 AutoTokenizer와 AutoModelFor 클래스를 활용하는 방법도 있습니다. 252쪽 4장 2절에서 활용했던 방법과 비슷한데요. 다만, 여기에서는 텍스트 생성을 위해 모델의 generate() 메서드를 사용합니다. 이어서 이번에는 GPT-1 다음으로 GPT-2 모델을 사용해 보겠습니다.

01 GPT-2의 토크나이저와 사전 훈련된 모델을 로드합니다. 모델을 로드할 때는 `AutoModelFor CausalLM` 클래스를 사용합니다.

```
01  from transformers import AutoTokenizer, AutoModelForCausalLM
02
03  hf_gpt2_tokenizer = AutoTokenizer.from_pretrained("gpt2")
04  hf_gpt2 = AutoModelForCausalLM.from_pretrained("gpt2")
```

02 그리고 `hf_gpt2_tokenizer` 토크나이저로 'stay hungry, stay' 프롬프트를 토큰화해 보겠습니다. `input_ids`와 `attention_mask` 값이 반환될 것이라고 예상할 수 있습니다. 코드에서 `return_tensors` 매개변수를 `'pt'`로 지정하여 파이토치 텐서로 토큰 값을 반환받는 이유는 텍스트를 생성하는 `gernerate()` 메서드가 입력으로 텐서를 기대하기 때문입니다.

```
01  prep_data= hf_gpt2_tokenizer('stay hungry, stay', return_tensors='pt')
02  prep_data
```

> 실행결과 `{'input_ids': tensor([[31712, 14720,    11,  2652]]), 'attention_mask': tensor([[1, 1, 1, 1]])}`

> note BERT 모델에서는 반환값에 세그먼트 아이디에 해당하는 `token_type_ids`도 있었습니다.

03 `hf_gpt2.generate()` 메서드에 토크나이저에서 반환된 `input_ids`와 `attention_mask` 값을 전달합니다. 파이썬의 `**` 연산자를 사용하면 딕셔너리의 키와 값을 함수의 매개변수로 전달할 수 있습니다. 이때 `max_length` 매개변수 생성할 최대 토큰의 개수도 함께 지정합니다.

```
01  set_seed(42)
02  outputs = hf_gpt2.generate(**prep_data, max_length=20)
03  outputs
```

> 실행결과
> ```
> Setting `pad_token_id` to `eos_token_id`:50256 for open-end generation.
> tensor([[31712, 14720,    11,  2652, 47124,    11,  2652, 47124,    11,  2652,
>          47124,    11,  2652, 47124,    11,  2652, 47124,    11,  2652, 47124]])
> ```

> **여기서 잠깐** 실행 결과에 경고 문구가 출력된다면?
>
> 위 코드를 실행하면 'Setting pad_token_id to eos_token_id :50256 for open-end generation'이라는 경고 문구가 함께 출력될 수 있습니다. GPT-2는 패딩 토큰 아이디를 사용하지 않는 대신에 종료 토큰을 패딩 토큰으로 지정한다는 뜻입니다. 이 경고 문구를 출력하지 않으려면 generate() 메서드를 호출할 때 패딩 토큰을 수동으로 pad_token_id=hf_gpt2_tokenizer.eos_token_id라고 지정하거나 다음과 같이 모델의 generation_config 속성에 패딩 토큰 아이디를 지정하면 됩니다.
>
> ```
> hf_gpt2.generation_config.pad_token_id = hf_gpt2_tokenizer.eos_token_id
> ```

04 이번에는 batch_decode() 메서드를 사용해 토큰 아이디를 문자열로 바꾸어 보겠습니다. 253쪽 4장 2절에서는 토큰 아이디 리스트를 문자열로 바꾸기 위해 convert_ids_to_tokens() 메서드와 convert_tokens_to_string() 메서드를 사용했는데요. batch_decode()는 convert_ids_to_tokens()와 convert_tokens_to_string() 메서드의 역할을 하나로 합친 메서드입니다.

```
01  hf_gpt2_tokenizer.batch_decode(outputs)
```

실행결과 `['stay hungry, stay thirsty, stay thirsty, stay thirsty, stay thirsty, stay thirsty, stay thirsty']`

generate() 메서드는 기본적으로 그리디 샘플링을 수행하기 때문에 단조로운 문장이 생성된 것을 볼 수 있습니다. 앞서 살펴봤던 다양한 샘플링 방식을 하나씩 적용해 보겠습니다.

top-k와 top-p 샘플링으로 텍스트 생성하기

허깅페이스의 transformers 라이브러리로 로드한 사전 훈련된 디코더 모델의 generate() 메서드에는 샘플링 여부를 결정하는 do_sample 매개변수가 있습니다. 이 매개변수의 기본값은 False로, 가장 높은 확률의 토큰을 선택하는 그리디 샘플링을 수행합니다. 그럼 do_sample 매개변수의 값을 바꿔서 top-k와 top-p 샘플링 방식으로 텍스트를 생성해 보겠습니다.

01 다음과 같이 do_sample 매개변수를 True로 지정하면 top-k 샘플링을 수행할 수 있습니다.

```
01  set_seed(42)
02  outputs = hf_gpt2.generate(**prep_data, max_length=20,
03                             do_sample=True)
04  hf_gpt2_tokenizer.batch_decode(outputs)
```

실행결과 ['stay hungry, stay quiet, stay in the dark, stay in a situation, stay in front of']

02 top_k 매개변수의 기본값은 50입니다. 이 값을 5로 조정해 보죠. 온도를 결정하는 temperature 매개변수의 기본값은 1.0이므로 5.0으로 조정하면 조금 더 자연스러운 문장이 생성되는 것을 볼 수 있습니다.

```
01  set_seed(42)
02  outputs = hf_gpt2.generate(**prep_data, max_length=20,
03                             do_sample=True, top_k=5, temperature=5.0)
04  hf_gpt2_tokenizer.batch_decode(outputs)
```

실행결과 ['stay hungry, stay clean, eat fresh. The best part? They are all here! They have']

note temperature 매개변수는 실숫값을 기대합니다. 값을 정수로 입력하면 에러가 발생하므로 주의하세요.

03 top-p 샘플링을 수행하고 싶다면 top_p 매개변수에 0~1 사이 실수를 입력합니다. top_p의 기본값은 1.0이므로 0.8로 지정하면 더욱 우연한 결과를 확인할 수 있습니다.

```
01  set_seed(42)
02  outputs = hf_gpt2.generate(**prep_data, max_length=20,
03                             do_sample=True, top_p=0.8, temperature=5.0)
04  hf_gpt2_tokenizer.batch_decode(outputs)
```

실행결과 ['stay hungry, stay quiet for that little thing that will help to change everything for everyone here as this']

note top_p와 top_k 매개변수를 같이 쓸 수도 있습니다. 이때는 top_k 매개변수로 최상위 k개의 토큰을 먼저 뽑고, 그 다음 top_p에 지정된 확률에 도달할 때까지 토큰을 선택합니다.

빔 샘플링과 대조 샘플링으로 텍스트 생성하기

transformers 라이브러리에서 빔의 개수를 조절하는 매개변수는 num_beams입니다. 이 매개변수의 기본값은 1이므로, 빔 개수를 1 이상으로 지정하면 빔 샘플링을 수행할 수 있습니다.

01 다음과 같이 num_beams 매개변수를 5로 지정해 텍스트를 생성해 보겠습니다.

```
01  set_seed(42)
02  outputs = hf_gpt2.generate(**prep_data, max_length=20,
03                              num_beams=5)
04  hf_gpt2_tokenizer.batch_decode(outputs)
```

실행결과 ['stay hungry, stay hungry, stay hungry, stay hungry, stay hungry, stay hungry, stay hungry']

02 또한 빔 샘플링과 top_k, top_p 매개변수를 같이 사용할 수도 있습니다. 다음은 top_k를 20을 지정하여 최상위 토큰 20개를 먼저 선택한 다음, 빔 샘플링을 수행하는 코드입니다.

```
01  set_seed(42)
02  outputs = hf_gpt2.generate(**prep_data, max_length=20,
03                              num_beams=5, top_k=20,
04                              do_sample=True, temperature=5.0)
05  hf_gpt2_tokenizer.batch_decode(outputs)
```

실행결과 ['stay hungry, stay warm and get the best possible health care at the best prices that suits your needs']

반복적인 텍스트를 생성했던 빔 샘플링의 [실행결과]와 비교해 훨씬 자연스러운 문장이 생성되었습니다. top_k와 num_beams 매개변수를 섞어 쓸 수 있는 이유는 transformers 라이브러리가 모델의 출력을 필터링하는 부분과 빔 샘플링을 수행하는 부분이 구분되어 있기 때문입니다. 따라서 top_k나 top_p로 모델 출력에서 일부 토큰을 먼저 선택하고, 빔 샘플링을 수행할 수 있습니다.

note 하지만 top_p 매개변수는 대조 샘플링과 함께 사용하지는 못합니다. 이를 함께 사용하면 경고가 발생하니 주의하기 바랍니다.

03 다음은 penalty_alpha 매개변수를 사용하여 대조 샘플링을 수행하는 코드입니다. penalty_alpha 매개변수의 기본값은 None이므로 0.8로 지정해 보겠습니다.

```
01  set_seed(42)
02  outputs = hf_gpt2.generate(**prep_data, max_length=20,
03                              penalty_alpha=0.8)
04  hf_gpt2_tokenizer.batch_decode(outputs)
```

실행결과
```
["stay hungry, stay out of trouble\n\n\nDon't want us to be able to do that?"]
```

KerasNLP를 사용한 예제와 비슷하게 penalty_alpha 값을 1에 가깝게 지정했더니 토큰이 반복되지 않고, 조금 더 자유분방한 텍스트가 생성되는 것을 볼 수 있습니다.

04 이외에도 transformers 라이브러리는 텍스트 생성을 위한 다양한 옵션을 제공합니다. 이러한 옵션은 GenerationConfig 클래스에서 관리되는데요. 각 옵션에 대한 기본값은 다음과 같이 GenerationConfig 클래스의 to_dict() 메서드를 사용하여 확인할 수 있습니다.

```
01  from transformers import GenerationConfig
02
03  GenerationConfig().to_dict()
```

실행결과
```
{'max_length': 20,
 'max_new_tokens': None,
 'min_length': 0,
 'min_new_tokens': None,
 'early_stopping': False,
 'max_time': None,
 'do_sample': False,
 'num_beams': 1,
 'num_beam_groups': 1,
 'penalty_alpha': None,
 'use_cache': True,
 'temperature': 1.0,
 'top_k': 50,
 'top_p': 1.0,
 'typical_p': 1.0,
 'epsilon_cutoff': 0.0,
```

```
            'eta_cutoff': 0.0,
             ··· (중략) ···
            'prompt_lookup_num_tokens': None,
            'max_matching_ngram_size': None,
            'generation_kwargs': {},
            '_from_model_config': False,
            'transformers_version': '4.40.2'}
```

> note 모든 옵션을 설명하는 것은 이 책의 범위를 넘어서므로 옵션에 대한 자세한 내용은 다음의 허깅페이스 온라인 문서(https://bit.ly/44F6haq)를 참고하기 바랍니다.

허깅페이스의 transformers 라이브러리는 그리디 샘플링과 빔 샘플링을 포함하여 다양한 생성 모드를 제공합니다. 앞서 설펴본 num_beams, do_sample, penalty_alpha 매개변수를 어떻게 지정하는지에 따라 모드를 달리할 수 있는데요. 기본 모드는 그리디 샘플링을 의미하는 GREEDY_SEARCH로, num_beams가 1(기본값), do_sample이 False(기본값), penalty_alpha가 None(기본값)일 때 활성화됩니다. 다음은 그리디 샘플링과 대조 샘플링, 랜덤 샘플링(SAMPLE), 빔 샘플링(BEAM_SEARCH), 빔 샘플링과 랜덤 샘플링의 결합 모드(BEAM_SAMPLE)의 조건을 정리한 표입니다.

생성 모드	num_beams	do_sample	penalty_alpha
GREEDY_SEARCH	1(기본값)	False(기본값)	None(기본값)
CONTRASTIVE_SEARCH	1	False	0보다 클 때
SAMPLE	1	True	None
BEAM_SEARCH	1보다 클 때	False	None
BEAM_SAMPLE	1보다 클 때	True	None

> note 이외에도 다양한 생성 모드가 있습니다. 각 모드에 대한 자세한 설명은 다음의 온라인 문서 링크를 참고하세요.
> · https://bit.ly/4bgJZ1l

내가 설정한 매개변수가 어떤 생성 모드가 될지 궁금하다면 다음과 같이 원하는 매개변수로 GenerationConfig 클래스 객체를 생성한 다음, get_generation_mode() 메서드를 호출하면 됩니다.

```
GenerationConfig(do_sample=True, top_k=10).get_generation_mode()
```

실행결과 `<GenerationMode.SAMPLE: 'sample'>`

마무리

1절에서는 트랜스포머 디코더와 이를 기반으로 구축된 GPT-2 모델을 살펴봤습니다. 트랜스포머 디코더 기반 모델은 입력된 프롬프트의 뒤를 잇는 텍스트를 생성하는 것이 전부입니다. 하지만 입력 프롬프트에 따라 다양한 출력을 생성할 수 있어, 최근 대규모 언어 모델의 전성기를 이끌고 있습니다.

트랜스포머 디코더를 훈련할 때는 텍스트의 다음 토큰을 참조하지 못하도록 코잘 마스킹을 사용하는 마스크드 멀티 헤드 어텐션에 대해 알아보고, 기본적인 트랜스포머 디코더 함수를 구현했습니다. 이 디코더 함수를 통해 트랜스포머 디코더 초기 모델로 주목받았던 GPT-2 모델을 직접 구현해 봤습니다.

이어서 KerasNLP와 허깅페이스 transformers 라이브러리를 사용해 GPT-2 모델을 로드하고, top-k, top-p, 빔 샘플링, 대조 샘플링 등의 토큰 샘플링 방식을 통해 텍스트를 생성하는 방법을 다양하게 알아봤습니다.

▶ 키워드로 정리하는 핵심 포인트

- 트랜스포머 디코더는 지금까지 출력한 텍스트를 바탕으로 다음 토큰을 예측합니다. 하지만 모델을 훈련할 때는 문장에 있는 모든 토큰 위치에서 예측을 수행하며, 문장에 있는 진짜 다음 토큰과의 차이를 손실로 계산합니다. 훈련 과정에서 현재 토큰 위치에서 다음 토큰의 내용을 엿본다면 쉽게 정답을 맞출 수 있어 모델이 올바르게 학습되지 않습니다. 따라서 어텐션 점수를 계산할 때는 현재 토큰 다음의 모든 토큰을 가려야 합니다. 이런 어텐션을 **마스크드 멀티 헤드 어텐션**이라고 부르며, 트랜스포머 디코더의 첫 번째 어텐션층입니다.

- **GPT**는 OpenAI에서 공개한 트랜스포머 디코더 기반의 대규모 언어 모델 시리즈입니다. GPT-2는 2019년에 공개된 두 번째 모델로, 인터넷에서 수집한 방대한 양의 문서를 기반으로 학습되었습니다. OpenAI는 GPT-2 이후의 모델은 공개하지 않고 있으며, chatgpt.com과 API를 통해서만 GPT 후속 모델을 사용할 수 있습니다.

- 디코더 기반 LLM 모델은 어휘사전에 있는 모든 토큰에 대한 확률(또는 로짓)을 출력합니다. 이 중 하나를 다음 토큰으로 선택하여 문장을 이어갈 수 있습니다. 단순히 가장 높은 확률을 가진 토큰을 선택한다면 창의적이지 않고 어색한 문장이 만들어질 수 있습니다. 대신 확률이 높은 일부 토큰 중 하나를 랜덤하게 선택하는 방식이 널리 사용되며, 이를 **토큰 샘플링**이라고 부릅니다. 토큰 샘플링 방식에는 top-k, top-p, 빔 샘플링, 대조 샘플링 등 여러 가지 방법이 있습니다.

05-2 Llama 모델로 텍스트 생성하기

지금은 오픈 소스 LLM의 시대라고 할 만큼 많은 대규모 언어 모델이 등장하고 있습니다. 이번에는 오픈 소스 LLM 분야의 선두 주자라 할 수 있는 트랜스포머 디코더 기반 모델인 Llama에 대해 알아봅시다.

❶ 트랜스포머 디코더

❷ Llama

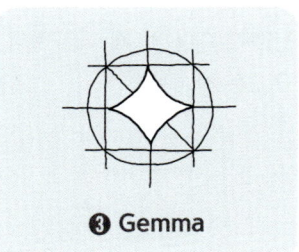
❸ Gemma

시작하기 전에

한빛 마켓은 오픈 소스인 GPT-2 모델을 적용하고 있지만, 유료로 사용할 수 있는 챗GPT나 **클로드** Claude 만큼 성능이 높지는 않습니다. 유료 모델 못지않게 높은 성능을 낼 수 있는 오픈 소스 모델은 없을까요? 대규모 언어 모델의 인기는 챗GPT와 같은 **클로즈드 소스 LLM** closed source LLM 이 주도했지만, 개발자들 사이에서 정말 큰 호응을 받은 것은 오픈 소스 LLM의 등장이었습니다. 클로즈드 모델에 뒤지지 않는 성능을 가진 모델을 오픈 소스로 공개하는 것은 쉽지 않은 결정이지만요.

Llama(라마)는 연구 및 효율적인 AI 개발을 목적으로 만든 오픈 소스 트랜스포머 디코더 기반 LLM으로, GPT-2보다 적은 파라미터로 높은 성능을 제공하도록 최적화되었습니다. 이번에는 라마 모델의 강력한 텍스트 생성 성능을 확인해 보겠습니다.

Llama 모델 이해하기

Llama^{Large language Model Meta AI}는 메타 AI에서 만든 트랜스포머 디코더 기반의 대규모 언어 모델로, 2023년 2월에 첫 번째 버전이 출시되었습니다. 같은 해 7월에 출시된 라마-2[5]는 라마-1과 달리 가중치를 공개했으며, 제한적이지만 상업적인 용도로도 활용할 수 있습니다.

> **note** 월간 활성 사용자가 7억 명이 넘는 서비스나 상품에 라마-2를 사용하는 경우, 메타에 별도의 허락을 구해야 합니다. 이와 관련하여 자세한 내용은 라이센스 문서(https://bit.ly/4aiAayn)를 참고하세요.

라마-1은 1~1.4조 개의 토큰으로 훈련되었으며, 문맥 길이는 2,048개입니다. 이와 비교해 라마-2는 2조 개의 토큰으로 훈련되었으며, 문맥 길이도 4,096개로 늘어났습니다. 라마-2는 70억, 130억, 700억 개 파라미터 버전이 있는데요. 먼저 70억 개 파라미터를 갖고 있는 라마-2 모델의 구조를 살펴보죠.

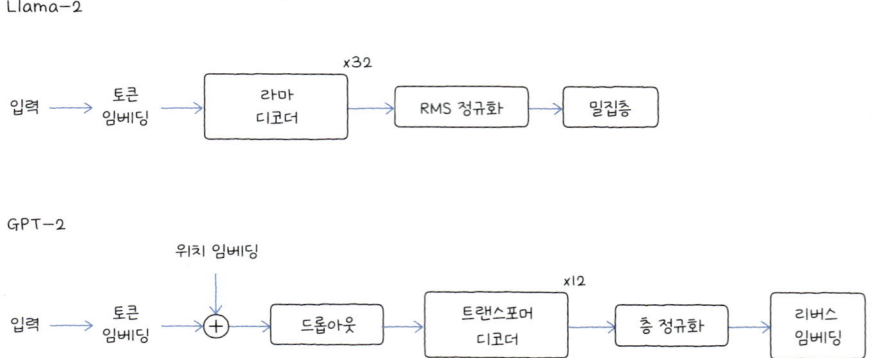

와! 엄청 단순하네요. 앞선 GPT-2 모델의 그림과 비교해 보면 위치 임베딩과 드롭아웃이 없고, 트랜스포머 디코더가 라마 디코더로, 층 정규화도 RMS 정규화로 이름이 바뀌었습니다.

> **여기서 잠깐** 라마-2 모델에는 어떻게 위치 임베딩이 없죠?
>
> 트랜스포머는 입력 토큰을 한 번에 동시 처리하기 때문에 위치 정보를 넣어 주어야 합니다. 하지만 라마-2에서는 위치 정보를 임베딩이 아니라 어텐션층에서 효과적으로 주입하기 위한 새로운 방법, 로터리 위치 임베딩(RoPE)을 사용합니다. RoPE에 대해서는 잠시 후에 자세히 알아보겠습니다.

---

[5] Hugo Touvron 등, Llama 2: Open Foundation and Fine-Tuned Chat Models(2023).

라마 디코더도 트랜스포머 디코더지만, 몇 가지 다른 점이 있어 의도적으로 이름을 바꿔서 표시했습니다. 다음 그림에서 볼 수 있듯이 라마 디코더에서도 라마-2 모델의 전체 구조와 비슷하게 드롭아웃이 없고, 층 정규화가 RMS 정규화로 바뀌었습니다.

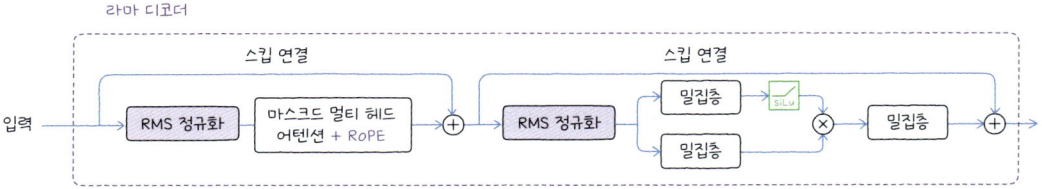

또한 피드 포워드 네트워크에 새로운 활성화 함수인 SiLU와 마스크드 멀티 헤드 어텐션에 새로운 임베딩 기법인 RoPE도 보입니다. 새로운 용어가 여럿 등장했군요. 그럼 라마-2 모델에 적용된 새로운 기술들을 하나씩 살펴보겠습니다.

> **여기서 잠깐** 드롭아웃이 없으면 라마-2 모델에서는 어떻게 과대적합을 막나요?
>
> 라마-2와 같은 대규모 언어 모델은 엄청나게 많은 데이터로 훈련하기 때문에, 대부분의 모델들이 많은 수의 에포크를 훈련할 수가 없습니다. 실제로 라마-2는 딱 1 에포크만 훈련한 모델입니다. 에포크가 적기 때문에 과대적합을 막기 위한 드롭아웃을 적용하지 않는 경우가 많습니다.

로터리 위치 임베딩(RoPE)

지금까지 사용한 위치 임베딩은 토큰의 절대 위치를 기록하는 **절대 위치 임베딩**^{absolute positional embedding}이었습니다. 이와 비교해 **상대 위치 임베딩**^{relative positional embedding}은 토큰 사이의 상대적인 거리를 기록하는 방법입니다. 라마-2는 상대 위치 임베딩의 한 종류인 **로터리 위치 임베딩(RoPE)**^{Rotary Positional Embedding}을 사용합니다. 이 기법은 RoFormer[6]에서 처음 소개되었습니다.

로터리 위치 임베딩의 핵심은 토큰 임베딩의 두 원소를 2D 평면의 벡터라고 생각하고, 회전 각도로 토큰의 위치를 기록하는 방법입니다. 이 방법은 어텐션 메커니즘의 쿼리와 키를 점곱했을 때 회전 각도의 차이로 두 토큰의 상대적인 위치 정보를 고려할 수 있다는 것이 장점입니다. 조금 어렵게 느껴질 수 있으니 천천히 알아보죠.

---

[6] Jianlin Su 등. RoFormer: Enhanced Transformer with Rotary Position Embedding(2021).

먼저 m 번째 토큰 임베딩의 첫 두 원소를 x_1, x_2라고 해보겠습니다. 이 두 원소로 이루어진 벡터 $\begin{pmatrix} x_1 \\ x_2 \end{pmatrix}$를 평면의 원점을 기준으로 $m\theta$의 각도만큼 회전시킵니다. 이 벡터 변환은 다음과 같은 회전변환 행렬rotation matrix[7]을 사용해 나타낼 수 있습니다.

$$\begin{pmatrix} \cos m\theta & -\sin m\theta \\ \sin m\theta & \cos m\theta \end{pmatrix} \begin{pmatrix} x_1 \\ x_2 \end{pmatrix} = \begin{pmatrix} x'_1 \\ x'_2 \end{pmatrix}$$

이번에는 동일한 회전 변환을 n번째 토큰의 첫 두 원소 z_1, z_2에 대하여 적용한다고 생각해 보겠습니다.

$$\begin{pmatrix} \cos n\theta & -\sin n\theta \\ \sin n\theta & \cos n\theta \end{pmatrix} \begin{pmatrix} z_1 \\ z_2 \end{pmatrix} = \begin{pmatrix} z'_1 \\ z'_2 \end{pmatrix}$$

변환된 두 벡터 $\begin{pmatrix} x'_1 \\ x'_2 \end{pmatrix}$와 $\begin{pmatrix} z'_1 \\ z'_2 \end{pmatrix}$를 점곱한다는 것은 결국 두 개의 회전변환 행렬을 점곱하는 결과를 가져오게 됩니다. 두 개의 회전변환 행렬을 점곱하고, 삼각함수의 덧셈 정리[8]를 사용해 간소화하면 다음과 같은 결과를 얻을 수 있습니다.

$$\begin{pmatrix} \cos m\theta & -\sin m\theta \\ \sin m\theta & \cos m\theta \end{pmatrix}^T \begin{pmatrix} \cos n\theta & -\sin n\theta \\ \sin n\theta & \cos n\theta \end{pmatrix} = \begin{pmatrix} \cos(m-n)\theta & -\sin(m-n)\theta \\ \sin(m-n)\theta & \cos(m-n)\theta \end{pmatrix}$$

즉, 각기 다르게 회전시킨 두 토큰을 점곱하면 두 토큰 사이의 상대적인 회전 정보를 가지게 됩니다. 이것이 로터리 위치 임베딩이 의도하는 바입니다.

토큰의 임베딩에 있는 원소를 이렇게 두 개씩 회전시키면 x_1과 x_2는 $m\theta_1$, x_3와 x_4는 $m\theta_2$ 각도만큼 회전하게 됩니다. 이런 식으로 임베딩 벡터의 원소에 대해 모두 회전 변환을 적용합니다. 만약 임베딩 벡터의 길이가 4,096이라면 각도는 θ_1부터 θ_{2048}까지 필요하며, 이때 각도는 다음과 같은 공식으로 구할 수 있습니다.

$$\theta_i = \frac{1}{10000^{2i/4096}}, \; i \text{는 1~2048 사이의 값}$$

그럼 간단한 로터리 위치 임베딩 함수를 구현해 보겠습니다. 구글 코랩에서 새 노트 [05-2-llama2.ipynb]을 생성하고, 다음과 같이 작성합니다.

---

[7] https://bit.ly/3yhjxWG
[8] https://bit.ly/3yuK7LN

따라 하며 배우는 코딩

로터리 위치 임베딩 함수 만들기 소스 코드 05-2-llama2.ipynb

```
01  import keras
02  from keras import layers
03  import keras_nlp
04
05  # 토큰 임베딩 크기
06  embed_dim = 4096
07
08  def rotary_position_embedding(inputs, token_pos):
09      # theta 각도를 생성합니다.
10      freqs = keras.ops.arange(0, embed_dim, 2, dtype='float32') / embed_dim
11      inverse_freqs = 1 / (10000**freqs)
12      # m * theta
13      embedding = token_pos * inverse_freqs
14      cos_emb = keras.ops.cos(embedding)
15      sin_emb = keras.ops.sin(embedding)
16      # 입력을 절반으로 나눕니다.
17      x1, x2 = keras.ops.split(inputs, 2)
18      # 회전 변환을 적용합니다.
19      new_x1 = x1 * cos_emb - x2 * sin_emb
20      new_x2 = x1 * sin_emb + x2 * cos_emb
21      return keras.ops.concatenate((new_x1, new_x2))
22
23  # 가상의 토큰 임베딩
24  inputs = keras.ops.ones(embed_dim)
25  # 두 번째 위치에 있는 토큰에 로터리 위치 임베딩을 적용합니다.
26  rotary_position_embedding(inputs, 1)
```

실행결과
```
<tf.Tensor: shape=(4096,), dtype=float32, numpy=
array([-0.30116868, -0.2949654 , -0.28878427, ...,  1.0001013 ,
        1.0001009 ,  1.0001005 ], dtype=float32)>
```

네! 크기가 (4096,)인 가상의 토큰 임베딩 벡터에 위치 임베딩을 적용하여 토큰 벡터를 변환했습니다. 물론, KerasNLP에는 로터리 위치 임베딩을 위한 RotaryEmbedding 클래스를 제공합니다. 예를 들어 이 예제와 같이 모두 1로 채워진 토큰 임베딩에 로터리 위치 임베딩을 적용할 수 있습니다.

```
rotary_embedding = keras_nlp.layers.RotaryEmbedding()
rotary_embedding(keras.ops.ones((1, 2, embed_dim)))
```

> 실행결과
> ```
> <tf.Tensor: shape=(1, 2, 4096), dtype=float32, numpy=
> array([[[ 1.        ,  1.        ,  1.        , ...,  1.        ,
>           1.        ,  1.        ],
>         [-0.30116868, -0.2949654 , -0.28878427, ...,  1.0001013 ,
>           1.0001009 ,  1.0001005 ]]], dtype=float32)>
> ```

그런데 조금 이상한 점을 눈치채셨나요? 앞서 토큰 임베딩의 처음 두 개의 원소를 회전하고, 그 다음 다시 두 개의 원소를 회전하는 식으로 두 개의 원소씩 회전한다고 설명했습니다. 그런데 앞선 코드는 토큰 임베딩의 절반을 나누고, 각 절반에 있는 원소를 한 번에 회전하고 있습니다.

그 이유는 원본 라마-2의 가중치를 허깅페이스 transformers로 포팅할 때 원본 가중치의 순서를 따르지 않고, 회전 변환의 절반을 모두 나열한 다음 나머지 절반을 나열했기 때문입니다. 그래서 KerasNLP의 경우에도 허깅페이스 transformers를 따라 동일한 구현을 제공합니다. 이처럼 로터리 위치 임베딩은 쿼리와 키가 점곱할 때 반영되기 때문에 어텐션층 안에 구현되어 있다는 점이 특징입니다.

RMS 정규화

라마-2는 멀티 헤드 어텐션 안에 층 정규화 대신 **RMS 정규화**Root Mean Square normalization[9]를 사용합니다. RMS 정규화는 층 정규화와 매우 비슷한데요. 층 정규화 공식에서 평균을 구하는 부분을 제외하면 RMS 정규화가 됩니다.

4장 1절에서 설명했던 층 정규화 공식은 다음과 같습니다. 먼저 특성 차원을 따라 평균과 분산을 구합니다. 여기서 아래 첨자 L은 층 정규화를 의미하고, n은 특성의 개수입니다.

---

[9] Biao Zhang, Rico Sennrich, Root Mean Square Layer Normalization(2019).

$$\mu_L = \frac{1}{n}\sum_{i=1}^{n} x_i$$

$$\sigma_L^2 = \frac{1}{n}\sum_{i=1}^{n}(x_i - \mu_L)^2$$

그 다음 입력에서 평균을 빼고 분산의 제곱근, 즉 표준편차로 나눕니다. 이때 분모가 0이 되는 것을 막기 위해 작은 실숫값 입실론(ϵ)을 분산에 더합니다. 마지막으로, 훈련되는 가중치 감마(γ)와 베타(β)를 곱해 더합니다.

$$\hat{x}_i = \frac{x_i - \mu_L}{\sqrt{\sigma_L^2 + \epsilon}}$$

$$z_i = \gamma \hat{x}_i + \beta$$

이 식을 107쪽 2장 3절에서 ResNet 모델을 구현할 때 봤던 배치 정규화 공식과 한번 비교해 보세요. 아래 첨자 B가 L로 바뀌고, m이 n으로 바뀐 것 외에는 동일합니다.

RMS 정규화는 중심을 원점에 맞추는 것이 불필요하다는 가정 하에 층 정규화 계산에서 평균을 뺍니다. 앞선 공식에서 평균을 구하는 부분을 뺐기 때문에 계산이 간단합니다. RMS 정규화 공식을 살펴보죠. 아래 첨자 R은 RMS 정규화를 의미합니다.

$$\sigma_R^2 = \frac{1}{n}\sum_{i=1}^{n} x_i^2$$

이와 같이 평균이 없기 때문에 입력의 특성만으로 분산을 계산하며, 분산을 적용하는 과정은 다음과 같이 층 정규화와 매우 비슷합니다.

$$\hat{x}_i = \frac{x_i}{\sqrt{\sigma_R^2 + \epsilon}}$$

$$z_i = \gamma \hat{x}_i$$

RMS 정규화는 입력을 원점에 맞추지 않았기 때문에 베타 파라미터를 따로 학습할 필요가 없습니다. 이러한 특징 덕분에 RMS 정규화는 모델의 성능을 유지하면서도 속도를 더 높일 수 있다고 알려져 있습니다. 그럼 RMS 정규화를 코드로 구현해 보겠습니다.

따라 하며 배우는 코딩

RMS 정규화 구현하기 소스 코드 `05-2-llama2.ipynb`

```
01  import numpy as np
02
03  def rms_norm(x):
04      scale = 1.0      # 실제로는 훈련되는 가중치입니다.
05      epsilon = 1e-6
06      var = keras.ops.mean(keras.ops.power(x, 2), axis=-1, keepdims=True)
07      return scale * x / keras.ops.sqrt(var + epsilon)
08
09  x = np.array([1, 2, 3])
10  rms_norm(x)
```

06 특성 축에 대해 keras.ops.mean() 함수를 적용하기 위해 axis=-1로 지정하고, 입력 배열의 차원을 유지하기 위해 keepdims=True로 설정합니다.

실행결과 `<tf.Tensor: shape=(3,), dtype=float32, numpy=array([0.46291, 0.92582, 1.38873], dtype=float32)>`

케라스는 아직 RMS 정규화를 지원하지 않지만 KerasNLP에 `LlamaLayerNorm` 클래스로 구현되어 있습니다. 다음과 같이 `LlamaLayerNorm` 클래스를 로드하고, 앞서 만들었던 예시 데이터로 RMS 정규화를 수행해 보죠.

```
from keras_nlp.src.models.llama.llama_layernorm import LlamaLayerNorm

llama_norm = LlamaLayerNorm()
llama_norm(x)
```

실행결과 `<tf.Tensor: shape=(3,), dtype=float32, numpy=array([0.46291, 0.92582, 1.38873], dtype=float32)>`

SwiGLU 활성화 함수

라마-2의 디코더는 어텐션층을 거친 다음 등장하는 피드 포워드 네트워크에 ReLU 또는 GeLU 대신에 **SwiGLU**[10] 함수를 사용합니다. SwiGLU 함수는 157쪽 3장 2절에서 Efficient 모델을 구현할 때 배웠던 스위시 함수를 GLU 함수에 적용한 것입니다.

GLU Gated Linear Unit[11] 함수는 다음 그림처럼 입력을 두 개의 밀집층에 통과시킨 후 원소별로 곱셈합니다. 밀집층 중 하나는 시그모이드 활성화 함수를 사용하고, 나머지 하나는 활성화 함수를 사용하지 않습니다.

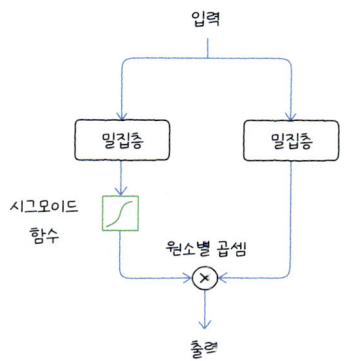

이는 다음과 같은 공식으로 나타낼 수 있습니다. 여기서 W_1과 b_1, W_2와 b_2는 각각 밀집층의 가중치와 절편, $\otimes$는 원소별 곱셈을 의미합니다.

$$GLU(x) = \sigma(xW_1 + b_1) \otimes (xW_2 + b_2)$$

SwiGLU 함수는 시그모이드 활성화 함수 대신 스위시 함수를 적용한 GLU 함수이므로 다음과 같은 공식으로 나타낼 수 있습니다.

$$SwiGLU(x) = swish_\beta(xW_1 + b_1) \otimes (xW_2 + b_2)$$

---

10 Noam Shazeer. GLU Variants Improve Transformer(2020).
11 Yann N. Dauphin 등. Language Modeling with Gated Convolutional Networks(2016).

SwiGLU 논문에서는 트랜스포머에 함수를 적용할 때 절편이 없는 방식을 제안했으며, 라마-2도 이러한 방식을 따릅니다. 따라서 이 공식에서 절편을 빼면 다음과 같이 쓸 수 있습니다.

$$SwiGLU(x) = swish_\beta(xW_1) \otimes W_2$$

그런데 스위시 함수에 있는 아래 첨자 베타(β)가 수상합니다. 사실 3장 2절에서 살펴봤던 스위시 함수의 공식은 베타가 1일 때입니다. 일반적인 스위시 함수 공식은 다음과 같습니다.

$$swish(x) = x \cdot \sigma(\beta x) = x \cdot \frac{1}{1+e^{-\beta x}}$$

베타가 1일 때의 스위시 함수는 **SiLU** Sigmoid Linear Unit 함수라고도 부릅니다. 그래서 라마-2의 피드 포워드 네트워크의 활성화 함수를 SwiGLU 함수 또는 SiLU 함수라고도 합니다. 케라스에서 SiLU 함수를 사용하려면 다음과 같이 간단하게 activation 매개변수에 'silu'라고 지정하면 됩니다.

> note 케라스에서 activation 매개변수에 지정하는 'silu'와 'swish'는 동일한 활성화 함수입니다.

따라 하며 배우는 코딩
SiLU 함수 구현하기 소스 코드 05-2-llama2.ipynb

```
01  # 피드 포워드 네트워크의 입력 크기가 (10, 4096)이고,
02  # 유닛 개수는 11,008개, 임베딩 차원은 4,096이라고 가정합니다.
03  x = keras.ops.ones((10, 4096))
04  x1 = layers.Dense(11008, activation='silu', use_bias=False)(x)
05  x2 = layers.Dense(11008, use_bias=False)(x)
06  x = x1 * x2
07  x = layers.Dense(4096, use_bias=False)(x)
```

04 라마-2는 피드 포워드 네트워크에 절편을 사용하지 않기 때문에 밀집층을 use_bias=False로 지정합니다.

이렇게 라마-2의 트랜스포머 디코더를 구현하기 위한 모든 구성 요소를 알아봤습니다. 이를 활용해 라마-2를 직접 구현해 보고, KerasNLP를 사용해 라마-2의 70억 파라미터 버전을 로드하여 텍스트를 생성해 보겠습니다.

KerasNLP로 Llama-2 모델 만들기

라마-2 모델에서는 어텐션 계산을 보다 효율적으로 만들기 위해 그룹 쿼리 어텐션을 사용합니다. **그룹 쿼리 어텐션**grouped query attention[12]은 **멀티 쿼리 어텐션**multi-query attention[13]을 일반화한 것입니다. 지금까지 사용했던 멀티 헤드 어텐션은 어텐션 헤드마다 쿼리, 키, 값을 각각 만들어 사용했는데요. 이와 달리 멀티 쿼리 어텐션은 모든 쿼리 헤드에서 키와 값을 그룹으로 묶어서 공유하여 사용합니다. 이를 통해 메모리를 절약하고 텍스트 생성 속도를 높일 수 있죠.

그룹 쿼리 어텐션은 멀티 헤드 어텐션과 멀티 쿼리 어텐션의 중간 단계로 볼 수 있는데요. 몇 개의 헤드마다 키와 값을 공유합니다. 따라서 그룹 쿼리 어텐션에서 키와 값의 헤드 개수가 1이면 멀티 쿼리 어텐션이 되고, 쿼리 헤드의 개수와 키/값 헤드의 개수가 같으면 멀티 헤드 어텐션이 됩니다. 이 세 가지 어텐션 방식은 다음과 같은 그림으로 나타낼 수 있습니다.

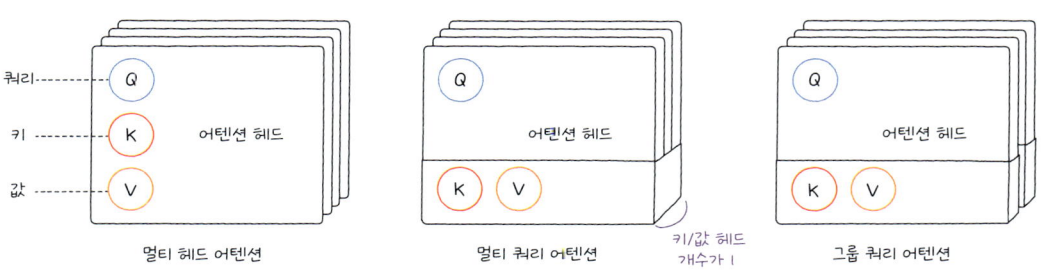

라마-2 모델의 70억 파라미터 버전과 130억 파라미터 버전은 쿼리 헤드의 개수와 키/값 헤드의 개수가 같기 때문에 멀티 헤드 어텐션과 동일합니다. 하지만 700억 파라미터 버전의 경우, 쿼리 헤드의 개수가 64개이고, 키/값 헤드의 개수가 8개인 그룹 쿼리 어텐션을 사용합니다. 라마-2 모델의 70억, 130억, 700억 파라미터 버전의 하이퍼파라미터를 정리하면 다음과 같습니다.

모델	70억 파라미터 버전	130억 파라미터 버전	700억 파라미터 버전
디코더층 개수	32	40	80
쿼리 헤드 개수	32	40	64
키/값 헤드 개수	32	40	8
은닉 차원	4,096	5,120	8,192
피드 포워드 네트워크 크기	11,008	13,824	28,672

---

[12] Joshua Ainslie 등. GQA: Training Generalized Multi-Query Transformer Models from Multi-Head Checkpoints(2023).
[13] Noam Shazeer. Fast Transformer Decoding: One Write-Head is All You Need(2019).

케라스는 그룹 쿼리 어텐션을 GroupQueryAttention 클래스로 제공하지만, 로터리 위치 임베딩이 없기 때문에 KerasNLP는 별도로 만든 LlamaAttention층을 사용합니다. 그럼 라마-2 모델을 위한 디코더부터 구현해 보죠.

> **note** 5장 2절의 코드를 실행하려면 각각 300쪽, 303쪽, 305쪽에서 만들었던 make_causal_mask(), make_attention_mask() 함수와 AttentionMask 클래스를 복사해서 사용해야 합니다. 책에는 반복되는 코드를 표시하지 않았습니다. 또한 코랩에서 이 코드를 실행하려면 유료인 A100이나 High-RAM CPU 런타임을 사용해야 합니다.

복사 & 붙여넣기!

01 RoPE가 멀티 헤드 어텐션층 안에서 적용되어야 하기 때문에 지금까지 사용한 MultiHeadAttention층을 사용하지 못하는 대신, KerasNLP는 라마 모델을 위한 LlamaAttention층을 별도로 제공합니다. 먼저 LlamaAttention 클래스를 임포트하고, llama_decoder() 함수를 정의합니다.

```
01  from keras_nlp.src.models.llama.llama_attention import LlamaAttention
02
03  def llama_decoder(x, padding_mask, num_query_heads, num_key_value_heads,
04                   interm_dim, hidden_dim):
05      # 어텐션 마스크를 계산합니다.
06      attention_mask = AttentionMask()(padding_mask)
07      # 스킵 연결을 준비합니다.
08      residual = x
09      x = LlamaLayerNorm()(x)
10      # 멀티 헤드 어텐션을 통과합니다.
11      llama_attention = LlamaAttention(num_query_heads=num_query_heads,
12                                      num_key_value_heads=num_key_value_heads,
13                                      dropout=0.0)
14      x = llama_attention(x, attention_mask)
15      # 스킵 연결
16      x = x + residual
17      # 스킵 연결을 준비합니다.
18      residual = x
19      # 피드 포워드 네트워크
20      x = LlamaLayerNorm()(x)
21      x1 = layers.Dense(interm_dim, activation='silu', use_bias=False)(x)
22      x2 = layers.Dense(interm_dim, use_bias=False)(x)
23      x = x1 * x2
```

앞서 정리했던 라마 디코더 그림과 함께 코드를 확인하면 이해하기가 쉬울 거예요!

```
24    x = layers.Dense(hidden_dim, use_bias=False)(x)
25    # 스킵 연결
26    x = x + residual
27    return x
```

09 RMS 정규화를 위해 LlamaLayerNorm을 사용하여 층 정규화를 적용합니다.
10~13 LlamaAttention 클래스를 사용해 멀티 헤드 어텐션층을 만듭니다.
21 피드 포워드 네트워크에 SwiGLU 함수를 적용합니다.

그런데 LlamaAttention 클래스는 MultiHeadAttention 클래스의 매개변수와 조금 다른 것을 알아챌 수 있습니다. MultiHeadAttention 클래스에서는 헤드 개수와 키 값의 크기를 지정하는데요. LlamaAttention에서는 쿼리 헤드의 개수(num_query_heads)와 키/값 헤드의 개수(num_key_value_heads)를 별도로 지정합니다. 이는 앞서 언급했던 대로 라마-2의 700억 파라미터 모델이 헤드 개수와 키/값의 헤드 개수가 다른 그룹 쿼리 어텐션을 사용하기 때문입니다.

02 이제 llama_decoder() 함수를 사용해 라마-2 모델을 만들어 보겠습니다. 먼저 70억 파라미터 버전의 모델에 해당하는 하이퍼파라미터를 정의합니다. 어휘사전의 크기는 32,000이고, 디코더층은 32개, 쿼리 헤드의 개수와 키/값 헤드의 개수도 32개, 피드 포워드 네트워크의 유닛 개수는 11,008개, 은닉 차원은 4,096입니다.

```
01  # Llama 2
02  vocab_size = 32000
03  num_layers = 32
04  num_query_heads = 32
05  num_key_value_heads = 32
06  interm_dim = 11008
07  hidden_dim = 4096
```

03 이어서 모델의 입력도 정의합니다.

```
01  token_ids = keras.Input(shape=(None,))
02  padding_mask = keras.Input(shape=(None,))
```

01 라마-2에서는 위치 임베딩을 만들 필요 없이 토큰 임베딩만 있으면 됩니다.

04 GPT-2에서는 마지막에 어휘사전에 있는 각 토큰의 로짓을 출력하기 위해 Reversible Embedding층의 가중치를 뒤집어 재활용했습니다. 하지만 라마-2는 마지막에 (embed, vocab_size) 크기의 밀집층을 별도로 추가하여 훈련합니다.

```
01  from keras_nlp.layers import ReversibleEmbedding
02
03  token_embedding_layer = ReversibleEmbedding(vocab_size, hidden_dim,
04                                              tie_weights=False)
05  x = token_embedding_layer(token_ids)
```

03~04 Dense층을 추가하는 대신 ReversibleEmbedding 클래스를 tie_weights=False로 지정하여 두 벌의 가중치를 훈련하도록 합니다. 이렇게 설정하면 토큰 아이디를 임베딩할 때와 거꾸로 임베딩을 각 토큰의 로짓으로 매핑할 때 다른 가중치를 사용합니다.

05 그리고 간단하게 `llama_decoder()` 함수를 반복하면 됩니다.

```
01  for _ in range(num_layers):
02      x = llama_decoder(x, padding_mask, num_query_heads,
03                       num_key_value_heads, interm_dim, hidden_dim)
```

06 마지막으로 RMS 정규화를 적용하고, 임베딩층을 사용해 모델의 최종 출력을 만듭니다.

```
01  x = LlamaLayerNorm()(x)
02  outputs = token_embedding_layer(x, reverse=True)
03  model = keras.Model(inputs=(token_ids, padding_mask),
04                      outputs=(outputs))
05  model.summary()
```

> 실행결과

```
Model: "functional"
```

Layer (type)	Output Shape	Param #	Connected to
input_layer (InputLayer)	(None, None)	0	-
reversible_embedding (ReversibleEmbedding)	(None, None, 32000)	262,144,000	input_layer[0][0], llama_layer_norm_65[0]…
input_layer_1 (InputLayer)	(None, None)	0	-
llama_layer_norm_1 (LlamaLayerNorm)	(None, None, 4096)	4,096	reversible_embedding[0…
⋯ (중략) ⋯			
dense_98 (Dense)	(None, None, 4096)	45,088,768	multiply_31[0][0]
add_63 (Add)	(None, None, 4096)	0	dense_98[0][0], add_62[0][0]
llama_layer_norm_65 (LlamaLayerNorm)	(None, None, 4096)	4,096	add_63[0][0]

```
Total params: 6,738,415,616 (25.10 GB)
Trainable params: 6,738,415,616 (25.10 GB)
Non-trainable params: 0 (0.00 B)
```

> note summary() 메서드의 출력에서 일부 내용이 가려져 보이지 않는다면 line_length=100으로 지정해 출력되는 표의 너비를 넓혀 보세요.

[실행결과]를 보면 약 67억 개의 모델 파라미터가 있습니다. 모델 파라미터가 1억 2천만 개였던 GPT-2와 비교하면 라마-2는 GPT-2보다 모델 파라미터가 60배나 많습니다. 정말 엄청나게 큰 모델이군요.

Llama-2 모델로 텍스트 생성하기

이번에는 KerasNLP를 사용해 사전 훈련된 라마-2 모델을 로드하고 사용하는 방법을 알아보겠습니다. KerasNLP는 70억 개의 매개변수를 가진 라마-2 모델을 제공합니다. KerasNLP에서 제공하는 다른 모델과 마찬가지로 라마-2 모델에 대한 자세한 정보는 다음과 같이 캐글 모델 페이지(https://www.kaggle.com/models/keras/llama2)에서 확인할 수 있습니다.

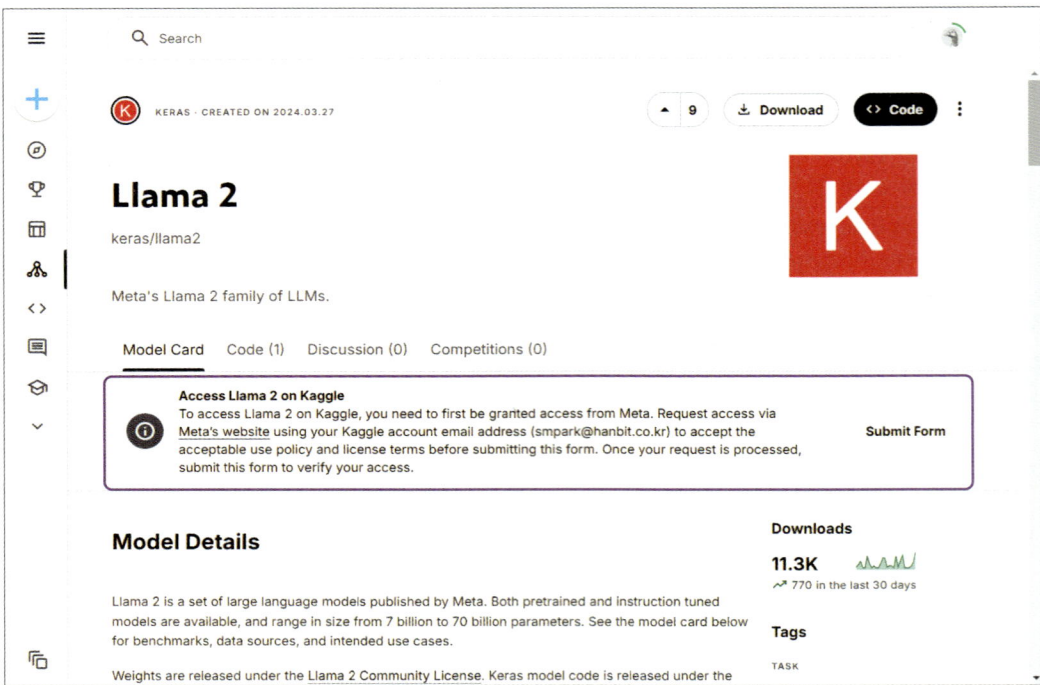

모델 페이지 중간에 있는 [Access Llama 2 on Kaggle] 메시지에서 볼 수 있듯이 라마 모델을 사용하려면 먼저 메타에 사용 허가를 요청해야 합니다.

모델 사용 허가 요청하기

메타에서 제공하는 별도 페이지를 통해 사용 허가 요청을 완료한 다음, [Access Llama 2 on Kaggle] 메시지 오른쪽에 있는 [Submit Form] 버튼을 클릭하여 캐글에 알리면 됩니다. 우리가 사용할 사전 훈련된 라마-2와 라마-3에 대한 허가 요청부터 완료해 보겠습니다.

note 라마-3 모델은 354쪽에서 살펴볼 예정이므로 지금 함께 사용 허가를 요청하겠습니다.

01 [Access Llama 2 on Kaggle] 메시지에 있는 'Meta's website' 링크를 클릭하고 간단한 정보를 입력합니다. 양식 작성에 특별히 주의할 점은 없지만, 사용 허가를 요청하는 이메일(Email) 계정과 캐글 계정으로 가입한 이메일 주소가 같아야 합니다.

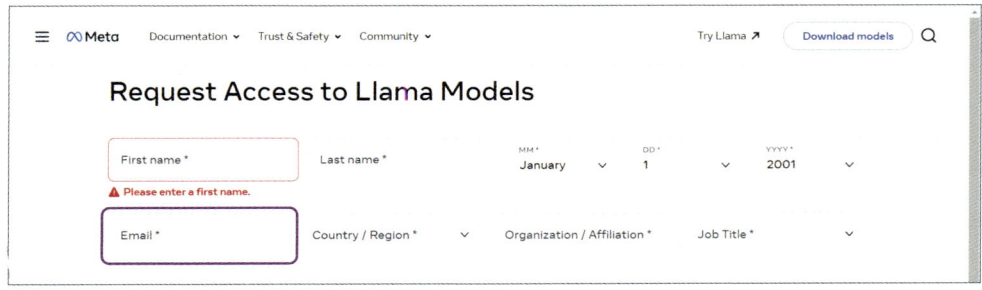

02 우리는 라마-2와 라마-3를 사용할 예정이므로 [Select your models] 하단에 있는 [Previous language & safety models]의 더보기(+) 아이콘을 클릭하고, 사용할 모델을 선택합니다. 그리고 화면 아래에 있는 [Next] 버튼을 누르면 라이센스 동의 페이지로 넘어갑니다.

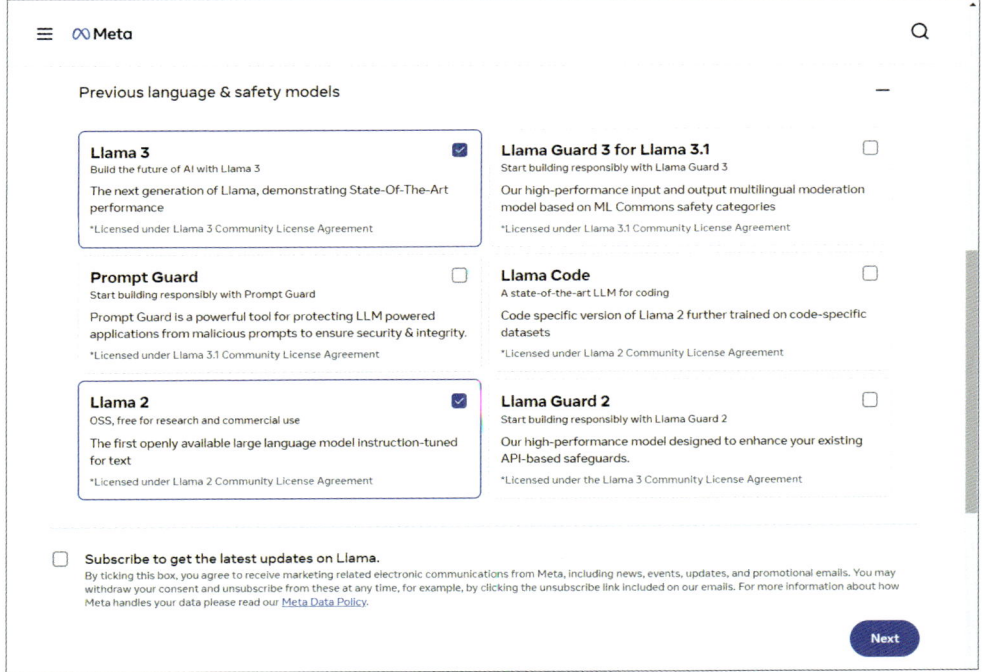

note 코드 라마(Llama Code)[14]는 프로그램 코드 생성에 최적화된 라마-2 기반 모델로, 2023년 8월에 발표되었습니다. 2024년 1월에는 700억 개 파라미터를 가진 코드 라마를 발표하기도 했습니다.

---

[14] Baptiste Rozière 등. Code Llama: Open Foundation Models for Cod(2023).

03 선택한 모델 라마-3와 라마-2의 라이선스 내용을 확인해 동의 체크박스를 클릭한 후, [Accept and continue] 버튼을 눌러 사용 허가 요청을 마무리합니다.

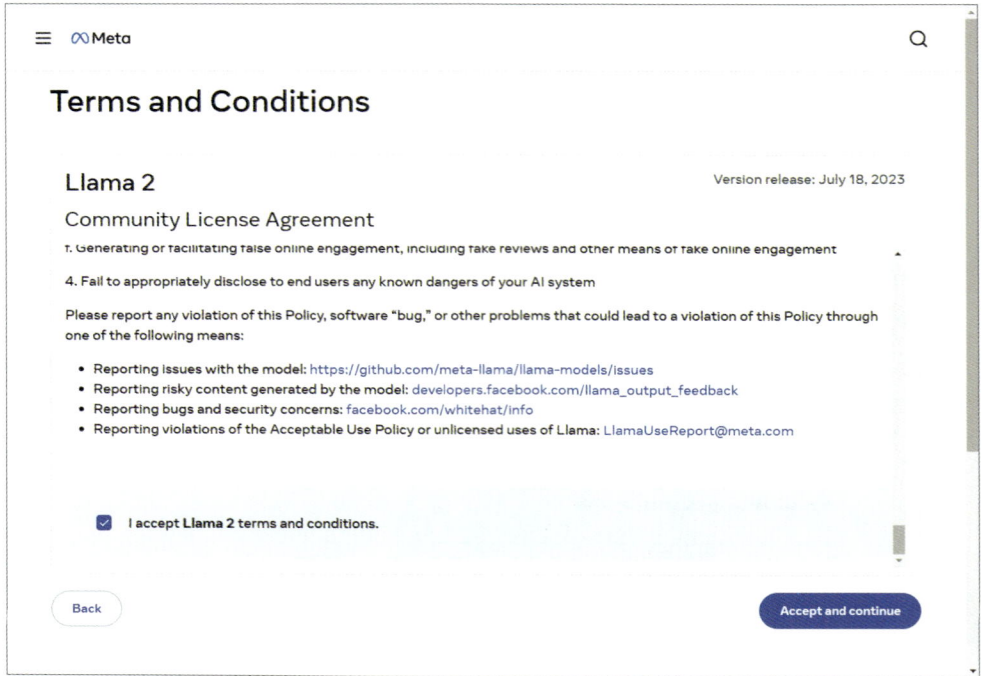

04 다시 캐글 페이지로 돌아와 [Submit Form] 버튼을 클릭하고, 동의 체크박스를 선택해 [Submit] 버튼까지 누르면 끝입니다.

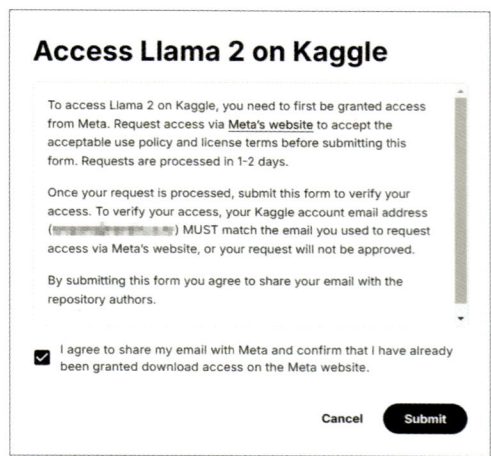

05 다음과 같이 메시지 내용이 바뀐 라마-2 캐글 페이지를 확인하고, 10여 분 정도가 지나면 캐글에서 모델의 사용 허가를 확인했다는 메일을 받을 수 있습니다.

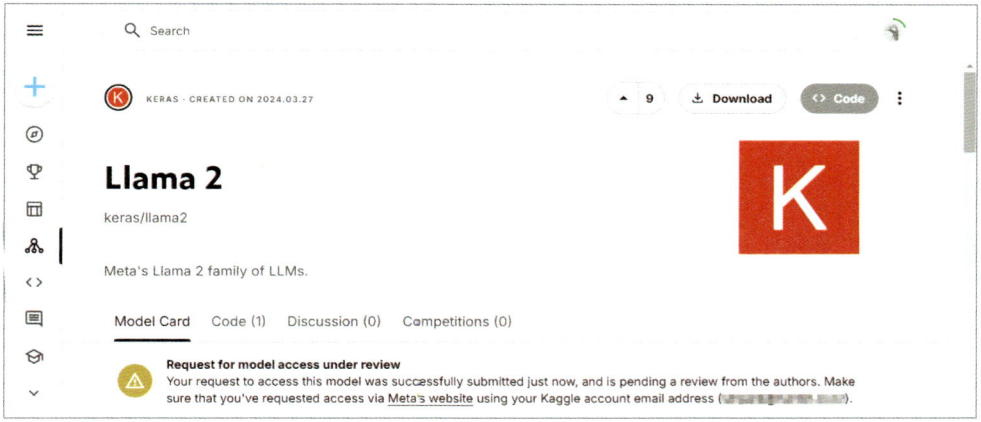

캐글 사용자 인증하기

한 가지 더 준비해야 할 것이 있습니다. 코랩이나 자신의 컴퓨터에서 캐글에 있는 라마-2 모델을 다운로드하려면 모델을 사용할 수 있는 캐글의 사용자임을 알려야 합니다. KerasNLP는 캐글 로그인 기능을 제공하지는 않지만, 캐글에서 제공하는 API 토큰을 자동으로 인식하기 때문에 API 토큰을 생성해 인증할 수 있습니다.

01 캐글에서 API 토큰을 생성하기 위해 페이지 오른쪽 상단에 있는 사용자 아이콘을 클릭해 설정(Settings) 메뉴로 이동합니다. 설정 화면 중간에 있는 [API] 섹션에서 [Create New Token] - [Continue]를 선택하면 새로운 토큰이 생성되고, 토큰이 포함된 kaggle.json 파일이 자동으로 다운로드됩니다.

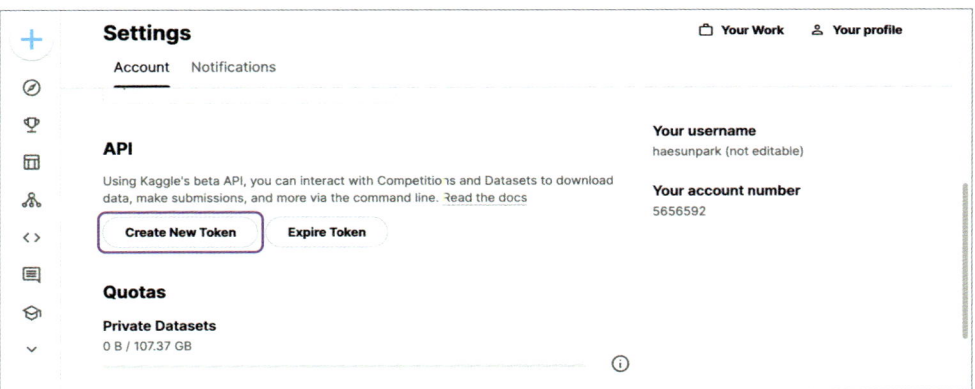

02 다운로드받은 파일을 코랩에 업로드하기 위해 왼쪽 사이드바에 있는 파일 메뉴(□) 아이콘을 클릭하고, 상단 탭에 있는 업로드(⬆) 아이콘을 눌러 'kaggle.json' 파일을 선택합니다.

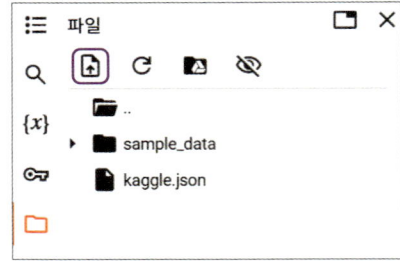

03 구글 코랩에서 새 노트 [05-2-llama2-keras.ipynb]을 생성하고, 다음 명령을 작성해 ~/.kaggle/ 디렉토리로 파일을 옮깁니다.

```
01  !mkdir ~/.kaggle/
02  !mv kaggle.json ~/.kaggle/
```

note 만약 .kaggle 디렉토리가 이미 있다는 오류가 발생한다면 kaggle.json 파일을 옮기는 두 번째 명령만 실행하세요.

여기서 잠깐 [보안 비밀]에 캐글 토큰 저장하기

코랩에 업로드한 파일은 해당 노트북의 런타임이 종료되면 함께 사라집니다. 코랩의 [보안 비밀] 메뉴에 캐글 토큰을 저장하면 노트북 런타임이 종료되어도 파일이 사라지지 않고 다시 사용할 수 있습니다.

코랩의 왼쪽 사이드바에 있는 [보안 비밀] 메뉴(🔑) 아이콘을 선택하고, [새 보안 비밀 추가] 버튼을 클릭하여 새로운 보안 비밀을 생성합니다. [노트북 액세스] 항목을 활성화하고, [이름]에는 간단히 기억할 수 있는 이름을 정해서 적습니다. 여기서는 'KAGGLE_KEY'라고 쓰겠습니다. [값]에는 'kaggle.json' 파일을 텍스트 편집기로 열었을 때 나오는 "key" 항목의 값을 넣으면 됩니다. 그 다음 'KAGGLE_USERNAME' 이름으로 보안 비밀을 추가하고 캐글 사용자 아이디를 입력합니다.

이제 현재 코랩 노트북에서 보안 비밀 값을 읽을 수 있습니다. 캐글의 경우, 다음과 같이 os.environ 객체의 'KAGGLE_USERNAME'과 'KAGGLE_KEY' 항목에 각각 동일한 이름의 보안 비밀 값을 지정합니다. [보안 비밀]에 저장한 값은 구글 계정이 같을 경우 어떤 코랩 노트북에서도 참조할 수 있습니다.

```python
import os
from google.colab import userdata

# 코랩의 보안 비밀에서 이름이 'KAGGLE_USERNAME'인 항목의 값을 읽습니다.
os.environ['KAGGLE_USERNAME'] = userdata.get('KAGGLE_USERNAME')
# 코랩의 보안 비밀에서 이름이 'kaggle_KEY'인 항목의 값을 읽습니다.
os.environ['KAGGLE_KEY'] = userdata.get('KAGGLE_KEY')
```

Llama-2 모델로 텍스트 생성하기

이제 KerasNLP에서 라마-2 모델을 사용할 모든 준비를 마쳤습니다. 사전 훈련된 라마-2 모델을 로드해 텍스트를 생성해 보겠습니다.

> **note** 캐글 사이트에서 라마-2 모델의 사용 허가 메일을 받고도 다음 코드에서 접근 권한이 없다는 오류가 발생한다면 kaggle.json 파일이 최신인지를 확인하세요. kaggle.json 파일은 얼마든지 여러 번 생성하여 다운로드할 수 있지만, 가장 최신의 파일만 유효합니다.

01 먼저 [05-2-llama2-keras.ipynb] 노트에 KerasNLP를 임포트합니다.

```
01  import keras_nlp
```

02 라마-2 모델은 KerasNLP에서 `LlamaCausalLM` 클래스로 제공되므로 `from_preset()` 메서드를 사용해 `llama2_7b_en` 모델을 로드합니다.

```
01  llama2 = keras_nlp.models.LlamaCausalLM.from_preset('llama2_7b_en')
02  llama2.summary()
```

> 실행결과

Preprocessor: "llama_causal_lm_preprocessor"

Layer (type)	Config
llama_tokenizer (LlamaTokenizer)	Vocab size: 32,000

Model: "llama_causal_lm"

Layer (type)	Output Shape	Param #	Connected to
padding_mask (InputLayer)	(None, None)	0	-
token_ids (InputLayer)	(None, None)	0	-
llama_backbone_1 (LlamaBackbone)	(None, None, 4096)	6,738,415,616	padding_mask[0][0], token_ids[0][0]
token_embedding (ReversibleEmbedding)	(None, None, 32000)	262,144,000	llama_backbone_1[0][0]

Total params: 6,738,415,616 (25.10 GB)
Trainable params: 6,738,415,616 (25.10 GB)
Non-trainable params: 0 (0.00 B)

03 모델을 로드한 다음 사용하는 방법은 GPT-2와 같습니다. 앞서 작성했던 것처럼 간단하게 'stay hungry, stay'로 시작하는 문장을 생성해 보겠습니다.

```
01  sampler = keras_nlp.samplers.TopPSampler(p=0.8, seed=42)
02  llama2.compile(sampler=sampler)
03  llama2.generate('stay hungry, stay', max_length=20)
```

> 실행결과 'stay hungry, stay foolish by Steve Jobs'

출력 결과를 보니 라마-2는 이 프롬프트가 스티브 잡스와 관련이 있다는 사실을 눈치채고 있는 것 같습니다.

텍스트 전처리하기 – 센텐스피스 토크나이저

라마-2에서는 **센텐스피스 토크나이저** SentencePiece tokenizer[15]를 사용하여 텍스트를 토큰으로 나눕니다. 센텐스피스는 알고리즘이자, 이를 구현한 라이브러리[16] 이름이기도 합니다. 센텐스피스는 BPE 알고리즘과 유니그램 언어 모델 unigram language model 을 지원합니다.

센텐스피스의 특징은 문장을 유니코드 문자의 시퀀스로 다루기 때문에 영어 이외의 다양한 언어에도 사용할 수 있다는 점입니다. 그래서 토큰화 전에 공백으로 단어를 분리할 필요가 없습니다. 이는 공백이 없는 중국어와 같은 언어에도 적용이 가능하다는 의미입니다. 또한 매우 빠르다는 장점도 있습니다. 간단한 문장을 센텐스피스 토크나이저에 적용해 보겠습니다.

01 라마-2는 센텐스피스 기반의 BPE 토큰화를 사용합니다. 이전에는 KerasNLP에서 로드한 모델의 `preprocessor.tokenizer` 객체를 사용했지만, 다음과 같이 모델 객체를 만들지 않고 사전 훈련된 토크나이저만 로드할 수도 있습니다.

```
01  llama_tokenizer = keras_nlp.models.LlamaTokenizer.from_preset(
02      'llama2_7b_en')
```

> note 이와 비슷하게 앞에서 배웠던 다른 모델에 대해서도 토크나이저 클래스가 제공됩니다. BertTokenizer, GPT2 Tokenizer 등을 예로 들 수 있습니다.

---

[15] Taku Kudo, John Richardson. SentencePiece: A simple and language independent subword tokenizer and detokenizer for Neural Text Processing(2018).
[16] https://github.com/google/sentencepiece/

02 예제에 사용했던 문장 'stay hungry, stay'를 토크나이저에 적용합니다.

```
01  token_ids = llama_tokenizer.tokenize('stay hungry, stay')
02  token_ids
```

> 실행결과 `<tf.Tensor: shape=(5,), dtype=int32, numpy=array([ 7952,    9074,  14793, 29892,    7952], dtype=int32)>`

03 이 토큰 아이디를 토큰으로 변환해 보겠습니다.

```
01  for ids in token_ids:
02      print(llama_tokenizer.id_to_token(ids), end=' ')
```

> 실행결과 `_stay _hun gry , _stay`

출력 결과에서 이상한 점을 눈치채셨나요? 센텐스피스는 기본적으로 문장의 첫 단어에도 공백을 추가합니다. 공백을 통해 문장의 첫 단어인 stay와 마지막 단어인 stay를 동일하게 취급하기 위함입니다. 또한 기본적으로 대소문자를 구분하므로 다음과 같이 Hello와 hello를 다른 토큰으로 취급합니다.

```
llama_tokenizer.tokenize('Hello hello')
```

> 실행결과 `<tf.Tensor: shape=(2,), dtype=int32, numpy=array([15043, 22172], dtype=int32)>`

04 다시 원본 문자열로 변환하는 과정은 detokenize( ) 메서드를 사용합니다.

```
01  llama_tokenizer.detokenize(token_ids)
```

> 실행결과 `'stay hungry, stay'`

Llama-3 모델로 텍스트 생성하기

2024년 4월, 메타 AI는 라마-2에 이어 라마-3[17]를 공개했습니다. 라마-3는 80억 파라미터 모델과 700억 파라미터 모델이 있으며, 기본적인 구조는 라마-2와 거의 같습니다. 15조 개의 토큰에서 훈련된 라마-3는 문맥 길이가 8,912로 라마-2보다 두 배 증가했고, 어휘사전 크기가 128,256으로 라마-2보다 네 배 늘어났습니다.

80억 파라미터 모델과 700억 파라미터 모델 모두 그룹 쿼리 어텐션을 사용하며, 센텐스피스 토크나이저 대신 OpenAI가 만든 tiktoken 토크나이저[18]를 사용합니다.

허깅페이스에 Llama-3 사용 허가 요청하기

KerasNLP에서도 라마-3 모델을 제공하지만, 이번에는 허깅페이스 transformers 라이브러리를 사용해 보겠습니다.

01 먼저 우리가 사용할 라마-3 80억 파라미터 모델 페이지(https://huggingface.co/meta-llama/Meta-Llama-3-8B)에 접속합니다. 캐글 페이지와 마찬가지로 메타로부터 사용 허가를 받아야 한다는 안내 메시지가 나타납니다.

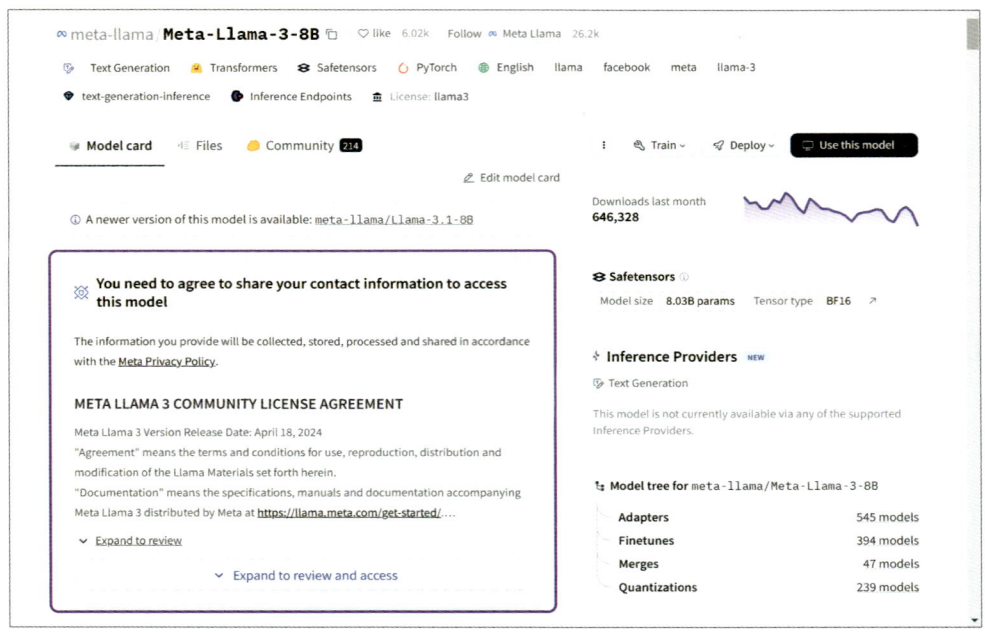

---

17 https://ai.meta.com/blog/meta-llama-3/
18 https://github.com/openai/tiktoken

02 앞서 메타에 라마-2와 함께 라마-3에 대한 사용 허가도 함께 요청했기 때문에 추가로 요청할 것은 없습니다. 안내 메시지 하단에 있는 [Expand to review and access] 버튼을 클릭하고, 스크롤을 내려 필요한 사용자 정보를 입력합니다.

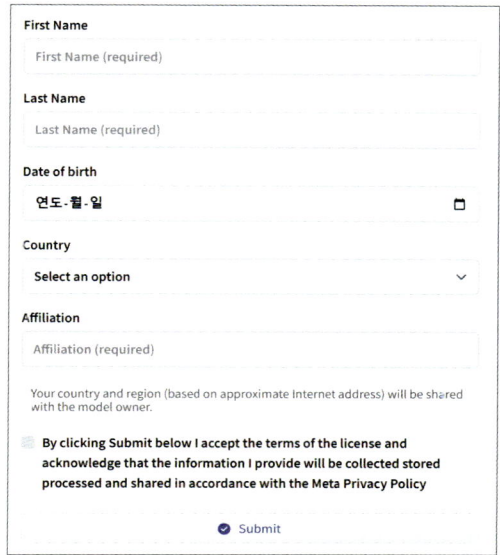

> note 특별히 주의할 점은 없지만, 여기서도 메타에 사용 허가를 요청했던 이메일 계정과 허깅페이스의 이메일 계정이 같아야 합니다.

03 필요한 정보를 모두 입력해 [Submit] 버튼을 누르고 잠시 기다리면 다음과 같이 라마-3 80억 파라미터 모델에 접근할 수 있습니다.

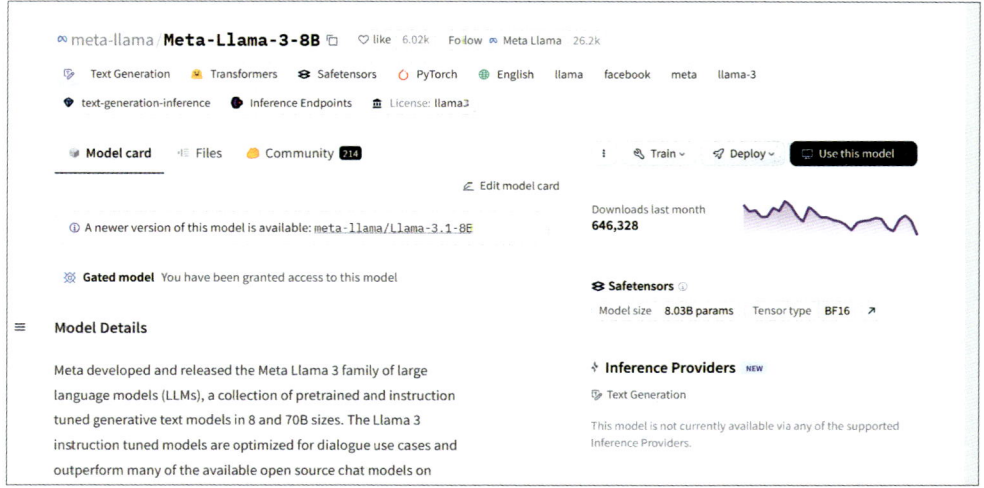

> note 허깅페이스에서 라마-3 80억 파라미터 모델에 대한 허가가 승인되면 다른 버전의 라마-3 모델에도 접근할 수 있습니다. 하지만 허깅페이스에 있는 라마-2 모델을 사용하려면 다시 사용 허가를 요청해야 합니다.

04 캐글과 비슷하게 코랩에서 허깅페이스 라마-3 모델을 사용하려면 허깅페이스에서 액세스 토큰access token을 생성하고, 코랩에서 이 토큰으로 모델을 다운로드해야 합니다. 먼저 허깅페이스 웹사이트에서 오른쪽 상단에 있는 사용자 아이콘을 클릭해 [Settings] 메뉴에 접속합니다. 왼쪽 사이드바에 있는 [Access Tokens]를 선택한 다음, [Create new token] 버튼을 클릭해 새로운 액세스 토큰을 생성합니다.

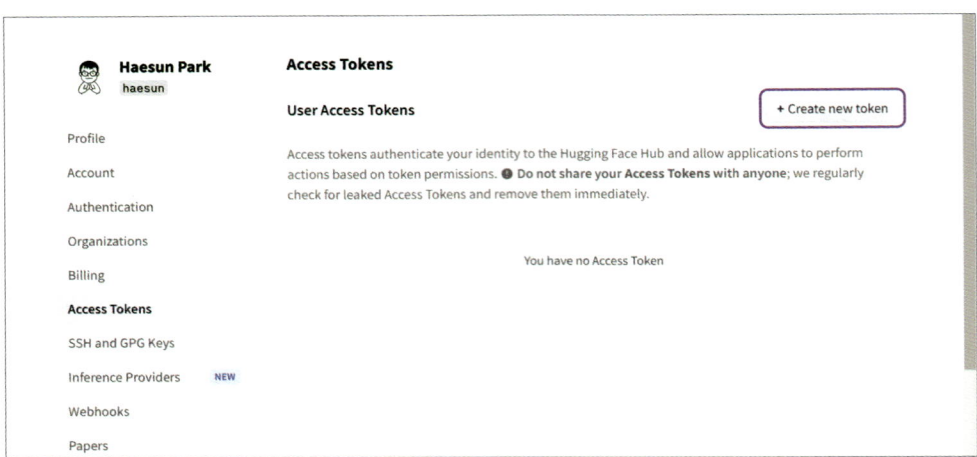

05 [Token Type]을 [Read]로 선택하고, [Token Name]에 원하는 이름을 넣습니다(여기서는 'hf_token'이라는 이름을 쓰겠습니다). 그리고 [Create token] 버튼을 클릭하면 토큰을 발급받을 수 있습니다.

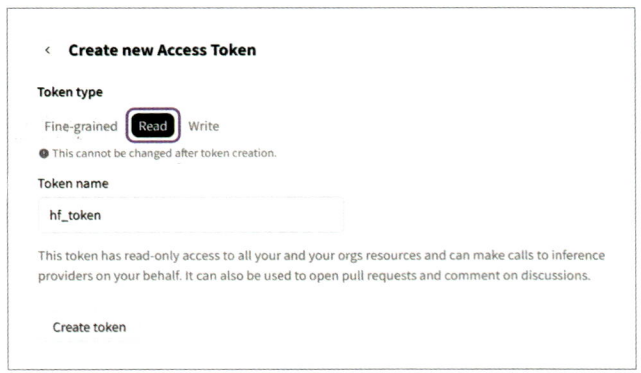

> note [Token Type]을 [Read]로 선택하면 데이터를 읽을 수만 있고, [Write]로 선택하면 직접 훈련한 모델을 허깅페이스에 업로드할 수도 있습니다. 이 예제에서는 어떤 것을 선택해도 무방합니다.

06 코랩에서 허깅페이스 데이터에 접근하기 위한 토큰 값이 발급된 것을 확인할 수 있습니다.

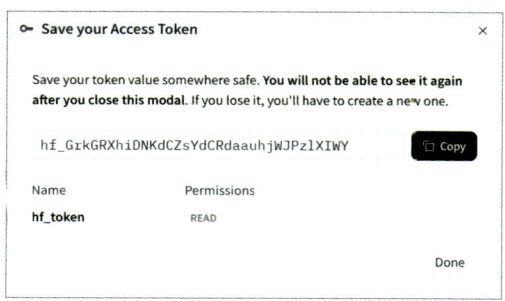

07 구글 코랩에서 새 노트 [05-2-llama3.ipynb]를 생성하고, 다음과 같이 `notebook_login()` 함수를 실행하여 허깅페이스에서 발급받은 토큰 값을 입력합니다. [Login] 버튼까지 클릭하면 이제 모델을 사용할 준비를 모두 마쳤습니다.

```
01  from huggingface_hub import notebook_login
02
03  notebook_login()
```

실행결과

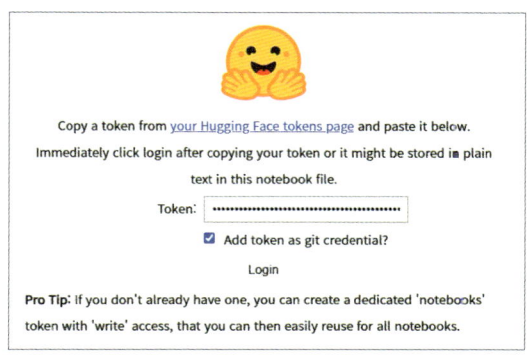

여기서 잠깐 | [보안 비밀]에 허깅페이스 토큰 저장하기

앞서 캐글 토큰을 저장했던 것처럼 코랩의 [보안 비밀]에 허깅페이스 토큰을 저장하여 사용할 수 있습니다. 코랩에서 다음과 같이 hf_token이라는 이름으로 저장된 허깅페이스의 액세스 토큰 값을 불러와 transformers 라이브러리의 클래스나 함수 호출 시에 token 매개변수로 전달하면 됩니다.

```
from google.colab import userdata

# 코랩 시크릿에서 Name이 'hf_token'인 항목의 Value 값을 읽습니다.
hf_token = userdata.get('hf_token')
pipe = pipeline("text-generation", model="meta-llama/Meta-Llama-3-8B",
                token=hf_token)
```

더 편리한 방법은 허깅페이스 토큰을 'HF_TOKEN'이란 이름으로 보안 비밀에 저장하면 액세스 권한이 필요한 노트북을 실행할 때마다 "'HF_TOKEN'인 보안 비밀에 대한 액세스 권한이 없습니다. 액세스 권한을 부여하시겠습니까?"라는 팝업창이 뜹니다. 이때 [액세스 권한 부여] 링크를 클릭하면 notebook_login() 함수를 호출하지 않아도 자동으로 허깅페이스 모델을 사용할 때 인증이 됩니다.

Llama-3와 미세 튜닝 모델 사용하기

라마-3는 더 많은 데이터, 더 긴 문맥 지원, 안전성 강화 등 여러 측면에서 성능이 향상된 라마-2 업그레이드 버전이라고 할 수 있으며, 라마-2와 동일한 구조로 구성되어 있습니다.

01 transformers 파이프라인 객체로 80억 파라미터 모델을 로드하여 라마-3의 구조를 출력해 살펴보겠습니다. 파이프라인 객체의 model 속성에 실제 라마-3 모델이 저장되어 있습니다.

> LlaMa-3 모델을 로드하기 위해서는 유료인 A100이나 High-RAM CPU 런타임을 사용해야 합니다.

```
01  from transformers import pipeline, set_seed
02
03  llama3_pipe = pipeline("text-generation",
04                         model="meta-llama/Meta-Llama-3-8B")
05  llama3_pipe.model
```

실행결과
```
LlamaForCausalLM(
  (model): LlamaModel(
    (embed_tokens): Embedding(128256, 4096)
    (layers): ModuleList(
      (0-31): 32 x LlamaDecoderLayer(
        (self_attn): LlamaSdpaAttention(
          (q_proj): Linear(in_features=4096, out_features=4096, bias=False)
          (k_proj): Linear(in_features=4096, out_features=1024, bias=False)
```

```
                (v_proj): Linear(in_features=4096, out_features=1024, bias=False)
                (o_proj): Linear(in_features=4096, out_features=4096, bias=False)
            )
            (mlp): LlamaMLP(
                (gate_proj): Linear(in_features=4096, out_features=14336, bias=False)
                (up_proj): Linear(in_features=4096, out_features=14336, bias=False)
                (down_proj): Linear(in_features=14336, out_features=4096, bias=False)
                (act_fn): SiLU()
            )
            (input_layernorm): LlamaRMSNorm((4096,), eps=1e-05)
            (post_attention_layernorm): LlamaRMSNorm((4096,), eps=1e-05)
        )
    )
    (norm): LlamaRMSNorm()
    (rotary_emb): LlamaRotaryEmbedding()
)
(lm_head): Linear(in_features=4096, out_features=128256, bias=False)
)
```

> **여기서 잠깐** **SDPA**
>
> 라마-3 모델의 구조를 출력하는 실행 결과에는 LlamaSdpaAttention이라는 클래스가 포함되어 있습니다. 이 클래스 이름에 있는 SDPA(Scaled Dot Product Attention)는 파이토치의 scaled_dot_product_attention() 함수를 사용한다는 의미입니다. GPU를 사용하는 경우, 이 함수는 GPU에 최적화된 고성능 점곱 어텐션 연산을 수행하며, 만약 GPU가 없다면 일반 파이토치 구현을 사용합니다.

출력 결과를 보면 허깅페이스의 라마-3 모델에는 32개의 라마 디코더가 있고, 어텐션 메커니즘에 로터리 임베딩이 포함되어 있는 것을 볼 수 있습니다. 또한 피드 포워드 네트워크를 담당하는 LlamaMLP 클래스 안에 SiLU 활성화 함수가 들어 있고, 어텐션층 이전과 이후에는 각각 RMS 정규화가 적용됩니다.

정말 라마-2 구조와 동일하군요. 라마-3의 80억 파라미터 모델과 700억 파라미터 모델의 차이는 다음과 같이 정리할 수 있습니다.

모델	80억 파라미터 버전	700억 파라미터 버전
디코더층 개수	32	80
쿼리 헤드 개수	32	64
키/값 헤드 개수	8	8
은닉 차원	4,096	8,192
피드 포워드 네트워크 크기	14,336	28,672

02 torchinfo 라이브러리를 사용하면 케라스의 summary() 메서드처럼 파이토치 모델의 구조를 한눈에 보기 쉽게 출력할 수 있습니다. 이 라이브러리는 코랩에 기본으로 설치되어 있지 않기 때문에 다음 명령으로 설치해야 합니다. 그리고 앞서 파이프라인으로 로드한 llama3_pipe.model을 summary() 함수에 전달하면 라마 디코더의 개수와 모델 파라미터 크기를 쉽게 확인할 수 있습니다.

```
01  !pip install torchinfo
02
03  from torchinfo import summary
04
05  summary(llama3_pipe.model)
```

실행결과
```
=================================================================
Layer (type:depth-idx)                          Param #
=================================================================
LlamaForCausalLM                                --
├─LlamaModel: 1-1                               --
│    └─Embedding: 2-1                           525,336,576
│    └─ModuleList: 2-2                          --
│    │    └─LlamaDecoderLayer: 3-1              218,112,000
│    │    └─LlamaDecoderLayer: 3-2              218,112,000
│    │    └─LlamaDecoderLayer: 3-3              218,112,000
│    │    └─LlamaDecoderLayer: 3-4              218,112,000
│    │    └─LlamaDecoderLayer: 3-5              218,112,000
│    │    └─LlamaDecoderLayer: 3-6              218,112,000
│    │    └─LlamaDecoderLayer: 3-7              218,112,000
│    │    └─LlamaDecoderLayer: 3-8              218,112,000
│    │    └─LlamaDecoderLayer: 3-9              218,112,000
```

```
|   |    └─LlamaDecoderLayer: 3-10           218,112,000
|   |    └─LlamaDecoderLayer: 3-11           218,112,000
|   |    └─LlamaDecoderLayer: 3-12           218,112,000
|   |    └─LlamaDecoderLayer: 3-13           218,112,000
|   |    └─LlamaDecoderLayer: 3-14           218,112,000
|   |    └─LlamaDecoderLayer: 3-15           218,112,000
|   |    └─LlamaDecoderLayer: 3-16           218,112,000
|   |    └─LlamaDecoderLayer: 3-17           218,112,000
|   |    └─LlamaDecoderLayer: 3-18           218,112,000
|   |    └─LlamaDecoderLayer: 3-19           218,112,000
|   |    └─LlamaDecoderLayer: 3-20           218,112,000
|   |    └─LlamaDecoderLayer: 3-21           218,112,000
|   |    └─LlamaDecoderLayer: 3-22           218,112,000
|   |    └─LlamaDecoderLayer: 3-23           218,112,000
|   |    └─LlamaDecoderLayer: 3-24           218,112,000
|   |    └─LlamaDecoderLayer: 3-25           218,112,000
|   |    └─LlamaDecoderLayer: 3-26           218,112,000
|   |    └─LlamaDecoderLayer: 3-27           218,112,000
|   |    └─LlamaDecoderLayer: 3-28           218,112,000
|   |    └─LlamaDecoderLayer: 3-29           218,112,000
|   |    └─LlamaDecoderLayer: 3-30           218,112,000
|   |    └─LlamaDecoderLayer: 3-31           218,112,000
|   |    └─LlamaDecoderLayer: 3-32           218,112,000
|   └─LlamaRMSNorm: 2-3                      4,096
|   └─LlamaRotaryEmbedding: 2-4              --
├─Linear: 1-2                                525,336,576
==================================================================
Total params: 8,030,261,248
Trainable params: 8,030,261,248
Non-trainable params: 0
==================================================================
```

이 함수는 중첩된 층의 출력 깊이를 depth 매개변수로 조정합니다. depth 매개변수의 기본값은 3으로, 이를 4 또는 5로 바꾸면 디코더층 안의 세부 층까지 훨씬 더 자세한 출력 결과를 얻을 수 있습니다.

03 라마-3의 전체적인 구조를 확인해 봤으므로 앞서 로드한 파이프라인 객체로 다양한 텍스트를 생성해 보겠습니다.

```
01  llama3_pipe.model.generation_config.pad_token_id =
    llama3_pipe.tokenizer.eos_token_id
02
03  set_seed(42)
04  llama3_pipe('stay hungry, stay', max_length=20, truncation=True)
```

> 실행결과 [{'generated_text': 'stay hungry, stay foolish, stay humble, stay motivated, stay curious, stay creative, stay'}]

여기서 잠깐 **set_seed() 함수를 사용하는 이유**

do_sample 매개변수를 True로 지정하지 않았는데 set_seed() 함수를 사용할 필요가 있는지 질문할 수 있습니다. 허깅페이스의 라마-3는 top-p 샘플링을 기본으로 사용하기 때문에 예제 코드가 항상 일정한 결과를 내도록 만들기 위해 set_seed() 함수를 사용합니다. 다음과 같이 generate_config 속성을 보면 모델의 텍스트 생성에 대한 기본 설정을 확인할 수 있습니다.

```
llama3_pipe.model.generation_config
```

> 실행결과
```
GenerationConfig {
    "bos_token_id": 128000,
    "do_sample": true,
    "eos_token_id": 128001,
    "max_length": 4096,
    "temperature": 0.6,
    "top_p": 0.9
}
```

라마-3는 주로 영문 텍스트에서 훈련되었지만 전체 데이터 중 5%는 약 30개의 다국어로 이루어져 있습니다. 영어 텍스트 생성 능력보다는 뒤지지만, 어느 정도의 한글 텍스트를 생성할 수 있죠.

04 이번에는 '봄이 오면'이라는 한글 프롬프트를 입력해 보겠습니다.

```
01  set_seed(42)
02  llama3_pipe('봄이 오면', max_length=20, truncation=True)
```

실행결과 [{'generated_text': '봄이 오면, 봄에 맞는 음식이 나오는 것 같은데'}]

또한 라마-2와 라마-3는 모두 오픈 소스이므로 한글 데이터를 사용해 추가로 미세 튜닝할 수 있습니다. 허깅페이스에는 개인 또는 단체에서 훈련한 한국어 모델이 많이 업로드되어 있는데요. 여기에서는 라마-3를 미세 튜닝한 한국어 모델로 인기가 높은 **블로썸**Bllossom[19]을 사용해 보겠습니다. 블로썸은 약 100GB의 한글 데이터를 사용해 라마-3를 미세 튜닝했다고 합니다.

구글 코랩에서 새 노트 [05-2-bllossom.ipynb]를 추가하고, pipeline() 함수로 블로썸 80억 파라미터 버전의 모델을 로드합니다. 동일한 한국어 프롬프트로 텍스트를 생성해 보겠습니다.

> A100이나 High-RAM CPU 런타임을 사용하세요!

```
from transformers import pipeline, set_seed

llama3_bllossom = pipeline("text-generation",
                          model="MLP-KTLim/llama-3-Korean-Bllossom-8B")
set_seed(42)
llama3_bllossom('봄이 오면', max_length=20, truncation=True)
```

실행결과 [{'generated_text': '봄이 오면 자연 속에서 다양한 색과 향을 만날 수 있다. 특히'}]

출력 결과가 아주 인상적이네요. 확실히 기본 라마-3보다 생성되는 텍스트의 품질이 높습니다. 블로썸은 700억 파라미터 버전의 모델[20]도 공개했으니 관심이 있는 독자는 700억 파라미터 버전의 모델도 테스트해 보세요.

> note 현재 시점에서 허깅페이스에는 60만 개가 넘는 모델도 업로드되어 있습니다. 다음 링크에 접속해 자신이 원하는 모델이 있는지 찾아보세요!
> • https://huggingface.co/models

---

[19] https://bit.ly/4bOZldd
[20] https://bit.ly/3WNsSj2

좀 더 알아보기: Llama-3.1과 Llama-3.2

메타 AI는 2024년 7월과 9월, 12월에 차례로 라마-3.1[21]과 라마-3.2[22], 라마-3.3[23] 모델을 공개했습니다. 라마-3.1에는 라마-3와 동일한 80억, 700억 파라미터 모델의 업그레이드 버전이 포함되며, 추가로 4,050억 파라미터 버전도 공개했습니다. 라마-3.2는 라마-3.1을 공개한지 두 달여 만에 발표한 10억, 30억, 110억, 900억 파라미터 버전의 모델입니다. 라마-3.3은 이 글을 쓰고 있는 현재 가장 최신의 라마 모델로, 700억 개의 파라미터를 가지고 있습니다.

note 라마-3.1과 라마-3.2, 라마-3.3을 사용하려면 라마-3와 마찬가지로 허깅페이스 모델 페이지(https://huggingface.co/meta-llama)에서 사용 허가를 요청해야 합니다.

메타는 라마-3를 발표하면서 라마 개발의 방향성에 대해 언급했습니다. 라마 모델의 문맥 길이를 더 길게 만들고, 다국어에 대한 지원을 강화하겠다고 발표한 것인데요. 라마-3.1은 이렇듯 더 많은 파라미터와 다국어 지원이 보강된 모델입니다. 라마-3.1의 80억, 700억 파라미터 모델을 구성하는 기본 하이퍼파라미터는 라마-3와 동일하지만, 문맥 길이가 8,192(8K)에서 131,072(128K)로 무려 16배가 늘어났습니다. 또한 영어를 포함해 독일어, 프랑스어, 이탈리아어, 포르투갈어, 힌디어, 스페인어, 태국어를 지원하는 다국어 모델입니다.

라마-3.1 모델의 4,050억 파라미터 버전은 수학과 코딩에서 뛰어난 능력을 보인다고 하는데요. 다음 자료를 보면 라마-3.1이 코딩과 수학 능력(벤치마크)에서 GPT-4와 클로디-3.5를 뛰어넘거나 동등한 수준의 성능을 보여주는 것을 볼 수 있습니다.

AI 모델	라마-3.1 405B	네모트론-4 340B	GPT-4	GPT-4 옴니	클로디-3.5 소넷
코딩 능력 (HumanEval)	89.0	73.2	86.6	90.2	92.0
문제 해결 능력 (MBPP EvalPlus)	88.6	72.8	83.6	87.8	90.5
수학적 문제 해결 능력 (GSM8K)	96.8	92.3	94.2	96.1	96.4
수학 능력 (MATH)	73.8	41.1	64.5	76.6	71.1

---

[21] https://bit.ly/4h1hRSY
[22] https://bit.ly/3No75sg
[23] https://bit.ly/4hMSnsu

멀티 쿼리 어텐션을 사용하는 라마-3.1 모델 4,050억 버전의 하이퍼파라미터는 다음과 같이 간략하게 살펴볼 수 있습니다.

구분	라마-3.1	비고
어휘사전의 크기	128,256	라마-3와 동일
키/값 헤드 개수	8	라마-3와 동일
쿼리 헤드 개수	128	700억 버전 대비 2배 증가
은닉 차원 개수	16,384	700억 버전 대비 2배 증가
디코더층 개수	126	700억 버전 대비 약 1.5배 증가
피드 포워드 네트워크 크기	53,248	700억 버전 대비 약 1.8배 증가

라마-3.2의 10억 파라미터 버전과 30억 파라미터 버전은 **엣지**^{edge} 장치에서 활용할 가능성을 높인 **소규모 언어 모델(SLM)** ^{Small Language Model}이고, 110억 파라미터 버전과 900억 파라미터 버전은 이미지 입력을 다룰 수 있는 라마 최초의 **멀티 모달**^{multi-modal} 모델입니다.

> **note** 멀티모달(multimodal)은 다양한 형태의 데이터를 동시에 처리하는 기술을 말합니다. 예를 들어 텍스트, 이미지, 음성 등을 한 모델에서 모두 이해하고 처리할 수 있는 능력입니다. 모델은 멀티모달을 통해 여러 가지 정보를 결합해 더 정확하고 풍부한 결과를 도출할 수 있습니다.

최근에는 SLM에 대한 관심도 높아지고 있는데요. 마이크로소프트의 Phi 모델이 SLM 분야의 대표적인 선두 주자입니다. 라마-3.2의 10억 파라미터와 30억 파라미터 버전은 다른 모델보다 상대적으로 경량인 모델이라, 인프라에 대한 비용을 적정한 수준에서 통제하면서 다양한 애플리케이션에 통합할 수 있습니다.

> **note** 2024년 8월에 발표된 Phi-3.5 mini 모델은 38억 개의 파라미터를 가지고 있습니다.

라마-3.2의 10억 파라미터 버전과 30억 파라미터 버전의 주요 하이퍼파라미터는 다음과 같이 정리할 수 있습니다. 키/값 헤드 개수와 어휘사전 크기, 문맥 길이는 라마-3.1과 동일하지만, 디코더층의 개수와 쿼리 헤드 개수가 줄어들었고, 은닉 차원의 크기가 절반으로, 피드 포워드 네트워크의 크기도 절반 가까이 작아졌습니다.

모델	10억 파라미터 버전	30억 파라미터 버전
디코더층 개수	16	28
쿼리 헤드 개수	32	24
키/값 헤드 개수	8	8
은닉 차원	2,048	3,072
피드 포워드 네트워크 크기	8,192	8,192

모델의 크기를 줄였지만 라마-3.2의 10억 파라미터 버전과 30억 파라미터 버전이 높은 성능을 달성할 수 있는 이유는 **가지치기**pruning와 **지식 정제**knowledge distillation 기법을 사용했기 때문입니다. 가지치기를 적용해 모델의 크기를 먼저 줄인 다음, 손상된 성능을 끌어올리기 위해 라마-3.1 버전의 80억 파라미터 버전과 700억 파라미터 버전의 출력을 활용해 지식 정제를 수행했습니다.

라마-3.2의 멀티 모달 모델은 이미지 입력을 이미지 토큰으로 변환한 다음, 텍스트 토큰을 처리하는 디코더층에 있는 크로스 어텐션층에 주입합니다. 이러한 과정을 통해 모델이 입력된 이미지를 이해하면서 텍스트 토큰을 생성할 수 있습니다.

> note 멀티 모달 모델의 구조에 대한 자세한 설명은 책의 범위를 넘어서므로 더 궁금한 독자는 허깅페이스 문서와 『핸즈온 LLM』(한빛미디어, 2025)를 참고하세요.

참고로, 라마-3.3은 텍스트 기반 모델입니다. 모델 파라미터 개수는 700억 개지만 파라미터의 개수가 4,050억 개인 라마-3.1 버전과 비슷한 수준의 성능을 발휘하며, 다국어 능력이 크게 향상되었습니다. 라마-3.2와 달라진 주요 하이퍼파라미터는 다음과 같습니다.

- **쿼리 헤드의 개수:** 64개
- **은닉 차원의 크기:** 8,192개
- **디코더층의 개수:** 80개
- **피드 포워드 네트워크의 크기:** 28,672개

> note 메타는 2025년 4월 라마-4를 발표했습니다. 라마-4는 모두 멀티 모달 모델로, MoE(Mixture of Experts) 기법을 사용합니다. 16개의 엑스퍼트(Expert)를 사용하는 스카우트(Scout)와 128개의 엑스퍼트를 사용하는 매버릭(Maverick)이 공개되었고, 이 글을 쓰는 시점에서 베헤모스(Behemoth)는 아직 훈련 중입니다. 실제 추론 시에는 하나의 엑스퍼트가 활성화되므로 스카우트와 매버릭은 각각 1,090억 개 파라미터와 4,000억 개 파라미터 중에 170억 개 파라미터를 사용하여 추론을 수행합니다.

마무리

2절에서는 최근 큰 인기를 얻으며 발전하고 있는 오픈 소스 대규모 언어 모델에 대해 알아봤습니다. 특히 메타에서 공개한 라마-2가 많은 사람들의 관심을 끌었고, 여러 파생 모델이 만들어졌습니다. 본문에서 우리는 라마-2에 적용된 주요 기술을 살펴봤는데요. 라마-2의 로터리 위치 임베딩과 RMS 정규화, SwiGLU 활성화 함수, 그룹 쿼리 어텐션 등은 이후에 등장한 여러 오픈 소스 LLM에서도 널리 사용됩니다.

그리고 케라스로 라마-2 모델을 직접 만들어 보면서 이러한 새로운 기술들이 어떻게 모델에 적용되는지도 알아봤습니다. 라마-2를 사용하기 위해 필요한 메타와 캐글의 사용 허가 요청 방법과 함께 KerasNLP로 사전 훈련된 라마-2 모델을 로드하고 테스트해 봤습니다.

이어서 최근 공개된 후속 모델 라마-3의 구조를 살펴보고 라마-2와의 차이점을 소개했습니다. 허깅페이스의 `transformers` 라이브러리를 통해 로드한 라마-3 모델로 텍스트를 생성하고, 라마-3을 한국어 데이터로 미세 튜닝한 블로썸 모델도 사용해 봤습니다. 마지막으로 라마-3.1, 라마-3.2, 라마-3.3 모델의 특장점을 간략히 소개하며, 다양한 미세 튜닝 모델을 경험해 봤습니다.

▶ 키워드로 정리하는 핵심 포인트

- **라마**는 메타에서 오픈 소스로 공개한 트랜스포머 디코더 기반의 대규모 언어 모델입니다. 라마는 실전에서 사용할 수 있을 정도의 높은 성능을 가진 언어 모델로, 오픈 소스 LLM 분야의 신호탄과 같은 역할을 하고 있습니다. 오픈 소스지만 최신 기술을 접목하고 대규모 데이터에서 훈련하여 높은 인기를 얻었죠. 라마 이후에는 오픈 소스 LLM 분야에서 두각을 나타내는 모델들이 많이 등장했습니다.

- 트랜스포머 디코더에서 사용하는 셀프 어텐션은 토큰 사이의 관계를 학습할 때 위치에 대한 정보를 고려하지 못한다는 단점이 있습니다. 이를 위해 원본 트랜스포머 모델은 위치 인코딩이라는 기법을 사용해 토큰의 임베딩에 일정한 값을 더해 줍니다. 최신 트랜스포머 모델들은 임베딩층을 사용해 학습을 통해 위치를 보정하는 방식을 주로 사용합니다. 라마는 이러한 절대 위치 임베딩이 아니라 토큰의 상대적인 위치를 고려하는 **로터리 위치 임베딩**을 사용하며, 이 방

식은 쿼리와 키 벡터를 회전시킴으로써 두 벡터를 점곱했을 때 상대적인 위치가 인코딩되도록 만듭니다.

- **RMS 정규화**는 자연어 처리 분야에서 널리 사용되는 층 정규화의 한 변종입니다. 층 정규화는 입력의 분산을 계산한 다음 각 원소에서 평균을 빼고, 분산의 제곱근으로 나눕니다. RMS 정규화는 이러한 과정에서 평균을 계산하지 않는 방법입니다. 따라서 분산을 구할 때는 단순히 입력을 제곱하여 평균하며, 각 원소에서도 평균을 빼지 않고 정규화합니다. RMS 정규화는 라마는 물론, 라마 이후에 등장하는 많은 LLM에서도 널리 사용되는 기법입니다.

- **SwiGLU 함수**는 GLU 함수에 시그모이드 대신 스위시 함수를 적용한 활성화 함수입니다. GLU 함수는 두 개의 밀집층을 사용해 각각 입력을 통과시킵니다. 두 밀집층 중 하나에만 활성화 함수(기본적으로 시그모이드 함수)를 적용하고, 두 밀집층의 출력을 원소별 곱셈하여 최종 출력을 만듭니다. SwiGLU 함수가 사용하는 스위시 함수는 입력을 시그모이드 함수에 통과시킨 후, 이 출력에 원본 입력을 다시 곱하는 식으로 계산됩니다.

- 모델의 성능을 높이기 위해 모델의 규모가 커지면서 어텐션 헤드의 개수도 늘어나는 경향이 있습니다. 헤드 개수가 늘어나면 헤드마다 키와 값을 계산하고 저장하는 부담이 커집니다. 이를 보완하기 위해 모든 쿼리 헤드에 동일한 키와 값을 사용하는 멀티 쿼리 어텐션이 개발되었습니다. **그룹 쿼리 어텐션**은 멀티 헤드 어텐션과 멀티 쿼리 어텐션의 중간 버전으로 생각할 수 있는데요. 모든 쿼리 헤드가 키와 값을 공유하는 것이 아니라 몇 개의 쿼리 헤드마다 키와 값 헤드가 하나씩 할당됩니다.

05-3 Gemma 모델로 텍스트 생성하기

젬마는 특히 구글의 클로즈드 소스 LLM인 제미나이(Gemini)의 구조와 기술의 영향을 받은 것으로 알려져 많은 관심을 받았습니다. 이렇듯 오픈 소스 LLM을 공부하는 것은 최신 LLM의 기술을 익히는 가장 좋은 방법입니다.

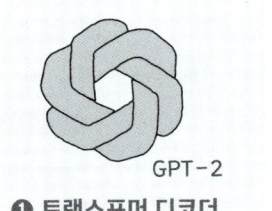
❶ 트랜스포머 디코더

❷ Llama

❸ Gemma

시작하기 전에

라마의 성능에 깊은 감명을 받은 한빛 마켓의 개발팀은 다양한 오픈 소스 LLM을 조사해 보기로 마음먹었습니다. 수많은 오픈 소스 LLM 중에 라마 외에 하나를 꼽으라면 어떤 것이 좋을까요?

메타의 라마-3보다는 조금 늦었지만 구글은 2024년 2월, 오픈 소스 LLM인 젬마를 공개하며 큰 호응을 받았습니다. 젬마에는 20억 파라미터 버전과 70억 파라미터 버전은 비교적 다른 LLM보다 경량이면서 성능까지 좋아 인기가 높습니다. 그럼 이번에는 젬마 모델에 대해 자세히 알아보겠습니다.

Gemma 모델 이해하기

젬마Gemma[24]의 문맥 길이는 8,192로 라마-3와 같습니다. 하지만 어휘사전의 크기는 256,128로 라마-3의 두 배에 달하죠. 20억 파라미터 버전과 70억 파라미터 버전은 각각 3조 개와 6조 개의 토큰을 사용하여 훈련했고, 토크나이저는 라마-2와 동일하게 센텐스피스 토크나이저를 사용합니다. 또한 라마처럼 로터리 위치 임베딩을 사용하지만, 그룹 쿼리 어텐션 대신 멀티 쿼리 어텐션(20억 파라미터 버전)과 멀티 헤드 어텐션(70억 파라미터 버전)을 사용합니다. 주로 메타의 라마를 기반으로 발전해온 오픈 소스 LLM의 생태계에 구글이 뛰어든 것은 매우 반가운 일입니다. 구글의 폭넓은 기술력과 자본을 통해 모델의 성능 향상을 넘어, LLM 분야의 발전 속도와 다양성을 크게 증가시킬 수 있기 때문입니다.

젬마의 공식 페이지(https://ai.google.dev/gemma?hl=ko)에 방문하면 다양한 젬마 버전과 튜토리얼을 찾을 수 있는데요. 젬마는 GPT-2와 같이 마지막 출력층에 임베딩층의 가중치를 재사용합니다. 그 다음 원본 트랜스포머 모델과 비슷하게 디코더 블록을 반복하기 전, 토큰 임베딩에 은닉 차원의 제곱근을 곱합니다. 젬마의 전체적인 구조는 다음과 같은 그림으로 살펴볼 수 있습니다.

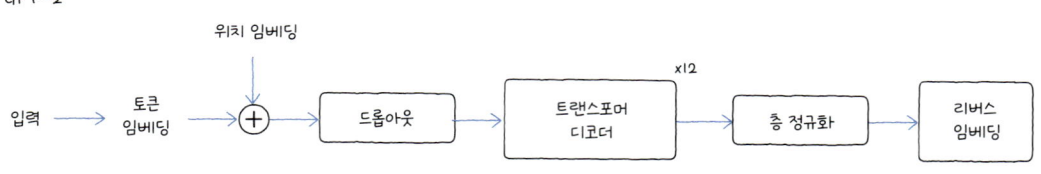

또한 라마처럼 RMS 정규화를 사용합니다. 라마와 젬마의 RMS 정규화는 거의 같지만 미세한 차이가 있습니다. 라마의 경우, 감마(γ) 파라미터에 해당하는 스케일 가중치를 1로 초기화합니다. 하지만 젬마의 경우에는 스케일 가중치를 0으로 초기화하는 대신 스케일 가중치를 적용할 때 1을 더합니다. KerasNLP는 젬마의 RMS 정규화를 위해 `RMSNormalization`층을 제공합니다. 그럼 이러한 젬마 디코더를 그림으로 확인해 보죠. 그림은 20억 파라미터 버전에 해당합니다.

---

[24] Gemma Team. Gemma: Open Models Based on Gemini Research and Technology(2024).

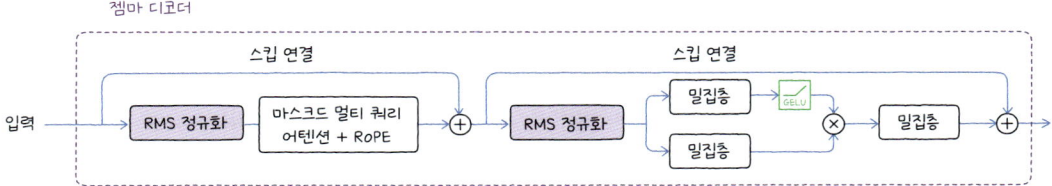

앞서 언급했듯이 젬마 70억 파라미터 버전은 멀티 쿼리 어텐션이 아니라 멀티 헤드 어텐션을 사용합니다. 20억 파라미터와 70억 파라미터 버전 모두 로터리 위치 임베딩을 사용하며, KerasNLP는 `CachedGemmaAttention` 클래스로 이 어텐션층을 제공합니다.

> **여기서 잠깐** **CachedGemmaAttention 클래스**
>
> 클래스 이름 앞에 있는 Cached는 텍스트를 생성할 때 이전 토큰의 키와 값을 반복해서 계산하는 것을 피하기 위해 **KV 캐시**(key-value cache)를 사용한다는 의미입니다. 텍스트를 생성할 때는 먼저 사용자가 입력한 프롬프트를 모두 사용해 키/값 캐시를 만들고, 마지막 토큰(쿼리)과 캐시를 사용하여 다음 토큰을 예측합니다. 이때 만들어진 키/값을 캐시에 추가하고, 생성된 토큰을 프롬프트 끝에 이어붙이는 식으로 반복되는데요. KerasNLP에서는 일반적인 멀티 헤드 어텐션에 KV 캐시 기능을 추가한 CachedMultiHeadAttention층을 제공하며, 케라스의 GPT-2가 바로 이 층을 사용합니다. 앞서 라마 모델을 위해 사용한 LlamaAttention층도 KV 캐시를 사용합니다.

마지막으로 피드 포워드 네트워크에 SiLU 함수를 사용하는 SwiGLU 대신, GELU 함수를 사용하는 GeGLU를 적용합니다. GeGLU는 SwiGLU 논문에 함께 소개되어 있습니다. 젬마의 전체 구조를 살펴봤으므로 20억 파라미터와 70억 파라미터 버전의 하이퍼파라미터를 정리해 보겠습니다.

모델	20억 파라미터 버전	70억 파라미터 버전
디코더층 개수	18	28
쿼리 헤드 개수	8	16
키/값 헤드 개수	1	16
은닉 차원	2,048	3,072
헤드 크기	256	256
피드 포워드 네트워크 크기	16,384	24,576

일반적인 트랜스포머 디코더 모델은 쿼리, 키, 값의 헤드 크기(`head_dim`)를 설정할 때 은닉 차원을 헤드 개수로 나눈 값으로 합니다. 하지만 젬마의 경우 70억 파라미터 버전의 헤드 크기를 이와 다르게 설정합니다. 기존 계산식에 따라 헤드 크기를 계산하면 3072 / 16 = 192지만, 젬마는 256으로 설정합니다. 이를 고려하여 젬마 모델을 만들어 보겠습니다.

KerasNLP로 Gemma 모델 만들기

젬마의 경우도 전체적으로 라마와 유사한 구조를 띠고 있으므로 라마를 참조하면 손쉽게 코드를 구현할 수 있습니다. 구글 코랩에서 새 노트 [05-3-gemma.ipynb]를 추가해 gemma_decoder() 함수부터 만들어 보죠.

> note 이번에도 이어지는 코드를 실행하기 위해서는 5장 1절(300쪽, 303쪽, 305쪽)에서 만들었던 make_causal_mask(), make_attention_mask() 함수와 AttentionMask 클래스를 복사해서 사용하세요.

Gemma 모델의 경우도 유료인 A100이나 High-RAM CPU 런타임을 사용해야 로드할 수 있습니다.

따라 하며 배우는 코딩

젬마 디코더 만들기 소스 코드 05-3-gemma.ipynb

```
01  import keras
02  from keras import layers
03  import keras_nlp
04
05  from keras_nlp.src.models.gemma.gemma_attention import CachedGemmaAttention
06  from keras_nlp.src.models.gemma.rms_normalization import RMSNormalization
07
08  def gemma_decoder(x, padding_mask, num_query_heads, num_key_value_heads,
09                   interm_dim, hidden_dim, head_dim):
10      # 어텐션 마스크를 계산합니다.
11      attention_mask = AttentionMask()(padding_mask)
12      # 스킵 연결을 준비합니다.
13      residual = x
14      x = RMSNormalization()(x)
15      # 멀티 헤드 어텐션을 통과합니다.
16      gemma_attention = CachedGemmaAttention(head_dim=head_dim,
17                                             num_query_heads=num_query_heads,
18                                             num_key_value_heads=num_key_value_heads,
19                                             dropout=0.0)
20      x = gemma_attention(x, attention_mask)
21      # 스킵 연결
22      x = x + residual
23      # 스킵 연결을 준비합니다.
24      residual = x
```

```
25      # 위치별 피드 포워드 네트워크
26      x = RMSNormalization()(x)
27      x1 = layers.Dense(interm_dim // 2, activation='gelu', use_bias=False)(x)
28      x2 = layers.Dense(interm_dim // 2, use_bias=False)(x)
29      x = x1 * x2
30      x = layers.Dense(hidden_dim, use_bias=False)(x)
31      # 스킵 연결
32      x = x + residual
33      return x
```

09 헤드 크기를 전달받기 위해 head_dim 매개변수가 추가되었습니다.

14, 26 LlamaLayerNorm층 대신에 RMSNormalization층을 사용합니다.

16~19 CachedGemmaAttention층에는 head_dim을 따로 전달해야 합니다.

27~28 피드 포워드 네트워크에 SiLU 활성화 함수 다신 GELU 활성화 함수를 사용하며, 피드 포워드 네트워크의 실제 크기는 interm_dim 값의 절반으로 설정합니다. 그 외는 라마의 디코더와 동일합니다.

그럼 이 gemma_decoder( )를 사용해 20억 파라미터 버전의 젬마 모델을 만들어 보겠습니다.

01 먼저 필요한 하이퍼파라미터를 정의하고 입력과 마스킹을 준비합니다.

```
01  from keras_nlp.layers import ReversibleEmbedding
02
03  # Gemma 2B
04  vocab_size = 256000
05  num_layers = 18
06  num_query_heads = 8
07  num_key_value_heads = 1
08  interm_dim = 32768
09  hidden_dim = 2048
10  head_dim = 256
11
12  token_ids = keras.Input(shape=(None,))
13  padding_mask = keras.Input(shape=(None,))
```

02 토큰 아이디를 임베딩층에 통과시키고, 이 임베딩층의 출력에 은닉 차원의 제곱근을 곱합니다. 여기서는 임의의 함수를 케라스층으로 만들어 주는 layers.Lambda 클래스를 사용했습니다. Lambda층에 전달할 함수는 파이썬 lambda 함수로 만듭니다.

```
01  token_embedding_layer = ReversibleEmbedding(vocab_size, hidden_dim)
02  x = token_embedding_layer(token_ids)
03  x = layers.Lambda(lambda x: x * keras.ops.sqrt(hidden_dim))(x)
```

03 그 다음 젬마 디코더 블록을 반복합니다.

```
01  for _ in range(num_layers):
02      x = gemma_decoder(x, padding_mask, num_query_heads,
03                        num_key_value_heads, interm_dim, hidden_dim, head_dim)
```

04 마지막으로 층 정규화를 거쳐 토큰 임베딩층을 통과하여 출력을 만듭니다.

```
01  x = RMSNormalization()(x)
02  outputs = token_embedding_layer(x, reverse=True)
03  model = keras.Model(inputs=(token_ids, padding_mask),
04                      outputs=(outputs))
05  model.summary(line_length=100)
```

> 실행결과

Model: "functional"

Layer (type)	Output Shape	Param #	Connected to
input_layer (InputLayer)	(None, None)	0	-
reversible_embedding (ReversibleEmbedding)	(None, None, 256000)	524,288,000	input_layer[0][0], rms_normalization_36[…
lambda (Lambda)	(None, None, 2048)	0	reversible_embedding[…
input_layer_1 (InputLayer)	(None, None)	0	-
rms_normalization (RMSNormalization)	(None, None, 2048)	2,048	lambda[0][0]
… (중략) …			

dense_53 (Dense)	(None, None, 2048)	33,554,432	multiply_17[0][0]
add_35 (Add)	(None, None, 2048)	0	dense_53[0][0], add_34[0][0]
rms_normalization_36 (RMSNormalization)	(None, None, 2048)	2,048	add_35[0][0]

Total params: 2,506,172,416 (9.34 GB)
Trainable params: 2,506,172,416 (9.34 GB)
Non-trainable params: 0 (0.00 B)

이 모델의 파라미터는 약 25억 개 정도입니다. 다른 대규모 언어 모델보다 비교적 크기가 작은 편이지만 성능은 뒤지지 않습니다. 실제로 한 번 확인해 보겠습니다.

Gemma 모델로 텍스트 생성하기

캐글에서 사전 훈련된 모델을 로드하여 간단한 텍스트를 생성하면서 젬마 모델의 성능을 확인해 보겠습니다. 먼저 캐글에 젬마 모델에 대한 사용 허가를 요청해야 합니다.

모델 사용 허가 요청하기

젬마 모델은 오픈 소스이므로 악의적인 목적이 아니라면 상업적 용도로도 자유롭게 사용할 수 있습니다. 젬마는 라마와 달리 구글에 따로 사용 허가를 받지 않고 캐글에서만 신청하면 됩니다.

01 젬마 모델 페이지(https://www.kaggle.com/models/google/gemma/)에 있는 [Request Access] 버튼을 클릭합니다.

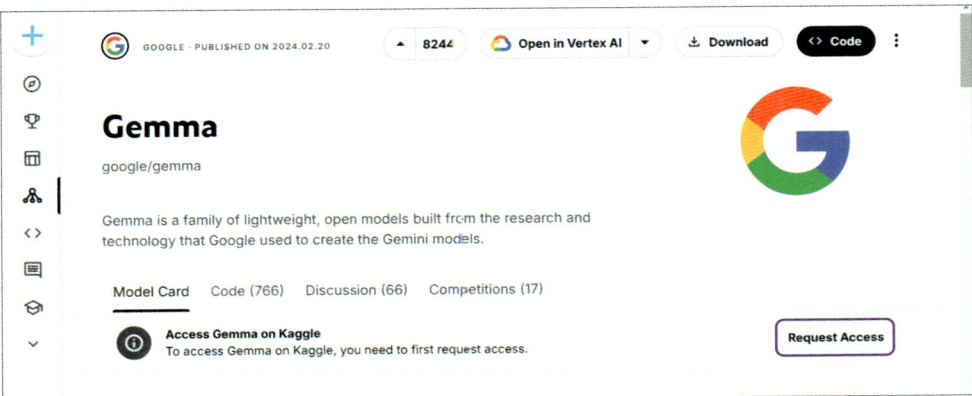

02 허가 요청 양식은 간단합니다. 이름과 이메일 주소를 입력하는 것이 전부입니다(이메일 주소는 캐글 계정의 이메일 주소가 자동으로 작성됩니다).

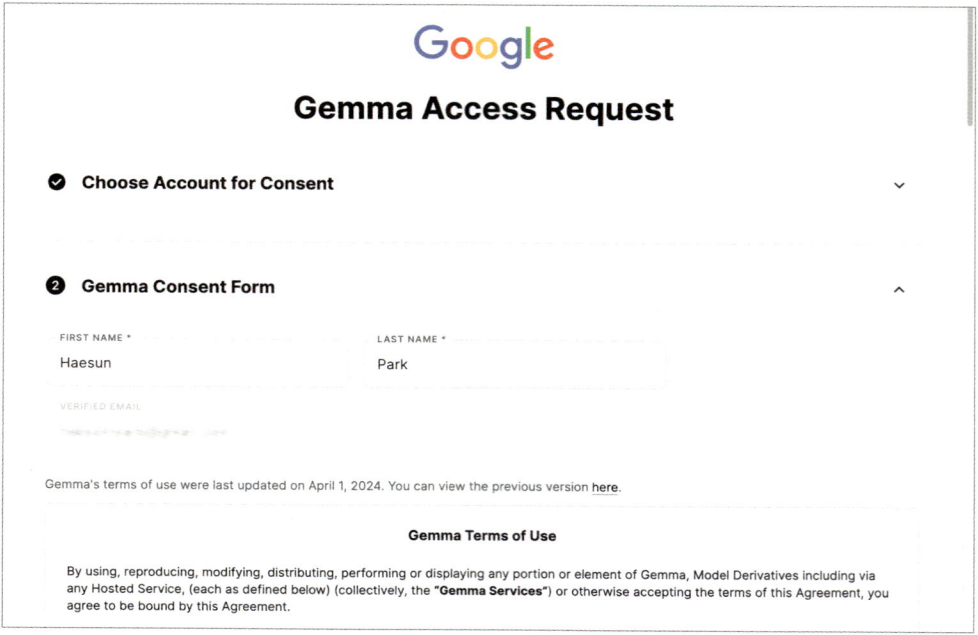

03 약관을 읽고 하단에 있는 [I accept the terms and conditions]에 체크해 동의한 후 [Accept] 버튼을 눌러 사용 허가 요청을 끝냅니다. 젬마 모델은 사용 요청을 하자마자 바로 사용할 수 있습니다.

Gemma 모델로 텍스트 생성하기

젬마에는 여러 버전의 모델이 있지만, 여기서는 가장 기본적인 20억 파라미터 모델을 사용하여 텍스트를 생성해 보겠습니다.

01 먼저 캐글 API 토큰을 생성하여 ~/.kaggle/ 디렉토리에 저장합니다.

```
01  !mkdir ~/.kaggle/
02  !mv kaggle.json ~/.kaggle/
```

02 GemmaCausalLM 클래스를 사용해 gemma_2b_en 모델을 로드합니다.

```
01  gemma = keras_nlp.models.GemmaCausalLM.from_preset('gemma_2b_en')
```

03 마찬가지로 'stay hungry, stay'를 사용해 짧은 텍스트를 생성해 보겠습니다. 젬마 모델은 라마에 비해 크기가 작지만 꽤 흥미로운 텍스트를 생성합니다.

```
01  sampler = keras_nlp.samplers.TopPSampler(p=0.8, seed=42)
02  gemma.compile(sampler=sampler)
03  gemma.generate('stay hungry, stay', max_length=20)
```

실행결과
'stay hungry, stay foolish! This legendary t-shirt design was born from the conception of taking'

04 젬마의 훈련 데이터 대부분은 영어지만, 역시 다국어도 일부 포함되어 있으므로 한글 프롬프트로도 텍스트를 생성해 보겠습니다.

```
01  gemma.generate('봄이 오면', max_length=20)
```

실행결과
'봄이 오면 녹아 쓴다. 밤이 오면 더 쓴'

05 라마-3와 마찬가지로 젬마를 한국어 데이터로 미세 튜닝한 모델은 허깅페이스에서도 많이 찾을 수 있습니다. 대표적인 젬마 한국어 모델 중 하나인 이준범 님의 gemma-ko-2b 모델[25]을 사용하여 텍스트를 생성해 보겠습니다(코랩의 메모리 부족 문제를 피하기 위해 이어지는 코드는 새 노트 [05-3-gemma-ko.ipynb]를 생성해 작성하세요).

```
01  from transformers import pipeline, set_seed
02
03  gemma_pipe = pipeline("text-generation", model="beomi/gemma-ko-2b")
04  set_seed(42)
05  gemma_pipe('봄이 오면', max_length=20, truncation=True)
```

실행결과 [{'generated_text': '봄이 오면서 겨울이 빨리 지나가는 것 같아'}]

note 이준범 님은 젬마 이외에도 많은 LLM을 한국어 데이터로 미세 튜닝하여 공개하고 있습니다. 관심이 있는 독자는 이준범 님의 허깅페이스 프로필 페이지(https://huggingface.co/beomi)를 참고하세요.

한국어 데이터로 미세 튜닝한 모델을 사용했더니 훨씬 자연스러운 문장이 생성되었군요! 이어서 이러한 젬마의 후속 모델인 젬마-2에 대해 알아보죠.

Gemma-2 모델로 텍스트 생성하기

구글은 젬마-1을 발표한지 채 1년이 지나지 않아 2024년 10월에 젬마-2[26]를 발표했습니다. 젬마-2는 20억 파라미터와 90억 파라미터, 270억 파라미터 버전으로 공개되었는데요. 젬마-2의 기본적인 구조와 구성 요소는 젬마-1과 같습니다.

모델	20억 파라미터 버전	90억 파라미터 버전	270억 파라미터 버전
디코더층 개수	26	42	46
쿼리 헤드 개수	8	16	32
키/값 헤드 개수	4	8	16
은닉 차원	2,304	3,584	4,608
헤드 크기	256	256	128
피드 포워드 네트워크 크기	9,216	14,336	36,864

[25] https://huggingface.co/beomi/gemma-ko-2b
[26] Gemma Team. Gemma 2: Improving Open Language Models at a Practical Size(2024).

주요 하이퍼파라미터를 정리하면서 젬마-1과의 차이점에 초점을 맞춰 조금 더 자세히 살펴보겠습니다.

❶ 20억 파라미터 버전

두 모델은 20억 파라미터 버전을 기준으로 다음과 같이 정리해 볼 수 있습니다. 은닉 차원의 크기가 거의 비슷한 대신에 디코더층을 18개에서 26개로 크게 늘렸습니다. 또한 젬마-1의 20억 파라미터 버전은 멀티 쿼리 어텐션을 사용했지만, 젬마-2에서는 모든 버전이 그룹 쿼리 어텐션을 사용합니다. 젬마-2에서는 쿼리 헤드와 키/값 헤드의 비율을 일정하게 두 배로 유지한 반면, 젬마-2의 피드 포워드 네트워크 크기는 젬마-1에 비해 크게 줄은 것처럼 보입니다. 하지만 젬마-2는 피드 포워드 네트워크의 크기를 설정할 때 젬마-1처럼 2로 나누지 않기 때문에 실제로는 조금 증가한 것으로 볼 수 있습니다.

모델	젬마-1 20억 파라미터 버전	젬마-2 20억 파라미터 버전
디코더층 개수	18	26
쿼리 헤드 개수	8	8
키/값 헤드 개수	1	4
은닉 차원	2,048	2,304
헤드 크기	256	256
피드 포워드 네트워크 크기	16,384	9,216

젬마-2의 어텐션에는 **슬라이딩 윈도 어텐션** sliding window attention 이라는 기법이 적용되어 있습니다. 간단히 말해, 현재 토큰을 중심으로 윈도 크기만큼 주변의 토큰만 어텐션 계산에 참여하는 방법입니다. 슬라이딩 윈도 어텐션을 사용하면 어텐션 계산에 필요한 메모리를 줄이고, 계산 속도를 높일 수 있습니다. 젬마-2에서 사용하는 슬라이딩 윈도의 크기는 모델의 파라미터 크기에 상관없이 모두 4,096 입니다.

❷ 90억 파라미터 버전

앞서 언급했던 것처럼 젬마-2의 90억 파라미터 버전도 그룹 쿼리 어텐션을 사용합니다. 젬마-1의 70억 파라미터 버전에 비해 키/값 헤드 개수는 절반으로 줄었고, 피드 포워드 네트워크 크기도 절반 가까이 줄었습니다. 은닉 차원은 소폭 증가했습니다. 무엇보다도 디코더층의 개수가 28개에서 42개로 크게 늘면서 전체적인 파라미터 개수가 70억에서 90억 개로 늘어났습니다.

모델	젬마-1 70억 파라미터 버전	젬마-2 90억 파라미터 버전
디코더층 개수	28	42
쿼리 헤드 개수	16	16
키/값 헤드 개수	16	8
은닉 차원	3,072	3,584
헤드 크기	256	256
피드 포워드 네트워크 크기	24,576	14,336

❸ 270억 파라미터 버전

270억 파라미터 버전은 90억 파라미터 버전보다 쿼리 헤드와 키/값 헤드 개수가 모두 두 배 증가합니다. 대신에 헤드 크기는 절반으로 줄어들었습니다. 또한 디코더층을 더 많이 쌓았고, 은닉 차원의 크기도 증가했습니다. 피드 포워드 네트워크의 크기도 두 배 이상 증가했습니다.

젬마-2의 마지막 구조적인 차이점은 RMS 정규화를 어텐션 블록과 피드 포워드 네트워크 전후에 모두 적용한다는 점입니다. 이를 통해 젬마-2는 어텐션 블록의 입력과 출력, 그리고 피드 포워드 네트워크의 입력과 출력을 모두 정규화해 훈련의 안정성을 높였습니다. 다음 그림을 통해 추가된 RMS 정규화층을 확인해 보세요.

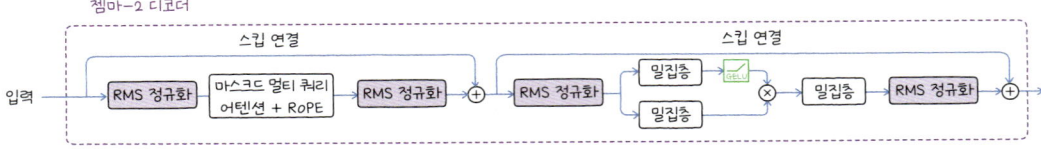

이러한 구조적 차이를 고려하여 KerasNLP를 사용해 젬마-2 모델의 20억 파라미터 버전을 만들어 보겠습니다. 이어서 [05-3-gemma-ko.ipynb] 노트에 코드를 작성하며, 이번에도 역시 5장 1절에서 만들었던 make_causal_mask(), make_attention_mask() 함수와 AttentionMask 클래스를 복사해서 사용해야 합니다.

> **따라 하며 배우는 코딩**
>
> **젬마-2 디코더 만들기**   소스 코드 05-3-gemma-ko.ipynb

```
01  from keras_nlp.src.models.gemma.gemma_attention import CachedGemmaAttention
02  from keras_nlp.src.models.gemma.rms_normalization import RMSNormalization
03
```

```python
04  def gemma2_decoder(x, padding_mask, num_query_heads, num_key_value_heads,
05                     interm_dim, hidden_dim, head_dim):
06      # 어텐션 마스크를 계산합니다.
07      attention_mask = AttentionMask()(padding_mask)
08      # 스킵 연결을 준비합니다.
09      residual = x
10      x = RMSNormalization()(x)
11      # 멀티 헤드 어텐션을 통과합니다.
12      gemma_attention = CachedGemmaAttention(head_dim=head_dim,
13                                             num_query_heads=num_query_heads,
14                                             num_key_value_heads=num_key_value_heads,
15                                             use_sliding_window_attention=True,
16                                             dropout=0.0)
17      x = gemma_attention(x, attention_mask)
18      # 포스트 정규화
19      x = RMSNormalization()(x)
20      # 스킵 연결
21      x = x + residual
22      # 스킵 연결을 준비합니다.
23      residual = x
24      # 위치별 피드 포워드 네트워크
25      x = RMSNormalization()(x)
26      x1 = layers.Dense(interm_dim, activation='gelu', use_bias=False)(x)
27      x2 = layers.Dense(interm_dim, use_bias=False)(x)
28      x = x1 * x2
29      x = layers.Dense(hidden_dim, use_bias=False)(x)
30      # 포스트 정규화
31      x = RMSNormalization()(x)
32      # 스킵 연결
33      x = x + residual
34      return x
```

12~16 슬라이딩 윈도 어텐션을 위해 CachedGemmaAttention 클래스에 use_sliding_window_attention 매개변수를 True로 지정합니다. 이 클래스에서 슬라이딩 윈도의 크기는 sliding_window_size 매개변수로 설정하지만, 이 매개변수의 기본값이 4,096이므로 따로 지정하지 않습니다.

21 마지막으로 젬마-2는 피드 포워드 네트워크의 크기를 지정할 때 2로 나누지 않습니다. 그 외에는 젬마-1과 동일합니다.

이제 모델의 입력을 정의하고 젬마-2의 20억 파라미터 버전 모델을 완성해 보겠습니다. 이 코드는 `gemma2_decoder()` 함수만 제외하면 젬마-1에서 사용했던 코드와 완전히 동일합니다. `summary()` 메서드를 호출하여 파라미터 크기를 보면 약 26억 개인 것을 확인할 수 있습니다.

> **따라 하며 배우는 코딩**
>
> **젬마-2 모델 만들기**   소스 코드   05-3-gemma-ko.ipynb

```
01  from keras_nlp.layers import ReversibleEmbedding
02
03  # Gemma2 2B
04  vocab_size = 256000
05  num_layers = 26
06  num_query_heads = 8
07  num_key_value_heads = 4
08  interm_dim = 9216
09  hidden_dim = 2304
10  head_dim = 256
11
12  token_ids = keras.Input(shape=(None,))
13  padding_mask = keras.Input(shape=(None,))
14
15  token_embedding_layer = ReversibleEmbedding(vocab_size, hidden_dim)
16  x = token_embedding_layer(token_ids)
17  x = layers.Lambda(lambda x: x * keras.ops.sqrt(hidden_dim))(x)
18
19  for _ in range(num_layers):
20      x = gemma2_decoder(x, padding_mask, num_query_heads, num_key_value_heads,
21                        interm_dim, hidden_dim, head_dim)
22
23  x = RMSNormalization()(x)
24  outputs = token_embedding_layer(x, reverse=True)
```

```
25  model = keras.Model(inputs=(token_ids, padding_mask),
26                      outputs=(outputs))
27  model.summary(line_length=100)
```

실행결과

Model: "functional"

Layer (type)	Output Shape	Param #	Connected to
input_layer_2 (InputLayer)	(None, None)	0	-
reversible_embedding_1 (ReversibleEmbedding)	(None, None, 256000)	589,824,000	input_layer_2[0][0], rms_normalization_141[…
lambda_1 (Lambda)	(None, None, 2304)	0	reversible_embedding_1…
input_layer_3 (InputLayer)	(None, None)	0	-
rms_normalization_37 (RMSNormalization)	(None, None, 2304)	2,304	lambda_1[0][0]
… (중략) …			
rms_normalization_140 (RMSNormalization)	(None, None, 2304)	2,304	dense_131[0][0]
add_87 (Add)	(None, None, 2304)	0	rms_normalization_140[… add_86[0][0]
rms_normalization_141 (RMSNormalization)	(None, None, 2304)	2,304	add_87[0][0]

Total params: 2,614,341,888 (9.74 GB)
Trainable params: 2,614,341,888 (9.74 GB)
Non-trainable params: 0 (0.00 B)

마지막으로 캐글에서 젬마-2 모델을 로드하여 앞에서와 같은 한글 프롬프트로 텍스트를 생성해 보겠습니다.

01 먼저 캐글 API 토큰을 업로드하고 ~/.kaggle 디렉토리에 복사합니다.

```
01  !mkdir ~/.kaggle/
02  !mv kaggle.json ~/.kaggle/
```

02
그 다음 젬마-1에서 사용했던 것과 동일한 `GemmaCausalLM` 클래스로 젬마-2의 20억 파라미터 모델을 로드합니다.

```
01  gemma = keras_nlp.models.GemmaCausalLM.from_preset('gemma2_2b_en')
```

03
top-p 샘플링을 지정하여 '봄이 오면'이라는 한글 프롬프트로 시작하는 텍스트를 생성합니다.

```
01  sampler = keras_nlp.samplers.TopPSampler(p=0.8, seed=42)
02  gemma.compile(sampler=sampler)
03  gemma.generate('봄이 오면', max_length=20)
```

> 실행결과 봄이 오면 많은 사람들이 물론 대부분 자외선 차단제를

여기서 잠깐 | PaliGemma와 Gemma-3

구글은 2024년 5월과 12월에 젬마 기반의 멀티 모달 모델인 PaliGemma와 PaliGemma2를 공개했습니다. 팔리젬마는 이미지를 입력한 후, 이에 대해 질문할 수 있고 영문은 물론 한국어에서도 높은 성능을 보여줍니다. 팔리젬마 모델은 허깅페이스의 PaliGemma 스페이스에서 테스트해 볼 수 있습니다. 다음 링크를 참고하세요.

- **모델 상세 페이지**: https://www.kaggle.com/models/google/paligemma
- **스페이스**: https://huggingface.co/spaces/big-vision/paligemma

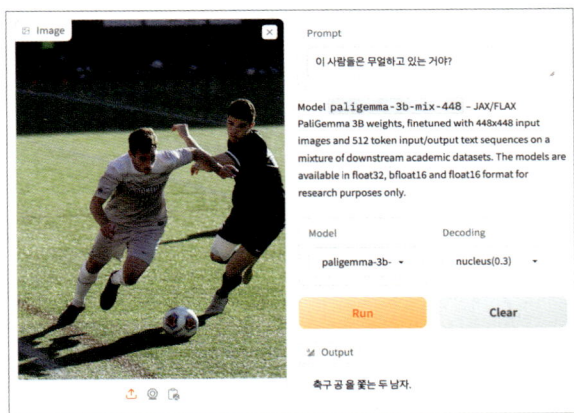

또한 2025년 3월에는 10억, 40억, 120억, 270억 파라미터 버전을 가진 젬마-3가 발표되었습니다. 10억 파라미터를 제외한 나머지 모델이 모두 멀티 모달 모델입니다.

> **note** LG AI 연구원에서도 트랜스포머 디코더 모델인 EXAONE을 공개했습니다. 이는 『혼자 공부하는 머신러닝+딥러닝 (개정판)』(한빛미디어, 2025)에서 소개하는 내용을 참고할 수 있습니다. 또한 2025년 4월에는 네이버에서도 오픈 소스 LLM인 클로바 엑스 시드 모델을 공개했습니다.

| 미니 프로젝트 | **KerasNLP로 Llama-3 모델 만들기** |

354쪽에서는 허깅페이스의 `transformers` 라이브러리를 사용해 라마-3 모델을 사용해 봤습니다. 이번에는 360쪽에 있는 라마-3 하이퍼파라미터와 343쪽에 있는 라마-2의 구현 코드를 참고하여 KerasNLP로 80억 파라미터 버전의 라마-3를 구현해 보세요.

본문에서 구현한 `llama_decoder()` 함수와 KerasNLP의 `LlamaLayerNorm` 클래스를 활용합니다. 참고로, 라마-3 모델의 파라미터 크기는 8,030,261,248입니다.

이하 코드는 구글 코랩에서 새 노트 [05-3-exercise.ipynb]를 생성하여 구현해 보겠습니다.

> note 라마 디코더 구현에 필요한 make_causal_mask() 함수와 make_attention_mask() 함수, AttentionMask 클래스 (300쪽, 303쪽, 305쪽), LlamaLayerNorm 클래스와 llama_decoder() 함수(338쪽, 342쪽)에 해당하는 코드를 복사해 사용합니다.

01 먼저 라마-3의 하이퍼파라미터를 설정하고 입력을 준비합니다. 라마-3는 그룹 쿼리 어텐션을 사용하므로 쿼리 헤드 개수와 키/값 헤드의 개수가 다릅니다.

```
01  vocab_size = 128256
02  num_layers = 32
03  num_query_heads = 32
04  num_key_value_heads = 8
05  interm_dim = 14336
06  hidden_dim = 4096
07
08  token_ids = keras.Input(shape=(None,))
09  padding_mask = keras.Input(shape=(None,))
```

02 그리고 임베딩층에 입력을 통과시킵니다. 라마-2와 마찬가지로 마지막 층에 별도의 밀집층을 훈련하기 때문에 ReversibleEmbedding 클래스의 tie_weights 매개변수를 False로 지정하여 리버스 모드에서 별도의 가중치가 훈련되도록 만듭니다.

```
01  from keras_nlp.layers import ReversibleEmbedding
02
03  token_embedding_layer = ReversibleEmbedding(vocab_size, hidden_dim,
04                                              tie_weights=False)
05  x = token_embedding_layer(token_ids)
```

03 llama_decoder() 함수를 반복 호출하여 디코더층을 쌓습니다.

```
01  for _ in range(num_layers):
02      x = llama_decoder(x, padding_mask, num_query_heads,
03                       num_key_value_heads, interm_dim, hidden_dim)
```

04 마지막으로 층 정규화와 출력층을 거쳐 모델의 최종 출력을 만들고, summary() 메서드를 호출하여 360쪽에서 살펴봤던 라마-3의 파라미터 개수와 같은지 확인해 보겠습니다.

```
01  x = LlamaLayerNorm()(x)
02  outputs = token_embedding_layer(x, reverse=True)
03  model = keras.Model(inputs=(token_ids, padding_mask),
04                     outputs=(outputs))
05  model.summary()
```

> 실행결과

```
Model: "functional"
```

Layer (type)	Output Shape	Param #	Connected to
input_layer (InputLayer)	(None, None)	0	-
reversible_embedding (ReversibleEmbedding)	(None, None, 128256)	1,050,673,152	input_layer[0][0], llama_layer_norm_64[0…
input_layer_1 (InputLayer)	(None, None)	0	-
llama_layer_norm (LlamaLayerNorm)	(None, None, 4096)	4,096	reversible_embedding[…
··· (중략) ···			
dense_95 (Dense)	(None, None, 4096)	58,720,256	multiply_31[0][0]
add_63 (Add)	(None, None, 4096)	0	dense_95[0][0], add_62[0][0]
llama_layer_norm_64 (LlamaLayerNorm)	(None, None, 4096)	4,096	add_63[0][0]

Total params: 8,030,261,248 (29.92 GB)

Trainable params: 8,030,261,248 (29.92 GB)

Non-trainable params: 0 (0.00 B)

마무리

3절에서는 구글에서 공개한 또 다른 오픈 소스 LLM인 젬마에 대해 알아봤습니다. 젬마는 라마-2와 공유되는 특징이 많기 때문에 이해하기가 쉽고, 비교적 구현도 간단합니다. 라마-2는 가장 작은 모델이 70억 파라미터 버전인 반면, 젬마는 20억 파라미터 버전부터 제공합니다. 이러한 젬마의 하이퍼파라미터를 참고하여 KerasNLP로 20억 파라미터 버전의 모델을 구현해 봤습니다. 또한 캐글에서 사전 훈련된 젬마 모델을 로드하고 영문과 한글 프롬프트를 사용해 이어지는 텍스트를 생성해 보고, 허깅페이스에서 한국어로 미세 튜닝한 젬마 모델을 로드하여 간단한 한글 프롬프트로 테스트해 보기도 했습니다.

다음으로 소개한 젬마-2는 젬마-1의 구조와 거의 동일했는데요. 젬마-1과 젬마-2의 하이퍼파라미터 차이를 정리해 보고, 마찬가지로 젬마-2 모델을 KerasNLP로 만들어 봤습니다. 그리고 캐글에서 젬마-2 모델을 로드하여 한글 텍스트를 생성해 보고, [미니 프로젝트]에서는 80억 파라미터 버전의 라마-3 모델까지 KerasNLP로 구현해 봤습니다.

이렇게 두 개 장에 걸쳐 트랜스포머 인코더 모델과 트랜스포머 디코더 모델에 대해 중점적으로 알아봤는데요. 다음 6장에서는 인코더와 디코더를 모두 사용하는 트랜스포머 인코더-디코더 모델을 배워 보겠습니다.

▶ 키워드로 정리하는 핵심 포인트

- **젬마**는 구글이 만든 트랜스포머 디코더 기반의 오픈 소스 LLM입니다. 젬마-1은 2024년 2월, 젬마-2는 2024년 10월에 공개되었습니다. 젬마도 RMS 정규화, 로터리 위치 임베딩, 멀티 쿼리 어텐션, 그룹 쿼리 어텐션과 같은 최신 기술을 사용했습니다. 젬마-1은 20억 파라미터 버전과 70억 파라미터 버전으로 제공되며, 젬마-2는 20억, 90억, 270억 파라미터 버전으로 제공됩니다. 젬마-1의 20억 파라미터 버전에서는 멀티 쿼리 어텐션을 사용하며, 젬마-2는 모두 그룹 쿼리 어텐션을 사용합니다. 젬마는 메타의 라마에 대한 구글의 대답이라고 볼 수 있습니다.

- **GeGLU 함수**는 GLU 함수에 시그모이드 함수 대신에 GELU 함수를 적용한 활성화 함수입니다. 5장 2절에서 소개했듯이 GLU 함수는 두 개의 밀집층을 사용합니다. 두 밀집층 중 하나에 적용되는 활성화 함수에 따라 GLU 함수의 이름을 SwiGLU, GeGLU 등으로 부릅니다. GeGLU에 사용되는 GELU 함수는 가우스 오차 함수를 사용한 활성화 함수입니다.

Chapter 06

트랜스포머 인코더-디코더 모델로 텍스트 요약하기

학습목표

- 인코더-디코더 기반의 트랜스포머 구조에 대해 알아보고, 인코더가 처리한 정보를 디코더에 주입하는 크로스 어텐션에 대해 이해합니다.
- 트랜스포머 인코더-디코더 모델인 BART의 구조와 훈련 방법을 알아보고, 사전 훈련된 BART 모델을 사용하는 방법을 배웁니다.
- 구글이 공개한 트랜스포머 인코더-디코더 모델인 T5가 다양한 텍스트 작업을 어떻게 처리하는지 살펴보고, 사전 훈련된 T5 모델의 사용 방법과 T5-1.1 버전을 알아봅니다.

챕터 미리보기

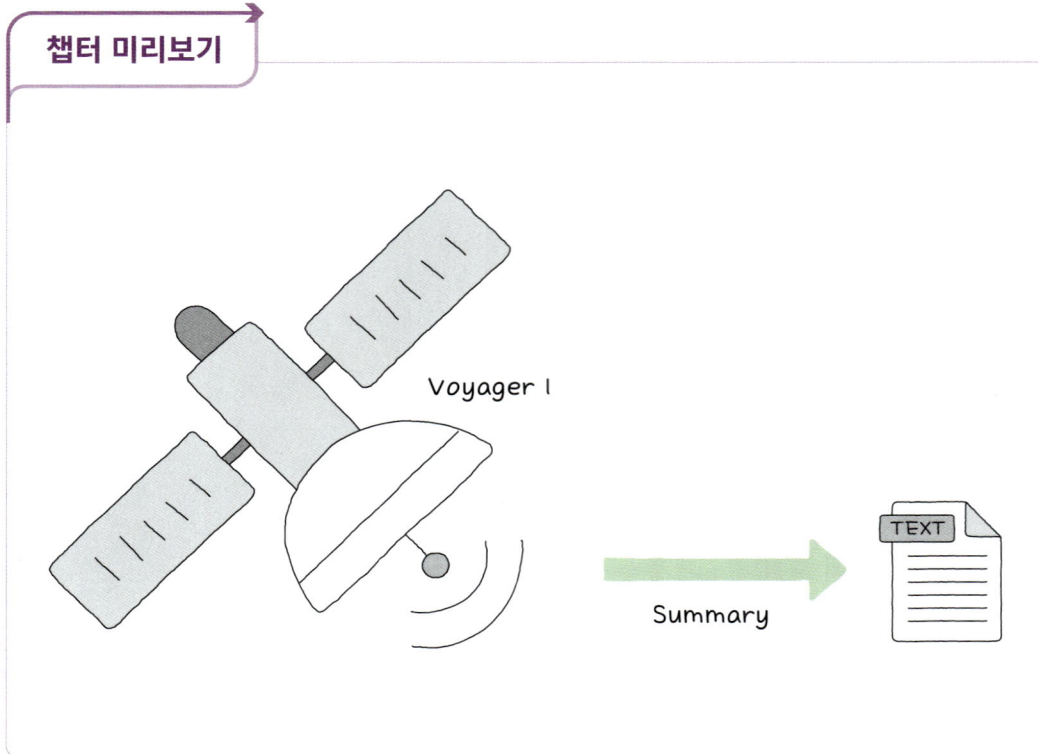

▲ 트랜스포머 기반 대규모 언어 모델로 텍스트 요약하기

❶ BART

트랜스포머 기반의 인코더-디코더 모델인 BART를 구현해 보면서 텍스트 요약과 같은 자연어 처리에 대한 이해를 넓힌다.

❷ T5

모든 처리 작업을 텍스트 투 텍스트 방식으로 수행하는 T5 모델을 구현해 보면서 효율적인 인코더-디코더 구조와 어텐션 버킷 기법에 대해 이해한다.

❸ 에필로그

지금까지 등장했던 주요 합성곱 신경망과 트랜스포머 모델의 구조를 이해해 봤다. 이제 더 나아가 학습의 범위를 넓혀 보자.

06-1 BART 모델로 텍스트 요약하기

트랜스포머 인코더-디코더 모델을 사용하는 대표적인 작업은 텍스트 요약과 기계 번역입니다. 두 작업은 일련의 텍스트를 입력받아(인코더) 또 다른 텍스트를 출력(디코더)합니다.

❶ 트랜스포머 인코더-디코더

❷ T5

❸ 에필로그

시작하기 전에

한빛 마켓의 인기가 높아지자 고객들이 장문의 리뷰를 남기는 일이 잦아졌습니다. 긴 리뷰를 읽기 귀찮은 사람은 사용자의 의견을 파악하기가 어렵겠군요. 게다가 해외 구매자의 리뷰라면 더욱 읽기가 힘듭니다. 한빛 마켓은 이 문제를 해결하기 위해 리뷰 요약 모델을 도입하기로 결정했습니다.

인코더-디코더 구조로 이뤄진 원본 트랜스포머 모델은 이와 같은 텍스트 요약과 기계 번역에 알맞습니다. 앞서 인코더와 디코더 모델을 만들어 보면서 중요한 개념을 모두 익혔으니 인코더와 디코더를 합치는 작업은 크게 어렵지 않을 것 같습니다. 먼저 트랜스포머 디코더 모델에서 인코더의 출력을 어떻게 전달받는지부터 살펴보죠.

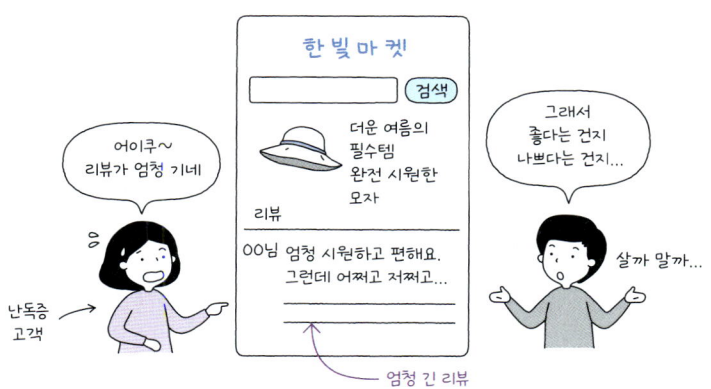

트랜스포머 인코더-디코더 모델 만들기

원본 트랜스포머는 인코더와 디코더를 모두 사용하는 모델입니다. 인코더에서 입력된 텍스트를 한 번에 처리해 디코더에게 전달하면, 디코더에서 자귀회귀 방식으로 새로운 텍스트를 생성합니다. 앞서 5장 1절에서 트랜스포머 디코더 모델에 대해 배울 때 디코더에는 인코더의 출력을 입력받는 부분이 있다고 했던 것을 기억하시나요? 그 부분이 바로 **크로스 어텐션**cross attention입니다. 디코더 전용 모델에는 크로스 어텐션이 필요 없지만, 인코더-디코더 모델에는 인코더의 출력을 디코더에게 전달하기 위해 이 부분을 추가해야 합니다. 먼저 인코더의 출력이 어떻게 전달되는지 그림으로 살펴보죠.

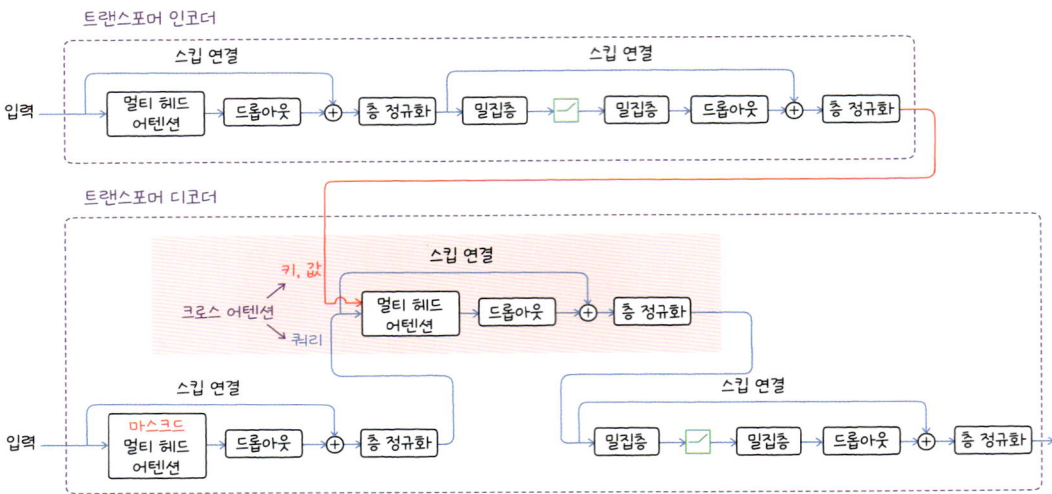

와우! 엄청 복잡해 보이는군요. 하지만 자세히 살펴보면 지금까지 만들어 봤던 구조와 비슷한 점이 많습니다. 그림의 위쪽은 4장 1절에서 살펴봤던 인코더 구조와 동일하고, 아래쪽 디코더 구조에는 조금 바뀐 부분이 보입니다. 자세히 알아보죠.

먼저 디코더에 인코더의 출력을 주입하기 위해 마스크드 멀티 헤드 어텐션층을 포함하여 스킵 연결부터 층 정규화까지 구성한 블록이 추가되었습니다. 이 부분이 바로 크로스 어텐션을 수행하는 층입니다. 인코더의 출력이 어텐션층의 키와 값으로 입력되고, 디코더의 이전 출력은 쿼리로 전달됩니다. 셀프 어텐션층은 쿼리, 키, 값이 모두 같았는데요. 여기서는 인코더의 출력을 키와 값으로 사용하며, 이를 **크로스 어텐션**이라고 합니다.

크로스 어텐션에서 한 가지 주의할 점은 바로 마스킹입니다. 셀프 어텐션에서는 미래 토큰의 정보를 감추기 위해 코잘 마스킹을 사용했습니다. 하지만 인코더에서 전달되는 키와 값은 미래의 정보가 아니라, 디코더가 완전하게 활용해야 할 정보입니다. 따라서 크로스 어텐션에는 디코더의 어텐션 마스크 대신, 인코더의 패딩 마스크를 전달해 주어야 합니다. 우리가 5장에서 봤던 디코더 기반 모델 대부분은 층 정규화를 어텐션층 앞에 뒀지만, 이 절에서 다룰 인코더-디코더 모델인 BART는 층 정규화를 어텐션층 다음에 수행합니다. 이 부분만 제외하면 인코더-디코더 모델의 디코더는 피드 포워드 네트워크를 포함해 우리가 살펴봤던 디코더 기반 모델의 구조와 거의 동일합니다. 그럼 구글 코랩에서 새 노트 [06-1.ipynb]를 생성하고, 앞서 살펴봤던 그림에 맞게 transformer_decoder() 함수를 다시 정의해 보겠습니다.

따라 하며 배우는 코딩

트랜스포머 디코더 모델 재정의하기 소스 코드 `06-1.ipynb`

```
01  import keras
02  import keras_nlp
03
04  def transformer_decoder(x, encoder_output, padding_mask, encoder_padding_mask,
05                          dropout, activation='relu'):
06      # 어텐션 마스크를 계산합니다.
07      attention_mask = AttentionMask()(padding_mask)
08      # 스킵 연결을 준비합니다.
09      residual = x
10      key_dim = hidden_dim // num_heads
11      # 멀티 헤드 어텐션을 통과합니다.
12      x = layers.MultiHeadAttention(num_heads, key_dim, dropout=dropout)(
13          query=x, value=x, attention_mask=attention_mask)
14      x = layers.Dropout(dropout)(x)
15      # 스킵 연결
16      x = x + residual
17      x = layers.LayerNormalization()(x)
18
19      # 스킵 연결을 준비합니다.
20      residual = x
21      # 크로스 어텐션을 통과합니다.
22      x = layers.MultiHeadAttention(num_heads, key_dim, dropout=dropout)(
23          query=x, value=encoder_output, attention_mask=encoder_padding_mask)
24      x = layers.Dropout(dropout)(x)
```

```
25      # 스킵 연결
26      x = x + residual
27      x = layers.LayerNormalization()(x)
28
29      # 스킵 연결을 준비합니다.
30      residual = x
31      # 위치별 피드 포워드 네트워크
32      x = layers.Dense(hidden_dim * 4, activation=activation)(x)
33      x = layers.Dense(hidden_dim)(x)
34      x = layers.Dropout(dropout)(x)
35      # 스킵 연결
36      x = x + residual
37      x = layers.LayerNormalization()(x)
38      return x
```

04~07 transformer_decoder() 함수에서 사용하는 AttentionMask 클래스와 이 클래스에서 사용하는 make_attention_mask(), make_causal_mask() 함수는 모두 5장에서 만들었던 함수를 그대로 사용합니다.

32~34 마지막 피드 포워드 네트워크도 5장의 디코더와 완전히 동일합니다.

이 함수를 5장에서 정의했던 트랜스포머 디코더 함수와 비교하면 몇 가지 다른 점을 확인할 수 있습니다. 먼저 인코더의 출력을 전달받기 위한 encoder_output 매개변수가 추가되었습니다. 이전에는 norm_first 매개변수로 정규화층의 위치를 바꿀 수 있도록 했지만, 곧 알아볼 인코더-디코더 모델인 BART에서는 층 정규화를 먼저 놓습니다. 따라서 복잡도를 낮추기 위해 norm_first 매개변수를 제외합니다.

첫 번째 스킵 연결과 멀티 헤드 어텐션은 디코더 모델과 동일하지만, 두 번째 스킵 연결과 멀티 헤드 어텐션은 인코더의 출력을 디코더에서 활용하기 위해 추가되었습니다. 이 멀티 헤드 어텐션의 쿼리에는 디코더의 출력을 전달하고, 키와 값에는 인코더의 출력을 전달하기 때문에 크로스 어텐션이라고 부릅니다.

note 4장 1절에서 설명했지만, MultiHeadAttention 층을 호출할 때 key 매개변수를 지정하지 않으면 자동으로 value에 전달한 값이 key로도 사용됩니다.

서두에 그린 그림과 코드를 비교하며 어떤 점이 달라졌는지 살펴보세요. 디코더 모듈이 완성되었으니 본격적으로 트랜스포머 인코더-디코더 모델을 만들어 보겠습니다. 첫 번째 트랜스포머 인코더-디코더 모델은 메타에서 만든 BART입니다.

BART 모델로 텍스트 요약하기

BART Bidirectional and Auto-Regressive Transformers 는 2019년 10월 메타에서 공개한 트랜스포머 기반 인코더-디코더 모델입니다.[1] BART는 **시퀀스 투 시퀀스** sequence-to-sequence 모델을 위한 노이즈 제거 오토 인코더라고 부르는데요. 텍스트에 잡음을 넣고 이를 복원하도록 훈련하는 방식 때문입니다.

> BART는 심슨의 캐릭터인 바트 심슨과 이름은 비슷하지만, 실제로는 아무 관련이 없습니다!

note 시퀀스 투 시퀀스 모델은 하나의 연속된 데이터(시퀀스)를 입력받아, 새로운 시퀀스를 출력하는 모델입니다. 대표적으로 번역, 문장 요약, 질문 응답과 같은 자연어 처리 작업어 사용됩니다.

BART는 모델을 훈련할 때 기본적으로 랜덤하게 토큰을 마스킹합니다. 모델은 마스킹된 위치에 어떤 토큰이 들어갈지를 예측해야 합니다. 또는 토큰을 마스킹하는 것이 아니라 아예 토큰을 삭제합니다. 이 경우, 모델은 삭제된 토큰을 복원하는 것은 물론 어느 위치에서 삭제된 것인지도 알아 내야 합니다. 더 심하게는 몇 개의 토큰을 하나의 마스킹 토큰으로 대체하는 방법도 사용하는데요. 이를 논문에서는 **토큰 인필링** token infilling 이라고 부릅니다. 랜덤하게 문장을 섞는 방법도 사용했습니다. 랜덤하게 하나의 토큰을 선택해 이 토큰의 앞부분을 문서의 끝에 이어 붙입니다. 이 경우, 모델은 원래 시작 토큰의 위치를 찾아야 합니다.

훈련 데이터는 RoBERTa에서 사용했던 160GB에 달하는 데이터셋을 그대로 사용했습니다. 또한 RoBERTa와 같은 BPE 토크나이저를 사용합니다. BART는 텍스트 생성을 위해 특별히 미세 튜닝되었지만, 텍스트 분류나 요약 같은 자연어 처리 작업에서도 좋은 성능을 냅니다. 다음 그림으로 BART의 구조를 살펴보고, 앞서 만든 인코더와 디코더를 사용해 모델을 구현해 보겠습니다.

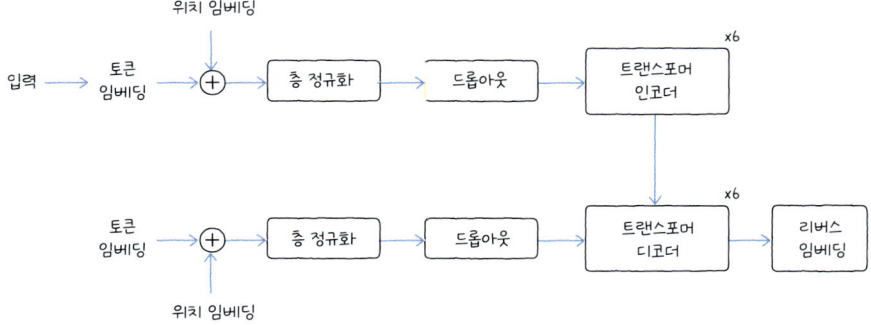

---

[1] Mike Lewis 등. BART: Denoising Sequence-to-Sequence Pre-training for Natural Language Generation, Translation, and Comprehension(2019).

- **입력 구성 – 토큰 임베딩**

    BART의 인코더와 디코더는 각각 별도의 토큰 입력을 받습니다. 인코더의 입력은 코잘 마스킹이 없기 때문에 토큰의 앞뒤 문맥을 모두 사용합니다. 디코더의 입력은 훈련할 때 코잘 마스킹이 되어 미래 토큰에 대한 정보를 감추고, 추론할 때는 디코더가 생성한 토큰을 누적하여 디코더의 입력으로 사용합니다. 이는 앞서 보았던 인코더, 디코더 모델의 특징과 동일합니다.

- **입력 구성 – 위치 임베딩**

    BART는 위치 임베딩을 사용하기 때문에 토큰 임베딩에 위치 임베딩을 더하는 작업이 가장 먼저 등장합니다. 여기서 눈여겨볼 점은 인코더와 디코더를 위한 토큰 임베딩층을 각각 만들지 않는다는 점입니다. 즉, 인코더와 디코더는 하나의 토큰 임베딩층을 공유합니다. 직관적으로 생각했을 때 인코더와 디코더가 다른 토큰 임베딩을 학습한다면 모델이 문맥을 일관되게 이해할 수 없을 것입니다. 전체 모델이 토큰에 대한 하나의 표현을 학습하기 위해 임베딩층을 공유합니다.

- **트랜스포머 인코더-디코더**

    다음으로 층 정규화와 드롭아웃이 등장합니다. 이는 인코더 모델에서 보았던 구조와 비슷합니다. 그리고 트랜스포머 인코더가 6번 반복되고, 최종 출력이 디코더로 주입됩니다. 여기서 주의할 점은 인코더의 최종 출력이 모든 디코더에 입력된다는 것입니다. 즉, 6개의 디코더가 모두 인코더의 최종 출력을 사용합니다. 마지막으로 임베딩층을 뒤집어 토큰의 출력을 계산합니다.

> **여기서 잠깐** 임베딩층을 뒤집어서 사용한다는 것은 구체적으로 어떻게 하는 건가요?
>
> 임베딩층의 가중치는 어휘사전 크기만큼의 토큰 벡터를 저장합니다. 구체적으로 어휘사전의 크기가 d_v이고, 토큰 벡터의 크기가 d_t이면 임베딩층의 가중치 크기는 (d_v, d_t)입니다. 임베딩층에서 토큰 정수에 해당하는 임베딩 벡터를 얻는 방법은 단순히 토큰 정수의 위치에 해당하는 행을 선택하는 것입니다.
>
>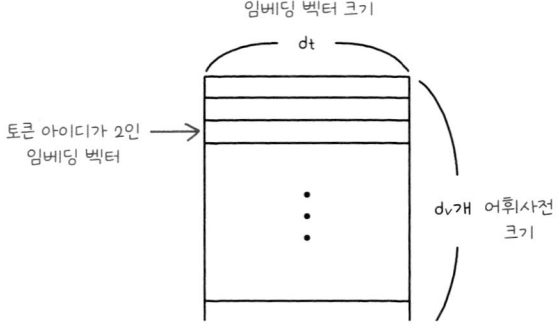
>
> 모델이 마지막에 최종 출력으로 토큰에 대한 로짓을 만들기 위해 디코더의 출력과 임베딩층의 가중치를 곱합니다. 이때 임베딩층의 가중치를 전치(transpose)하여 곱하기 때문에 결국 어휘사전 크기만큼의 로짓 점수를 얻을 수 있습니다.

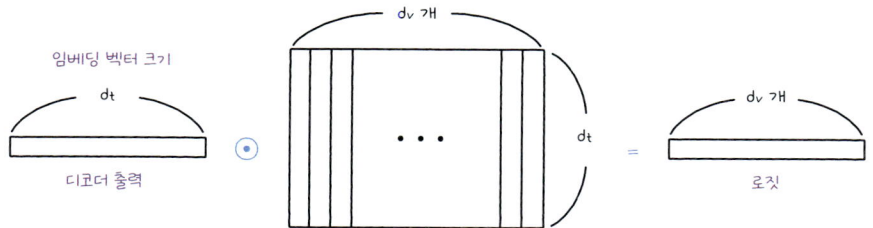

그리고 샘플러에서 소프트맥스 함수를 사용해 로짓을 확률로 바꾼 후, 다음 토큰을 샘플링합니다. 일반적으로 두 개의 층이 가중치를 공유하는 방법을 가중치 묶기(weight tying)라고 합니다. 한 논문에서 입력 토큰에 사용하는 임베딩 층의 가중치와 출력 토큰을 위한 가중치를 묶는 방법을 제안[2]했으며, 모델 파라미터 개수를 줄이면서 성능을 높일 수 있다고 알려져 자연어 처리 분야에서 널리 사용되고 있습니다.

BART에는 base와 large, 두 가지 버전이 있습니다. 두 버전의 하이퍼파라미터는 다음과 같이 정리할 수 있습니다.

모델 이름	bart_base	bart_large
인코더와 디코더 개수	6	12
어텐션 헤드 개수	12	16
은닉 차원	768	1,024

BART 모델 만들기

트랜스포머 인코더-디코더 모델의 전체 그림을 참고하면서 BART 베이스 모델을 만들어 보겠습니다.

> note 4장 222쪽에서 만들었던 transformer_encoder() 함수 코드를 복사해 와서 실행해 둬야 합니다.

01 필요한 패키지를 임포트합니다.

```
01  from keras import layers
```

---

[2] Ofir Press, Lior Wolf. Using the Output Embedding to Improve Language Models(2016).

02 그리고 BART 모델에 필요한 하이퍼파라미터를 정의합니다.

```
01  vocab_size = 50265
02  num_layers = 6
03  num_heads = 12
04  hidden_dim = 768
05  dropout = 0.1
06  activation = 'gelu'
07  max_seq_len = 1024
```

01~02 BART의 어휘사전 크기는 50,265이고 인코더, 디코더는 각각 6개씩 쌓습니다.

03~04 어텐션 헤드의 개수는 12개, 은닉 차원은 768입니다.

05~06 드롭아웃 비율을 0.1로 정의하고, 활성화 함수는 GeLU를 사용합니다.

07 마지막으로 최대 문맥 길이는 1,024입니다.

03 인코더와 디코더 각각에 대해 입력 토큰과 패딩 마스크를 준비합니다.

```
01  encoder_token_ids = keras.Input(shape=(None,))
02  encoder_padding_mask = keras.Input(shape=(None,))
03  decoder_token_ids = keras.Input(shape=(None,))
04  decoder_padding_mask = keras.Input(shape=(None,))
```

04 하나의 토큰 임베딩층을 만들어 인코더와 디코더에 모두 사용합니다. `encoder_token_ids`를 토큰 임베딩으로 변환하고, `max_seq_len` 만큼의 위치 임베딩을 만듭니다.

```
01  token_embedding_layer = keras_nlp.layers.ReversibleEmbedding(
02      vocab_size, hidden_dim)
03  encoder_token_embedding = token_embedding_layer(encoder_token_ids)
04  encoder_pos_embedding = keras_nlp.layers.PositionEmbedding(
05      max_seq_len)(encoder_token_embedding)
```

05 인코더의 토큰 임베딩과 위치 임베딩을 더하고, 층 정규화와 드롭아웃을 적용합니다.

```
01  x = encoder_token_embedding + encoder_pos_embedding
02  x = layers.LayerNormalization()(x)
03  x = layers.Dropout(dropout)(x)
```

06 이번에는 `transformer_encoder()` 함수를 반복할 차례입니다. 활성화 함수로 GeLU를 사용한다는 점을 기억하세요.

```
01  for _ in range(num_layers):
02      x = transformer_encoder(x, encoder_padding_mask, dropout,
03                              activation=activation)
04  encoder_output = x
```

`transformer_encoder()` 함수의 최종 출력이 인코더의 출력이 됩니다. 인코더 출력이 준비되었으므로 이제 디코더를 구성할 차례입니다.

01 먼저 디코더를 위한 토큰 임베딩과 위치 임베딩을 준비합니다. 앞서 인코더에서 만든 `token_embedding_layer`층을 다시 사용하여 토큰 임베딩을 만든다는 점에 주의하세요.

```
01  decoder_token_embedding = token_embedding_layer(decoder_token_ids)
02  decoder_pos_embedding = keras_nlp.layers.PositionEmbedding(max_seq_len)(
03      decoder_token_embedding)
```

02 인코더와 마찬가지로 토큰 임베딩과 위치 임베딩을 더하고, 층 정규화와 드롭아웃을 적용합니다.

```
01  x = decoder_token_embedding + decoder_pos_embedding
02  x = layers.LayerNormalization()(x)
03  x = layers.Dropout(dropout)(x)
```

03 transformer_decoder() 함수를 순회할 차례입니다. transformer_decoder() 함수를 호출할 때마다 앞서 계산한 인코더의 출력 encoder_output과 디코더의 패딩 마스크, 인코더의 패딩 마스크를 전달해야 합니다. 그 외에는 인코더를 호출할 때와 매개변수가 같습니다. 마지막으로 토큰 임베딩층을 거꾸로 적용하여 디코더의 출력을 만듭니다.

```
01  for _ in range(num_layers):
02      x = transformer_decoder(x, encoder_output, decoder_padding_mask,
03                              encoder_padding_mask,
04                              dropout, activation=activation)
05  decoder_output = token_embedding_layer(x, reverse=True)
```

04 인코더와 디코더의 입력과 출력이 모두 정의되었으니 케라스 모델을 만들어 보죠. inputs 매개변수에는 인코더와 디코더의 토큰 아이디와 패딩 마스크가 모두 나열되어야 합니다. 이 모델의 출력은 encoder_output과 decoder_output입니다.

```
01  model = keras.Model(inputs=(encoder_token_ids, encoder_padding_mask,
02                              decoder_token_ids, decoder_padding_mask),
03                      outputs=(encoder_output, decoder_output))
04  model.summary()
```

> 실행결과

Model: "functional"

Layer (type)	Output Shape	Param #	Connected to
input_layer (InputLayer)	(None, None)	0	-
reversible_embedding (ReversibleEmbedding)	(None, None, 50265)	38,603,520	input_layer[0][0], input_layer_2[0][0], layer_normalization_3…
position_embedding (PositionEmbedding)	(None, None, 768)	786,432	reversible_embedding[…
··· (중략) ···			
dense_23 (Dense)	(None, None, 768)	2,360,064	dense_22[0][0]
dropout_49 (Dropout)	(None, None, 768)	0	dense_23[0][0]
add_31 (Add)	(None, None, 768)	0	dropout_49[0][0], layer_normalization_3…

| layer_normalization_31 (LayerNormalization) | (None, None, 768) | 1,536 | add_31[0][0] |

Total params: 139,417,344 (531.83 MB)
Trainable params: 139,417,344 (531.83 MB)
Non-trainable params: 0 (0.00 B)

summary() 메서드의 출력 결과를 보면 모델 파라미터 개수가 약 1억 4천만 개인 것을 볼 수 있습니다. 이 중에 토큰 임베딩층의 가중치는 약 4천만 개로, 전체 파라미터 개수 중 28%를 차지합니다. 만약 디코더의 출력을 위해 임베딩층을 재사용하지 않았다면 모델 파라미터의 개수가 훨씬 더 늘어났을 것입니다. 이런 이유로 5장에서 봤던 디코더 모델을 비롯해 많은 트랜스포머 모델에서는 임베딩층의 가중치를 묶는 기법을 널리 사용합니다.

사전 훈련된 BART 모델로 텍스트 생성하기

BART 모델을 케라스 코드로 직접 만들어 보면서 트랜스포머의 전체 구조와 인코더-디코더 모델이 어떻게 상호작용하는지 알 수 있었습니다. 이번에는 사전 훈련된 BART 모델을 로드하여 사용해 볼 텐데요. 사전 훈련된 BART 모델[3]은 캐글 모델 사이트에서 제공합니다. 베이스 모델은 bart_base이고, 라지 모델은 bart_large입니다. 여기서는 베이스 모델을 사용해 보겠습니다.

01 bart_base 모델은 KerasNLP 패키지에서 BartSeq2SeqLM 클래스를 사용해 불러올 수 있습니다. 먼저 다음과 같이 모델을 로드합니다.

```
01  bart_lm = keras_nlp.models.BartSeq2SeqLM.from_preset('bart_base_en')
```

케라스에서 제공하는 BART 모델은 텍스트 생성 모델입니다. 5장에서 봤던 디코더 모델처럼 generate() 메서드에 짧은 텍스트를 전달하면 한 번에 하나의 토큰씩 텍스트를 생성합니다. 다만, 디코더 모델의 경우 generate() 메서드에 전달하는 텍스트는 디코더의 입력으로 사용할 프롬프트 텍스트입니다. BART 모델의 generate() 메서드에 전달하는 텍스트는 인코더의 입력으로 사용되고, 디코더는 인코더의 출력을 받아 새로운 텍스트를 생성하게 되죠.

---

[3] https://www.kaggle.com/models/keras/bart/

02 TopKSampler를 사용해 최상위 10개의 토큰을 뽑고 온도 매개변수를 10으로 지정한 후, 짧은 영어 문장을 인코더에 전달하여 새로운 텍스트를 생성해 보겠습니다.

```
01  sampler = keras_nlp.samplers.TopKSampler(k=10, temperature=10, seed=42)
02  bart_lm.compile(sampler=sampler)
03  bart_lm.generate('I like coffee because it helps me wake up in the morning.',
04                   max_length=20)
```

> 실행결과 `'ItI like my cup and my tea - coffee that has been good in my brain is'`

생성된 문장이 문법에 잘 맞지는 않지만 인코더에 주입한 텍스트를 바탕으로 새로운 텍스트를 생성했습니다. 생성된 텍스트에 coffee, like, good과 같은 단어가 등장했군요.

generate() 함수를 사용하는 또 다른 방법은 인코더의 입력뿐만 아니라 디코더를 위한 프롬프트 텍스트도 전달하는 것입니다. 이렇게 하려면 딕셔너리를 만들어 `'encoder_text'` 키에 인코더에게 전달할 텍스트를 매핑하고, `'decoder_text'` 키에 디코더에게 전달할 프롬프트를 매핑합니다.

03 예를 들어 인코더에는 앞서 생성된 문장과 반대의 의미를 가진 텍스트를 전달하고, 디코더에는 새로운 텍스트를 위한 프롬프트를 전달해 보죠.

```
01  sampler = keras_nlp.samplers.TopKSampler(k=10, temperature=10, seed=42)
02  bart_lm.compile(sampler=sampler)
03  bart_lm.generate(
04      {
05          'encoder_text': 'I hate coffee, so I always drink tea instead.',
06          'decoder_text': 'In the morning, when I wake up'
07      },
08      max_length=20
09  )
```

> 실행결과 `'In the morning, when I wake up at the same temperature it was already hot; coffee'`

생성된 텍스트가 썩 자연스럽지는 않지만 인코더에게 입력한 텍스트와 디코더에 전달한 프롬프트에 따라 출력이 달라질 수 있음을 볼 수 있습니다.

허깅페이스 BART 모델로 텍스트 요약하기

BART는 요약이나 번역과 같은 텍스트 생성 작업을 위해 미세 튜닝했을 때 좋은 성능을 내는 것으로 알려져 있습니다. 허깅페이스에는 미세 튜닝된 BART 모델이 많이 등록되어 있습니다. 이번에는 그 중 메타가 요약 작업을 위해 CNN/Daily Mail 데이터셋[4]에서 미세 튜닝한 BART 모델[5]을 사용해 보겠습니다.

01 허깅페이스 transformers의 pipeline() 함수로 facebook/bart-large-cnn 모델을 로드합니다.

```
01  from transformers import pipeline, set_seed
02
03  pipe = pipeline("summarization", model="facebook/bart-large-cnn")
```

02 보이저 1호에 대한 간단한 텍스트를 입력하여 요약해 보겠습니다.

```
01  ENG_TEXT = """
02  Voyager 1 is a space probe launched by NASA on September 5, 1977, as
    part of the Voyager program to study the outer Solar System and the
    interstellar space beyond the Sun's heliosphere. It was launched 16
    days after its twin, Voyager 2. It communicates through the NASA Deep
    Space Network (DSN) to receive routine commands and to transmit data
    to Earth. Real-time distance and velocity data are provided by NASA
    and JPL. At a distance of 162.7 AU (24.3 billion km; 15.1 billion mi)
    from Earth as of May 2024, it is the most distant humanmade object from
    Earth.
03  """
04  set_seed(42)
05  pipe(ENG_TEXT, max_length=70, do_sample=True, top_k=10, temperature=3.0)
```

---

[4] https://github.com/abisee/cnn-dailymail
[5] https://huggingface.co/facebook/bart-large-cnn

> **실행결과** [{'summary_text': 'Voyager 1 launches September 5, 1977. At a distance of 162.7 AU from Earth, it is the most distant humanmade object from Earth. It communicates through the NASA Deep Space Network (DSN) to receive routine commands and to transmitdata to Earth.'}]

> **note** 모델은 생성할 텍스트의 최소 길이와 최대 길이를 각각 min_length와 max_length로 지정할 수 있습니다. 기본 값은 각각 56과 142입니다.

top-k 샘플링을 사용하여 입력 문장이 200자 정도로 요약됐습니다. 원래 문장을 그대로 옮기지 않고도 중요한 내용을 매우 잘 요약한 것 같습니다.

보이저 1호는 1977년 NASA에서 발사한 우주 탐사선입니다. 2023년 11월 지구와 교신이 끊겼지만, 5개월 만에 다시 복구되었습니다. 지구에서 보낸 신호가 보이저 1호에 도달하려면 22시간 이상이 걸린다고 합니다.

한국어 데이터셋을 사용해 만든 BART 모델로는 SKT에서 공개한 KoBART[6]가 있습니다. KoBART는 40GB 이상의 한국어 데이터셋으로 훈련한 BART 모델로, 요약 작업을 위해 미세 튜닝한 KoBART 모델[7]이 허깅페이스[8]에 공개되어 있는데요. 이때 사용한 데이터셋은 데이콘^{Dacon} 한국어 문서 생성요약 AI 경진대회[9]의 데이터셋을 사용했습니다.

KoBART는 BART 베이스 모델을 기반으로 하므로 대부분의 구조가 BART와 동일하지만, 몇 가지 다른 점이 있습니다. 먼저 KoBART의 어휘사전 크기는 30,000입니다. BART의 특수 토큰인 패딩 토큰과 문장의 시작 토큰, 문장의 끝 토큰을 위한 아이디는 각각 1, 0, 2입니다. 하지만 KoBART는 이 토큰에 다른 정수 값인 3, 0, 1을 할당했습니다. 그래서 `transformers` 라이브러리로 KoBART를 사용할 때 갑자기 문장 생성을 종료되는 것을 막기 위해서는 `eos_token_id` 매개변수로 종료 토큰의 아이디를 알려주는 것이 좋습니다. 그럼 요약 작업에 맞게 미세 튜닝된 KoBART 모델을 사용해 보겠습니다.

---

6 https://github.com/SKT-AI/KoBART
7 https://github.com/seujung/KoBART-summarization
8 https://huggingface.co/digit82/kobart-summarization
9 https://bit.ly/3VFYc2i

01 허깅페이스 transformers의 pipeline() 함수로 digit82/kobart-summarization 모델을 로드합니다.

```
01  kobart_pipe = pipeline("text2text-generation",
02                         model="digit82/kobart-summarization")
```

02 위키백과에서 아이슬란드 화산 폭발에 관한 글을 가져와 요약해 보겠습니다.

```
01  KOR_TEXT = """
02  2023-2024년 쉰드흐누퀴르 분화는 2023년 12월 18일 저녁 아이슬란드 그린다비크에 있는
    쉰드흐누퀴르 분화구에서 화산 폭발이 발생해 지상에 있는 열극에서 용암이 분출한 사건이다.
    용암 분출과 뒤따른 지진 활동 빈도는 다음 날인 2023년 12월 19일부터 감소했으나 새로 열
    린 열극의 양쪽에서 용암이 옆으로 넓게 퍼져나갔다. 이번 분화는 2021년 분화 시작 이래 쉬
    뒤르네스에서 일어난 가장 큰 분화로 최대 100 m 높이의 용암 분수가 관측되었으며 분화지에서
    약 42 km 떨어진 아이슬란드의 수도 레이캬비크에서도 화산 분화 장면을 볼 수 있었다. 화산
    분화는 2023년 12월 21일 화산 상공 관측 결과 더 이상의 용암 분출이 보이지 않아 종료되었
    으나 아이슬란드 기상청은 "분화 종식을 선언하기에는 너무 이르다"며 지속적으로 관측하겠다고
    말했다. 쉰드흐누퀴르는 현재 화산지대이자 쉬뒤르네스 열곡대의 활성 열극에 속한다.
03  """
04  set_seed(42)
05  kobart_pipe(KOR_TEXT, max_length=100, do_sample=True,
06              top_k=10, temperature=2.0, eos_token_id=1)
```

05~06 top-k 샘플링을 위해 top_k 매개변수는 10, temperature 매개변수는 2.0으로 지정하여 출력을 생성합니다.

> **실행결과** [{'generated_text': '쉬뒤르네스에서 일어난 큰 분화로 최대 100 m 높이의 용암 분수가 관측되었고, 분화지에서 약 42 km 떨어져 레이캬비로크에서도 목격되었다.'}]

내용이 조금 짧게 요약되었지만, 화산 폭발에 대한 중요한 내용을 잘 담은 것 같습니다. 지금까지는 BART의 구조와 사전 훈련된 모델을 사용해 영어, 한국어 텍스트를 요약해 봤습니다. 이제 우리가 BART에 이어서 알아볼 모델은 BART와 거의 비슷한 시기에 출시된 구글의 T5입니다.

마무리

이 절에서는 트랜스포머의 원본 모델과 비슷한 인코더-디코더 구조를 알아봤습니다. 인코더-디코더 모델은 일련의 텍스트를 입력받은 후, 또 다른 텍스트를 출력하는 작업에 적합합니다. 예를 들면 요약이나 번역과 같은 작업입니다. 인코더-디코더 모델의 디코더에는 인코더의 입력을 받기 위해 크로스 어텐션층이 추가되었습니다. 디코더 전용 모델에는 크로스 어텐션층이 없었는데요. 크로스 어텐션층은 일반 멀티 헤드 어텐션층과 같지만, 인코더의 출력을 어텐션층의 키와 값으로 사용한다는 점이 다릅니다. 이를 통해 디코더가 인코더의 출력에서 주의를 기울여야 할 부분을 학습합니다.

대표적인 트랜스포머 인코더-디코더 모델로 메타에서 만든 BART를 살펴봤습니다. 앞서 구현한 디코더 함수를 사용하면 손쉽게 BART를 구현할 수 있었는데요. BART를 구현한 다음에는 캐글에서 사전 훈련된 모델을 로드하여 조건부 텍스트 생성을 실험해 봤습니다. 이 작업은 인코더에 일련의 텍스트를 전달하고, 전달된 텍스트를 기반으로 새로운 텍스트를 생성합니다. 그리고 허깅페이스에서는 요약 작업에 미세 튜닝된 모델을 로드하여 영문 텍스트를 요약해 보고, BART 모델을 한국어 데이터셋으로 미세 튜닝하여 공개된 KoBART를 사용해 국문 텍스트를 요약해 봤습니다.

▶ 키워드로 정리하는 핵심 포인트

- 인코더-디코더 구조를 가지는 트랜스포머 모델에서는 디코더의 두 번째 멀티 헤드 어텐션층에서 인코더의 출력을 키와 값으로 사용합니다. 디코더에서 만든 임베딩을 쿼리, 키, 값으로 사용하는 셀프 어텐션과 구분하기 위해 이를 **크로스 어텐션**이라고 부릅니다. 디코더만 사용하는 트랜스포머 모델에서는 인코더의 입력을 처리할 필요가 없기 때문에 크로스 어텐션이 없고, 인코더와 비슷하게 하나의 멀티 헤드 어텐션만 사용합니다. 크로스 어텐션을 사용해 디코더가 다음 토큰을 생성할 때 인코더의 어느 부분에 주의를 집중할지 결정합니다.

- **BART**는 2019년 메타에서 공개한 트랜스포머 기반 인코더-디코더 모델입니다. BART는 훈련 데이터에서 일부 토큰을 마스킹하거나 삭제한 후, 이를 복원하도록 훈련하는 방법을 사용합니다. 이외에도 몇 개의 토큰을 한꺼번에 마스킹하거나 문장을 섞는 방법도 사용합니다. BART는 인코더-디코더 구조를 가지고 있으므로 요약이나 번역과 같은 시퀀스 투 시퀀스 작업에 적합합니다. BART는 인코더와 디코더를 6개씩 쌓은 base 모델과 12개씩 쌓은 large 모델을 제공합니다. 전자는 약 1억 4천만 개의 모델 파라미터를 가지고 있고, 후자는 약 4억 개의 파라미터를 가지고 있습니다.

- **KoBART**는 SKT에서 BART 모델을 기반으로 한국어 데이터셋으로 훈련한 트랜스포머 인코더-디코더 모델입니다. 한국어 위키백과를 포함한 약 40GB의 한국어 데이터셋에서 훈련되었습니다. KoBART는 6개의 인코더와 디코더를 사용한 BART 베이스 모델의 구조를 따르기 때문에 은닉 차원, 피드 포워드 네트워크의 크기가 같습니다. BART base 모델은 어텐션 헤드가 12개인 반면, KoBART는 어텐션 헤드 16개를 사용합니다. KoBART는 다양한 작업에서 미세 튜닝된 모델의 가중치가 공개되어 있어 누구나 편리하게 사용할 수 있습니다.

06-2 T5 모델로 텍스트 요약하기

트랜스포머 기반 대규모 언어 모델은 여러 가지 작업을 동시에 처리할 때도 좋은 성능을 낼 수 있습니다. 앞으로 알아볼 T5 모델이 좋은 예가 되겠군요.

❶ 트랜스포머 인코더-디코더

❷ T5

❸ 에필로그

시작하기 전에

한빛 마켓은 지금까지 트랜스포머 모델을 비즈니스에 성공적으로 적용했습니다. 그런데 해외 구매 고객의 리뷰를 번역하고 요약하기 위해서는 두 개의 인코더-디코더 모델을 사용할 필요가 생겼습니다. 두 개의 모델은 운영하면 그만큼 더 많은 자원과 노력이 들어갈 텐데요. 모델 하나로 처리할 방법은 없을까요?

구글의 T5 모델은 프롬프트 입력만 바꾸면 다양한 텍스트 작업을 처리할 수 있는 트랜스포머 기반 인코더-디코더 모델입니다. T5 하나로 문서를 번역하거나 요약하는 작업을 모두 수행할 수 있죠. 이번에는 뛰어난 성능을 자랑하는 인코더-디코더 모델인 T5의 구조와 사용 방법에 대해 자세히 알아보겠습니다.

T5 모델 이해하기

T5 Text-to-Text Transfer Transformer 는 2019년 10월, 구글이 공개한 트랜스포머 기반 인코더-디코더 모델입니다.[10] T5의 가장 큰 특징은 모든 문제를 **텍스트 투 텍스트** text-to-text 프레임워크로 다루고 있다는 점입니다. 자연어 처리를 위한 모든 입력과 출력을 같은 방식(텍스트 → 텍스트)으로 변환하여 하나의 모델로 여러 작업을 수행할 수 있습니다.

텍스트를 요약하는 문제와 다른 언어로 번역하는 문제가 있다고 가정해 보죠. 두 작업을 위해서는 모델을 개별적으로 미세 튜닝하거나 심지어 모델의 구조를 바꾸기도 해야 합니다. 하지만 T5에서는 인코더의 입력을 달리하여 두 작업을 모두 처리할 수 있습니다. 예를 들어 T5가 텍스트를 요약할 때는 "summarize: …"로 텍스트를 시작하고, 영어 문장을 독일어로 번역할 때는 "translate English to German: …"으로 텍스트를 시작합니다. 다음 그림은 이러한 T5의 다재다능한 능력을 잘 보여줍니다.[11]

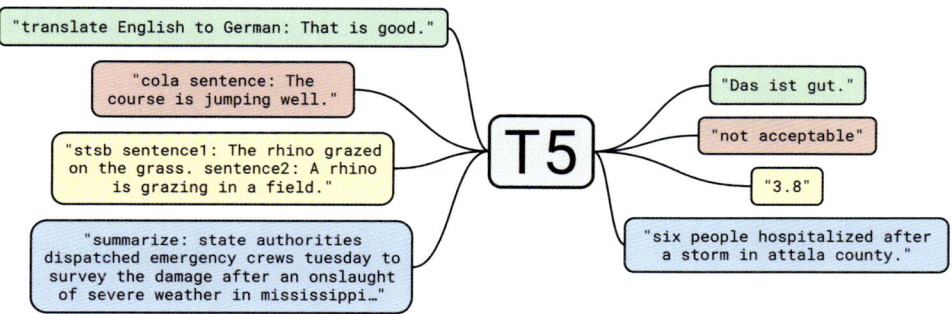

> note LLM은 문맥 내 학습(in-context learning)을 통해 여러 작업을 동시에 수행할 수 있습니다. 문맥 내 학습이란 모델이 추가적인 훈련 없이 주어진 예제와 문맥만 보고 학습하는 방식을 말합니다. 자세한 내용은 이 주제를 탐구한 논문[12]을 참고해 보세요.

연구자들은 T5 모델을 훈련하기 위해 **커먼 크롤** Common Crawl 기반의 텍스트 데이터에 다양한 필터링을 적용하여 정제한 **C4** Colossal Clean Crawled Corpus 데이터셋을 만들었습니다. 약 800GB에 달하는 C4는 텐서플로 데이터셋으로 공개되어 있습니다.[13] 또한 T5는 앞서 5장 2절에서 알아봤던 센텐스피스 토크나이저를 사용합니다.

> note 커먼 크롤은 웹에서 공개된 방대한 양의 텍스트 데이터를 수집해 누구나 사용할 수 있도록 제공하는 비영리 데이터 저장소입니다.

---

10 Colin Raffel 등. Exploring the Limits of Transfer Learning with a Unified Text-to-Text Transformer(2019).
11 이 그림은 원본 논문에서 발췌했습니다. T5에서 텍스트 투 텍스트 프레임워크를 위해 사용한 모든 텍스트 입력과 타깃에 대한 예시는 논문의 [부록 D]를 참고하세요.
12 Zheyang Xiong 등. Everything Everywhere All at Once: LLMs can In-Context Learn Multiple Tasks in Superposition(2024).
13 https://www.tensorflow.org/datasets/catalog/c4

먼저 그림을 통해 T5의 인코더-디코더 구조를 살펴보겠습니다. 전체적인 구조는 BART와 비슷하지만 세부 사항에 차이가 있습니다. 5장에서 살펴봤던 디코더 모델처럼 층 정규화가 스킵 연결이 끝난 다음이 아니라, 스킵 연결이 시작하기 전에 등장합니다. 또한 층 정규화에는 RMS 정규화를 사용하며, 피드 포워드 네트워크에서는 두 번째 밀집층 앞에도 드롭아웃이 있군요.

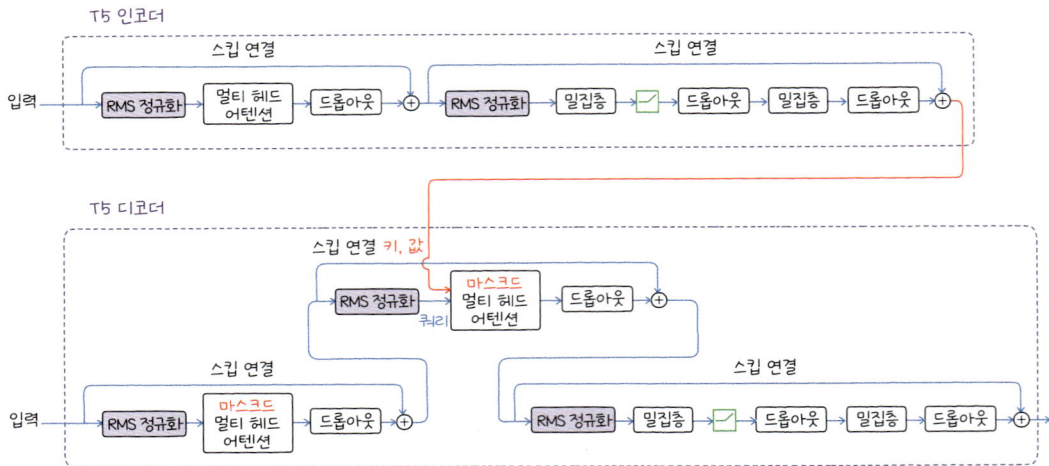

T5 모델의 버전

T5의 어휘사전 크기는 32,128로, 파라미터의 크기에 따라 다섯 가지 버전이 있습니다. 각각 6천만 개, 2.2억 개, 7.7억 개, 30억 개, 110억 개 파라미터를 가지고 있는데요. 다섯 모델의 주요 하이퍼파라미터를 정리하면 다음과 같습니다.

모델	t5-small	t5-base	t5-large	t5-3b	t5-11b
인코더와 디코더층 개수	6	12	24	24	24
어텐션 헤드 개수	8	12	16	32	128
키/값 차원	64	64	64	128	128
은닉 차원	512	768	1,024	1,024	1,024
피드 포워드 네트워크 크기	2,048	3,072	4,096	16,384	65,536

t5-small, t5-base, t5-large 모델의 키/값 차원은 은닉 차원을 헤드 개수로 나눈 값입니다. 하지만 t5-3b부터는 이 규칙을 벗어나 헤드 개수가 훨씬 더 늘어납니다. 마찬가지로 t5-3b, t5-11b는 피드 포워드 네트워크 크기가 은닉 차원의 4배보다 훨씬 커졌습니다.

파라미터의 크기가 가장 작은 t5-small 모델은 인코더와 디코더 모듈을 각각 6번 반복합니다. t5-small의 전체 구조는 다음과 같은 그림으로 그릴 수 있습니다.

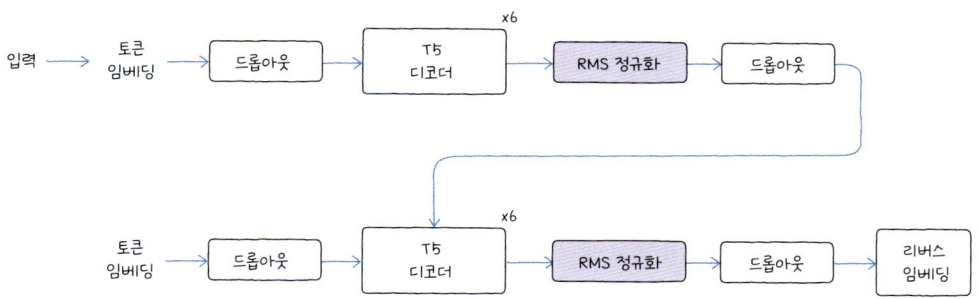

T5 인코더와 디코더에 입력되는 토큰 임베딩은 하나의 임베딩층을 사용해 만듭니다. 그리고 드롭아웃층을 거쳐 인코더와 디코더 모듈에 전달됩니다. 인코더와 디코더 모듈은 6번 반복되며, 각각의 출력은 다시 RMS 정규화와 드롭아웃층을 통과합니다. 인코더의 출력은 디코더의 크로스 어텐션층에 전달되고, 디코더의 출력은 임베딩층의 가중치를 거꾸로 사용해 토큰 아이디에 대한 로짓으로 변환됩니다.

그런데 그림에서 조금 이상한 점을 눈치채셨나요? 인코더와 디코더의 토큰 임베딩에 위치 임베딩이 없습니다. 이것은 T5가 절대 위치 임베딩이 아니라 상대 위치 임베딩을 사용하기 때문입니다. 하지만 라마나 젬마에서 사용하는 로터리 위치 임베딩과는 조금 다릅니다. 더 자세히 알아보죠.

상대 위치 임베딩

사실 T5의 상대 위치 임베딩은 비교적 간단합니다. 쿼리 벡터와 키 벡터의 점곱 결과에 어떤 가중치를 더하는 것이 전부입니다. 물론, 이 가중치는 모델의 훈련 과정에서 학습되며 쿼리와 키의 거리 차이에 따라 달라집니다. 이 가중치를 편의상 **어텐션 편향**attention bias이라고 부르겠습니다. 어텐션 편향을 담고 있는 배열은 **어텐션 버킷**attention bucket이라고 하죠. 어텐션 버킷의 역할은 입력된 토큰을 상대적인 거리에 따라 그룹(버킷)으로 나눠 어텐션 편향을 적용하는 것입니다.

T5의 위치 임베딩 과정을 쉽게 이해할 수 있도록 쿼리와 키의 길이가 각각 5라고 가정해 보죠. 그러면 쿼리의 첫 번째 토큰과 키의 모든 토큰과의 상대 거리는 다음과 같이 정리할 수 있습니다.

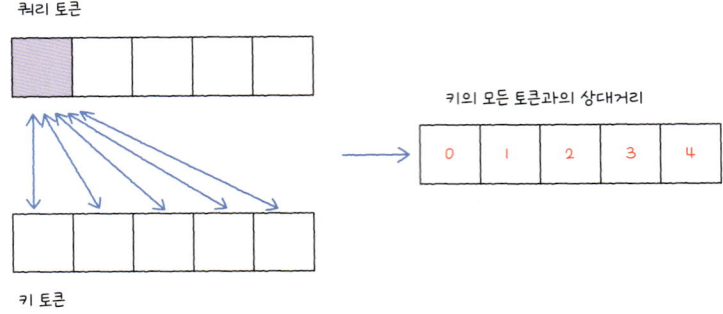

그 다음 두 번째 쿼리 토큰과 키의 모든 토큰과의 상대 거리를 계산합니다.

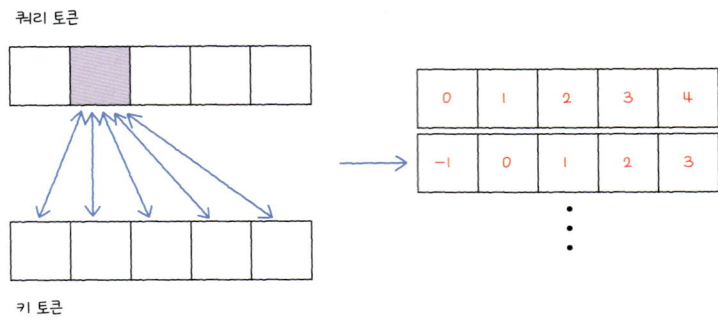

이런 식으로 쿼리에 있는 모든 토큰에 대해 같은 작업을 반복하면 다음과 같은 행렬을 얻을 수 있습니다.

이 행렬의 절댓값이 바로 어텐션 버킷의 인덱스입니다. 다만 현재 쿼리 토큰보다 키 토큰이 앞에 있는지, 뒤에 있는지에 따라 다른 가중치를 사용합니다. 이를 위해 버킷 개수의 절반은 행렬의 주 대각선 아래에 할당하고, 나머지 버킷 개수의 절반은 주 대각선 위에 할당합니다. 예를 들어 어텐션 버킷의 크기가 20이라고 하면 대략 절반에 해당하는 1~10까지의 인덱스는 주 대각선 아래, 11~19까지의 인덱스는 주 대각선 위에 할당됩니다.

> note 행렬의 주 대각선은 행렬의 왼쪽 맨 위에 있는 원소부터 오른쪽 맨 아래에 있는 원소를 잇는 직선입니다.

그런데 이렇게 하면 버킷의 개수가 입력 토큰의 길이만큼 있어야 할 것 같습니다. 버킷을 조금 더 효율적으로 사용하기 위해 전체 버킷의 개수 절반까지는 쿼리와 키 토큰 사이의 거리에 따라 순서대로 할당하고, 나머지는 로그에 비례하여 할당합니다. 예를 들어 만약 버킷의 개수가 20개라면 주 대각선 아래에 할당될 버킷 10개 중 4개까지는 토큰의 거리 1~4에 순서대로 할당되고, 그 다음부터는 다음과 같은 식에 따라 할당됩니다.

$$\text{버킷 인덱스} = \text{start\_log\_index} * (1 + \log_{\text{max\_pos\_ratio}} \text{cur\_pos\_ratio})$$

start_log_index는 로그에 비례하여 할당하기 시작할 버킷 인덱스로, 여기에서는 5에 해당합니다. max_pos_ratio는 토큰 사이의 최대 거리를 start_log_index로 나눈 값입니다. 문제를 간단하게 만들기 위해 토큰 사이의 최대 거리를 20으로 지정했다고 가정해 보겠습니다. 그럼 max_pos_ratio는 4가 됩니다. cur_pos_ratio는 현재 상대 거리를 start_log_index로 나눈 값이므로, 만약 cur_pos_ratio가 6이라면 실제 할당되는 버킷 인덱스는 다음과 같이 계산할 수 있습니다.

$$\text{버킷 인덱스} = \text{int}\left(5 * \left(1 + \log_{\frac{20}{5}} \frac{6}{5}\right)\right)$$

이 식은 넘파이 np.emath.logn() 함수로 계산할 수 있습니다. 구글 코랩에서 새 노트 [06-2.ipynb]를 생성하여 확인해 보겠습니다.

```
import numpy as np

int(5 * (1 + np.emath.logn(20/5, 6/5)))
```

실행결과 5

[실행결과]를 보면 토큰 상대 거리가 6일 때도 버킷 인덱스 5에 있는 가중치가 더해집니다. 이번에는 토큰 상대 거리가 7일 때와 8일 때의 버킷 인덱스를 계산해 보죠.

```
int(5 * (1 + np.emath.logn(20/5, 7/5)))
```

실행결과 6

```
int(5 * (1 + np.emath.logn(20/5, 8/5)))
```

실행결과 6

토큰 상대 거리가 늘어나도 버킷 인덱스는 더디게 증가합니다. 버킷 인덱스는 이런 식으로 토큰 사이의 최대 거리인 20에 도달할 때까지 증가하며, 토큰 사이의 최대 거리를 넘어간 다음에는 마지막 버킷 인덱스를 할당합니다. 예를 들어 주 대각선 아래쪽에서 토큰 사이의 거리가 20 이상이 되면 마지막 버킷 인덱스인 10이 사용되고, 주 대각선 위쪽에서 토큰 사이의 거리가 20 이상이 되면 마지막 버킷 인덱스인 19가 사용되는 식입니다.

디코더에 있는 마스크드 멀티 헤드 어텐션의 경우에는 미래 토큰에 대해 마스킹되므로 주 대각선 위의 상대 거리를 고려할 필요가 없습니다. 따라서 모든 버킷을 주 대각선 아래에 할당합니다. 그럼 지금까지 설명한 개념을 바탕으로 T5의 상대 위치 임베딩 함수를 작성해 보겠습니다.

따라 하며 배우는 코딩
상대 위치 임베딩 함수 만들기   소스 코드 06-2.ipynb

```
01  # 상대 위치 임베딩을 위한
02  def relpos_bucket_index(query_key_len, num_buckets,
03                          max_pos, bidirectional):
04      query_pos = np.arange(query_key_len).reshape(-1, 1)
05      key_pos = np.arange(query_key_len).reshape(1, -1)
06      # 쿼리와 키의 상대 위치를 나타내는 (len, len) 크기의 배열을 만듭니다.
07      # 주 대각선 위는 양수이고 아래에는 음수입니다.
08      rel_pos = (key_pos - query_pos)
09      # 양방향 셀프 어텐션은 주 대각선 위와 아래를 위해 버킷을 절반으로 나눕니다.
10      if bidirectional:
11          num_buckets //= 2
```

```
12        # 마스크드 셀프 어텐션은 주 대각선 위의 값을 모두 삭제합니다.
13        else:
14            rel_pos = np.minimum(rel_pos, 0)
15        # 상대 거리를 모두 양수로 바꿉니다.
16        rel_pos = np.abs(rel_pos)
17        # 버킷의 절반부터는 로그 스케일로 인덱스를 할당합니다.                                    ❸
18        start_log_index = num_buckets // 2
19        # 로그 인덱스 부분을 표시한 행렬을 만듭니다.
20        is_log_index = rel_pos >= start_log_index
21        # 로그 인덱스를 생성합니다.
22        base = max_pos/start_log_index
23        value = rel_pos/start_log_index
24        # 로그 계산 log_{base}(value)를 ln(value)/ln(base)로 바꿉니다.                        ❹
25        log_index = start_log_index * \
26                    (1 + np.log(value, where=(value!=0))/np.log(base))
27        log_index = log_index.astype('int')
28        # 로그 인덱스가 전체 버킷 개수를 넘어가면 마지막 버킷 인덱스를 사용합니다.
29        log_index = np.minimum(log_index, num_buckets - 1)
30        # start_log_index부터는 로그 인덱스를 사용하고,
31        # 그 이전은 상대 위치를 버킷 인덱스로 사용합니다.
32        rel_pos = np.where(is_log_index, log_index, rel_pos)
33        # 양방향 셀프 어텐션일 경우 주 대각선 위의 값은 버킷의 중간부터 사용합니다.
34        if bidirectional:
35            upper_indexes = np.triu_indices(query_key_len, 1)
36            rel_pos[upper_indexes] += num_buckets
37        return rel_pos
```

코드가 엄청 복잡하군요. T5의 상대 위치 임베딩은 간단한 개념이지만, 로그를 기반으로 인덱스를 증가시키는 부분과 마스크드 셀프 어텐션일 때 주 대각선 위쪽의 값을 제외하는 부분 때문에 코드가 더 복잡해졌습니다. 차근차근 살펴보죠.

❶ 먼저 쿼리와 키 토큰의 위치를 표현하기 위해 1부터 query_key_len-1까지 담은 정수 배열을 만듭니다. 그리고 두 배열을 각각 (query_key_len, 1) 차원과 (1, query_key_len) 차원으로 바꾼 다음, 빼내서 (query_key_len, query_key_len) 배열을 만듭니다. 이 배열은 쿼리 토큰과 키 토큰 사이의 상대 거리를 나타냅니다.

❷ 만약 양방향 셀프 어텐션이라면 버킷을 나누어 사용해야 하므로 버킷의 개수를 절반으로 줄이고, 마스크드 셀프 어텐션이라면 미래 토큰은 사용하지 않으므로 주 대각선 위의 상대 거리를 모두 0으로 만듭니다. 그리고 행렬의 음수 값을 모두 양수로 바꿉니다.

❸ 버킷의 절반까지는 순서대로 인덱스를 할당하고, 그 다음부터는 로그 스케일로 할당합니다. 이를 위해 로그 스케일로 할당하기 시작하는 위치를 저장하는데요. 여기서는 사용 가능한 버킷의 절반에 해당하는 위치가 시작 위치입니다. 그리고 상대 위치 행렬에서 로그 스케일 값으로 바꿔야 하는 위치를 표시합니다.

❹ 이제 로그 스케일의 인덱스를 앞서 살펴본 공식에 따라 계산하고 정수로 바꿉니다. 로그 스케일 인덱스가 전체 버킷의 개수를 넘어가면 마지막 인덱스를 사용하고, 로그 인덱스 위치의 값을 계산된 인덱스로 바꿉니다. 마지막으로 양방향 셀프 어텐션일 경우에는 주 대각선 위의 절반 이후 버킷부터 사용해야 하므로 버킷 개수의 절반을 인덱스에 더합니다.

그럼 예를 들어 보겠습니다. 쿼리와 키의 길이가 10이고, 버킷 개수는 20개, 최대 토큰 거리도 20일 때 상대 위치 임베딩을 위한 버킷 인덱스는 다음과 같이 구할 수 있습니다.

```
relpos_bucket_index(10, 20, 20, True)
```

실행결과
```
array([[ 0, 11, 12, 13, 14, 15, 15, 16, 16, 17],
       [ 1,  0, 11, 12, 13, 14, 15, 15, 16, 16],
       [ 2,  1,  0, 11, 12, 13, 14, 15, 15, 16],
       [ 3,  2,  1,  0, 11, 12, 13, 14, 15, 15],
       [ 4,  3,  2,  1,  0, 11, 12, 13, 14, 15],
       [ 5,  4,  3,  2,  1,  0, 11, 12, 13, 14],
       [ 5,  5,  4,  3,  2,  1,  0, 11, 12, 13],
       [ 6,  5,  5,  4,  3,  2,  1,  0, 11, 12],
       [ 6,  6,  5,  5,  4,  3,  2,  1,  0, 11],
       [ 7,  6,  6,  5,  5,  4,  3,  2,  1,  0]])
```

T5 모델이 사용하는 버킷의 개수는 32개이고, 최대 토큰 거리는 128입니다. 인코더와 디코더의 첫 번째 층에서 상대 거리에 대한 가중치를 구한 후, 나머지 층에서는 단순하게 이 가중치를 재사용합니다. 또한 디코더의 크로스 어텐션에서는 상대 위치 임베딩을 사용하지 않습니다. 이제 본격적으로 T5의 인코더와 디코더를 구현하여 전체 모델을 만들어 보겠습니다.

T5 모델로 텍스트 요약하기

KerasNLP에서 제공하는 T5 모델의 어텐션층과 RMS 정규화층을 사용해 T5 모델을 만들어 보겠습니다. 앞서 언급했듯이 상대 위치 임베딩은 T5 모델의 어텐션층 안에 구현되어 있습니다. 따라서 케라스에서 제공하는 T5 어텐션층을 사용하면 복잡한 상대 위치 임베딩을 직접 만들지 않고, 손쉽게 T5 모델을 구현할 수 있습니다.

T5 인코더/디코더 모듈 만들기

앞서 살펴본 T5 인코더-디코더 모델의 그림을 참고하면서 인코더부터 구현해 보죠. KerasNLP는 T5의 RMS 정규화를 위해서는 **T5LayerNorm** 클래스, 멀티 헤드 어텐션을 위해서는 **T5MultiHead Attention** 클래스를 제공합니다. 이 두 클래스를 사용해 인코더를 구현해 보겠습니다. 먼저 RMS 정규화가 등장하고 어텐션, 드롭아웃이 이어집니다. 그 다음으로는 스킵 연결, 렐루 함수를 사용하는 피드 포워드 네트워크가 나옵니다. 피드 포워드 네트워크의 두 밀집층 사이에도 드롭아웃이 있다는 점에 유의하세요.

따라 하며 배우는 코딩

T5 인코더 만들기 소스 코드 `06-2.ipynb`

```
01  import keras
02  import keras_nlp
03  from keras import layers
04
05  from keras_nlp.src.models.t5.t5_layer_norm import T5LayerNorm
06  from keras_nlp.src.models.t5.t5_multi_head_attention import T5MultiHeadAttention
07
08  def t5_encoder(x, position_bias,
09                 padding_mask, dropout, activation='relu'):
10      residual = x
11      x = T5LayerNorm()(x)
12      # position_bias가 None이면 use_relative_attention_bias을 True로 지정합니다.
13      if position_bias is None:
14          use_relative_attention_bias = True
15      else:
16          use_relative_attention_bias = False
```

```
17      # use_relative_attention_bias로 position_bias를 재사용할지 결정합니다.
18      self_attention = T5MultiHeadAttention(
19          is_decoder=False, hidden_dim=hidden_dim,
20          key_value_dim=key_value_dim, num_heads=num_heads,
21          use_relative_attention_bias=use_relative_attention_bias,
22          dropout=dropout
23      )
24      padding_mask = keras.ops.expand_dims(padding_mask, axis=1)
25      x, position_bias = self_attention(x, mask=padding_mask,
26                                         position_bias=position_bias)
27      x = layers.Dropout(dropout)(x)
28      # 스킵 연결
29      x = x + residual
30      # 스킵 연결을 준비합니다.
31      residual = x
32      # 위치별 피드 포워드 네트워크
33      x = T5LayerNorm()(x)
34      x = layers.Dense(intermediate_dim, activation=activation, use_bias=False)(x)
35      x = layers.Dropout(dropout)(x)
36      x = layers.Dense(hidden_dim, use_bias=False)(x)
37      x = layers.Dropout(dropout)(x)
38      # 스킵 연결
39      x = x + residual
40      # 다음 층에서 재사용할 수 있도록 어텐션 편향을 반환합니다.
41      return x, position_bias
```

13~16 position_bias가 None이면 첫 번째 인코더이므로 어텐션 편향을 계산하도록 use_relative_attention_bias를 True로 지정합니다. 두 번째 인코더부터는 position_bias를 재사용하므로 use_relative_attention_bias가 False가 됩니다.

17~23 T5MultiHeadAttention층은 인코더와 디코더에 사용될 때 어텐션 편향을 구하는 방식이 다르므로 is_decoder 매개변수로 인코더/디코더 여부를 전달합니다. T5 모델은 은닉 차원이 키의 크기와 헤드 개수에 비례하지 않을 수 있으므로 세 값을 모두 각각 지정하고, use_relative_attention_bias로 어텐션 편향을 사용할지 여부를 지정합니다.

24 코잘 마스킹을 위한 어텐션 마스크를 만들 때 패딩 마스크에 차원을 추가한 것과 비슷하게 position_bias와 브로드캐스팅을 위해 두 번째 차원을 추가합니다.

25~26 position_bias는 어텐션 편향을 저장하고 있는 배열로, 크기가 (1, num_heads, seq_len, key_len)입니다. T5MultiHeadAttention 클래스는 계산된 어텐션 편향을 출력과 함께 반환합니다.

30~33 T5MultiHeadAttention 클래스 객체를 호출할 때는 이전 층에서 출력된 은닉 상태를 첫 번째 매개변수로 전달하고, mask와 position_bias 매개변수에 패딩 마스크와 어텐션 편향을 전달합니다.

41 t5_encoder() 함수의 끝에서 position_bias를 반환하여 후속 층에서 이 값을 재사용하도록 지정합니다.

이어서 T5의 디코더를 구현해 보겠습니다. AttentionMask 클래스와 이 클래스에서 사용하는 make_attention_mask(), make_causal_mask() 함수는 모두 5장 1절에서 정의한 코드를 그대로 사용합니다. 첫 번째로 디코더에 등장하는 마스크드 멀티 헤드 어텐션층은 어텐션 마스크를 제외하고 인코더와 동일합니다. 두 번째 멀티 헤드 어텐션층에는 위치 임베딩이 적용되지 않는다는 점에 유의하세요.

따라 하며 배우는 코딩

T5 디코더 만들기 소스 코드 06-2.ipynb

```
01  def t5_decoder(x, encoder_output, position_bias,
02                 padding_mask, encoder_padding_mask, dropout, activation='relu'):
03      # 어텐션 마스크를 계산합니다.
04      attention_mask = AttentionMask()(padding_mask)
05      # 스킵 연결을 준비합니다.
06      residual = x
07      x = T5LayerNorm()(x)
08      # position_bias가 None이면 use_relative_attention_bias을 True로 지정합니다.
09      if position_bias is None:
10          use_relative_attention_bias = True
11      else:
12          use_relative_attention_bias = False
13      # use_relative_attention_bias로 position_bias를 재사용할지 결정합니다.
14      self_attention = T5MultiHeadAttention(
15          is_decoder=True, hidden_dim=hidden_dim,
16          key_value_dim=key_value_dim, num_heads=num_heads,
17          use_relative_attention_bias=use_relative_attention_bias,
18          dropout=dropout
19          )
```

```
20      x, position_bias = self_attention(x, mask=attention_mask,
21                                          position_bias=position_bias)
22      x = layers.Dropout(dropout)(x)
23      # 스킵 연결
24      x = x + residual
25      # 스킵 연결을 준비합니다.
26      residual = x
27      x = T5LayerNorm()(x)
28      # 크로스 어텐션에는 상대 위치 임베딩을 적용하지 않으므로
29      # use_relative_attention_bias를 False로 지정합니다.
30      cross_attention = T5MultiHeadAttention(
31          is_decoder=True, hidden_dim=hidden_dim,
32          key_value_dim=key_value_dim, num_heads=num_heads,
33          use_relative_attention_bias=False,
34          dropout=dropout
35      )
36      encoder_padding_mask = keras.ops.expand_dims(encoder_padding_mask, axis=1)
37      x, _ = cross_attention(x, key_value_states=encoder_output,
38                              mask=encoder_padding_mask)
39      x = layers.Dropout(dropout)(x)
40      # 스킵 연결
41      x = x + residual
42      # 스킵 연결을 준비합니다.
43      residual = x
44      # 위치별 피드 포워드 네트워크
45      x = T5LayerNorm()(x)
46      x = layers.Dense(intermediate_dim, activation=activation, use_bias=False)(x)
47      x = layers.Dropout(dropout)(x)
48      x = layers.Dense(hidden_dim, use_bias=False)(x)
49      x = layers.Dropout(dropout)(x)
50      # 스킵 연결
51      x = x + residual
52      # 다음 층에서 재사용할 수 있도록 어텐션 편향을 반환합니다.
53      return x, position_bias
```

28~38 크로스 어텐션에서는 use_relative_attention_bias가 False지만, 실제로는 모두 0으로 채워진 어텐션 편향 배열을 만들어 사용합니다. 따라서 인코더와 마찬가지로 패딩 마스크에 차원을 추가합니다. 또한 크로스 어텐션을 위해 인코더의 출력을 key_value_states 매개변수로 전달합니다.

T5 인코더-디코더 모델 만들기

인코더와 디코더가 준비되었으니 본격적으로 T5 인코더-디코더 모델을 만들어 보겠습니다.

01 먼저 필요한 하이퍼파라미터를 정의합니다.

```
01  vocab_size = 32128
02  num_layers = 6
03  num_heads = 8
04  key_value_dim = 64
05  hidden_dim = 512
06  intermediate_dim = 2048
07  dropout = 0.1
08  activation = 'relu'
```

t5-small, t5-base, t5-large 모델에서는 은닉 차원을 헤드의 개수로 나누면 키와 값의 차원이 되지만, t5-3b 모델과 t5-11b 모델은 그렇지 않습니다. 그래서 `key_value_dim` 변수를 별도로 정의합니다. 또한 이 모델들은 중간 층의 크기도 은닉 차원의 4배가 아니므로 중간 층의 크기를 별도로 지정하기 위해 `intermediate_dim` 변수를 정의합니다.

02 인코더와 디코더의 토큰 아이디와 패딩 마스크를 정의합니다.

```
01  encoder_token_ids = keras.Input(shape=(None,))
02  encoder_padding_mask = keras.Input(shape=(None,))
03  decoder_token_ids = keras.Input(shape=(None,))
04  decoder_padding_mask = keras.Input(shape=(None,))
```

03 인코더의 입력은 토큰 임베딩층과 드롭아웃층을 거칩니다. T5 모델은 상대 위치 임베딩을 사용하기 때문에 토큰 아이디만 임베딩층에 통과시킵니다.

```
01  token_embedding_layer = keras_nlp.layers.ReversibleEmbedding(
02      vocab_size, hidden_dim)
03  encoder_token_embedding = token_embedding_layer(encoder_token_ids)
04  x = layers.Dropout(dropout)(encoder_token_embedding)
```

04 이제 인코더 모듈을 반복할 차례입니다.

```
01  # 어텐션 편향 배열을 초기화합니다.
02  position_bias = None
03  for i in range(num_layers):
04      # 첫 번째 층에서만 어텐션 편향을 계산하고 다른 층은 맨 처음 계산하여 구한 값을
        재사용합니다.
05      x, position_bias = t5_encoder(
06          x, position_bias=position_bias,
07          padding_mask=encoder_padding_mask, dropout=dropout)
```

02 어텐션 편향을 저장할 변수인 position_bias를 None으로 초기화하면 가장 처음 호출되는 t5_encoder() 함수가 쿼리와 키의 상대 위치에 따른 임베딩을 계산합니다.

03~07 두 번째 t5_encoder() 호출부터는 첫 번째 인코더에서 계산된 어텐션 편향을 재사용합니다.

05 인코더 모듈이 끝나면 RMS 정규화층과 드롭아웃층을 거쳐 인코더의 출력을 준비합니다.

```
01  x = T5LayerNorm()(x)
02  x = layers.Dropout(dropout)(x)
03  encoder_output = x
```

06 다음은 디코더를 시작할 차례입니다. 인코더와 마찬가지로 디코더의 토큰 아이디를 임베딩층과 드롭아웃층에 차례로 통과시킵니다.

```
01  decoder_token_embedding = token_embedding_layer(decoder_token_ids)
02  x = layers.Dropout(dropout)(decoder_token_embedding)
```

07 그리고 디코더 모듈을 num_layers 횟수만큼 반복합니다. 크로스 어텐션을 위해 encoder_output을 전달하고, position_bias를 None으로 다시 초기화하여 첫 번째 호출되는 t5_decoder()가 어텐션 편향을 다시 계산하도록 지시합니다.

```
01  # 어텐션 편향 배열을 초기화합니다.
02  position_bias = None
03  for i in range(num_layers):
04      # 첫 번째 층에서만 어텐션 편향을 계산하고 다른 층은 맨 처음 계산하여 구한 값을
        재사용합니다.
05      x, position_bias = t5_decoder(
06          x, encoder_output=encoder_output,
07          position_bias=position_bias,
08          padding_mask=decoder_padding_mask,
09          encoder_padding_mask=encoder_padding_mask, dropout=dropout)
```

08 마지막 출력값을 RMS 정규화층과 드롭아웃층에 통과시킵니다. 최종 출력을 얻기 위해 앞서 사용한 임베딩층을 거꾸로 적용하여 디코더의 출력 decoder_output을 만듭니다.

```
01  x = T5LayerNorm()(x)
02  x = layers.Dropout(dropout)(x)
03  decoder_output = token_embedding_layer(x, reverse=True)
```

09 이렇게 모델의 입력과 출력이 모두 준비되었으므로 케라스 Model 클래스를 사용해 T5 모델을 만들 수 있습니다.

```
01  model = keras.Model(inputs=(encoder_token_ids, encoder_padding_mask,
02                              decoder_token_ids, decoder_padding_mask),
03                      outputs=(encoder_output, decoder_output))
04  model.summary()
```

> 실행결과

Model: "functional"

Layer (type)	Output Shape	Param #	Connected to
input_layer (InputLayer)	(None, None)	0	-
reversible_embedding (ReversibleEmbedding)	(None, None, 32128)	16,449,536	input_layer[0][0], input_layer_2[0][0], dropout_63[0][0]
dropout (Dropout)	(None, None, 512)	0	reversible_embedding[…
input_layer_1 (InputLayer)	(None, None)	0	-
t5_layer_norm (T5LayerNorm)	(None, None, 512)	512	dropout[0][0]
⋯ (중략) ⋯			
t5_layer_norm_31 (T5LayerNorm)	(None, None, 512)	512	add_29[0][0]
dropout_63 (Dropout)	(None, None, 512)	0	t5_layer_norm_31[0][0]

Total params: 60,506,624 (230.81 MB)
Trainable params: 60,506,624 (230.81 MB)
Non-trainable params: 0 (0.00 B)

summary() 메서드의 출력 결과를 살펴보면 모델 파라미터 개수가 약 6천만 개입니다. 원본 T5 모델의 파라미터 개수와 같은지는 잠시 후에 확인해 보겠습니다. KerasNLP에서 제공하는 T5 모델은 텍스트 생성을 위한 클래스를 별도로 제공하지 않으므로, 그 대신 허깅페이스에 있는 T5 모델을 사용해 보겠습니다. 허깅페이스에서 제공하는 T5 모델은 google-t5 페이지[14]에서 모두 확인할 수 있습니다.

사전 훈련된 T5 모델로 텍스트 요약하기

그럼 허깅페이스에서 사전 훈련된 t5-small 모델을 로드하여 모델 파라미터 개수부터 확인하고, 텍스트를 요약해 보겠습니다.

---

[14] https://huggingface.co/google-t5

01 먼저 t5-large 모델을 사용해 요약 작업을 위한 파이프라인 객체를 만듭니다.

```
01  from transformers import pipeline, set_seed
02
03  t5_pipe = pipeline("summarization", model="google-t5/t5-large")
```

5장과 마찬가지로 `torchinfo` 라이브러리를 사용할 수 있지만, 이 패키지는 재사용된 가중치를 고려하지 못합니다. 그 대신에 조금 원시적으로 모델에 있는 모든 층의 가중치를 구해서 더하는 방법을 사용해 t5-small 모델의 파라미터 개수를 확인해 보겠습니다.

02 파이토치 모델은 모든 층의 파라미터를 파이썬 제너레이터 형식으로 반환하는 `parameters()` 메서드를 제공합니다. 따라서 다음처럼 간단한 파이썬 제너레이터 표현식을 사용해 모든 층의 파라미터 크기를 더할 수 있습니다. `numel()` 메서드는 텐서에 담긴 원소의 개수를 반환합니다.

```
01  total_params = sum(p.numel() for p in t5_pipe.model.parameters())
02  print(total_params)
```

> 실행결과 60506624

03 그럼 이제 앞서 BART 모델에서 사용했던 보이저 1호에 대한 텍스트를 요약해 보겠습니다.

```
01  ENG_TEXT = """
02  Voyager 1 is a space probe launched by NASA on September 5, 1977, as
    part of the Voyager program to study the outer Solar System and the
    interstellar space beyond the Sun's heliosphere. It was launched 16
    days after its twin, Voyager 2. It communicates through the NASA Deep
    Space Network (DSN) to receive routine commands and to transmit data
    to Earth. Real-time distance and velocity data are provided by NASA
    and JPL. At a distance of 162.7 AU (24.3 billion km; 15.1 billion mi)
    from Earth as of May 2024, it is the most distant humanmade object from
    Earth.
03  """
04
05  set_seed(42)
```

```
06  t5_pipe(ENG_TEXT, max_length=70, do_sample=True, top_k=10,
07          temperature=3.0)
```

> 실행결과 [{'summary_text': 'Voyager was launched 16 days after its twin . it communicates through the NASA Deep Space Network . It is a distance of 162.7 AU (24.3 billion km; 15.1 billion mi) from Earth as of May 2024 .'}]

원본 텍스트의 내용을 어느 정도 잘 요약한 것 같습니다. 하지만 기존 T5와 같은 크기의 모델을 유지하면서 더 깊고 효율적인 훈련 방식을 적용해 성능을 최적화한 모델도 있습니다. 이어서 살펴볼 T5-1.1입니다.

T5-1.1 모델로 텍스트 요약하기

구글이 2021년에 공개한 T5-1.1 버전은 기존의 T5 모델과 비교해 몇 가지 새로운 기술을 도입했는데요. 이번에도 역시 그림으로 먼저 살펴보겠습니다. 다음은 T5-1.1 버전의 인코더와 디코더 구조를 나타낸 그림입니다. 피드 포워드 네트워크에서 1.0 버전과 다른 부분은 붉은색으로 표시했습니다.

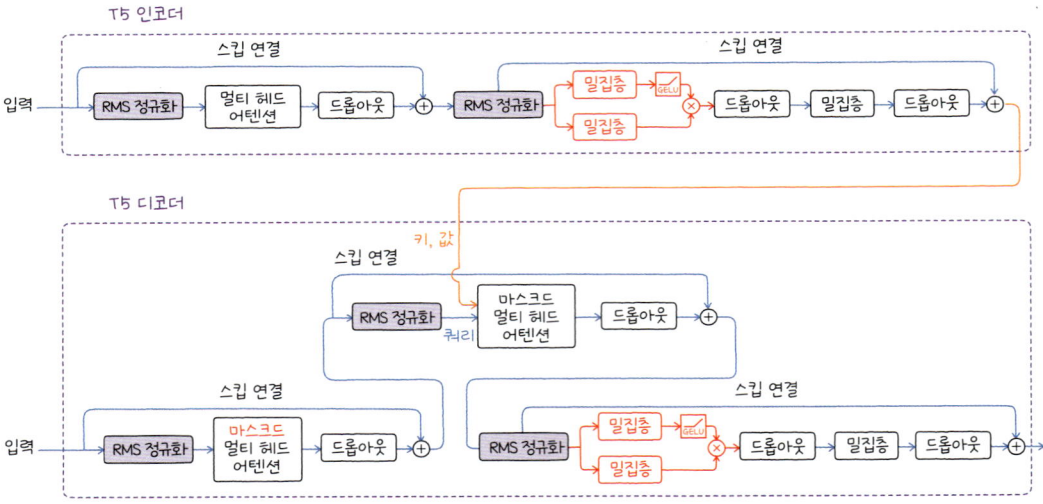

T5-1.1 버전을 기존 T5와 비교하면 다음과 같이 몇 가지 다른 점을 확인할 수 있습니다.

- 피드 포워드 네트워크에 ReLU 함수 대신 젬마 모델에서 봤던 GeGLU 활성화 함수를 사용합니다.

- 토큰에 대한 로짓 출력을 위한 마지막 층에서 임베딩층의 가중치를 재사용하지 않고, 별도의 밀집층을 둡니다.
- 후속 작업을 위해 미세 튜닝된 모델이 아니라 C4 데이터셋에서 사전 훈련만 되었으며, 훈련할 때 드롭아웃을 사용하지 않습니다. 하지만 미세 튜닝할 때는 드롭아웃을 사용해야 합니다.

전체 모델의 구조는 다음과 같습니다. T5-1.0과 동일하지만 마지막에 밀집층을 별도로 두었다는 점에 유의하세요.

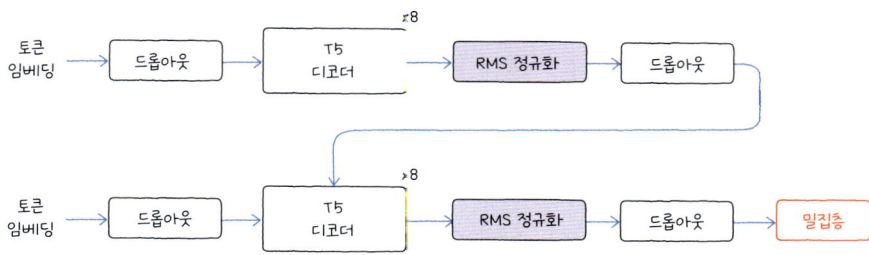

T5-1.1 버전은 허깅페이스에서 google/t5-v1_1-small, google/t5-v1_1-base, google/t5-v1_1-large, google/t5-v1_1-xl, google/t5-v1_1-xxl라는 이름으로 다음과 같이 로드할 수 있습니다.

```
pipe = pipeline("text2text-generation", model="google/t5-v1_1-large")
```

T5-1.1 버전은 1.0에 비해 어텐션 헤드의 개수와 키/값 차원, 은닉 차원, 피드 포워드 네트워크 크기가 조금씩 다릅니다. 대신에 상대 위치 임베딩을 위한 버킷의 수과 어휘사전의 크기는 같습니다. T5-1.1 버전의 주요 하이퍼파라미터는 다음과 같이 정리할 수 있습니다.

모델	t5-small	t5-base	t5-large	t5-xl	t5-xxl
인코더와 디코더 개수	8	12	24	24	24
어텐션 헤드 개수	6	12	16	32	64
키/값 차원	64	64	64	64	64
은닉 차원	512	768	1,024	2,048	4,096
피드 포워드 네트워크 크기	1,024	2,048	2,816	5,120	10,240

구글은 2021년, T5-1.1 버전의 구조와 매우 비슷한 다국어 mT5 모델을 발표했습니다.[15] 이 모델은 어휘사전의 크기를 250,112개로 늘려 다국어 데이터셋인 mC4 데이터셋[16]에서 학습되었는데요. 허깅페이스에서 mT5 모델 중 가장 인기가 높은 요약 모델은 45개 언어로 구성된 XLSum 다국어 데이터셋[17]에서 미세 튜닝한 mT5_multilingual_XLSum[18]입니다. 그럼 허깅페이스에서 이 모델을 로드하여 한국어 텍스트 샘플을 요약해 보죠.

앞서 BART 모델에서 사용했던 아이슬란드 화산 폭발에 관한 글을 사용해 요약해 보겠습니다.

```
01  KOR_TEXT = """
02  2023-2024년 쉰드흐누퀴르 분화는 2023년 12월 18일 저녁 아이슬란드 그린다비크에 있는 쉰드흐누
    퀴르 분화구에서 화산 폭발이 발생해 지상에 있는 열극에서 용암이 분출한 사건이다. 용암 분출과 뒤
    따른 지진 활동 빈도는 다음 날인 2023년 12월 19일부터 감소했으나 새로 열린 열극의 양쪽에서 용
    암이 옆으로 넓게 퍼져나갔다. 이번 분화는 2021년 분화 시작 이래 쉬뒤르네스에서 일어난 가장 큰 분
    화로 최대 100 m 높이의 용암 분수가 관측되었으며 분화지에서 약 42 km 떨어진 아이슬란드의 수도
    레이캬비크에서도 화산 분화 장면을 볼 수 있었다. 화산 분화는 2023년 12월 21일 화산 상공 관측
    결과 더 이상의 용암 분출이 보이지 않아 종료되었으나 아이슬란드 기상청은 "분화 종식을 선언하기
    에는 너무 이르다"며 지속적으로 관측하겠다고 말했다. 쉰드흐누퀴르는 현재 화산지대이자 쉬뒤르네스
    열곡대의 활성 열극에 속한다.
03  """
04
05  t5_ko_pipe = pipeline("summarization",
06                        model="csebuetnlp/mT5_multilingual_XLSum")
07  set_seed(42)
08  t5_ko_pipe(KOR_TEXT, max_length=70)
```

실행결과 [{'summary_text': '아이슬란드에서 화산 폭발로 일어난 최대 용암 분화가 사실상 종식됐다.'}]

간결하지만 글의 핵심을 잘 정리한 것 같습니다. 이 모델은 한국어 외에도 다양한 언어로 된 텍스트를 요약하는 데 좋은 성능을 발휘하므로 한빛 마켓의 다국어 리뷰 요약에도 안성맞춤이겠군요!

---

15 Tahmid Hasan 등. XL-Sum: Large-Scale Multilingual Abstractive Summarization for 44 Languages(2021).
16 https://bit.ly/45PkK3W
17 https://huggingface.co/datasets/csebuetnlp/xlsum
18 https://huggingface.co/csebuetnlp/mT5_multilingual_XLSum

미니 프로젝트 — T5-1.1 small 모델 만들기

앞서 구현해 본 T5-1.0 모델을 참고하여 T5-1.1 모델 중 t5-small 버전을 구현해 보세요. GeGLU 함수의 구현은 5장 3절을 참고하면 됩니다. 최종적으로 구현된 모델의 파라미터가 76,961,152개인지도 확인해 보세요.

T5-1.1 small 버전을 구현할 때는 신경을 써야 할 부분이 몇 가지 있습니다. 먼저 인코더와 디코더의 개수가 T5-1.0과 달라졌습니다. 1.0 버전에서는 인코더와 디코더의 개수가 6개였는데, 1.1에서는 8개로 늘었죠. 대신에 헤드 개수는 8개에서 6개로 줄었고, 피드 포워드 네트워크의 크기도 2,048에서 1,024로 줄었습니다. 이 값들은 모델을 만들 때 `num_layers`, `num_heads`, `intermediate_dim` 변수로 지정할 수 있습니다.

하지만 피드 포워드 네트워크에 젬마와 같은 GeGLU 함수를 사용하기 때문에 T5의 `t5_encoder()`, `t5_decoder()` 함수를 그대로 쓸 수는 없고 살짝 수정해야 합니다. 두 함수의 코드를 복사한 다음, 피드 포워드 네트워크의 첫 번째 밀집층 대신 젬마에서 사용했던 GeGLU 함수를 적용해 보겠습니다.

```
01  def t5_1_1_encoder(x, position_bias,
02                    padding_mask, dropout):
03      residual = x
04      x = T5LayerNorm()(x)
05      # position_bias가 None이면 use_relative_attention_bias을 True로 지정합니다.
06      if position_bias is None:
07          use_relative_attention_bias = True
08      else:
09          use_relative_attention_bias = False
10      # use_relative_attention_bias로 position_bias를 재사용할지 결정합니다.
11      self_attention = T5MultiHeadAttention(
12          is_decoder=False, hidden_dim=hidden_dim,
13          key_value_dim=key_value_dim, num_heads=num_heads,
14          use_relative_attention_bias=use_relative_attention_bias,
```

```python
15              dropout=dropout
16          )
17      padding_mask = keras.ops.expand_dims(padding_mask, axis=1)
18      x, position_bias = self_attention(x, mask=padding_mask,
19                                          position_bias=position_bias)
20      x = layers.Dropout(dropout)(x)
21      # 스킵 연결
22      x = x + residual
23      # 스킵 연결을 준비합니다.
24      residual = x
25      # 위치별 피드 포워드 네트워크
26      x = T5LayerNorm()(x)
27      x1 = layers.Dense(intermediate_dim, activation='gelu', use_bias=False)(x)
28      x2 = layers.Dense(intermediate_dim, use_bias=False)(x)
29      x = x1 * x2
30      x = layers.Dropout(dropout)(x)
31      x = layers.Dense(hidden_dim, use_bias=False)(x)
32      x = layers.Dropout(dropout)(x)
33      # 스킵 연결
34      x = x + residual
35      # 다음 층에서 재사용할 수 있도록 어텐션 편향을 반환합니다.
36      return x, position_bias
37
38  def t5_1_1_decoder(x, encoder_output, position_bias,
39                      padding_mask, encoder_padding_mask, dropout):
40      # 어텐션 마스크를 계산합니다.
41      attention_mask = AttentionMask()(padding_mask)
42      # 스킵 연결을 준비합니다.
43      residual = x
44      x = T5LayerNorm()(x)
45      # position_bias가 None이면 use_relative_attention_bias을 True로 지정합니다.
46      if position_bias is None:
47          use_relative_attention_bias = True
```

```python
48      else:
49          use_relative_attention_bias = False
50      # use_relative_attention_bias로 position_bias를 재사용할지 결정합니다.
51      self_attention = T5MultiHeadAttention(
52          is_decoder=True, hidden_dim=hidden_dim,
53          key_value_dim=key_value_dim, num_heads=num_heads,
54          use_relative_attention_bias=use_relative_attention_bias,
55          dropout=dropout
56          )
57      x, position_bias = self_attention(x, mask=attention_mask,
58                                        position_bias=position_bias)
59      x = layers.Dropout(dropout)(x)
60      # 스킵 연결
61      x = x + residual
62      # 스킵 연결을 준비합니다.
63      residual = x
64      x = T5LayerNorm()(x)
65      # 크로스 어텐션에는 상대 위치 임베딩을 적용하지 않으므로
66      # use_relative_attention_bias를 False로 지정합니다.
67      cross_attention = T5MultiHeadAttention(
68          is_decoder=True, hidden_dim=hidden_dim,
69          key_value_dim=key_value_dim, num_heads=num_heads,
70          use_relative_attention_bias=False,
71          dropout=dropout
72          )
73      encoder_padding_mask = keras.ops.expand_dims(encoder_padding_mask, axis=1)
74      x, _ = cross_attention(x, key_value_states=encoder_output,
75                             mask=encoder_padding_mask)
76      x = layers.Dropout(dropout)(x)
77      # 스킵 연결
78      x = x + residual
79      # 스킵 연결을 준비합니다.
```

```
80      residual = x
81      # 위치별 피드 포워드 네트워크
82      x = T5LayerNorm()(x)
83      x1 = layers.Dense(intermediate_dim, activation='gelu', use_bias=False)(x)
84      x2 = layers.Dense(intermediate_dim, use_bias=False)(x)
85      x = x1 * x2
86      x = layers.Dropout(dropout)(x)
87      x = layers.Dense(hidden_dim, use_bias=False)(x)
88      x = layers.Dropout(dropout)(x)
89      # 스킵 연결
90      x = x + residual
91      # 다음 층에서 재사용할 수 있도록 어텐션 편향을 반환합니다.
92      return x, position_bias
```

그리고 임베딩층부터 모델을 정의합니다. T5에서 사용했던 코드를 그대로 사용하되, 주의해야 할 점은 1.1 버전이 임베딩층의 가중치를 공유하지 않는다는 것입니다. 따라서 ReversibleEmbedding 클래스의 tie_weights 매개변수를 False로 지정해야 합니다. summary() 메서드를 호출해 모델의 파라미터까지 확인해 보겠습니다.

```
01  # T5 1.1
02  vocab_size = 32128
03  num_layers = 8
04  num_heads = 6
05  key_value_dim = 64
06  hidden_dim = 512
07  intermediate_dim = 1024
08  dropout = 0.1
09
10  encoder_token_ids = keras.Input(shape=(None,))
11  encoder_padding_mask = keras.Input(shape=(None,))
12  decoder_token_ids = keras.Input(shape=(None,))
13  decoder_padding_mask = keras.Input(shape=(None,))
14
```

```python
15  token_embedding_layer = keras_nlp.layers.ReversibleEmbedding(
16      vocab_size, hidden_dim,
17      tie_weights=False)
18  encoder_token_embedding = token_embedding_layer(encoder_token_ids)
19  x = layers.Dropout(dropout)(encoder_token_embedding)
20
21  # 어텐션 편향 배열을 초기화합니다.
22  position_bias = None
23  for i in range(num_layers):
24      # 첫 번째 층에서만 어텐션 편향을 계산하고
25      # 다른 층은 맨 처음 계산하여 구한 값을 재사용합니다.
26      x, position_bias = t5_1_1_encoder(
27          x, position_bias=position_bias,
28          padding_mask=encoder_padding_mask, dropout=dropout)
29  x = T5LayerNorm()(x)
30  x = layers.Dropout(dropout)(x)
31  encoder_output = x
32
33  decoder_token_embedding = token_embedding_layer(decoder_token_ids)
34  x = layers.Dropout(dropout)(decoder_token_embedding)
35
36  # 어텐션 편향 배열을 초기화합니다.
37  position_bias = None
38  for i in range(num_layers):
39      # 첫 번째 층에서만 어텐션 편향을 계산하고
40      # 다른 층은 맨 처음 계산하여 구한 값을 재사용합니다.
41      x, position_bias = t5_1_1_decoder(
42          x, encoder_output=encoder_output,
43          position_bias=position_bias,
44          padding_mask=decoder_padding_mask,
45          encoder_padding_mask=encoder_padding_mask, dropout=dropout)
46  x = T5LayerNorm()(x)
47  x = layers.Dropout(dropout)(x)
48  decoder_output = token_embedding_layer(x, reverse=True)
```

```
49
50  model = keras.Model(inputs=(encoder_token_ids, encoder_padding_mask,
51                              decoder_token_ids, decoder_padding_mask),
52                      outputs=(encoder_output, decoder_output))
53  model.summary()
```

실행결과

Model: "functional_1"

Layer (type)	Output Shape	Param #	Connected to
input_layer_4 (InputLayer)	(None, None)	0	-
reversible_embedding_1 (ReversibleEmbedding)	(None, None, 32128)	32,899,072	input_layer_4[0][0], input_layer_6[0][0], dropout_147[0][0]
dropout_64 (Dropout)	(None, None, 512)	0	reversible_embedding_…
input_layer_5 (InputLayer)	(None, None)	0	-
t5_layer_norm_32 (T5LayerNorm)	(None, None, 512)	512	dropout_64[0][0]
⋯ (중략) ⋯			
t5_layer_norm_73 (T5LayerNorm)	(None, None, 512)	512	add_69[0][0]
dropout_147 (Dropout)	(None, None, 512)	0	t5_layer_norm_73[0][0]

Total params: 76,961,152 (293.58 MB)
Trainable params: 76,961,152 (293.58 MB)
Non-trainable params: 0 (0.00 B)

마무리

이번 절에서는 구글에서 만든 트랜스포머 기반 인코더-디코더 모델인 T5를 살펴봤습니다. T5는 여러 종류의 텍스트 작업을 텍스트 투 텍스트 프레임워크로 다룹니다. T5 모델의 전체 구조는 BART를 닮았지만, 절대 위치 임베딩이 아니라 상대 위치 임베딩을 사용한다는 점이 다릅니다. T5의 상대 위치 임베딩을 하나씩 단계적으로 설명한 후 알고리즘을 하나의 함수로 구현해 봤습니다.

그리고 KerasNLP에서 제공하는 `T5LayerNorm`과 `T5MultiHeadAttention` 클래스를 사용해 T5 모델을 밑바닥부터 구현해 봤습니다. T5의 멀티 헤드 어텐션층은 인코더와 디코더에서 사용될 때 어텐션 편향을 계산하는 방식이 다릅니다. 이를 위해 `is_decoder` 매개변수가 추가되었고, 어텐션 편향을 사용할지의 여부를 `use_relative_attention_bias` 매개변수로 지정합니다.

마지막으로 T5-1.1 버전에서 바뀐 점을 간략히 요약해 보고, 전체 구조를 그림으로 살펴봤습니다. 구조적인 측면뿐만 아니라 어텐션 헤드 개수 등의 몇몇 핵심 하이퍼파라미터들도 조금씩 변화가 있었는데요. 특히 피드 포워드 네트워크에서 ReLU 대신에 GeGLU 함수를 사용하며, 토큰 로짓을 구할 때 임베딩층의 가중치를 재사용하지 않습니다. T5-1.1 모델의 크기별 파라미터를 표로 정리하며 학습을 마무리했습니다.

▶ 키워드로 정리하는 핵심 포인트

- **T5**는 구글이 2019년에 공개한 인코더-디코더 구조의 대규모 언어 모델입니다. T5는 여러 작업을 텍스트 투 텍스트 프레임워크로 다룰 수 있는 것이 특징입니다. 이는 챗GPT와 같은 LLM의 초기 프롬프트 엔지니어링 버전이라고 생각할 수 있습니다. T5는 BART와 달리 상대 위치 임베딩과 RMS 정규화를 사용합니다. 모델의 크기에 따라 다섯 가지 버전이 있으며, 2021년에는 T5-1.1 버전이 공개되었습니다.

- **어텐션 편향**은 T5 모델에서 쿼리와 키의 상대적인 토큰 위치의 정보를 학습하는 가중치입니다. 어텐션 편향의 크기를 줄이기 위해 토큰 위치를 32개의 버킷으로 나누고, 각 버킷은 동일한 어텐션 편향을 사용하도록 했습니다. 이렇게 구한 어텐션 편향은 쿼리와 키의 점곱 결과에 더해져 토큰 위치에 대한 정보를 보정합니다. T5 모델은 어텐션 편향을 사용하기 때문에 인코더와 디코더를 쌓기 전에 따로 위치 임베딩층을 두지 않습니다.

06-3 에필로그

책을 모두 읽으셨군요! 정말 축하드립니다. 그리고 감사드립니다. 모쪼록 책에 담긴 내용이 학습에 도움이 되셨기를 바랍니다.

이제 합성곱 신경망을 사용한 이미지 분류 모델과 트랜스포머를 사용한 언어 모델이 조금은 익숙해지셨을 것 같습니다. 딥러닝 분야가 정말 빠르게 변하고 있죠. 아무리 주제를 좁히더라도 한 권의 책에 담을 수 있는 내용이 제한적인 것 같습니다.

이 책은 합성곱 신경망과 트랜스포머라는 두 가지 관점에서 지금까지 등장했던 주요 모델의 구조를 이해하는 데 초점을 맞췄습니다. 최신 모델들이 어떤 구조와 기술들을 채택했는지 살펴보면서 이 분야의 기술 발전 과정을 배울 수 있었습니다. 앞으로 나올 새로운 모델들의 변화를 쫓아가는 데에도 도움이 되리라 생각합니다. 책과 함께 공부할 수 있는 동영상 강의도 한빛미디어와 제 유튜브 채널에서 확인할 수 있습니다. 책에 대한 질문이나 새로운 소식이 궁금하다면 제 블로그를 방문해 주세요.

- **한빛미디어 유튜브:** https://www.youtube.com/@HanbitMedia93
- **저자 유튜브:** https://www.youtube.com/@haesun_park
- **저자 블로그:** https://tensorflow.blog

여기서 그치지 말고 더 나아가 학습의 범위를 넓혀 보세요. 많은 모델들이 오픈 소스로 제공되고 있어 공부에 큰 도움을 얻을 수 있습니다. 대표적으로 이미지 분류 작업에는 합성곱 신경망을 넘어 트랜스포머 구조를 적용한 **비전 트랜스포머 모델(ViT)** $^{Vision\ Transformer}$[19]이 널리 사용되고 있습니다. ViT를 뒤이은 모델로는 $DeiT$[20], $BEiT$[21], $DINO$[22] 등도 있죠.

컴퓨터 비전 분야에서 더 자세히 공부해 볼만한 주제는 '객체 탐지' 같은 기술입니다. 대표적인 객체

---

[19] Alexey Dosovitskiy 등. An Image is Worth 16x16 Words: Transformers for Image Recognition at Scale(2010).
[20] Hugo Touvron 등. Training data-efficient image transformers & distillation through attention(2012).
[21] Hanbo Bao 등. BEiT: BERT Pre-Training of Image Transformers(2021).
[22] Mathilde Caron 등. Emerging Properties in Self-Supervised Vision Transformers(2021).

탐지 모델로는 두 단계로 작업을 나누어 처리하는 R-CNN[23], Fast R-CNN[24], Faster R-CNN[25], Mask R-CNN[26] 등과 한 단계로 객체를 탐지하는 YOLO[27], SSD[28], RetinaNet[29] 등이 있습니다. 객체 탐지에 트랜스포머를 적용한 모델로는 DETR[30]가 있으며, 이 또한 뒤를 이어 여러 모델들이 등장했습니다.

자연어 처리 분야에서는 트랜스포머 디코더 기반의 생성 모델들이 가장 활발하게 발전하고 있습니다. 본문에 언급된 라마와 젬마 외에도 Mixtral[31], Falcon[32], Phi-3[33]와 같은 모델이 오픈 소스로 공개되었습니다. 또 이미지와 같은 입력을 텍스트와 함께 처리할 수 있는 멀티 모달 LLM으로, LLaVa[34]와 Paligemma[35]도 있습니다.

대규모 언어 모델을 미세 튜닝하는 다양한 방법들과 외부 데이터를 활용해 생성 텍스트를 보완하는 RAG$^{\text{retrieval augmented generation}}$, 다양한 LLM 서비스에 대한 고수준 API를 제공하는 LangChain과 LlamaIndex도 책을 보고 나서 공부하기에 안성맞춤인 주제입니다.

이 분야는 다양한 기술들이 쏟아지면서 정말 한치 앞을 내다보기가 어려운 것 같습니다. 하지만 이런 기술들은 서로에게 많은 영향을 끼치면서 발전하고 있습니다. 하나를 깊게 이해하고 나면 다른 하나를 배우는 데 큰 도움이 되리라 생각합니다. 깊게 숨을 들이쉬고 천천히 하나씩 도전해 보세요.

저는 더 좋은 책으로 만나 뵐 것을 약속드립니다. 감사합니다!

---

23 Ross Girshick 등. Rich feature hierarchies for accurate object detection and semantic segmentation(2013).
24 Ross Girshick.Fast R-CNN(2015).
25 Shaoqing Ren 등. Faster R-CNN: Towards Real-Time Object Detection with Region Proposal Networks(2015).
26 Kaiming He 등. Mask R-CNN(2017).
27 Joseph Redmon 등. You Only Look Once: Unified, Real-Time Object Detection(2015).
28 Wei Liu 등. SSD: Single Shot MultiBox Detector(2015).
29 Tsung-Yi Lin 등. Focal Loss for Dense Object Detection(2017).
30 Nicolas Carion 등. End-to-End Object Detection with Transformers(2020).
31 https://mistral.ai/
32 https://falconllm.tii.ae/
33 https://azure.microsoft.com/ko-kr/products/phi-3
34 https://llava-vl.github.io/
35 https://www.kaggle.com/models/google/paligemma

찾아보기

A

absolute positional embedding 333
activation function 062
A Distilled Version of BERT 275
AlexNet 080, 092
A Robustly Optimized BERT
　　Pretraining Approach 265
Artificial Neural Network 047
attention 206
attention bias 413
attention bucket 413
attention head 212
attention mechanism 206
Automated Machine Learning 161
AutoML 161
auto-regressive model 312
average pooling 055

B

backbone 227
Bahdanau attention 208
BART 397, 409
base 227
base model 190
batch 052
beam sampling 320
beam search 320
BERT 227, 262
Bidirectional and Auto-Regressive
　　Transformers 397
Bidirectional Encoder
　　Representations from
　　Transformers 227
Bllossom 363
block 087
bottleneck block 105
Byte-Pair Encoding 242, 266

C

C4 411
callback 070
causal langauge modeling 299
causal masking 300
classification layer 066, 190
classifier 190
Claude 331
clone 039
closed source LLM 331
Colab 024
Colab Pro 035
Colab Pro+ 035
Colossal Clean Crawled Corpus 411
Common Crawl 411
compile 070
compound scaling 161
Compute Engine 033
context vector 206
contrastive sampling 320
contrastive search 320
Conv2D 075
Convolutional neural network 047
cross attention 394
cross entropy 071
cumulative distribution function 229

D

decoder 205
dense block 133
dense connectivity 132
DenseNet 132, 152
depthwise convolution 142
depthwise separable convolution
　　block 143
depthwise separable convolution
　　layer 143

DistilBERT 275, 293
dot product 056
dying neuron 158
dynamic masking 265

E

edge 365
EfficientNet 175
embedding 210
encoder 205
epoch 071
error function 229

F

feature map 049
filter 048
fine tuning 195
François Chollet 042
fully connected layer 049

G

Gated Linear Unit 339
Gaussian Error Linear Unit 229
GeGLU 함수 389
GELU 229
Gemma 370
Github 039
global pooling layer 115
GLU 339
Google Cloud Platform 067
GPT 329
GPT-1 307
GPT-2 307
gradient 104
gradient descent 063

gradient vanishing 063
gradient vanishing problem 081
greedy sampling 319
grouped query attention 341

H

hard sigmoid 156
hard swish function 159
hidden state 206
Huggingface 041, 183

I

image_dataset_from_directory()
    함수 189
IMDB 233
inception module 121
input 067
Internet Movie Database 233

J

JAX 042
Jupyter notebok 024

K

kaggle model 178
Keras 041
keras.applications 102
KerasNLP 228, 263
kernel 048
key 211
knowledge distillation 275, 366
KoBART 409
Kullback-Leibler Divergence 279

L

Large Language Model 227
Large language Model Meta AI 332
layer normalization 218
LeNet-5 060, 075
linear bottleneck 154
Llama 332
Llama Code 347
logistic function 062
loss function 071
Luong attention 208

M

markdown 028
Masked Langauge Model 227
masked multi-head attention 299
masking 227
matplotlib 063
max pooling 055
mini-batch 052
Mixed National Institute of
    Standards and Technology 067
MNIST 067
MobileNet 142, 152
multiclass classification 066
multi-head attention 206, 212
multi-modal 365
multi-query attention 341

N

NAS 161
Natural Language Processing 183
NetAdapt 161
Network Architecture Search 161
neuron 048
Next Sentence Prediction 227

normal distribution 051
numpy 051

O

one-hot encoding 068
overfitting 070

P

padding 049
padding token 221
pointwise convolution 112, 144
pooling window 055
positional embedding 217
Positional Encoding 215
positional parameter 050
position-wise feed-forward
    network 222
prompt 312
pruning 366
PyTorch 042

Q

query 211

R

random number 051
random sampling 319
Recurrent Neural Network 205
relative positional embedding 333
ReLU, Rectified Linear Unit function
    062
residual block 104
residual module 106
ResNet 126

찾아보기

RMSprop(Root Mean Square Propagation) 옵티마이저 189
RMS 정규화 336, 368
RoBERTa 265, 293
Root Mean Square normalization 336
Rotary Positional Embedding 333
Rotten Tomatoes 286
runtime 031

S

same padding 049
scaled dot-product attention 210
segment embedding 227
self-attention 206
self-supervised learning 299
SentencePiece tokenizer 352
sentiment analysis 233
sequence-to-sequence 397
SE 블록 155, 176
sigmoid function 062
sliding window attention 379
Small Language Model 365
softmax function 065
Squeeze and Exite block 155
standardization 107, 167
standard normal distribution 051
static masking 265
stochastic depth 156
stride 049
student 275
subword tokenization 242
SwiGLU 339
SwiGLU 함수 368
swish 156
swish function 157

T

T5 411, 437
target 067
teacher 275
temperature 279
Tensor 052
TensorFlow 041
TensorFlow Dataset 191
TensorFlow Hub 178
test set 068
text-to-text 411
Text-to-Text Transfer Transformer 411
Theano 042
timestep 207
token 210, 241
token infilling 397
tokenization 241
tokenizer 241
token sampling 316
top-k 샘플링 316
train set 068
transfer learning 187
transformer 205
Transformer 209
transformers 183, 263
Transformers 041
transition block 134

U

uniform distribution 051
unit 048

V

validation set 069
valid padding 049
value 211
VGGNet 086, 092
Vision Transformer 438
vocabulary 241
Vocabulary 229

W X

WordPiece tokenization 242
Xception 143

Z

z score 167
z 점수 167

ㄱ

가지치기 366
감성 분석 233
값 211
검증 세트 069
경사 하강법 063
과대적합 070
구글 코랩 044
구글 클라우드 스토리지(GCS) 098
구글 클라우드 플랫폼(GCP) 067
균등 분포 051
그레이디언트 104
그레이디언트 소실 문제 081
그룹 쿼리 어텐션 341, 368
그리디 샘플링 319
기울기 소실 063
깃허브 039
깊이별 분리 합성곱 블록 143
깊이별 분리 합성곱층 143
깊이별 합성곱 142
깊이별 합성곱층 152

ㄴ

난수 051
넘파이 051
누적 분포 함수 229
뉴런 048

ㄷ

다음 문장 예측(NSP) 227
다중 분류 066
대규모 언어 모델(LLM) 227
대조 검색 320
대조 샘플링 320
덧셈 어텐션 208
동적 마스킹 265
디코더 205

ㄹ

라마 367
랜덤 샘플링 319
런타임 031
렐루 함수 062, 075
로지스틱 함수 062
로터리 위치 임베딩 367
로터리 위치 임베딩(RoPE) 333
로튼 토마토 286
루옹 어텐션 208

ㅁ

마스크드 멀티 헤드 어텐션 299, 329
마스크드 언어 모델링(MLM) 227
마스킹 227
마크다운 028
맷플롯립 063
멀티 모달 365
멀티 백엔드 정책 042
멀티 쿼리 어텐션 341
멀티 헤드 어텐션 206, 212, 225
문맥 벡터 206
미니 배치 052
미세 튜닝 195
밀집 블록 133
밀집 연결 132

ㅂ

바이트 페어 인코딩(EPE) 242, 266
바흐다나우 어텐션 208
배치 052, 066
배치 정규화 107, 126
백본 227
밸리드 패딩 049
베이스 227
베이스 모델 190
병목 블록 105
복합 스케일링 161
부분단어 토큰화 242
북코퍼스 227
분류기 190
분류층 066, 189
블로썸 363
블록 087
비전 트랜스포머 모델(ViT) 438
비지도 학습 234
빔 검색 320
빔 샘플링 320

ㅅ

사전 훈련 101
상대 위치 임베딩 333
선형 병목 154
세그먼트 임베딩 227
세임 패딩 049
센텐스피스 토크나이저 352
셀프 어텐션 206
소규모 언어 모델(SLM) 365
소프트맥스 함수 065
손실 함수 071
순환 신경망(RNN) 205
스위시 156
스위시 함수 157, 176
스케일드 점곱 어텐션 210
스튜던트 275
스트라이드 049
슬라이딩 윈도 어텐션 379
시그모이드 함수 062
시퀀스 투 시퀀스 397
씨아노 042

ㅇ

어텐션 206
어텐션 가중치 211
어텐션 드롭아웃 222
어텐션 메커니즘 206, 224
어텐션 버킷 413
어텐션 편향 413, 437
어텐션 헤드 212
어휘사전 229, 241
에포크 071
엣지 365
역 잔차 블록 175
연결 어텐션 208
오차 함수 229
온도 279
완전 연결층 049
워드피스 토큰화 242
원-핫 인코딩 068
위치 매개변수 050
위치별 피드 포워드 네트워크 222
위치 인코딩 225

찾아보기

위치 인코딩(PE) 215
위치 임베딩 217
유닛 048
은닉 상태 206
이미지넷 대회 092
이미지 데이터셋 187
이미지 전처리 102
인공 신경망(ANN) 047
인셉션 모듈 121
인코더 205
임베딩 210
입력 067

ㅈ

자기지도 학습 299
자기회귀 모델 312
자연어 처리(NLP) 183
잔차 드롭아웃 222
잔차 모듈 106
잔차 블록 104, 127
전역 풀링 116
전역 풀링층 115
전이 학습 187, 201
전환 블록 134
절대 위치 임베딩 333
점곱 056
점곱 어텐션 208
점별 합성곱 112, 144
정규 분포 051
정적 마스킹 265
정제 손실 275
젬마 370, 388
주피터 노트북 024, 044
죽은 뉴런 158
지도 학습 234
지식 정제 275, 366

ㅊ

최대 풀링 055
층 정규화 218

ㅋ

캐글 모델 178
커널 048
커먼 크롤 411
컴파일 070
컴퓨트 엔진 033
케라스 041, 045
코드 라마 347
코랩 024
코랩 프로 035
코랩 프로+ 035
코잘 마스킹 300
코잘 언어 모델링 299
콜백 070
쿨백-라이블러 발산(KLD) 279
쿼리 211
크로스 어텐션 394, 408
크로스 엔트로피 071
클로드 331
클로즈드 소스 LLM 331
클론 039
키 211

ㅌ

타깃 067
타임스텝 207
테스트 세트 068
텍스트 투 텍스트 411
텐서 052
텐서플로 041, 042, 045
텐서플로 데이터셋 191
텐서플로 허브 178, 201

토크나이저 241, 263
토큰 210, 241
토큰 샘플링 316, 330
토큰 인필링 397
토큰화 241
트랜스포머 205, 209, 224
트랜스포머스 041, 183
특성 맵 049
티처 275

ㅍ

파이토치 042
패딩 049
패딩 토큰 221
패션 MNIST 067
평균 풀링 055
표준 점수 167
표준 정규 분포 051
표준화 107, 167
풀링 060
풀링 윈도 055
프랑소와 숄레 042
프롬프트 312
피드 포워드 네트워크 222
필터 048

ㅎ

하드 스위시 함수 159
하드 시그모이드 156
합성곱 신경망(CNN) 047, 060
허깅페이스 041, 183, 201
확률적 깊이 156
활성화 함수 062
훈련 세트 068